世界经济概论（第二版）

World Economics

崔日明 任靓 编著

图书在版编目(CIP)数据

世界经济概论/崔日明,任靓编著.—2版.—北京:北京大学出版社,2013.3
(21世纪经济与管理规划教材·国际经济与贸易系列)
ISBN 978-7-301-22062-7

Ⅰ.①世… Ⅱ.①崔… ②任… Ⅲ.①世界经济-高等学校-教材 Ⅳ.①F112

中国版本图书馆CIP数据核字(2013)第022479号

书　　　名:世界经济概论(第二版)
著作责任者:崔日明　任　靓　编著
策 划 编 辑:李　娟
责 任 编 辑:贾米娜
标 准 书 号:ISBN 978-7-301-22062-7/F·3521
出 版 发 行:北京大学出版社
地　　　址:北京市海淀区成府路205号　100871
网　　　址:http://www.pup.cn
电 子 信 箱:em@pup.cn　　　QQ:552063295
新 浪 微 博:@北京大学出版社　@北京大学出版社经管图书
电　　　话:邮购部62752015　发行部62750672　编辑部62752926　出版部62754962
印　刷　者:北京飞达印刷有限责任公司
经　销　者:新华书店
787毫米×1092毫米　16开本　18.25印张　408千字
2009年5月第1版
2013年3月第2版　2015年8月第4次印刷
印　　　数:10001—14200册
定　　　价:36.00元

丛书出版前言

作为一家综合性的大学出版社，北京大学出版社始终坚持为教学科研服务，为人才培养服务。呈现在您面前的这套“21世纪经济与管理规划教材”是由我国经济与管理领域颇具影响力和潜力的专家学者编写而成，力求结合中国实际，反映当前学科发展的前沿水平。

“21世纪经济与管理规划教材”面向各高等院校经济与管理专业的本科生，不仅涵盖了经济与管理类传统课程的教材，还包括根据学科发展不断开发的新兴课程教材；在注重系统性和综合性的同时，注重与研究生教育接轨、与国际接轨，培养学生的综合素质，帮助学生打下扎实的专业基础和掌握最新的学科前沿知识，以满足高等院校培养精英人才的需要。

针对目前国内本科层次教材质量参差不齐、国外教材适用性不强的问题，本系列教材在保持相对一致的风格和体例的基础上，力求吸收国内外同类教材的优点，增加支持先进教学手段和多元化教学方法的内容，如增加课堂讨论素材以适应启发式教学，增加本土化案例及相关知识链接，在增强教材可读性的同时给学生进一步学习提供指引。

为帮助教师取得更好的教学效果，本系列教材以精品课程建设标准严格要求各教材的编写，努力配备丰富、多元的教辅材料，如电子课件、习题答案、案例分析要点等。

为了使本系列教材具有持续的生命力，我们将积极与作者沟通，争取三年左右对教材不断进行修订。无论您是教师还是学生，您在使用本系列教材的过程中，如果发现任何问题或者有任何意见或者建议，欢迎及时与我们联系（发送邮件至 em@pup.cn）。我们会将您的宝贵意见或者建议及时反馈给作者，以便修订再版时进一步完善教材内容，更好地满足教师教学和学生学习的需要。

最后，感谢所有参与编写和为我们出谋划策提供帮助的专家学者，以及广大使用本系列教材的师生，希望本系列教材能够为我国高等院校经管专业教育贡献绵薄之力。

北京大学出版社

经济与管理图书事业部

2012年1月

总　　序

应北京大学出版社之约，长期工作在国际经济与贸易专业教学科研第一线的多位教师编写了这套本科专业系列教材，这是我国高校国际经济与贸易专业建设中的一件大事，对于特色专业建设和提高高等教育质量具有重要意义，也是对我国在新的历史起点上扩大对外开放、提高开放型经济水平所做出的积极贡献。

总结改革开放以来中国经济发展的经验，积极扩大对外开放作为一条基本国策得到了贯彻，在过去的三十年中发挥了积极的作用，在今后的几十年中仍将发挥重要的作用。国际经济与贸易专业人才的培养是实施扩大对外开放基本国策的基础保障，在以往的专业人才培养方面我国高校的同行教师积累了丰富的经验，其心血成果凝结在已出版的各类教材之中，尤其是一些知名高校专业教师所出版的教材在全国产生了较大的影响，这是支撑我国改革开放事业的基石，我国几代对外经贸战线上的领导和专业人员都是在这些教材的武装下走在对外经贸事业最前沿的。随着经济全球化的日益发展和我国对外开放格局的变化，当今我国对外经济贸易关系涉及的领域和问题进一步扩大，国际经济与贸易专业人才的培养环境和专业要求也发生了很大的变化，要求本专业人才在理论素养、专业知识和运作技能三方面能够更好地结合，成为一名复合型的国际化人才。可喜的是，全国的学术同行对此已有了比较充分的准备，他们的教学科研能够做到与时俱进，反映时代对人才培养的要求。呈现在读者面前的这套教材代表了我国国际经济与贸易专业教育的水平。

我国已有520多所高校设置了国际经济与贸易专业，就读于本专业的学生一般是所在高校的佼佼者，这种持续热门的现象一方面反映了社会对本专业的需求一直比较大，另一方面也表明本专业的学生综合素质高，能够适应社会需求及其变化。反映在专业培养定位上，就是体现通识教育和专业技能教育相结合的原则，充分发挥生源综合素质较好的优势，加强通识教育，打好理论基础，拓展学生的国际视野；加强专业技能教育，借助先进的教学手段，培养学生的基本操作技能和商务现实感；通过第二课堂和实习，取得理论与实践相结合的初步经验。本套教材从选题、写作大纲论证到体例编排上都体现了上述的认识，是全体编写者集体智慧的体现。

本套教材的编写者均是各高校的专业骨干教师，其中对外经济贸易大学的教师占多数，这也体现了对外经济贸易大学在国际经济与贸易专业教育方面所取得的成绩和社会认可度。在全国高等教育质量工程建设中，对外经济贸易大学被教育部批准为"国际经济与贸易国际化人才培养"第二类特色专业建设点，对全国的同类专业建设具有示范意义，本套教材是特色专业建设工程的重要组成部分，相信对全国的国际经济与贸易专业建设具有积极的推动作用。

鉴于教材编写人员均承担繁重的教学科研任务，在编写过程中难免存在疏漏不足。另外，国际经贸领域日新月异，理论与实务的最新发展往往难以及时并准确地收入教材之中，偏颇之处在所难免，希望使用本套教材的教师和同学们提出批评建议，以便在今后再版时能日臻完善。

赵忠秀 教授

对外经济贸易大学

再版前言

经过近一年的修改,《世界经济概论》第二版同读者见面了。本书是对2009年5月由北京大学出版社出版的《世界经济概论》教材进行的一次较为全面的修订。本书第一版出版以来,得到了广大读者的好评,同时也收到了一些中肯和有价值的建议。本次修订是在最大限度地吸收专家和读者建议的基础上进行的。

作为经济学和国际经济与贸易专业的核心课程之一,"世界经济概论"课程不仅内容十分广泛,体系相对庞杂,而且课程体系中要尽可能多地融入不断涌现出的新现象、新问题,近三年来,国际经济形势发生了巨大变化,国内经济也取得了新进展,国内外宏观经济政策也做出了重要调整,在国内外经济环境发生变化的背景下,急需对本书的结构、内容、观点和数据进行更新,以期真实地反映世界经济的发展状况。

本次修订改进了教材体系的设置,对部分章节做了调整,使之更加科学、全面地反映世界经济领域发生的变化。随着经济全球化的不断加深和区域经济一体化的蓬勃发展,这两种现象在世界经济领域更加引人瞩目,基于此,新版教材中将原教材中的"经济全球化与区域经济一体化"内容拆分为两章,在"经济全球化与世界经济发展"部分更加明确了经济全球化的表现,同时,增加了经济全球化对世界经济的影响等内容;在"区域经济一体化与世界经济发展"部分,详细地介绍了欧洲一体化、美洲一体化和亚太区域的经济合作。现行的国际货币体系和金融全球化是导致目前世界经济发展存在问题的重要原因之一,本次修订后,在"国际货币体系与金融全球化"部分,用更清晰的脉络和更精练的语言梳理了国际货币体系的发展,从全新的角度介绍了金融全球化和金融风险等问题。作为发展中国家的代表,中国在世界经济领域中的地位越来越重要,对世界经济发展的影响力越来越大,因此,对中国经济的发展进行更全面、更客观的认识显得尤为必要。新版教材在"融入世界的中国经济"部分,以介绍改革开放后中国经济的发展状况为基础,重点讲解了在世界经济大调整过程中的中国经济，使内容更具现实性。“案例介绍”、“知识链接”以及“进一步阅读材料和网络链接”等环节是本教材的独特之处，本次修订在保持这一特色的基础上，全面更新了第一版中的“引导案例”和“相关案例”，用更新、更恰当的案例为理论内容提供支撑的同时进一步拓宽读者的视野；新版教材还部分更新了第一版中“知识链接”的内容，替换了第一版教材中过于冗长且知识点较为简单的知识内容，对“进一步阅读资料和网络链接”环节的内容也做了一定的更新，新版教材还提供了最新版本和更切合教材内容的参考文献。此外，新版教材删除了原教材中理论性过强的章节，更加注重教材的可读性和所涉内容的广泛性，使其传递的信息更加贴近世界经济的发展现状。本书的第一章、第二章、第三章、第八章、第十章和第十一章由崔日明教授完成，第四章、第五章、第六章、第七章和第九章由任靓副教授完成。

本教材在修订过程中，参考并借鉴了大量国内外专家和学者的研究成果，这其中，已同部分学者进行了面对面的交流，而有些学者还未曾谋面，在此对这些为世界经济学科的发展做出过贡献的所有同行的辛勤付出深表谢意。尽管在修订过程中，我们做了巨大的努力，但由于编者的视野及水平有限，成稿之时尚有不足乃至错误之处，恳请同行和读者批评指正。

编　者

2012 年 12 月

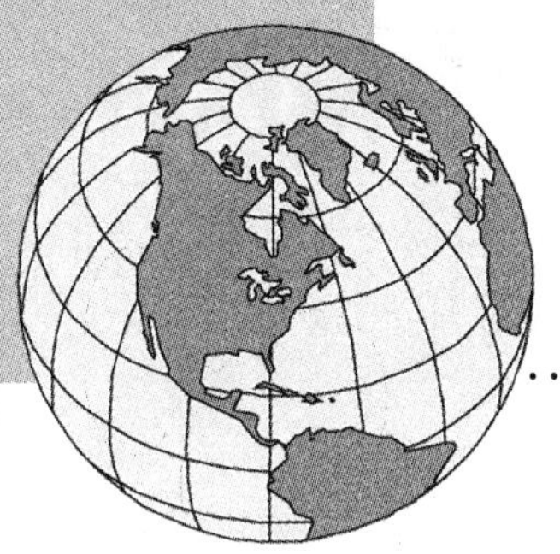

前　言

“世界经济概论”是经济学和国际经济与贸易专业的一门核心课程，所涉及的领域和内容广泛而复杂。它主要论述了世界经济的形成、发展与一体化进程中的若干重大事件、重要现象以及与此相关的理论观点，通过对世界经济现状、矛盾、问题等的分析，揭示出作为一个整体的世界经济运动、变化和发展的内在规律。

世界经济是各国经济相互联系和相互依存而构成的世界范围的经济整体。它是在国际分工和世界市场的基础上，把世界范围内的各国经济通过商品流通、劳务交换、资本流动、外汇交易、国际经济一体化等多种形式和渠道以及生产、生活和其他经济方面有机地联系在一起。在经济全球化日益扩大的今天，世界上任何国家的生产和生活都不可能完全闭关自守，都要或多或少地依赖于其他国家的生产，依赖于国际分工和国际交换，正是这种错综复杂的经济联系，构成了世界经济整体。

本教材以现代经济学理论为基础，以全球经济为研究对象，主要分析了战后世界经济发展的现状、运行机制、规律以及发展趋势，具有理论性、前瞻性、应用性和多学科交叉的特点。全书共分为十章，分别对世界经济的形成及发展与格局的变化、科技革命与知识经济、经济全球化与区域经济一体化、国际贸易与国际贸易体制、国际货币体系的发展与金融全球化、国际直接投资与跨国公司、发达国家的经济发展与国家调节、发展中国家的经济改革与发展、转轨国家的经济改革与经济发展等进行了全面系统的介绍，最后对融入经济全球化的中国所面临的机遇与挑战及经济社会的协调发展等相关问题进行了阐述。

本教材每章开篇前都有教学目的和要求以及教学重点与难点的重要提示，并且开篇又都以案例介绍为引导，文中还插入较多相关背景的阅读材料，使教材更为鲜活和独具特色，同时，在每章结束后又都提供了该章的重要术语和思考题，更为重要的是还提供了进一步的阅读资料和相关的网络链接，便于读者进一步深入学习和探究。

本教材最终的体系和结构设计，以及全书的撰写、修改、定稿工作由崔日明、刘文革承担。郑俊、陈付愉、闫微、任丽娜、付俐俐、张丽俐、徐凤仙、刘卉、刘金等参加了资料收集、初稿内容的讨论等工作，并提出了许多有益的修改意见和建议，在此表示诚挚的谢意。

本教材在编写过程中也参考、吸收和采用了国内外众多学者的研究成果，在此表示衷心的感谢。由于作者水平和能力所限，书中肯定存在一些不足甚至错误之处，恳请读者给予批评指正。

编者

2008 年 11 月

目　　录

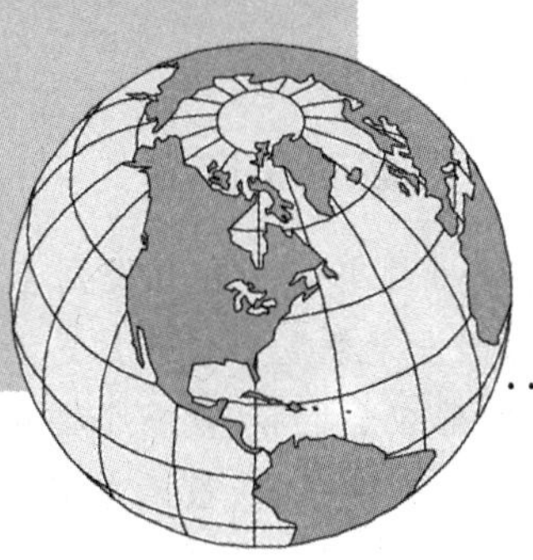

第一章

世界经济的形成、发展与格局的变化

【教学目的和要求】

1. 通过本章的学习，了解国际分工和世界市场的概念、形成与发展，掌握国际分工和世界市场的类型及发展趋势，研究影响国际分工和世界市场的因素。

2. 通过本章的学习，了解世界经济的形成与发展，总体上把握当代世界经济的基本特征及发展趋势，以及当今世界经济发展面临的主要问题。

3. 通过本章的学习，了解世界经济中心的演变，掌握世界经济多极化的发展趋势。

【教学重点与难点】

1. 影响国际分工和世界市场的主要因素，当代世界市场的基本特征。
2. 世界经济发展演变的过程。
3. 世界政治多极化在曲折中发展。

引导案例

波音和空客

波音公司(The Boeing Company)是美国一家开发及生产飞机的公司,在全球航空业市场上拥有颇高的占有率。其总部设于伊利诺伊州的芝加哥。然而,波音飞机并不是美国一家制造的,波音飞机的零部件是在全世界70多个国家生产的,也就是说波音飞机全球生产链跨越全世界70多个国家,包括中国,最后在美国组装。波音飞机的制造需要450多万个零部件,可这些零部件的绝大部分并不是由波音公司内部生产的,而是由65个国家中的1500个大企业和15000个中小企业提供。以波音公司生产的最新机型787大型客机为例,可以说,波音787是波音公司在全世界外包生产程度最高的机型,在787飞机设计和制造上,波音与其全球伙伴达成了史无前例的协同,是波音史上完工最快、造价最低的一次。在波音787的开发过程中,波音公司缩短了33%的进入市场的时间,且节省了50%的研发费用,按照其价值计算,波音飞机公司本身只负责生产大约10%——尾翼以及最后组装,其余的生产是由该公司关系密切的遍布于全球各地的40个合作伙伴来完成:飞机机翼是在日本生产的,碳复合材料是在意大利和美国其他地方生产的,起落架是在法国生产的,方向舵等则由中国生产。至于其数以万计的零部件,则是由韩国、墨西哥、南非等国来完成的。波音787从发明、定型、转化到融资几乎都通过全球网络实现,波音787的设计由美国、日本、俄罗斯和意大利共同完成;787的制造和研发涉及了美国、日本、法国、英国、意大利、瑞典、加拿大、韩国、澳大利亚、中国等多个国家和地区的顶级供应商。作为波音787飞机的关键启动用户所在地,日本成为787梦想飞机转包生产供应链中最重要的一环。日本在787飞机项目上承担了翼盒以及机身11、12、43、44、45段等合作项目,占到全机工作量的35%,并进行了巨额的风险投资。主要生产厂家有三菱重工、川崎重工及富士重工等。意大利阿莱尼亚飞机公司承担了波音787结构14%的制造任务,这也是意大利承担的民用喷气机项目中工作份额最大的项目。美国南卡罗来纳州沃特飞机工业公司作为波音公司的长期合作伙伴,负责787机身两大部分的制造,并与意大利阿莱尼亚飞机公司合作负责将南加州和意大利生产的零部件加以组装。中国航空制造业在此次787飞机的转包生产中也拥有部分订单。目前,中国一航旗下的成都飞机工业(集团)有限责任公司是787方向舵的唯一供应商。沈阳飞机工业集团有限公司负责787的垂直尾翼前缘;中航二集团旗下的哈尔滨飞机工业(集团)有限责任公司负责787上部和下部翼身整流罩面板、垂直尾翼零部件生产。787方向舵、翼身整流罩、垂直尾翼前缘等的总价值达数亿美元。

波音在世界上的最大竞争对手空中客车也是如此。空中客车公司(Airbus,又称空中巴士),是欧洲一家飞机制造公司,1970年于法国成立。其创立的公司来自的国家包括德国、法国、西班牙与英国。空客制造的飞机中,大约有80%的零部件是来自国外生产,飞机制造成本的50%以上是从专业公司采购的,只不过空客只是集中在欧洲几个国家内,场面铺得没有波音这么大。以空中客车340为例,空中客车是欧盟联合制造的,生产分布在很多国家。机头黄色的部分在法国生产,蓝色的部分在德国生产,机翼红色的部分在英国生产，绿色的部分是西班牙生产的，还有比利时生产的，五万多员工分布在16个工作城市。

（资料来源：根据波音和空客的相关资料整理。）

第一节　国际分工和世界市场

一、国际分工的产生、发展与趋势变化

（一）国际分工的含义

分工是一切生产的基本形式，是一切经济形态所共有的，人类历史上曾出现过三次社会大分工：农业和畜牧业、手工业和农业、商业和手工业的分工。社会分工是生产力发展的结果，它反过来又促进了生产力的提高。当社会生产力发展到一定水平之后，社会分工便冲破国家界限，在国际范围内表现出来，于是便出现了国际分工。国际分工是社会生产力和社会分工发展到一定阶段的产物，是伴随着机器大工业的发展而产生的，是国家之间在生产领域里的劳动分工，即国际的生产专业化。国际分工下的商品交换表现为国际贸易。

（二）国际分工的产生

真正意义上的国际分工的产生始于18世纪60年代的第一次产业革命。产业革命的完成，机器大工业的建立，资本主义统治的完全确立，商业经济的高度发展，社会分工的更加完善，都有力地推动了国际分工的迅速发展。

产业革命形成了巨大的社会生产力，使生产能力和生产规模迅速扩大，为国际分工的发展奠定了物质基础。从供给方面看，大机器工业生产出来的工业产品使国内市场趋于饱和，需要寻找新的销路——国际产品市场；从需求方面看，生产的急剧膨胀导致对原料的大量需求，大工业需要开辟丰裕的、廉价的原料来源——国际原料市场。机器大工业就是从供给和需求两个方面推动生产的向外扩张。更重要的是，机器大工业所创造出来的先进交通及通信方式把原料生产国家和工业品生产国家联系在一起，使得这种扩张能够实现，也使国际分工成为可能。

由于产业革命首先是在英国完成的，其生产力水平和竞争能力在当时都高于其他国家，加上强大的军事力量，从而能够将国内的农业与工业的分工推向世界，因此，这一时期的国际分工是以英国为中心形成的。这一时期，英国几乎垄断了世界贸易和世界船运业，英镑也成为当时的世界货币。英国成为"世界工厂"，而其他一切国家对于英国来说，既是其工业品的销售市场，又是它的原料供给地。在19世纪的前70年里，仅占世界人口2%左右的英国，却把世界工业生产的1/3—1/2和世界贸易的1/5—1/4掌握在自己手里。①

① 陈漓高、杨新房、赵晓晨：《世界经济概论》，首都经济贸易大学出版社2006年版，第24页。

欧美资本主义国家为了推行资本主义国际分工，打着自由贸易的旗帜，以廉价的工业品为武器，打开了世界其他国家或殖民地、附属国闭关自守的大门，使这些国家成为资本主义国家工业品的销售市场和原料供应地，从而把这些国家纳入资本主义国家主要从事工业生产，亚、非、拉国家主要从事农业生产的资本主义国际分工体系中去。"到19世纪中期，基本上形成了世界城市与世界农村既相互对立又相互依存的国际分工体系。"①

（三）国际分工的发展

国际分工的发展始于19世纪70年代的第二次产业革命，终止于第二次世界大战。第二次产业革命标志着人类开始从蒸汽机时代过渡到电力和内燃机时代，社会生产力再次获得了飞速的发展。第一次产业革命中资本主义机器大工业还是以生产轻工业产品为主，第二次产业革命推动了电力、汽车制造、钢铁、石化等重工业的发展，并逐步取代了轻工业而居于主导地位。在生产力发展的同时，自由资本主义逐渐过渡到了垄断资本主义，资本输出成为资本主义对外扩张的重要手段。这些因素推动了国际分工的进一步发展。这一时期的国际分工，由于建立在更强大的物质基础之上，因而具有更强的扩张性。卷入国际分工体系的国家越来越多，在人类历史上各国的国内市场第一次真正联结为统一的世界市场，生产的专业化倾向进一步加强。一方面，亚、非、拉国家和地区的经济发展进一步畸变为单一经济，其主要作物和出口商品只限于几种产品。这些产品绝大部分对工业发达国家出口，造成了亚、非、拉国家对工业发达国家的严重依赖。另一方面，处于国际分工中心地位的欧美先进国家之间也形成了工业品专业化生产的国际分工。例如，挪威专门生产铝，比利时专门生产铁和钢，荷兰和丹麦专门生产农产品，美国成为生产谷物的大国等，这加强了世界各国之间的相互依赖关系，加强了世界各国对国际分工的依赖性。

（四）国际分工的深化

第三次科学技术革命是第二次世界大战后国际分工深化的最重要因素。科技在生产中的运用再一次大大解放了生产力，加上这一阶段跨国公司的迅速发展、殖民体系的土崩瓦解、发展中国家的出现和一批社会主义国家的成立，使国际分工进入深化发展阶段。

世界产业结构的不断升级，使得这一时期的国际分工呈现出以下几个特点：

第一，以自然资源为基础的产业间分工不断减弱，而工业部门内部的行业分工得到加强，并进一步发展为以行业内部产品专业化为基础的分工。新科技革命使知识和技术密集型产业逐渐成为发达国家的支柱产业，于是产生了国际间产业的梯度转移，发达国家便把传统的劳动密集型和资本密集型产业逐渐转移到发展中国家，形成发达国家与发展中国家之间"大脑—手脚"的分工格局。在发达国家与一些新兴工业化国家之间，分工和贸易的基础则由原来的比较优势转化为竞争优势，国际贸易也由产业间贸易转化为产业内贸易，进而演变为跨国公司内部以及跨国公司之间的贸易，发达国家之间以及部

---

① 宋则行、樊亢：《世界经济史》（上卷）（修订版），经济科学出版社1998年版，第216页。

分新兴工业化国家之间彼此交换的商品是相同或相似的,而不像以前那样交换不同类的商品。

第二,在国际分工格局中,发达国家之间的分工居主导地位,发达国家与发展中国家之间以及发展中国家相互之间的分工合作发展相对缓慢。关税与贸易总协定及世界贸易组织的统计资料显示,自20世纪60年代以来,约2/3甚至更多的世界贸易发生在技术、资源禀赋比较类似的发达国家之间,而发展中国家与发达国家之间的贸易,以及发展中国家之间的贸易,在世界贸易中所占的比重则不足1/3。此外,发达国家之间的贸易主要以制成品贸易为主,其中绝大部分贸易发生在机械、运输设备等行业内部。

第三,社会主义国家和发展中国家更广泛、深入地参与国际分工,改变了国际分工单一的资本主义性质,结束了资本主义生产关系一统国际分工的时代。第二次世界大战后,一批社会主义国家成立,使参与国际分工国家的经济所有制形式发生了变化,改变了国际分工单一的资本主义性质,结束了资本主义生产关系一统国际分工格局的时代。为发展本国经济,实现工业化,社会主义国家和广大发展中国家开始根据本国国情有目的、有计划、有步骤地参与国际分工。

第四,跨国公司的发展使跨国公司的内部分工成为一种新的国际分工形式。战后跨国公司的普遍发展使国际分工进入到一个新的阶段,跨国公司根据自己的全球战略进行的由设在不同国家的母公司与子公司之间、子公司与子公司之间的跨国公司内部分工以及不同跨国公司之间的分工,构成了国际分工新的重要组成部分。反映在国际贸易上,20世纪七八十年代跨国公司之间的贸易在一些母国(如美国、日本和英国)贸易流量中所占比重高达3/4以上;跨国公司内部贸易在母国贸易中占30%。跨国公司在一些发展中东道国的贸易中也占有重要的位置。

此外,随着世界产业结构的升级,国际分工从有形商品生产和贸易领域向服务部门扩展渗透。

二、世界市场的形成与发展

(一) 世界市场的含义

世界市场是一个动态的和发展的概念,是商品经济的范畴,不是一个地理概念。商品交换超越国界在国与国之间进行,产生了国际商品交换。世界市场是全世界范围的商品流通,是通过国际经济关系联系起来的各个国家和地区市场的有机总体,它反映着国际交换关系。

(二) 世界市场的形成与发展

世界市场的形成与发展贯穿着整个世界经济的形成和发展过程。世界市场的形成大致经历了三个主要阶段①:区域性国际市场阶段、早期的世界市场阶段和世界市场的最终形成阶段。

① 陈漓高、杨新房、赵晓晨:《世界经济概论》,首都经济贸易大学出版社2006年版,第33—38页。

1. 区域性国际市场

世界市场的形成，是从国别市场发展到区域性国际市场，最终形成统一的世界市场的过程。

其实，早在人类社会的中古时期，已经存在跨越国家和民族界限的贸易活动。但由于受到生产力水平低下的制约，以自给自足为特征的自然经济在各国占主导地位，可以用来交换的产品极其有限，再加上运输工具的限制，因此，在当时的经济发展水平和运输条件下，国际贸易中流通的商品仅仅是为数不多的体积小和重量轻的奢侈品，如香料、茶叶、丝绸、宝石等；贸易范围也有限，一般主要限于相邻国家之间。中世纪西欧城市的兴起，手工业和商业得到快速发展。而欧洲国家间贸易的增长，形成了一些固定的国际性集市，又吸引了其他国家和地区的参与，从而推动了更大范围的区域性贸易的发展，并在此基础上促进了州与州之间贸易的发展。因此，在15世纪，区域性市场成为当时国际贸易的重要特征。在欧洲，主要的区域性市场有以意大利城市威尼斯、热那亚和比萨为中心的地中海贸易区；以荷兰、比利时城市弗兰德尔、布鲁日为中心的北海和波罗的海贸易区；以德意志北部城市汉堡、律伯克为中心的汉萨同盟；以东欧城市基辅、契尔尼哥夫、斯摩棱斯克为中心的俄罗斯贸易区；以英国为中心的不列颠贸易区等。这些贸易区不仅在区内形成了以自然差异为基础的国际分工和交换，而且各贸易区之间也开始了贸易活动。几乎与此同时，在亚洲地区的一些国家，农业和手工业也达到了比较高的水平，亚洲地区间的贸易也得以发展，并且形成了几个比较重要的贸易区，如日本、中国、朝鲜之间的东亚贸易区，以印度为中心的南亚贸易区，以及在东南亚一些国家之间形成的东南亚贸易区等。

2. 早期的世界市场

区域性市场通过两个重要的因素联结成一个统一的早期世界市场。第一个因素是15世纪资本主义生产方式萌芽的产生及其带来的殖民政策；第二个因素是15世纪以来科学技术的发展特别是交通运输工具的改进及其带来的地理大发现。其中，资本主义生产方式的萌芽是决定性的因素。资本主义生产方式一经产生，就产生了强烈的原始积累的欲望。由于早期欧洲国家资源和财富有限，对外扩张就成为欧洲的封建贵族、商人、手工场主一致的愿望，而地理大发现和交通运输工具的改进则使这种愿望得以转化为现实。从16世纪起，欧洲的殖民主义者先后征服了非洲、美洲和亚洲的大部分地区，殖民主义者一方面将殖民地世世代代积累起来的金银和其他财富源源不断地运往欧洲；另一方面采取"重商主义"贸易政策，垄断对殖民地的贸易。据估计，在1545年至1560年间，每年从非洲运往西班牙的黄金达5 500千克，白银达246 000千克，此外还有大量的糖、棉花、烟草等。欧洲的殖民地政策打破了原有的相对封闭的各个区域性国际市场，形成了以欧洲为中心的早期统一市场。

3. 世界市场的最终形成

世界范围内商品市场的基本形成主要发生在18世纪60年代至19世纪末这一历史时期。这一过程主要借助于国际贸易这一手段实现主要商品在国际间流通的过程。尽管早期的世界市场在16—18世纪就已经初步出现，并且早期世界市场上贸易从商品种类到涉及的地区范围都不断丰富，但就总体而言，早期世界市场中交换的商品基本上还未成为各国再生产过程的必要环节。这时,在早期的世界市场上起主导作用的是商业资本,而作为形成世界经济最强推动力的工业资本尚未处于支配地位。

现代意义上的世界市场的形成得益于工业革命的兴起。发生在18世纪60年代以后的工业革命,从生产力和生产关系两方面推动了统一的世界市场的形成。

从生产力这一角度看,起源于英国的工业革命在工业技术和交通运输工具的进步方面具有划时代的意义。工具革命、材料革命、动力革命三者构成了英国工业技术革命的历史内容。工业技术革命大大推动了生产力的进步,为人类创造了前所未有的物质财富。

世界市场的产生和发展是资本主义生产方式发展的结果。机器大工业以其雄厚的物质基础和巨大的生产能力,对开拓世界市场具有势不可挡的威力。技术进步已经成为资本主义在世界范围内进行扩张的有力工具。机器大工业需要不间断地扩大再生产,从而要求一个不断扩大的市场。这样就驱使其从国内市场走向国外,到海外寻找新的市场。随着机器大工业对世界市场的开拓,进入市场的商品种类和数量都大幅度增加,更加丰富了世界市场的内涵,使资本主义生产过程与世界市场紧密相连,世界市场也成为资本主义再生产必不可少的条件。这也是它区别于早期世界市场的本质特征之一。

工业革命使交通运输业取得突飞猛进的发展,直接为世界市场和世界经济的形成创造了物质条件。公路的修筑、铁路的兴建、运河的开凿,尤其是蒸汽动力的推广和使用,产生了铁路机车和汽船等先进的交通工具。这样,不仅大大提高了运输的速度,交通也更加便利,使得商品在一国生产、在全世界流通和消费成为可能,也使得商品市场向海外扩张成为可能,从而为建立世界市场创造了条件。

从生产关系适应生产力的角度看,工业革命对生产关系的影响,同样对世界市场的形成起了推动作用。工业革命前,生产力先进国家的产业结构是以农业为主体的,稳定的工人阶级和资产阶级还没有形成,资本主义手工业在整个经济结构中,既无法囊括全部工业生产,也无法从根本上改变它。随着工业革命的深入,工业的地位大大提高,国民经济的产业结构出现了前所未有的变化。工业的迅速增长和高额利润,吸引了越来越多的资本和劳动力。在工业中,这种高度集中一方面创造了较高的劳动生产率,使社会阶级结构分化为近代无产阶级和资产阶级;另一方面使工业由原来附属于农业的地位上升为举足轻重的国民经济部门,完成从农业国向工业国的转变。这两个方面使得资本主义制度最终在生产力先进的国家中占据统治地位,从而保证与资本主义的市场经济制度发展密切相关的世界市场的建立和完善。

与资本主义国际分工和国际商品交换相适应,这一时期世界市场的格局也是以少数先进欧美国家为中心,而广大落后国家处于从属地位。资本主义世界市场的形成最初是以英国为中心的,这是由它作为“世界工厂”的地位所决定的。当时,英国宣扬的是自由贸易,实际上是英国对世界市场的垄断。以后,随着法、德、美等国家机器大工业的发展和经济实力的增强,英国对世界市场的垄断就为英、法、德、美之间的竞争所取代。于是世界市场就形成了以先进资本主义国家为中心、广大经济落后国家依附于它的格局。

随着科技的进步、生产力的提高和国际分工的深化发展,世界市场的内容也不断深化发展。统一的世界市场于19世纪中叶形成以后,先是经历了一百多年的以制成品贸易和原材料贸易为主导的商品结构，这种贸易秩序几乎扩展到世界的每一个角落。在这一期间制成品的内涵不断丰富，在19世纪末第二次科技革命发生后，汽车、钢铁、石油等产品代替棉纺织品成为大宗的国际贸易货物。这一局面自20世纪中期开始出现了变化。第二次世界大战后，第三次科技革命的兴起，特别是电子计算机和人工智能的发展将人类带入了信息社会。世界市场的内涵及其分支体系极大地丰富，不仅包括种类繁多的世界商品市场，还包括迅速发展的国际资本流通、劳务、信息与世界科技市场等。世界市场开始成为一个包罗万象的大市场。

知识链接

统一的世界市场形成的标志

产业革命以后的一百年间，世界市场已有了很大的发展，但一直到19世纪中叶，世界市场上还只有英国处于支配地位。西欧、北美诸国属于刚开始工业革命的阶段。这些国家刚刚开始大修铁路，使本国的内地和国际市场更紧密地联系起来。从全世界的角度看，资本主义生产关系对于像中国等亚洲大陆国家来说还刚刚开始，此时还不能认为统一的世界市场已经完全形成。到19世纪末20世纪初，资本主义进入垄断时期，才可以认为最终形成了统一的无所不包的世界市场。其标志为：

1. 帝国主义列强已把世界瓜分完毕

20世纪初，全球任何一个国家或地区都已处在资本主义生产关系的支配之下。欧洲一些国家和美国在19世纪中期开始的新科技革命中迅速地发展了自己的生产力，使它们的生产力水平开始接近最早实现工业化的英国。到19世纪末20世纪初，美国、德国的经济实力已超过英国。这些发达资本主义国家进入垄断阶段以后，加强了资本输出。为了保证本国产品的销售市场和原料产地，帝国主义纷纷掠夺殖民地，在世界上划分势力范围。到20世纪初，世界上已没有什么国家和地区可以脱离世界市场去进行经济活动了。

2. 多边贸易、多边支付体系的形成

19世纪末，随着国际分工的发展，西欧大陆各国和美国这些发达资本主义国家从不发达的国家和地区进口的农产品和原材料越来越多，而不发达国家和地区从西欧大陆和北美进口的数量则相对较少，因而欧洲大陆的工业国和美国对不发达国家有大量的贸易赤字。与此同时，英国因实行自由贸易政策，从西欧大陆工业国和美国输入的工农业产品持续增长，出现了英国对这些新兴工业化国家的贸易赤字。当时世界上不发达国家和地区进口的工业品，很大部分来自英国，因此又存在着不发达国家和地区对英贸易的赤字。这样就出现了对多边支付的需求。英国需要用其对不发达国家的贸易顺差来弥补对西欧大陆和美国的贸易逆差；不发达国家和地区需要用它们对西欧大陆工业国和美国的贸易顺差来弥补其对英贸易的逆差；西欧大陆工业国和美国则需要用它们对英贸易的顺差，来弥补对不发达国家和地区的贸易逆差。英国作为一个老牌资本主义国家在海外有大量的投资收入需要汇回，它的航运业、银行业、保险业每年也要从世界各地赚得大量收入，这就使当时的英国成为世界多边贸易、多边支付体系的中心，伦敦因此而成为国际金融中心。这使得国际贸易参加国可以在伦敦完成国际之间债权债务的清偿，有助于资本输出和国际间的资金流动。

3. 国际金本位制度的建立与世界货币的形成

世界市场与世界货币是密切相关的，两者相互促进，相辅相成。所谓世界货币是指在世界各国都能通用的、担任一般等价物的商品，它为参加世界市场的人们所接受。早期的世界货币是黄金和白银并用，是一种复本位制。1816 年英国过渡到单一的金本位制。但国际金本位制的建立则是在 1873 年至 1897 年间的事。当时欧洲许多国家和美国、日本等主要资本主义国家纷纷放弃复本位制而采用单一的金本位制。到 20 世纪初，世界上大多数国家都实行了金本位制。国际金本位制的好处在于：

(1) 它使世界市场上各国货币价值的相互比较有了一个尺度，并使各国货币之间的汇率保持稳定。

(2) 它给世界市场上各国的商品价格提供了一个互相比较的尺度，使人们很容易把商品价格从用一种货币表示转换为用另一种货币表示，有利于把各国的价格结构联系在一起。这个国际金本位货币制度使当时的多边支付体系顺利发挥作用，是世界市场机制的一个重要组成部分。

4. 各国共同受世界市场行情变化的影响

从 19 世纪末 20 世纪初，世界上已形成了许多大型的商品交易所，不少地方举办的博览会把世界各地的客商及产品汇集到一起。这一切都使世界各地的同类产品的价格有趋于一致的倾向，形成了许多产品的世界市场行情。这有利于航运、保险、银行及各种机构的健全，交通设施和运输工具的进一步完善。并且，人们通过长期的实践，已在世界市场上大体形成了一整套有利于各国贸易往来的规则和惯例，这保障了国际贸易的顺利进行。这一切都使世界市场的各个部分紧密结合在一起，各国的进出口贸易无不受到世界市场行情变化的影响。

（资料来源：http://course.shufe.edu.cn/course/gjmyx/dzjc/chapter1/4_2.htm。）

第二节　世界经济的形成与发展

世界经济是一个历史范畴，它是在资本主义机器大工业以及由此引起的国际分工和世界市场的基础上形成的，是人类社会发展到一定历史阶段的产物。

在原始社会后期，出现了社会分工和部落之间的商品交换。到了奴隶社会和封建社会，又出现了国家间的商品交换。但是，因为那时生产力水平低下，自然经济占统治地位，社会分工不够发达，所以商品交换的范围和内容极其有限，国内贸易和国际贸易都不发达，几乎没有社会生产的固定分工。这时还不存在真正的国际分工和世界市场，世界经济也就没有形成。到 14—15 世纪，围绕地中海进行的东西方贸易发展起来，但参与并依赖于经常性国际商品流通的仅仅是个别的的商业城市以及在封建时代的中介贸易中成长起来的为数不多的城市共和国。其商品交换的数量微不足道,种类只限于那些具有资源优势或生产成本差别很大的少数商品,贸易的地理范围也是极其有限的。即使是地域市场也不稳定,更不存在联结各国经济的世界经济。

到15世纪末16世纪初,世界经济开始形成。世界经济的形成大体经历了三个历史阶段:萌芽期、形成期和发展期。

一、世界经济的萌芽

世界经济的萌芽发生在15世纪末16世纪初到18世纪中后期这个时间段。15世纪末16世纪初的"地理大发现"为世界市场的形成准备好了地理上的条件。

随着新航路和新大陆相继被发现,国际贸易中心由地中海转向大西洋,国际贸易领域扩大到世界各地,国际贸易的商品种类也随之增加。美洲的金银、非洲的奴隶、亚洲的香料、欧洲的工业品纷纷卷入到国际商品流转中来,世界市场由此产生了。

国际贸易在地域上的扩大和商品种类的增加,引起了西欧商业的革命性变化,促进了以分工为特征的工场手工业的发展。从16世纪开始,西欧的封建专制国家大力推行重商主义政策,积极鼓励发展航海业和对外贸易,促进了为出口而生产的国际间分工。与此同时,西欧商业强国纷纷在亚洲、非洲、拉丁美洲地区争夺殖民地和市场,建立起以国际分工为特征的早期的资本主义专业化生产,把原来只具有地域色彩的国际分工逐渐扩展到世界各地。

但是,这时的国际分工还不是真正意义上的国际分工,不过是宗主国与殖民地之间强制性的特殊分工。这一时期的国际贸易对各国的再生产过程也并不起决定性的作用,各国间的经济联系是局部和松散的。因此,这一时期出现的国际分工和世界市场只是一种早期的原始形式。这种早期的国际分工和世界市场的出现,标志着世界经济的萌芽。

二、世界经济的形成

世界经济的形成具体来说又可以细分为初步形成和最终形成两个时期。①

(一)世界经济的初步形成(18世纪60年代—19世纪70年代)

第一次科技革命促成了世界经济的初步形成。第一次科技革命用蒸汽机代替人力、畜力和水力等自然力,用机器代替了手工操作,完成了工场手工业向机器大工业的过渡,使社会生产力出现了质的飞跃。这时的商品经济高度发展,进而促进了国际分工和世界市场的发展,为世界市场的初步形成准备了必要的条件。这一时期世界经济的形成,是在机器大工业的基础上以国际分工体系的建立和世界市场的开拓为主要标志的。

1. 国际分工体系的建立

机器的广泛采用使工业内部的分工得到进一步的发展,分离出许多独立的工业部门。由于生产规模的扩大,生产所需的原料本国供给已经不能满足,产品也非本国的市场可以容纳。社会分工迅速向国际领域扩展,世界市场成为资本主义再生产过程必不可

① 张曙霄、吴丹:《世界经济概论》,经济科学出版社2005年版,第15—20页。

少的条件。于是,机器大工业把越来越多的国家吸引到国际分工体系中来。一方面,质优价廉的机器工业产品摧毁了国外传统的手工业生产,打开了商品的销售市场;另一方面,外国消费者为购买工业品而不得不出卖自己生产的原料和初级产品,从而使这些国家变为工业国的原料供应地。欧美先进国家逐渐把亚洲、非洲、拉丁美洲国家的经济改造成依赖于国际分工的单一经济。"一种和机器生产中心相适应的新的国际分工产生了,它使地球的一部分成为主要从事农业的生产地区,另一部分成为主要从事工业的生产地区。"[①]到19世纪中期,欧美发达国家与亚、非、拉落后地区间既对立又相互依存的垂直性国际分工体系基本形成。

2. 世界市场的形成

国际分工体系的建立,标志着世界市场进入到一个崭新的历史发展阶段。新的世界市场形成于19世纪60年代。世界市场的产生和发展是资本主义生产方式发展的结果,它随着地理大发现而产生,并随着工业社会的出现而形成。

机器大工业对开拓世界市场具有极大的促进作用。机器大工业的物质基础雄厚,生产能力巨大,它本身就是一种世界性的生产。首先,机器大工业使世界市场的范围不断扩大。激烈的竞争促使它不间断地扩大生产,从而把市场从国内扩大到国外。机器大工业不仅需要不断扩大海外销售市场,同时也需要日益扩大原料供应的来源。机器大工业用商品生产征服一切产品生产,用廉价商品摧毁落后国家的手工产品,从而使这些国家变成工业国的原料产地。广大亚、非、拉国家沦为西方国家商品销售市场和原料产地的过程,也就是这些国家日益卷入世界市场的过程。其次,机器大工业使世界市场的内容不断丰富。随着机器大工业对世界市场的开拓,进入世界市场的商品数量和种类也大幅度地增加,从过去仅限于欧洲手工产品和热带农产品交换的世界市场,演变为种类繁多的大宗商品交换的世界市场。世界市场供求关系的任何变动都会对世界各国的经济生活产生不同程度的影响。这一时期的世界市场已经成为资本主义再生产必不可少的条件,这也是它区别于早期世界市场的本质特征之一。19世纪的历史证明,每一次新的工业高潮,都与海外市场的开辟即世界市场的扩大相联系。19世纪40—60年代,世界贸易的增长速度超过世界工业的增长速度,就是机器大工业促使世界市场不断扩大的有力例证。

到19世纪60—70年代,随着资本主义国际分工体系的建立和世界市场的发展,世界经济体系已经初步形成。之所以说是初步形成,一方面,是因为世界上还有相当多的国家和地区仍处在闭关自守甚至是与世隔绝的状态,世界经济覆盖的人口仅占全球人口的10%;另一方面,世界经济联系的纽带主要是国际贸易,生产和资本的国际流动还很有限。

(二) 世界经济的最终形成(19世纪70年代—20世纪初)

从19世纪70年代开始的第二次科技革命促成了世界经济的最终形成。第二次科技革命是以电的发明和使用为主要标志的、以内燃机和电动机为核心的、以重化工业为经

① 《马克思恩格斯全集》(第23卷),人民出版社1972年版,第494—495页。

济发展中心的科技革命。第二次科技革命不仅为自由竞争资本主义过渡到垄断资本主义奠定了物质基础,同时也为世界经济的最终形成提供了强大的动力。

1. 第二次科技革命对社会生产力产生了巨大的推动,进而促进了国际分工的升华和世界市场的扩大

第二次科技革命对社会生产力产生了巨大的推动作用。世界工业产量在1850—1870年的20年间增长了1倍,在1870—1900年的30年间增长了2.2倍,在20世纪初的13年里又增长了66%。

(1) 生产力的发展促进了垄断资本和金融寡头的产生,使国际分工日益深化。垄断使大垄断组织迅速聚敛起巨额资本,当大量资本在国内找不到有利可图的投资场所,形成大量的过剩资本后,资本输出便迅速增长起来。工业国的资本纷纷跨出国界,在世界范围内寻找最佳的投资场所。资本输出开始成为这一时期主要的经济特征之一。资本输出深化了国际分工,形成了以资本为媒介的国际分工,从而实现了世界范围的生产社会化和国际化,进一步加强了各国经济之间的联系。

(2) 生产力的发展扩大了世界市场的内涵。资本输出同样使世界市场不仅包括国际商品市场,而且还包括国际资本市场。由于世界市场上两大国际流通领域(商品流通和资本流通)交织,世界市场的机制更加完善了。

(3) 生产力的发展使发达国家加快了对世界市场的瓜分。由于资本主义的生产能力和生产规模越来越大,生产和消费之间的矛盾尖锐起来,各发达国家加快了对世界市场的瓜分。到20世纪初,世界市场被瓜分完毕,实际市场已经囊括全球。

2. 交通运输和通信业变革将世界连成一个整体

第二次科技革命使交通运输和通信业产生了真正意义上的革命,火车、轮船、电报得以普及和发展。世界船舶总吨位在1870—1910年间增加了1倍多,其中汽船吨位所占比重从16%增至76%。铁路建筑的速度则更为迅速,1870—1913年间,世界铁路线长度增长了4倍。到1870年时,94%以上的铁路分布在欧美两洲。到20世纪初,铁路开始大规模向落后国家普及,并在南美大陆、南亚次大陆以及远东地区形成建设铁路的高潮。铁路联系港口从沿海延伸到内陆腹地,而轮船又以海运把世界各地的铁路系统联结成一个跨洲的庞大的国际交通运输网。与此同时,电报的使用已经遍及全球,电话开始在欧美国家应用,1901年无线电波飞跃大西洋并迅速普及。通信革命使世界市场形成了迅捷的信息网络。总之,交通和通信的革命使越来越多不同经济发展水平的国家融入世界经济体系中来。

3. 第二次科技革命引起的产业结构的变化带来了国际分工的深化

第二次科技革命产生了一系列新产品、新部门,带动了重工业部门的发展。工业产量首次超过农业,一些资本主义国家从农业国转变为工业国,经济不发达国家也开始发展自己的民族工业。发达工业国与初级产品生产国之间形成了垂直分工的国际分工体系,发达国家之间也形成了以不同部门为主的国际分工体系。国际分工进一步深化。

综上所述,科技革命及其引起的生产力发展,不断推动国际分工的深化和世界市场的扩大,世界经济于20世纪初最终形成。

三、世界经济的发展

第二次世界大战以后，世界经济的发展进入了一个新阶段，产生了许多新的发展特点，经济发展的全球化，跨国公司在世界经济发展中的地位越来越重要，经济发展的不平衡加剧，从而加剧了资本主义的基本矛盾。尤其是进入新世纪以来，世界经济在和平与发展的国际大背景下取得了稳定的发展。具体体现出以下几个特点：

（一）经济全球化的趋势不可阻挡

经济全球化是20世纪末开始的世界经济发展中的一个显著特点。这一特点不仅广泛影响到经济以外的全球各个领域，而且深刻影响各国特别是发展中国家的经济发展，成为发展中国家必须高度重视的外部环境的基本要素。

经济全球化主要有三个方面，即贸易自由化、金融国际化和生产一体化。关税不断降低乃至在部分产业中完全消除，非关税措施禁用，商品贸易自由化原则普遍向服务贸易延伸，整个贸易自由化呈现加速趋势。国际资本流动数量迅速增长，障碍日益消除，工具不断创新，跨国金融机构力量日益增强，各国金融市场的开放不断扩大，各资本市场的相关性日益提高，相互传递日益加快，使国际金融动向成为整个世界经济运行中最为敏感、最为关键的因素。跨国公司日益壮大，巨型企业的跨国兼并层出不穷，中小型企业的跨国投资迅速增长，国际直接投资的障碍日益减少，生产的国际分工不断深化，所有这些变化使跨国经营成为当代企业的主要经营方式，世界生产在企业跨国经营推动下日益一体化。①

经济全球化发展的根本动力是世界范围生产力和生产关系的加速进步。国际分工的深化和资源的全球化配置反过来又创造了更高的生产力，也创造了新的国际经济融合形式。全球范围的科技革命是世界生产力跨越的动力，而以信息革命为核心、以一大批高新技术产业为标志的新一轮科技进步既为经济全球化提供了技术手段，又为其加速推进提出了强烈要求。

20世纪90年代以来，两方面的因素进一步推动了经济全球化发展：一是原计划经济国家广泛实行了市场化改革，从经济体制上消除了与以市场经济为本质特点的世界经济的差距；二是更多的发展中国家采用了开放型的发展战略，从发展政策上减少了国家对涉外经济活动的干预。这两方面的变化使世界经济在空间概念上大大拓展。

（二）世界经济发展呈现多极化趋势

当今世界经济的多极化特点也经历了一个形成发展的过程。

1. 战后初期的世界经济格局

战后初期的世界经济格局是两种经济体系并存的世界经济。第二次世界大战以前，世界经济格局表现为一个社会主义国家与四分五裂的资本主义经济体系的并存。第二次世界大战之后，结束了这种旧的格局，形成了资本主义经济体系与社会主义经济体系并存的世界经济。

① 张幼文：《经济全球化冲击的性质与特点》，《世界经济研究》，2001年第6期。

2. 20 世纪 60 年代的世界经济格局

世界经济格局由两大经济体系演变为三个世界，即经济高度发达的国家、中等发达的国家和发展中国家，这种划分是打破不同社会经济制度，按不同社会经济发展程度的标准而划分的。

3. 20 世纪 70 年代的世界经济格局

世界经济中各种力量剧烈变动，国际经济贸易关系发展较快，第三世界处于有利地位。

4. 20 世纪 80 年代以来的世界经济格局

世界经济格局出现空前的大动荡大改组，各国经济力量对比发生了根本变化，世界经济向多极化方向发展。

（1）东欧剧变，苏联解体，世界经济格局发生根本变化，战后形成的两极格局结束，世界经济格局向多极化发展。在这种变动的格局中，社会主义经济力量大大削弱，处于不利地位，而发达资本主义国家重新处于有利地位，主导着世界经济的变化发展。不过，这种优势地位不再是以美国为中心的单一中心统治体制，而是以美国、日本、欧洲为主的多极统治体制。

（2）在多极化最终形成的过程中，世界经济集团化趋势不断加强。目前已建立的主要有以法德为中心的欧洲共同体和以美国为中心的北美自由贸易区，并正在不断发展和加强。经济集团化趋势加强的根本原因在于当代资本主义经济发展的内部矛盾，一方面，生产和资本国际化程度提高到一个新的阶段，世界各国特别是发达资本主义国家的经济，以跨国公司为纽带通过各种生产要素的交流已空前紧密地联系在一起，各国经济真正成了世界经济整体的一部分，在此基础上各主要资本主义国家有必要和可能就共同的经济问题进行协商和协调并联合行动；另一方面，经济集团化的出现又是资本主义发展不平衡、资本主义大国之间竞争加剧的结果，在多极化的局面下为了加强各自的力量和压倒对手，必然要组成集团。

（3）第二次世界大战后形成的两极格局，由于苏联解体已不复存在。美国由于国力逐渐削弱也不能单独主宰世界，日本和德国却迅速崛起，要与美国分庭抗礼。整个世界格局正朝着多极化方向发展。西方世界的主角是美、日、德。它们之中，美国虽然已被削弱，但其经济和军事实力仍是最强大的，日本和德国的经济力量虽然大为增强，但在短期内不能取代美国的唯一超级大国地位。

（三）跨国公司在世界经济中的地位日益重要

跨国公司对世界经济产生了很大影响。按母国划分，跨国公司绝大多数来自发达国家，但其经营活动有相当部分在发展中国家开展。这样，通过经济活动，跨国公司将不同国家联系在一起，成为南北关系的桥梁。第二次世界大战以前，跨国公司是帝国主义国家推行殖民政策的主要角色，它们在非洲、拉美国家的掠夺性经营造成了当地经济结构的畸形发展。因此，五六十年代，发展中国家对跨国公司的活动采取了全面限制甚至排斥的政策，一些沿袭殖民统治时期经营模式的跨国公司成为南北关系中的紧张因素。70 年代以后，发展中国家开始重视跨国公司作用的发挥。进入 80 年代，绝大多数的发展中国家都转向以积极的态度和有序的政策吸引跨国公司的投资。对于发达资本主义国家而言,跨国公司通过对外直接投资赚取了巨额利润。扩大了资本积累的规模,改善了国际收支状况,开拓和确保了国外原料市场和销售市场。更为重要的是,跨国公司加深了发达国家之间的相互依存和融合,大大增强了它们之间的协调能力,对发达国家的经济发展起到了推动作用。

对于发展中国家而言,跨国公司的直接投资能够弥补资金的不足,能够作为金融中介为东道国筹措资金,其中跨国公司银行是发展中国家的主要贷款者,跨国公司的技术转让活动不仅使发展中国家直接获得先进技术和设备,而且还有助于它们的技术普及,提高发展中国家的劳动生产率、产品附加值和产品技术含量,对发展中国家的经济增长产生积极的影响。跨国公司设在发展中国家的子公司的出口在世界贸易中越来越重要,下属的贸易公司为发展中国家的出口提供服务、开拓市场,一些发展中国家也能够通过分包方式出口比较先进的产品或零部件,有效地扩大了出口。发展中国家的产业升级换代,通过跨国公司向海外转移的产业,对发展中国家的产业结构调整起了重要作用,有利于发展中国家特别是新兴工业化国家建立更先进、更多样化的工业结构。因此,客观上讲,跨国公司对发展中国家的经济发展起到了一定的推动作用。

(四) 世界经济发展不平衡不断加剧

当代世界是由不同社会制度、不同发展联合体、不同发展水平的 170 多个国家和地区组成的有机整体。世界经济的发展是很不平衡的。这种不平衡既包括发达资本主义国家发展不平衡和发展中国家发展不平衡,也包括社会主义国家发展不平衡和各类国家之间发展的不平衡。世界经济发展不平衡,是指世界各国经济力量增长的不平衡和各国经济实力发展的不平衡,这种不平衡是和各国国力增长不平衡相联系的,必须和政治、军事、社会、科技等因素相联系。

资本主义国家经济发展不平衡规律存在于资本主义发展的整个历史过程。但是由于资本主义各个时期的具体经济、政治条件及国际环境等各不相同,因而这个规律的具体表现形式及其对社会经济的影响也不尽相同,资本主义国家间的经济发展不平衡,主要是指它们在经济发展速度上的差异和由此引起的各国经济实力地位的变化。第二次世界大战以后,资本主义发展不平衡规律的作用表现出新的特点,具有更大的跳跃性,主要表现为美国经济地位由胜到衰和日本与欧洲国家的地位迅速上升,随着这种经济力量对比的变化,在资本主义世界经济中形成了美国、日本、欧洲三大经济中心。

(五) 科技革命对世界经济发展的推动作用日益增强

科技革命的产生,对社会生产力的发展产生巨大影响,引起人类社会和世界经济的深刻变化。第二次世界大战后,在世界范围内发生了第三次科技革命,它是迄今为止规模最大、影响最深远的科技革命。

第三次科技革命发生于战后的 20 世纪 40 年代末和 50 年代初,是从美国开始的。这次科技革命的主要标志是原子能、电子计算机和空间技术的发明与利用。这次科技革命对社会生产力的增长和整个人类社会的发展,都产生了深刻的影响,使世界经济进入了一个新阶段。①

(1) 现代科技革命推动了资本主义经济的大发展。这种对社会经济发展的推动作用主要表现在:现代科技革命提高了劳动生产率;现代科技革命改善了社会扩大再生产的条件,扩大了积累,增强了扩大再生产所必需的物质资料,并且扩大了销售市场。

(2) 现代科技革命推动了资本主义经济结构的变革,首先是使物质生产部门结构发生了重大变化,工业部门特别是重工业的比重上升,农业部门劳动力的数量在全部劳动力中所占比重大大下降,非物质生产部门的劳动力比重迅速上升,这种变化主要反映了生产力的自身发展规律,并不因社会制度不同而有所改变。

(3) 现代科技革命也加深了资本主义的矛盾。推动社会生产力迅速发展的同时,也使生产社会化程度不断提高,客观上要求在全社会范围内,甚至在全世界范围内对社会再生产过程,对各种国际经济关系进行宏观协调,而科学技术的进步、各种先进生产工具的生产和运用,又为这种客观要求提供了物质条件。但是,另一方面,科技革命又加强了资本的积累与集中,使生产资料和社会财富越来越集中到少数垄断资本手中,加剧了生产社会性和生产资料私人占有之间的矛盾。

相关案例

美债危机及其影响

美债危机是次贷危机的延续,是信心危机的征兆。前段时间,标准普尔下调美国长期主权信用评级,引发国际金融市场剧烈震荡。这一事件,看似偶然,实则必然。2009年,我们曾提出国际金融危机的演变将呈现三个阶段的基本特征,即私人部门债务危机、主权债务危机和国际货币体系危机。政府大规模救市,由“政府高杠杆”替代“私人高杠杆”,私人部门债务危机转化为主权债务危机。主权债务危机进一步恶化和蔓延,政府不得不将债务货币化,靠多印票子来偿还债务。美元是主导性国际货币,美债危机以及美国债务的货币化必将对国际货币体系带来严重冲击,虽在短期内尚不足以从根本上动摇现有的国际货币体系,但这一体系的动荡、混乱和不确定性将大大增加。美国信用评级下调或许就是向这个方面演变的重要信号,标志着危机正在从第二阶段向第三阶段过渡。评级下调看似针对美国国家信用,实质是对美元主导的国际货币体系和美国经济复苏信心的动摇,是信心危机的征兆。

一、美债危机短期对实体经济影响有限,美欧经济陷入长期低迷的可能性加大,对我国短期冲击有限,但需警惕中长期影响

美债危机对实体经济的影响,主要通过以下两个渠道传导:一是风险和价值重估。信用等级下调,引发风险重估。美国国债作为众多金融资产定价的基础,将引发一系列金融资产价值重估。相应地,企业融资成本将上升,银行系统风险资本的要求会提高,进而影响金融体系对实体经济的资金支持。二是信心和财富效应。美国信用等级下降,金融市场出于对其他资产风险的担忧,竞相抛售风险资产,引发市场恐慌性暴跌。资产缩水又会通过财富效应影响企业投资和居民消费,使实体经济受到冲击。

---

① 李景治:《当代世界经济与政治疑难解析》,中国人民大学出版社2001年版,第37—38页。

由于美国经济、美元在全球经济及金融体系中的特殊地位,当国际市场风险加剧时,美债依然是相对安全和流动性较好的资产。在避险情绪推动下,投资者选择增持美债,减持其他风险资产,再加上政府的市场干预,短期内美债收益率不升反降。目前,美国企业和银行手中现金较多,流动性比较充裕,美债信用下调和宽松货币政策延长,进一步加大了美元贬值压力,但短期内尚不至于对实体经济造成重大冲击。

欧洲的情况则有所不同。由于欧洲银行系统持有大量政府债券,欧债的避险功能较差,如果欧洲某主要经济体信用等级也遭下调,则以上两个传导渠道都会相对顺畅,对实体经济将产生严重冲击,并形成难以预料的其他影响。应对美债危机的重点,应是美元持续贬值和欧债危机的系统性爆发。

受美债危机影响,美欧经济陷入长期低迷的可能性加大。经过这次信心危机的冲击,世界经济复苏前景变得更加黯淡。发达经济体扩张性政策的底线已经出现,可作为空间已极为有限。受债务规模高企、削减财政赤字压力增加和政治因素的影响,财政政策实际上处于紧缩状态。目前市场流动性充裕,即便实施宽松货币政策,由于信心缺失和缺乏具有增长潜力的投资领域,效果将十分有限。而且,当前发达国家的通货膨胀已经开始抬头,货币政策也面临着物价上涨压力的约束。更为重要的是,发达经济体重启新一轮增长周期,需要重大的结构调整和新增长动力的出现。然而,到目前为止,实质性的结构调整并没有发生,新能源、信息技术、生物等新兴产业发展缓慢,新增长点至今尚不明朗。美债危机发生后,市场信心动摇,即便短期不出现二次探底或深度衰退,发达经济体复苏期将会拉长,可能陷入类似日本的“失去的10年”。

美债危机对我国短期冲击有限,但需警惕中长期影响。美债危机对我国巨额外汇储备资产的保值增值和安全性将产生影响。短期内,由于美国国债收益率下降、价格上升,我国持有的美债账面上不仅没有损失,反而会产生一定盈利。但是,需要警惕评级机构进一步下调其他美元资产和其他发达国家主权债务的评级,否则将会引起金融市场间歇性波动,并导致主权债务危机向纵深发展。

美债危机导致的股市暴跌、信心下滑、经济放缓,对我国的外部需求将产生直接影响。但只要欧美经济不出现深度衰退,我国对其出口就可以保持一定增长。如今年上半年,美国经济仅增长0.8%,但我国对美出口仍增长16.9%。从长期来看,美欧等发达经济体陷入长期低迷,我国“入世红利”正在逐步消退,出口对经济增长的拉动预期将相应下调。

近期金融市场波动导致以石油为代表的大宗商品价格大幅波动。但未来西方国家通过债务货币化的手段化解债务危机的可能性很大,长期通货膨胀压力仍将是严峻挑战。

总体上看,美债危机的短期影响主要表现为金融市场震荡,对实体经济的冲击不大。但对欧债危机的恶化需要高度警惕。从中长期看,美元走上逐渐衰弱道路,国际货币体系的稳定性下降,已是大势所趋。因此,在做好必要政策预案、积极抢抓外部机遇的同时,应立足长远,加快推进改革,增强自身抗冲击能力。

二、长短有别,多管齐下,化解外汇储备风险,积极抢抓外部机遇,加快推进重大改革,在防控风险的同时推动增长动力转换

今年以来,我国控物价的政策成效逐步显现,未来物价上涨压力趋减。受国际经济

放缓和国内需求增速下降的影响，经济增长有所回落，但尚处正常、合理范围。在这次调控过程中，微观主体正在做出积极调整，资产泡沫化风险也得到一定挤压，结构调整出现一些积极变化。为巩固已经取得的成效，在美债危机向实体经济传导短期尚不明显的情况下，不需要政府进行大规模的干预，宏观政策不宜进行方向性调整。但对美元持续贬值、欧债危机恶化的风险，应提前做好应对预案。

一方面，要长短有别，多管齐下，化解外汇储备风险。双边贸易和巨额外汇储备，使中美利益紧密联系。基于此，短期内可考虑公开采取适当支持美元、美债策略，并积极争取我方经济、政治上的利益。中长期则以应对美元地位下降为重点，一是继续采取外汇储备多元化战略，增持优质外国企业债券和股票，增持部分增长前景较好、投资收益较高的新兴经济体债券；二是“藏汇于民”，积极推进、完善个人对外投资试点工作；三是采取积极措施支持企业“走出去”，提高对外投资额审批上限，取消不合理、不必要的外汇管理要求；四是加快人民币汇率形成机制改革，积极推进人民币区域化。

另一方面，要积极抢抓外部机遇。西方国家金融市场持续动荡，经济长期低迷，国内矛盾日益激化，意味着国际经济政治力量对比进一步朝有利于新兴大国的方向倾斜。应抓住这一战略机遇，积极争取对我国长期发展有利的外部资源，为和平发展打下坚实基础。加强资金、信息、管理、人才、外交等方面的综合服务，鼓励、支持企业特别是按市场规则运作的民营企业“走出去”，主动整合全球资源；加强与新兴大国和周边国家经贸合作，积极开拓新兴市场；着力打造具有国际竞争力的投资环境，大力吸收国际高端产业与生产要素；加快制度建设，多种方式灵活吸引海外高层次人才；进一步提升参与全球经济治理的层次和水平，在未来国际经济秩序的变革当中抢占有利位置。

同时，要加快推进重大改革，在防控风险的同时推动增长动力转换。今年上半年，我国东部发达省市经济增长开始回落，很可能预示着潜在经济增长率出现下降。在应对外部风险冲击的同时，对国内潜在增长率下降可能带来的风险应有足够重视。从日本等国的经验看，一旦潜在增长率下台阶，扩张性政策并不能拉高增长速度，反而会带来新的风险。从中长期看，保持经济平稳持续增长，化解经济和社会风险，应对外部环境急剧变化的挑战，必须从体制、机制等方面入手，推进全面深入的改革，包括要素价格、国有企业、金融体制、财税体制、科研和教育体制、户籍制度、土地制度、人口政策等多方面的改革。通过这些改革的实质性进展，在有效防控风险的同时，加快我国增长动力从要素投入为主向创新驱动为主的转换。

（资料来源：《美债危机及其影响》，《经济日报》，2011 年 11 月 1 日。）

第三节 世界经济格局的变化

所谓“世界经济格局”，实际上就是世界各国或国家集团相互作用而形成的世界经济内在结构的外在表现，是指一定历史时期活跃于世界经济领域并充当主角的国家以及世界经济组织之间相互关系的一种结构和状态，其核心内容是大国或国家集团之间的经济力量对比关系和支配别国经济乃至世界经济的权力配置情况。充当世界经济格局主角应当具备三个条件:第一,必须具备强大的经济力、科技力、资源力;第二,必须具备强大的竞争力;第三,必须具备适应世界经济发展的能力。世界经济格局是世界力量对比变化的结果,而世界经济格局一旦形成,必将影响世界经济主角以及整个世界经济的发展,世界经济格局也会随着世界力量对比的变化而发生变化。世界经济格局的变动一般表现在两个方面:其一,各国经济力量对比关系的变化引起世界经济权力分配的改变;其二,人类经济活动空间分布的变化。人们通常用"极"(Pole)来说明世界力量中心及其在世界经济格局中的地位和突出作用,能够作为"极"的国家必须是实力极、增长极、引力极和辐射极。

一、英国成为世界制造业中心

进入18世纪以后,由于国内市场的扩大,工场手工业的生产日益不能满足需要,客观上要求对生产技术进行改革,从手工劳动走向机器生产。这一过渡就是工业革命,或称产业革命。英国工业革命的条件在18世纪已经成熟,于是英国先于其他国家发生了这场革命。

英国的工业革命首先发生于当时新兴的棉纺织业,因为这个行业的产品销路好,投资少,资本家乐于投资。重要的机器发明有:1733年的"飞梭"织布机,1764年的珍妮纺纱机(织工哈格里沃斯发明,以他女儿的名字命名),1769年的水力机,1782年的蒸汽机,1785年的新式织布机。这些发明使纺织工业的各个环节都用上了机器,于是工场手工业终于为以机器为主体的棉纺织工厂所取代。

蒸汽机的普遍采用不仅推动了毛、麻、丝纺织工业向机器工业过渡,而且引起了冶金工业和采煤业的技术革新。运输原料和产品的需要,又推动了运输业的发展。18世纪60年代到19世纪30年代,依靠挖掘运河,建成了全国水路运输网。1825年建成了第一条铁路,1840年完成了国内主要铁路干线。到19世纪30年代末,以机器为主体的工厂制度已在主要工业部门中建立起来,工业革命基本完成。工业革命既是技术的革命,又是生产关系的革命,它使社会彻底分裂为资产阶级和工人阶级这两个对立的阶级。

工业革命完成以后,英国在当时工业生产和世界贸易中成为第一大国。1820年,英国工业生产占世界工业生产总额的一半。此后,保护贸易政策成了对外贸易发展的障碍,由于引起别国进行关税报复,英国扩大出口受到阻碍,并造成国内原料和粮食价格上涨。经过工业资产阶级与土地贵族、金融贵族、大垄断商人的斗争,从19世纪20年代起,英国逐步降低了进口关税和出口限制,到50年代最后消除了保护关税的残余,成了实行自由贸易政策的国家。1846年和1849年,英国先后废除了谷物法和航海条例。英国从19世纪初到70年代的几十年间,在世界工业、贸易、海运和金融方面,都处于垄断地位。英国既是世界各国工业制成品的主要供应者,又是世界各国出口原料的最大购买者,成为世界制造业的中心,又被称为"世界工厂"。也形成了以英国为中心的单极的世界经济格局。英国单极的世界经济格局集中表现在以下几个方面:① 英国是世界工厂;② 英国是世界上最大的殖民帝国;③ 英国在国际贸易中占据独家垄断地位;④ 英国是最早的资本输出国和国际金融中心。

"世界工厂"的经济地位和自由贸易的对外政策,促进了世界经济的发展,也使英国走上了大规模进行对外经济扩张和殖民侵略的道路。70 年代后,由于美国、德国工业的迅猛发展和激烈竞争,英国的"世界工厂"地位逐渐丧失。

二、美国成为世界经济中心

第二次世界大战是人类历史上的一次浩劫,它不仅给人类造成了 5 000 多万人的生命损失和 4 万多亿美元的物质财富损失,也使世界经济的发展遭到了严重打击,以前所未有的力量冲击了欧洲的世界中心地位,原有的世界经济体系发生了深刻的变化。第二次世界大战中世界主要的资本主义国家都遭受了惨重的损失,唯独美国不仅没有受到战争的破坏,反而在战争中经济急剧膨胀。1937 年,美、英、德、法、意、日六个发达资本主义国家的工业生产占世界的比重分别为 41.4%、12.5%、9%、6%、3%、4.8%,到 1948 年,美国上升到 56.4%,其他国家分别下降为 11.7%、4.3%、4.1%、2.1%、1.5%。此外,战后初期,美国的工业生产达到世界工业生产总额的 55%,拥有世界贸易总额的 33%、世界黄金储备的 75%。凭借如此雄厚的经济实力,美国一跃成为世界经济的霸主,成为世界经济的中心。

为了实现称霸世界经济的目标,美国政府采取了一系列措施,主要是[①]:

(一) 建立以美元为中心的国际货币体系

1944 年 7 月,由英美发起,在美国新罕布什尔州的布雷顿森林召开了有 44 个国家参加的国际货币金融会议。美国迫使与会国接受了自己提出的方案,签订了《联合国货币金融会议的最后决议书》以及《国际货币基金协定》和《国际复兴开发银行协定》两个附件。这三个文件总称为"布雷顿森林协定",以此为中心建立起了以美元为中心的国际货币体系,即布雷顿森林体系。按布雷顿森林会议的有关协议,美元与黄金保持固定比例,其他货币均与美元挂钩,保持固定比价。这使美元不但与黄金身价相等,而且成为最重要的国际结算工具和储备手段。美元的地位使美国对世界经济的运行具有极其重要的影响。为保证国际货币体系的正常运行,到 1945 年年底,在华盛顿成立了国际货币基金组织和国际复兴开发银行(即世界银行)两大机构。这两个机构均按出资比例确定各成员的投票权大小,美国由此获得在国际金融决策中的支配性地位。

(二) 缔结关税与贸易总协定

美国为了实现经济扩张的需要,积极提倡和推动国际贸易自由化。战后初期,美国经济实力空前强大,国内有大量商品需要输出,但在贸易问题上美国面临的最大问题是其他国家的关税及其贸易壁垒。1947 年 10 月 29 日,在美国的倡议和联合国经社理事会的推动下,美、英、中、法等 23 个国家和地区在日内瓦签署了《关税与贸易总协定》,在此基础上形成了一个国际多边贸易体系。该协定提出了市场经济原则、对等互利原则、非歧视原则、贸易壁垒递减原则、公平贸易原则和贸易政策统一并具有透明度等原则,旨在推动世界的贸易自由化,促使成员国减少贸易壁垒,开放市场。战后一段时间美国的产品

---

① 李秉强:《世界经济概论》,大连理工大学出版社 2007 年版,第 9—11 页。

在世界市场上具有无可竞争的优势，一个开放的市场对美国最为有利。虽然关税与贸易总协定不是一个正式的国际经济组织，从形式上看只是一个有关关税和贸易准则的国际性多边协定，但自其成立以来，实际上一直起着国际经济组织的作用。关税与贸易总协定作为布雷顿森林体系的补充，为美国商品流向全球，为其在经济领域谋求霸权起了巨大的作用，客观上也为资本主义世界创造了一个自由贸易的环境，促成了各国关税的降低和市场的开放，对战后世界经济的增长起了明显的带动作用。

（三）实施“马歇尔计划”

战后初期，美国的全球战略需要一个稳定的强有力的西欧作为盟友，而西欧经济极度困难，政治难以稳定。对此，1947 年 6 月，美国国务卿马歇尔提出了《欧洲复兴方案》，又称“马歇尔计划”。该计划的主要内容是：美国拨款援助西欧各国恢复经济，但受援国必须购买一定数量的美国商品，拆除关税壁垒，取消或放松外汇管制；接受美国对使用美援的监督，把本国和殖民地出产的战略物资供给美国；设立由美国支配的“对等基金”；保障美国私人投资和开发的权利；削减同社会主义国家的贸易，实施美国所要求的财政政策；把进步力量排挤出政府等。1948—1952 年，美国通过马歇尔计划，向西欧 17 个国家提供了总额 131.5 亿美元的援助，这不仅使美国的大量资本和商品打入西欧市场，还由此实现了对西欧国家政治和经济的控制。此外，美国还在世界范围内搞了大量针对性的经济援助，在扶持一些国家和地区的同时，组织起对社会主义国家的经济、技术封锁，遏制社会主义国家的发展，使这些国家经济发展面临严峻的外部环境。马歇尔计划的实施，使美国在经济和政治上控制了西欧，确保了美国在西欧的战略利益，同时对西欧经济的复兴也起了重要作用。

（四）对亚、非、拉不发达国家实施“第四点计划”

为了控制亚、非、拉广大不发达国家，推行美国的全球战略，1949 年 1 月 20 日，美国总统杜鲁门在其第二届就职演说中提出了援助和开发落后地区的“技术援助落后地区计划”，即“第四点计划”。该计划的实质是在给亚、非、拉不发达国家以技术援助和投资的幌子下进行经济政治渗透，加强对外经济扩张，控制不发达国家中的受援国，扩展美国的势力范围，抑制共产主义。从经济目的看，杜鲁门提出“发展这些国家将使我国工厂的生意永远兴隆”，“我们与其他国家的贸易随着各国工业和经济的发展而发展”，“我们应奖励对需要开发的地区的投资”等。杜鲁门还提出，“开发”落后地区和国家的主要手段是有计划地实行技术输出。为了推行“第四点计划”，1950—1953 年，美国共向 35 个国家和地区派出了 2 445 名技术人员，拨款共计 31 100 万美元。美国还迫使“第四点计划”受援国签订双边军事协定，或参加区域性的军事集团，接纳美国军事使团，提供军事基地。“第四点计划”同“马歇尔计划”一样，都是以经济援助为手段，推行美国的侵略和扩张政策。

（五）遏制社会主义国家经济和技术发展

第二次世界大战使苏联和东欧国家损失惨重。战后初期，苏联急需恢复经济，重建家园，但为了防止美国干预和破坏苏东经济主权，坚持独立自主和计划经济，没有参加国际货币基金组织和关税与贸易总协定，拒绝接受“马歇尔计划”，因此招致以美国为首的西方国家的制裁。1947年,美国宣布对社会主义国家实行战略物资禁运。1949年11月12日,在美国的提议下,成立了旨在对社会主义国家进行封锁的"巴黎统筹委员会"(简称"巴统")。参加国最初为十二国:美国、英国、法国、联邦德国、加拿大、比利时、丹麦、意大利、卢森堡、荷兰、挪威、葡萄牙。日本于1952年加入,希腊和土耳其于1953年加入。"巴统"对社会主义国家禁运的物资分为尖端技术产品、军用武器装备、稀有物资三大类共几百种。1951年美国国会又通过了《巴特尔法案》(通称《禁运法案》),明令"巴统"成员如果向"共产主义国家"出口禁运物资,均被取消受美国军事、经济和财政援助的资格,使西方其他国家受挟于美国,从而导致东西方经济关系的断绝。

总之,战后初期美国依靠迅速发展的经济、科技力量,通过一系列战略安排及其对外政策,成为资本主义世界经济的霸主,也成为世界经济的中心。

三、世界经济多极化的发展

当代世界经济格局在世界经济政治发展不平衡规律和各国经济实力消长的作用下,其分化、改组的局面仍在继续演进。旧的两极格局已经瓦解,新的世界经济格局尚未最终形成,整个世界在新旧格局转换过程中加速走向多极化。

(一)关于"多极化"的几种主要观点①

1. 以综合国力论"极"

所谓"极",即力量中心,它可以是一个综合国力的概念,即包括一国经济、政治、外交、军事、国土面积、自然资源、人口、科技力量和文化素质等在世界上占有一定的比重,具有较强的实力或影响力等。

就综合国力论"极",在学术界上有:

(1)"五极论"。包括美国、日本、欧盟、俄罗斯、中国五极论和美国、日本、德国、俄罗斯、中国五极论等。这两种观点的分歧在于前一种观点将欧盟作为一个整体,而后一种则仅将德国看做力量中心。持后一种观点的学者认为应该以大国,而不应以地区作为多极化中的极。因此,欧盟与其他国家不协调,应以欧盟中的力量最大的德国替代欧盟作为一个极。但持前一种观点的学者认为任何一个欧洲大国,即使是经济、金融实力最强的德国,一旦脱离一体化,就不可能形成世界力量,充其量只是地区强国,所以应该是欧盟而不是德国成为世界新格局的五种力量之一。但对于五极力量中心,也有不少学者提出不同的看法,认为多极化并不仅限于五极,从冷战后的变化来看,还有更多的极,如在五极中没有反映出发展中国家近年来出现的情况。亚洲、拉丁美洲一些资源丰富、国土辽阔、人口众多的大国一旦经济起飞也将在国际事务和地区事务中发挥举足轻重的作用。

(2)"地区中心多极论"。有的学者认为,多极不能完全从国家的角度来理解,必须从各大地区正在发生的经济与安全关系的地区组合中来理解"极"的意义,这就将对某一地区政治经济有相当影响力的大国看做该地区的"极"或世界的"极"。按照这样的划

---

① 曹宏苓:《当代世界经济概论》,上海外语教育出版社2000年版,第284—285页。

分,印度、巴西、印度尼西亚、南非、埃及、阿根廷、墨西哥等地区性大国也被看做是多极格局的组成部分。

2. 从世界经济的角度论“极”

我们也可以从经济的角度来讨论“极”。世界经济中只有一种经济力量主体占据着决定地位的时候,世界经济格局可以称为单极格局;存在两种相互制约的经济力量主体的时候,世界经济格局可以称为两极格局;有三种或三种以上经济力量主体相互制衡,并且占据主导地位的时候,世界经济格局可以称为多极格局。目前,从世界经济的角度,一般将美国、日本、欧盟作为世界的三极,因此世界经济已进入多极化时代。

(二) 20世纪70年代世界经济多极化发展①

从20世纪50年代中期到70年代中期,世界经济在恢复的基础上,进入一个快速发展阶段,但各国经济发展不平衡,主要国家的经济实力对比在70年代以后出现了明显的改变,使战后初期的世界经济格局发生了变化。

1. 西方世界三大经济中心

(1) 日本经济的崛起。第二次世界大战结束后,日本在美国扶持下,经过民主改革,1955年完成了经济的恢复和重建。50年代中期,日本经济开始起飞,一直到70年代中期,日本保持了长达20年的经济高速增长。60年代,日本经济年增长率曾达到11.3%,创造了战后的“经济奇迹”。70年代初,日本经济平均增长9.7%,工业生产迅速占据世界前列,诸如船舶、钢铁、水泥、化纤、电子计算机、汽车等工业产品在世界市场上占绝对优势,并且不断更新技术,使其产品由低技术产品向高科技产品转化,产品畅销全世界,一跃成为工业、贸易和金融大国,在西方世界的经济排名已由第七位跃升至第二位。80年代,日本已成为对美国最具挑战性的经济强国,不但人均产值超过了美国,产品也大举进军世界市场,在世界贸易中的份额迅速上升;一些高新技术也步入世界领先地位;金融实力大大增强,并成为世界最大的债权国和资本输出国。

(2) 西欧的发展和经济联合。战后初期,西欧在美国援助下,经济恢复得很快,到1949年,工业产量就已经恢复到战前水平。从20世纪50年代到70年代初的20多年间,西欧年均国民生产总值增长5.5%,人均国民生产总值增长4.4%,工业生产以7.1%的速度连年递增。同期美国为3.6%,从总体上看,西欧的经济增长速度快于美国。到70年代,西欧已缩小了与美国经济的差距。西欧还通过建立欧洲经济共同体,推进国家间的经济联合,逐渐摆脱了战后初期依赖美国的境地,增强了在世界经济中的地位。70年代,已发展到9个成员国的欧共体,不但国民生产总值接近美国,在出口贸易方面还高出美国一倍多,其整体经济实力已与美国相当。1975年,欧共体的工业总产值、出口贸易在资本主义世界中的比重分别达33%和47%。1979年,在美元地位发生动摇、布雷顿森林体系解体的基础上,西欧主要国家建立起了欧洲货币体系,西欧在经济上的独立性明显增强,工业生产总值、外汇储备、外贸出口均占世界第一位,远远超过美国。

(3) 美国经济地位的下降。战后初期,美国的经济实力是世界第一。20世纪70年

---

① 卢望平:《世界经济概论》,北京理工大学出版社2006年版,第20—23页。

代,美国的经济地位出现了明显下滑的趋势,在战后世界经济发展中,经济增长率低于大多数西方国家。到1975年,美国工业产值、出口贸易、黄金外汇储备在世界上所占的比重分别降到39%、13%、27%。从1971年开始,美国的外贸连续出现大额逆差。同一时期,美国因军费开支猛增又使政府的财政赤字急剧上升。“双赤字”严重影响了美元的地位,导致“美元危机”,1971年和1973年美国政府先后宣布美元贬值并最终与黄金挂钩。西方各国货币随即放弃与美元的固定汇率,战后建立起来的布雷顿森林体系由此解体。布雷顿森林体系是战后美国经济霸权的重要标志,它的解体表明了美国经济霸权地位的动摇。

20世纪70年代以后的美国已不再是世界唯一的经济巨人,西方世界三大经济中心形成。20世纪80年代以后随着西欧、日本经济实力与美国的接近,相互的经济竞争日趋激烈。美、欧、日等经济大国为增强各自的竞争地位,纷纷致力于组建区域经济集团。三大区域经济集团(欧洲、北美和亚太)的出现,尤其是欧盟的壮大,有力地推动了世界经济格局的多极化。

2. 苏联经济大国地位及其变化

战后初期,苏联在遭受西方国家经济封锁和禁运的情况下,依靠自己的力量迅速完成了国民经济的恢复重建。1959—1965年,苏联工业总产值年均增长9.1%。1955年苏联的工业产值仅为美国的35%,到1964年已达美国的65%。进入20世纪60年代后,苏联对经济体制和经济政策进行了一定程度的改革。特别是勃列日涅夫执政后,苏联政府在继续优先发展重工业的同时,注意加强农业、消费品工业的发展和不断提高人民生活水平;对管理体制和计划工作进行了一定程度的调整;较多地强调效率和质量,提倡科技进步,主张集约化发展经济。因而,在1965—1980年的三个“五年计划”期间,苏联国民收入年均增长5.9%,工业总产值年均增长6.8%,农业总产值年均增长2.4%,其总体发展速度仍然高于发达资本主义国家和发展中国家。这时的苏联不但拥有门类齐全的工业体系,还在航天、核技术等领域处于世界领先地位。因此,苏联经济在世界经济中的比重大幅提高,工业产值一度占到世界工业产值的25%,其钢铁、石油、水泥和化肥等20多种主要工业产品的产量超过美国并位居世界第一。20世纪70年代的苏联不但成为欧洲第一工业强国,还成为仅次于美国的世界第二经济大国,对东欧等社会主义国家的经济有着相当大的影响力。

然而,在20世纪70年代,苏联的经济增长速度明显放慢。虽然这一时期苏联的经济增长仍高于西方国家,但经济结构的差距却在迅速拉大。在西方国家加紧利用战后新科技推动经济发展和经济结构升级之时,苏联仍以粗放式发展维持经济增长,在缺乏新的经济增长动力的情况下,苏联的生产效率和增长速度都日益下滑。20世纪80年代以后,苏联国内经济形势逐渐恶化。1986年,苏联的世界第二经济大国的地位被日本取代。20世界80年代末到90年代初,东欧剧变,苏联解体,原来的政治结构和经济模式相继崩溃。

3. 发展中国家经济的发展和新兴工业化国家和地区的出现

第二次世界大战后,一大批赢得了政治独立的发展中国家,在经济上取得了长足的发展,在世界经济中的比重逐渐增强。据世界银行统计,1965—1980年,发展中国家国内生产总值实际增长率为6%,不仅高于其历史上的任何时期,而且高于发达国家同时期

4.7%的增长率。发展中国家的出口总额从1970年的565亿美元增加到1980年的5 671亿美元，在世界出口贸易中的比重也从1970年的17.9%上升到1980年的28.1%。而最为突出的是拉美和亚洲成长起来的一批新兴工业化国家和地区，其中主要有拉美的巴西、墨西哥、阿根廷、智利和被称为“亚洲四小龙”的韩国、新加坡、中国台湾和中国香港等。这些国家和地区尽管在地理、资源条件上都有很大的差别，但它们利用战后科技革命和世界经济大发展的有利时机，大力引进国外的资金和技术，实现了经济的较快发展。不仅人均国民生产总值大大提高，经济规模迅速扩大，同时由于制造业的迅速发展，这些国家和地区从农业国变为工业国，在产业结构上日益接近发达国家。虽然与美、欧、日等经济大国相比仍存在较大差距，但这些新兴工业化国家和地区在国家市场上已经成为经济多极化的一支力量。

4. 世界经济三种类型之间的联系与斗争

战后世界政治经济体系演变为三类国家体系并存的统一体，即社会主义国家、发达资本主义国家和发展中的民族主义国家。这三类国家体系内部及三类国家体系之间既相互联系又相互斗争，形成了世界政治经济体系错综复杂的局面，也构成了当前世界经济的基本格局：资本主义经济占优势的两种社会制度的并存，三类国家之间相互开放、相互依赖、相互依存的局面不断加深，表现出一种明显的全球化趋向，美国、西欧和日本虽仍然是主宰世界经济的三大资本主义经济中心，但发展中国家已经成为一支不可忽视的重要力量。世界经济中各类力量的对比，使世界经济格局呈现出多极化的态势。

在当前的世界经济活动中，发展是各类国家经济活动的主旋律。但是，在发展中依然存在着各种各样的问题：在世界经济中占有优势的资本主义经济，不断受到经济衰退和失业的困扰；社会主义经济虽遭受了挫折，但仍在坚持前进；有些发展中国家和地区有了比较迅速的发展，但还有许多国家和地区依然困难重重。从总体上来看，南北差距仍在日益扩大，北富南穷的局面并未得到根本的改观，世界政治经济发展不平衡规律仍在发生作用。发展中国家要改变落后的面貌，必须做出艰苦的努力。

相关案例　**世界银行首度发布报告　预测15年后世界经济图景**

经济学的重要使命在于解释现实和预测未来。作为全球经济治理的主要机构之一，世界银行17日首度发布了一份名为《2011全球发展地平线——多极化：新的全球经济》的报告，勾画出15年后的世界经济图景。

这份报告今后将每年发布一次，成为世界银行重要的系列年度报告之一。在世界银行华盛顿总部一个小型新闻发布会上，三位知名经济学家对这份报告的意义做出解读。

世界银行首席经济学家、主管发展经济学的高级副行长林毅夫说：“这是世界银行首次发布全球发展地平线报告，它将推动对全球经济格局前瞻性结构变化的新思考与研究。”

这份报告预测，世界经济15年后将呈现三大方面的变化：

第一，在全球增长动力上，新兴经济将成为全球经济的主要增长来源。报告预测，新兴经济体作为一个整体在2011年至2025年期间年均增长将达到4.7%。发达经济体的同期增长预测为2.3%。到2025年，六大新兴经济体——巴西、中国、印度、印尼、韩国和俄罗斯——将占全球增长总量的一半以上。成功的新兴经济体还将通过跨境商业和金融交易助推低收入国家增长。

第二，在投资来源上，来自新兴市场经济的跨国公司将成为全球投资流向的主要来源和推动力。

第三，国际金融多极化，主要体现在国际货币体系的变革上。尤其引人注意的是，报告预计，到2025年人民币将与美元和欧元一道，成为全球货币中心。

不难看出，上述三大变化当中，前两项为因，后一项为果。正是基本面的变化，导致了世界经济秩序要与之相适应。所谓世界经济秩序，在很大程度上体现为货币地位。报告中的数据显示，在人民币汇率逐步升值基础上，中国经济总量到2020年将达到世界首位。随着经济实力的不断增强，人民币成为全球主要货币也顺理成章。

报告的主要作者、世界银行发展趋势研究主管曼苏尔·戴拉米对记者说，人民币今后10年可能将发挥更加重要的作用，而人民币国际化进程主要取决于中国自身。

为何以15年为界？世界银行发展预测局局长汉斯·蒂莫专门解释说，向前看，15年似乎并不长；但回顾历史，15年则是不短的时段，在此期间世界政治经济发生了巨大变化。15年前，人们对发展中国家的看法与现在大不相同，经济学家大多不相信拉美国家能够控制住高通货膨胀危机，当时亚洲金融危机尚未发生，非洲的故事远未受到关注。

蒂莫同时指出，这种多极化发展对全球可能带来新的挑战，一些国家可能在新的全球经济格局中落伍。此外，新的国际体系是否有足够的灵活度，以及新兴经济的金融部门是否足够强劲和稳定，对未来这些根本性变化的预测仍面临许多不确定性。戴拉米说，自20世纪90年代以来，多极化一词就被频频使用，但更多是在地缘政治领域，世界银行则是从国际经济角度来阐释的。实际上早在2006年，世界银行经济学家已在探讨多极化问题，但直至当下才是推出这一报告的适当时机。

（资料来源：《世界银行首度发布报告 预测15年后世界经济图景》，新华网2011年5月19日。）

本章提要

1. 国际分工是指世界上各国之间的劳动分工，它是社会分工发展到一定阶段，国民经济内部分工超越国家界限发展的结果。国际分工是国际贸易和世界市场的基础。

2. 世界经济是社会生产力发展到一定历史阶段的产物，是世界政治的基础，是世界各国生存和发展的外部环境，也是各国制定内外战略和策略方针的主要依据之一。

3. 20世纪70年代后世界经济向多极化方向发展，西欧、日本、美国成为资本主义世界的三大经济中心，新兴工业化国家和地区的经济得到较快发展。20世纪80年代以来欧盟、北美自由贸易区、亚太经济合作组织等区域经济集团化加速发展。战后世界范围内的生产、贸易、金融和国际投资迅速发展。经济结构调整与改革方兴未艾。

重要术语

国际分工(International Division of Labor)　　世界经济(World Economy)
世界市场(World Market)　　多极化(Multipolarization)

本章思考题

1. 影响国际分工的主要因素是什么?
2. 试析为什么世界市场更多的是经济概念而不是地理概念。
3. 当代世界市场的特征是什么?
4. 什么是世界市场以及世界市场形成的标志是什么?
5. 当代世界市场的主要特征是什么?
6. 世界经济的形成与发展过程如何?
7. 怎样认识冷战后世界政治格局多极化趋势的进一步发展?

进一步阅读资料和网络链接

1. 〔英〕乔治・马格努斯著,刘寅龙译:《谁搅动了世界:未来10年,世界经济格局大派位》,广东人民出版社2012年版。

2. 冼国明、陈继勇:《当代世界经济格局下的中美经贸关系》,中国经济出版社2007年版。

3. 浦东美国经济研究中心、武汉大学美国加拿大经济研究所:《后危机时期的全球经济格局与中美经贸关系》,上海社会科学院出版社有限公司2011年版。

4. 〔美〕科勒著,王宝泉译:《20世纪的世界——1900年以来的国际关系与世界格局》,群言出版社2010年版。

5. 张曙霄、吴丹:《世界经济概论》,经济科学出版社2008年版。

6. 李秉强:《世界经济概论》,大连理工大学出版社2007年版。

7. 卢望平:《世界经济概论》,北京理工大学出版社2006年版。

8. 姜春明、佟家栋:《世界经济概论》,天津人民出版社2007年版。

9. 徐松:《世界经济概论》,机械工业出版社2007年版。

10. 世界经济网:http://www.world-economy.net/。

11. 世界经济论坛:http://www.weforum.org/en/index.htm。

第二章

科技革命与知识经济

【教学目的和要求】

1. 通过本章的学习，了解当代科技革命的主要内容与特点；了解科技革命对世界经济发展的影响；深刻认识信息技术革命对当代世界经济所产生的巨大影响。

2. 通过本章的学习，了解信息时代具有的经济特征；了解知识经济的由来、含义、内容、特点及对人类社会的深远影响，认识到一种与以往经济形态不同的新经济正在形成。

【教学重点与难点】

1. 第三次科技革命的特点、影响。
2. 知识经济的含义、基本特征及其影响。

引导案例

第三次科技革命的例证：美国硅谷

人们传统称谓的硅谷位于美国加利福尼亚州的旧金山经圣克拉拉至圣何塞近50公里的一条狭长地带，是美国重要的电子工业基地，也是世界最为知名的电子工业集中地。它是随着20世纪60年代中期以来微电子技术高速发展而逐步形成的，其特点是以附近一些具有雄厚科研力量的美国一流大学如斯坦福、伯克利和加州理工等世界知名大学为依托，以高技术的中小公司群为基础，并拥有思科、英特尔、惠普、朗讯、苹果等大公司，融科学、技术、生产为一体。

目前它已有大大小小的电子工业公司10 000家以上，所产半导体集成电路和电子计算机约占全美的1/3和1/6。80年代后，生物、空间、海洋、通信、能源材料等新兴技术的研究机构纷纷出现，硅谷客观上成为美国高新技术的摇篮，现在该地区已成为世界各国半导体工业聚集区的代名词。

硅谷的高新科技日新月异，平均18个月就上一个新台阶，多年来，其经济持续繁荣，1999年营业额达2 500亿美元至3 000亿美元左右。1998年硅谷人均年薪已达9.6万美元，1999年则已超过10万美元，美国一个名牌大学的毕业生在硅谷一年收入不下6万美元，比其他地区一般高出一两万美元。现在全世界的人都知道，在硅谷一夜之间成为百万富翁、千万富翁，都是平常的事，即使亿万富翁也不是不可能的。

在硅谷，知识就是工作，知识就是财富，对于所有的科技员工来说，除了完成每天的工作，知识更新也是一门必修课。为了跟上高新科技的飞速发展，每个人都不得不废寝忘食，每天的工作和学习时间都在12小时以上，稍有懈怠，明天就会有被淘汰的可能。

自80年代后，世界各国有不少科技较发达地区，为了更快地促进地方经济，都试图建立起自己的硅谷，如美国波士顿的“第二硅谷”、“日本硅谷”、“韩国硅谷”等。中国也不例外，有北京中关村硅谷、上海浦东硅谷和广东深圳硅谷，浙江杭州也有一个“天堂硅谷”。

（资料来源：http://zhidao.baidu.com/question/13527672.html? si = 1。）

第一节　第三次科技革命的内容和特点

一、科学革命与技术革命的概念

科学是人类对客观世界的认识，是通过探索而总结出来的客观事实和规律。技术是人类改造客观世界的方法和手段，是为某一目的特别是经济利益而进行操作的各种工具和规则体系。科技革命包括科学革命和技术革命。科学革命是人们认识客观世界的质的飞跃，是科学基础理论的重大突破和对自然界客观规律的重要发现；技术革命是人类改造客观世界的质的飞跃，是改造自然界的手段和方法的重大发明与突破。科学和技术总是随着人类社会的进步而不断地发展变化着的。

科学革命和技术革命都是人类实践活动的结果,两者关系非常紧密。认识世界是改造世界的重要前提条件,而在改造世界的同时又会进一步认识世界。在近代社会,人类在自然科学领域有了细胞学说、能量守恒定律、生物进化论等重大发现,在认识客观世界上有了质的飞跃。同时,人类在改造客观世界方面也实现了质的飞跃,包括发明并应用了蒸汽机、电动机和内燃机等。但是,科学革命和技术革命在近代以前是分离和脱节的。直到第二次世界大战以后,科学革命和技术革命才越来越紧密地联系在一起,主要表现为科学革命和技术革命的相互促进,即科学指导下的技术革命,技术革命基础上的科学发展,成为真正意义上的科技革命。

二、第三次科技革命的内容①

(一) 科学革命

第二次世界大战以后,物理学、化学和生物学等科学领域的进步是最为显著的,并带动了自然科学基础理论的飞跃。物理学的发展主要表现为基本粒子物理学亦即高能物理学的发展。从 20 世纪初的爱因斯坦相对论和普朗克量子论的提出,到 20 年代、30 年代的卢瑟福原子模型和查德威克发现中子,人们已经基本确定了原子结构:原子由原子核和电子组成,原子核由质子和中子组成。物理学在微观领域的进一步发展形成了粒子物理学,又称高能物理学,主要是探索物质的基本组成结构和它们之间相互作用的规律。20 世纪 50 年代以后,科技的进步使人们制造出了高能加速器。通过高能加速器,人们又发现了大批新粒子。到目前为止,人们已经发现了 300 多种粒子,其中大部分是通过人工放射得到的基本粒子,而且每种粒子都拥有其反粒子。科学家根据作用力的特点,把这些基本粒子分为强子、轻子和传播子三大类。高能物理学的产生和发展,不仅将物理学推进到了一个新的更高水平,而且为原子能、电子和激光技术尤其是信息技术的发展开辟了广阔的空间。在量子论和相对论的指导下,化学也有了重大发展。首先是元素周期律得到了全面的证明和解释,然后又产生了许多化学分支和新的理论,如有机合成化学、物质结构化学、量子化学、高分子化学等。其中,特别是高分子化学的飞跃发展,为新材料技术奠定了坚实的基础,人类已经进入分子设计和人工合成材料的新时代。在物理学和化学取得重大进展的带动下,生物学也实现了重大突破——从细胞生物学发展到了分子生物学。1944 年埃弗里等人证明了遗传性的物质是脱氧核糖核酸(DNA)。1953 年沃森和克里克提出了 DNA 双螺旋分子结构。1961 年雅各布和莫诺提出,DNA 的"分子开关"支配着基因保持活跃或不活跃的状态,从此出现了分子生物学这一崭新的学科。随着分子生物学的发展,人们对基因的结构、功能及其运动规律的认识日益深刻,进而到 20 世纪 70 年代初提出了遗传工程理论,即用人工方法创造新的生命类型的理论。分子生物学揭开了生物生命的基本规律,为创造新的物种提供了理论保障,也为生物技术特别是基因工程技术的发展打开了大门。科学革命的这些重大突破和成果也有力地推动了技术革命。

---

① 张曙霄、吴丹:《世界经济概论》,经济科学出版社 2005 年版,第 23—30 页。

(二)技术革命

20 世纪不仅是科学革命的世纪,也是技术革命的世纪。特别是 20 世纪后半叶,有很多技术上的飞跃改变了人类的生产生活方式。技术革命主要表现在以下六个方面:

1. 信息技术

信息技术是指应用信息科学的原理与方法,研究信息的采集、传递和处理的技术。信息技术是电子技术的一个分支,是技术革命的先导,主要包括传感技术、通信技术和计算机技术。由于电子计算机的发明和应用,特别是集成电路的快速发展,信息技术飞跃前进,已经成为第二次世界大战后对人类影响最大的技术。信息技术以微电子技术为基础,以激光技术和光纤通信技术为纽带,以大规模和超大规模集成电路为核心,以智能化软件为支撑,以微细加工等技术制作先进的电子零部件,并通过数字网络传递信息,以及采用多媒体技术实现电子资源共享。自 20 世纪 50 年代电子计算机在美国投入商用以来,经过电子管、晶体管、集成电路、大规模及超大规模集成电路等多代更新。许多国家正在研制开发新一代人工智能计算机,并向神经网络计算机和光子计算机方向发展。现在的普通微型计算机的体积仅是当初的几万分之一,而效率却提高了几百万倍。再加上高级操作系统软件和国际互联网的开发应用与广泛普及,以计算机软硬件为核心的自动化和数字化技术在国民经济的很多领域加以应用。信息技术已经推动人类从工业社会走向信息社会。

2. 新材料技术

新材料技术是指通过化学或物理的方法,以人工合成制造的新型材料替代天然材料的技术。新材料技术是技术革命的基础,是高新技术各领域的重要突破口。新材料主要包括新型金属材料、无机材料和高分子材料三大类。新型金属材料在原有金属材料的基础上出现了各种高质量合金钢,包括各类性能优良的不锈钢,以及比重小、强度高、耐高温、抗腐蚀的钛金属,为各种工业生产以及国防和宇航工业的发展提供了理想的材料。新型无机材料主要包括各种特殊性能的陶瓷、水泥和玻璃材料,特别是一些晶体材料和超导材料,已广泛应用于与信息技术和新能源技术有关的许多领域。高分子材料在第二次世界大战后材料产业发展中具有举足轻重的地位,主要包括合成橡胶、塑料、合成纤维、胶粘剂和涂料等,在国民经济和人民生活的各个角落已达到随处可见的程度。合成橡胶无论性能还是产量都超过天然橡胶好几倍。塑料发展得更快,除一些新型热固型塑料以外,热塑性材料也有了更大的发展。合成纤维也称化学纤维,是纺织原料上的重大革新,现已广泛生产和应用的合成纤维有涤纶、腈纶、锦纶、丙纶、维尼纶、氯纶、乙纶七大化纤。具有强度高、耐辐射、高绝缘的某些特种纤维被广泛用于通信、火箭、宇航等领域。以上三大类材料可通过一些特殊手段把几种不同性能的材料按一定方式结合在一起,制作出品种更多、性能更加优越的复合材料,例如玻璃钢、铝塑薄膜等。复合材料是材料产业发展的新增长点,是高新技术产业发展的重要基础。

3. 新能源技术

新能源是相对于传统的常规能源而言正在开发和扩大应用的能源,主要是太阳能、核能、生物能、风能、海洋能和地热能等可再生能源。新能源技术是技术革命的支柱。太阳能是人类最理想的能源。第二次世界大战后,特别是 20 世纪 70—80 年代以来,太阳能的开发和利用发展得非常快。许多国家开发和生产了一系列民用太阳能产品,其产品使用每年都在成倍地增长。在新能源中,目前开发利用最好的是核能。核能的发现和实际利用始于美国的“曼哈顿工程”计划。1941年12月,美国总统罗斯福接受爱因斯坦等科学家的建议,全力以赴建设大规模、大功率的核反应堆,要赶在纳粹德国之前研制出原子弹(又称核弹)。1945年7月16日,耗资20亿美元,动用50万人,美国终于成功试爆了第一颗原子弹,并再制造出两颗原子弹,分别于8月6日和9日投放在日本的广岛和长崎。核能的利用在第二次世界大战后主要有两个方向:一是用于军事,制造原子弹、氢弹、核潜艇、核舰艇等,并成为美国和苏联军备竞赛的主要内容;二是和平利用核能,主要是开发建设核电站。1954年6月27日,苏联建成了世界上第一座原子能发电站。美国第一座核电站建于1957年。此后,500多座核电站投入运转和并网发电。到目前为止,核电站发电量已占世界总发电量的25%左右。核能作为清洁能源,是潜力最大的新能源。随着核电技术水平的不断进步,核发电的成本会迅速下降,发电量会迅速提高,应用范围会迅速扩展。

4. 生物技术

生物技术是以分子生物学、细胞生物学等理论为指导,采用现代技术进行生物品种变革和促进生物转化及生长的综合技术。目前发展比较好的生物技术有基因工程、细胞工程、生物反应工程和发酵工程等。

(1) 基因工程,也称遗传工程。按照生物进化论的观点,生物品种的发展变化是通过生命体自身,随自然界的发展变化而繁衍和进化来实现的,这个过程是非常缓慢的。而遗传工程是指在分子水平上以改变生物有机体性状特征为目标的遗传信息操作。通过人工转移式重组部分基因对生物进行人工改良,不仅可以增加生物新种类,还可以创造出有利于人类的生物新品种,而且培育新品种的速度要比自然界缓慢进化快几亿倍。例如抗病小麦、转基因大豆和用大肠杆菌合成人工胰岛素等。克隆技术也属于遗传工程范畴。

(2) 细胞工程,也称细胞融合技术,是在细胞水平上进行杂交的技术,主要是把遗传性质不同的细胞人为地结为一体,所得到的新细胞兼有原来物种的优良性状。

(3) 生物反应工程,也称酶工程,是以酶做生物催化剂进行生物化学反应,使一种物质迅速转化为另一种物质。这种生物制造过程可大幅度缩短合成路线,减少反应步骤,提高转化效率,而且在设备条件上没有化学工程那样苛刻的要求和非常大的投资,但制造的速度将提高数万倍甚至更高,并且有些化学工程实现不了的反应在酶工程中也能够实现。酶化工是化工生产的有力补充。

(4) 发酵工程,是指利用微生物的发酵功能来生成一些有用产品的生产技术。人们通过菌种筛选和培育,经过对生理代谢过程以及新的发酵工艺和控制程序的研究与改进,用发酵的办法制造新产品。发酵工程和酶工程被认为是生物化工的主要方面,是化工生产的重要方向。

生物技术的开发和应用已经对生物的进化工程产生深刻影响,并将成为21世纪高科技发展的热点之一。生物技术正以令人目不暇接的速度和不可思议的方式改变着这个世界。目前,生物技术已经在基因诊断、复制、治疗和预防方面有了比较大的进展,并可通过重组 DNA 的表达产物制造基因工程药物。在农业领域,生物技术开始占据重要位置,可以说已经到了无孔不入的地步。美国基因工程农产品和食品的市场规模已达到200 亿美元,预计 20 年后将达到 750 亿美元。1982 年世界上第一种基因工程药物——人工胰岛素被批准上市,1993 年全球销售额达到了 5 亿美元。另一种基因药物人生长激素1992 年世界销售额达 6.25 亿美元。生物技术在能源工业方面也大显身手,开发了大量的生物质能,既可产生大量能源,又能减少环境污染。正如诺贝尔奖获得者柯尔所指出的:20 世纪是物理和化学的世纪,但 21 世纪显然将是生物学的世纪。

5. 空间技术

空间技术是以各种高新技术为基础,开发和利用空间为人类生产和生活服务的新技术。空间技术一般包括运载火箭、空间通信、遥测遥感、空间运输和卫星定位等技术。按照国际航空航天联合会的决议,距离地球表面 100 公里以内空间的飞行为航空,距离地球表面 100 公里以外空间的飞行为航天。从飞机上天到现在,航空技术已经有了飞速的发展。由于外层空间广阔无边,拥有用之不竭的资源,开发和利用这些空间资源以及具有高真空、太阳能、无菌和失重特点的外层空间环境,会为人类带来巨大的科学和实用利益。因此,开发空间技术特别是载人航天技术是很多国家发展高新技术的重点。开发空间技术关键在于火箭技术的进步。1926 年高达德首次成功地进行了火箭发射实验,为液体火箭的发展做出了巨大贡献。1942 年德国研制的 V-2 液体燃料火箭是第一枚可控制的现代火箭,并很快应用于战场。1957 年 10 月 4 日苏联成功地发射第一颗人造卫星,美国在 1958 年 1 月 31 日发射人造卫星。之后各种先进的运载火箭相继研制成功,美国于1969 年用高 110 米、总重 2 700 吨的“土星”号运载火箭把“阿波罗”号载人飞船送上了月球。中国于 2003 年将“神舟五号”载人飞船送入太空并成功回收,杨利伟成为中国航天第一人。2005 年中国第一艘执行“多人多天”任务的载人飞船“神舟六号”又成功发射。2007 年 10 月 24 日中国成功发射了第一颗月球探测器“嫦娥一号”。2008 年 9 月 25 日,“神舟七号”载人飞船从中国酒泉卫星发射中心发射升空,并实现了航天员太空行走,中国航天员第一次把中国人的足迹印在飞船舱外的茫茫太空之中。这些都充分说明中国在载人航天技术上已经取得重大突破,标志着中国的综合国力有了很大的增强。

6. 海洋工程技术

海洋工程技术是海洋开发各种技术的总称,包括海底能源与资源开发、海洋空间利用、海洋环境保护、水产资源开发等方面。海洋总面积有 3.16 亿平方公里,占地球表面的 71%,拥有非常丰富的资源。海洋拥有大量的稀有金属和非金属元素,海底蕴藏着巨大的石油储量,潮汐能提供取之不竭的新能源,鱼虾等海洋动植物为人类提供了丰富的食物来源。第二次世界大战后,许多科学家和工程师一直致力于海洋的开发和利用,而且有了很大的进步,特别是在海底油气资源勘探和开发以及海水养殖等方面成效显著。但从总体上来说,目前海洋技术的发展还很不够,有很多领域还没有涉足。今后随着陆地资源的逐渐减少,海洋工程技术的发展将越来越重要,势必影响到高新技术产业发展的未来。

三、第三次科技革命的主要特点[①]

从人类发展的历史看，第三次科技革命比前两次科技革命对人类社会的影响要深刻和广泛得多，具体有以下几个突出的特点：

（一）科技革命对生产生活产生了重大影响

相对于前两次科技革命，第三次科技革命涉及的领域更加广泛。从科技革命本身来看，第三次科技革命几乎在20多个国家同时兴起，基本涉及所有学科和技术领域；而前两次科技革命仅在英、美等少数发达国家产生并被其垄断和享用，只在个别自然科学领域，主要是物理学及其相关技术领域产生突破。从科技革命的影响来看，相对于前两次科技革命，第三次科技革命使其影响的部门从工业扩展到工业、农业、服务业等所有领域；影响的生产要素从劳动工具扩展到劳动对象和劳动者；影响的空间从陆地扩展到海、陆、空；从影响人类的生产方式扩展到生活方式；从促进经济增长到促进经济可持续发展。

（二）科技对经济的促进作用明显增强

前两次科学革命和技术革命彼此分离，没有达到相互促进的效果。比如，第一次技术革命中蒸汽机的发明和应用是因生产需求的刺激而产生的，并不是由于热力学理论的指导，热力学理论的产生比蒸汽机的出现晚了几十年。第二次技术革命中发电机、发动机和变压器的发明与使用，则晚于电磁理论几十年。而第三次科技革命则表现出科技融合促进经济发展的特点，即科学指导技术革命和技术革命推动科学发展，再由科技的进步带动经济的全面进步，三者密不可分、相互促进。例如，核物理基础理论指导了核能技术的开发和核电站的建立，但是，如果没有高能加速器技术作为保障，原子核的内部奥秘就不可能探索清楚，基本粒子物理学也就不可能取得重大突破。而如果核电站的有效运转没有取得明显的市场效应和军事作用，一个国家的政府或企业也不可能对核物理与核技术投入大量的人力、物力和财力。同时，各类科学技术间的相互促进和综合也是空前的。比如，信息技术提高了各个领域的自动化水平；新材料技术为工业生产及其设备的进步提供了先进的原料和基础；空间技术和海洋技术为发展新材料提供了强有力的支撑。各个学科和技术领域相互交叉、相互联系，涌现出许多新的边缘学科和技术门类，产生了许多新兴产业。

由于科学、技术与生产的紧密融合，科技转化为生产的周期明显缩短，速度明显加快。19世纪末20世纪初，一项新技术从发明到应用于生产平均需要30年，而从技术应用到产品投放市场平均需要7年。也就是说，技术变成成型的产品平均需要37年的时间。20世纪20—40年代，技术引入生产平均需要16年，生产的产品进入市场平均需要4年，总共下降到20年的时间。而如今的世界，科技和生产几乎同步发展，有些发明变成产品仅用几年时间，而且这一周期仍在缩短。其中信息技术产品表现得最为突出。例如，电脑及其零部件的更新速度是惊人的。两年前的主打产品在现在的市场上基本看不

① 张曙霄、吴丹：《世界经济概论》，经济科学出版社2005年版，第30—32页。

到，甚至原厂家已经不再生产。

随着社会的不断进步，科技作为第一生产力的作用日益凸显，科技对经济增长的促进作用越来越巨大。20 世纪初，一些国家科技进步对经济增长的贡献率为 5%—20%，目前科技进步对经济增长的贡献率已经达到 60%—80%。

（三）科学技术的发展得到各国政府的大力支持

前两次科技革命多是由生产需求引发的，积极参与科学研究和技术创新的个人及企业并非由政府参与组织。而现代科技进步的难度和风险非常大，往往需要大量的资金和人力投入，甚至需要多个国家的国际科技合作，这是个人和企业很难承担的。现代科技需要政府从国家利益出发，协调组织本国和国际间的科学研究与技术创新活动。事实证明，在第三次科技革命中，许多具有划时代意义的科学发现和技术发明均是在政府的积极组织和大力投入下取得的。美国早在 20 世纪 50 年代就建立了国家科学基金会，专门负责制定科研政策，资助和监督科研计划的实施。1993 年美国政府成立了国家科学技术委员会，在总统的领导下制定国家的发展战略、科技政策和研发目标，统一组织全美国的科技活动，推动科技合作。欧洲经济共同体在 20 世纪 80 年代提出了"尤里卡"计划，全面加强欧洲国家在信息技术、生物技术和新材料技术领域的科技攻关。紧接着欧洲公布实施了全世界最大的国际科技合作计划——"欧盟框架计划"，鼓励欧洲国家之间以及欧洲国家与其他国家之间在科技研发的各个领域进行合作。这些计划和巨额资金的支持显著增强了欧洲的科技实力，促进了欧洲经济的发展。各国政府在支持研发的同时，也重视并鼓励培养科技人才和科技管理人才。国家之间的竞争往往最终表现为人才的竞争，因此，各国政府非常重视发展教育，投入大量的资金用于普及教育和提高教育质量，还采取各种措施吸引人才，挖掘人才，并广泛开展各类人才培训，进一步提高人才的科技水平和研发能力。通过各国政府的积极参与和有效组织，第三次科技革命在世界范围内对人类社会的全面进步发挥了巨大的推动作用。

知识链接

三次科技革命

第一次科技革命以 18 世纪末蒸汽机的发明和应用为主要标志，以机器大工业代替工场手工业，使人类进入机器时代，也称作蒸汽革命。第一次工业革命发生于英国，之后发展到法、美、德、意等国；发明者多数为劳动者，发明成果多为生产实践的总结。第一次工业革命提高了生产力；巩固了资产阶级的统治地位；促进了美、俄、德、意的革命与改革，使资本主义世界体系初步形成；同时，在工业社会中日益分裂为两大对立阶级，即工业资产阶级和工业无产阶级，工人运动兴起；此外，第一次科技革命开启了城市化的进程；使先进的生产技术和方式传播到各地，冲击着旧制度、旧思想；形成了东方从属于西方的格局。

第二次科技革命是在 19 世纪末到 20 世纪初发生的，以发电机和电动机的发明和应用为主要标志，使人类从“蒸汽时代”进入“电气时代”，也称作电力革命。第二次工业革命几乎同时发生在几个先进的资本主义国家，是自然科学同工业生产的紧密结合，在此过程中，科学技术发挥了重要作用。第二次工业革命使生产和资本高度集中产生垄断，主要资本主义国家相继进入帝国主义阶段；而且，各国发展不平衡引起重新瓜分世界的斗争，最终引发了第一次世界大战；帝国主义列强尤其是后起者，更富于侵略性，列强侵略进入以瓜分世界和资本输出为主，20世纪初，资本主义世界体系形成。

第三次科技革命发生于20世纪中期，以原子能、电子计算机和空间技术的发展为主要标志。人类面临的这一新科技革命，将使世界发生前所未有的深刻变革。它以信息科学、生命科学、材料科学等为前沿，以计算机技术、生物工程技术、激光技术、空间技术、新能源技术和新材料技术的应用为特征，把人类社会推进到信息时代。所以，第三次科技革命也称作信息革命。第三次科技革命的规模、深度和影响，远超过前两次科技革命，科学研究的成果应用于生产的过程越来越短。第三次科技革命在推动社会生产力的发展的同时促进了社会经济结构和社会生活结构的变化，推动了国际经济格局的调整；科学技术水平的差距，进一步扩大了世界范围的贫富差距。

第二节　信息时代与知识经济

一、信息时代的经济特征

(一) 知识成为独立的生产要素

传统的西方经济学认为，生产要素局限于资本、劳动力、原材料等，知识只是起到辅助作用。而知识经济理论认为，知识的投资比其他生产要素的投入会产出更高的收益率，它能极大地促进生产方式、流通方式、服务方式的改善，从而对整个社会的经济发展起到关键性作用。如果说在农业经济时代，土地是第一生产要素，在工业经济时代，资本是第一生产要素，那么到知识经济时代，知识取代资本成为第一生产要素，知识以电子化、数字化、网络化的形式加入生产过程中，而终端输出的具体的、有形的产品和服务，其带来的经济收益成倍递增，极大地推动着社会经济的发展。

在知识经济时代，“科学技术是第一生产力”，高新技术产业成为第一经济支柱，而高新技术产业又以信息、生物、新材料等高科技为重要的资源依托。这些高技术行业的兴起，不但形成了一定规模的产业群，还带动传统产业的改造，大大促进了生产力的快速发展，对经济增长的贡献越来越大。几个值得深思的数据：① 据2002年统计美国80%以上的岗位是脑力劳动；② 美、日在苏联解体后从独联体挖走专家9万多人；③ 西欧一家电子公司想以200万美元的高薪挖走美国科技超导大规模集成电路专家，结果以3 000万美元买走所在的企业；④ 经济合作与发展组织主要成员国的国内生产总值已有一半以上是以知识为基础的企业生产的，美国的因特网使美国的经济增长35%以上；⑤ 美国《商业周刊》发表文章表明，美国目前出现的“新经济”即知识经济，其主要动力是信息技术革命和商业全球化浪潮。美国面临新的技术革命和新的经济浪潮提出了新的国民教育纲领:八岁儿童能读会写,13 岁儿童上网获取知识,18 岁以上青年都要接受大学教育,成年人要接受终身教育。以上这些数据都充分说明了在知识经济时代,知识作为生产力的一个独立的构成要素的重要性和其发挥的重要作用。

(二) 劳动力结构发生根本性变化

农业经济时代,直接从事农业生产的农民占劳动力的 90% 以上;工业经济时代,直接从事生产的工人占劳动力的 80%;知识经济时代,直接在车间从事生产的工人不到 20%,而从事知识生产和传播的知识生产者占 80% 以上。传统的产业工人大大减少,脑力劳动者、技术劳动者、管理劳动者的比重则大大增加了,知识阶层(知识工人或知识的生产者、传播者和使用者)成为社会的主体。以美国为例,近 30 年内,美国的企业生产一直在增加,而蓝领工人人数却由占劳动力人口的 33% 减少到 17%,知识劳动者成为主体。20 世纪 90 年代以来,美国信息产业提供了 1 500 万个高薪就业机会。

(三) 信息经济所创价值已占绝对优势

信息产业目前已成为国民经济的支柱型产业,有专家预计,2020 年全球信息产业年产值将达 20 万亿美元。早在 2000 年,美国的电子信息产业的产值已占美国 GDP 的 10%,其出口销售也占据了当时美国出口总额的 40%。2003 年美国 GDP 总产值中信息产业占到 63%,2004 年它已经占到了 67%。整个地球是一个大蛋糕,每一个国家也是一个大蛋糕,当一个蛋糕被信息产业分去了大半个的时候,就意味着社会钞票的流向要朝着新的产业流动,而其他行业就要吃紧了。美国的今天就是我们的明天。以互联网为载体的信息产业一定要洗其他产业的牌,这就是今天传统行业生意越来越不好做的原因。

就我国的情况来看,1990 年到 1999 年,我国的电子信息工业总产值年均增长 32.1%,而同期全部工业年均增长速度为 14.2%,国有经济增长速度为 9.7%。2006 年 GDP 经修订后现价总量为 210 871 亿元,信息产业增加值实现 1.56 万亿元,占 GDP 的比重达到 7.5%。

(四) 信息技术的迅猛发展促进了世界统一市场的形成

知识经济的全球化主要表现为国与国之间、企业与企业之间既竞争又合作。知识无国界,在知识经济时代,它可以通过先进的信息技术,近似于光速在全世界各地广泛传播,从而使经济活动突破国与国的界限而成为全球化的活动。因为作为知识经济支柱产业的高新技术产业技术领域十分广阔,任何国家都不可能在层出不穷的高新技术中全面领先,任何一个国家都可以充分利用自己的智力资源,“有所为,有所不为”,在世界大市场中占一席之地,成为世界经济一体化不可或缺的一部分。同时,在经济全球化的大背景下,任何国家发展知识经济又不能离开世界大市场而闭关锁国。信息技术的迅猛发展正日益促进世界统一大市场的形成,成为经济全球化的一个重要表现。

(五) 网络经济迅速崛起

作为信息社会信息流的载体,互联网有着无限的应用空间。目前,其最重要的应用之一就是电子商务。电子商务和电子业务的技术发展,正在推动网络经济的发展。经济活动,包括商务活动和业务活动,是由人流、物流、资金流和信息流构成的。在网络经济和环境下,各种业务活动的人流将因互联网提供的极为便捷的通信条件而相对减少;物流将通过互联网来调动;相当一部分资金流将在网上直接完成;而互联网上的信息流则成为全社会信息流最主要的组成部分。因此,网络经济将是以网络为平台的经济。在网络上完成各种商务活动的各个环节,仍然是当前信息技术发展的目标。电子商务和网络经济将重建世界经济活动的秩序。网络经济正在影响许多产业和政府部门,并加快全球化的进程。以中国为例,2001 年中国电子商务支付市场的规模是 9 亿元,到 2005 年该数字已增长到 160 亿元,而 2006 年为 330 亿元,2011 年中国电子商务交易额超过了 6 万亿元;此外,2011 年我国 B2B 电子商务服务企业达 9 200 家,B2C、C2C 与其他非主流模式企业数已达 15 800 家。以上这些数字都充分说明了网络经济特别是电子商务正逐渐成为一种新兴的经济活动形式,推动着全球经济的发展。

二、产业结构发展与信息经济

随着知识经济时代的来临,信息作为资源在经济活动中变得越来越重要。这种重要性不断增强的趋势,促使了信息进行产业化发展,其结果便形成了信息产业。从广泛的意义上讲,信息产业不应特指计算机、通信、咨询等行业,因为所有的行业都将是信息的创造者和消费者,而且,在信息时代,信息技术已经渗透到所有的产业,已经没有所谓信息产业或非信息产业之分,信息技术的使用及信息化是企业或产业生存的基本条件之一。是否要信息化,借用一句谚语,那就是“Do it or Die”。

在信息时代,产业会出现一个在信息及知识应用背景下的大融合或再重组,并且也会有许多新兴产业脱颖而出。要研究产业竞争,首先要了解产业的新形态。我们认为新产业将大致可以分为八大知识信息产业集群①:

(一) 科学技术与信息情报产业群

科学技术产业群,是以产品的研究、设计、生产、销售、消费为主体的产业集群,构成了知识产业的第一产业群,也是整个知识产业的基础部分,为人类社会和人类文明的进步提供动力来源。现代科技产业已经成为现代世界的经济、社会、文化的火车头。

信息情报产业群,由信息资讯、信息物业、信息经济、信息技术、信息流通等产业组成,构成了知识产业的第二产业群。信息产业将成为知识产业的支柱产业和主导性产业。作为人类社会发达程度的衡量尺度,信息业的出现,将如当年的制造业的出现一样,正在彻底改变着人类社会。

(二) 智能智慧与文化教育产业群

智能智慧产业群,是以生产智能智慧为主,包括生物工程、基因工程、脑业工程和人工智能等产业。如果说,18 世纪以前是自然力、畜力的开发,18—20 世纪是机械力、电力的开发,那么,21 世纪将是脑力的开发,包括人类体力的再开发、心力再开发及智力再开发,其中尤以脑力智力的开发最为关键。同时,机器人及各种人工智能物的开发也将突飞猛进。

---

① 秦言:《知识经济时代》,天津人民出版社 1998 年版,第 206—207 页。

文化教育产业群，是生产、传播文化与知识信息的产业集群，尤其是创造知识的人才的生产，将使文化教育产业成为21世纪最大的产业之一。今天，全球性的文化教育势如潮涌，许多国际性的大公司都在兴办自己的全球性人才基地，已然成为一种当代新时尚，英国、美国、澳大利亚等国甚至兴起了出口教育的产业。

(三) 规划管理与咨询策划产业群

随着知识产业的大崛起，将出现知识业、信息业等各行业的全息组合，因此，针对这种组合的规划管理产业便应运而生。而且，随着弹性时间工作制的实行，产权、所有权、经营权、管理权等诸权的分离，代理权的出现，规划管理业将日趋重要，如物业管理、资产评估、信誉评估、企业管理外包等。

咨询策划产业群，是进行生产调查、数据统计、点子创意、形象包装、制造流行、制造消费等的产业。目前，咨询策划的重要性已经越来越为人们所重视，甚至出现了由策划引导生产的趋势。大公司寻找“外脑”，政府谋求“智囊”已经成为必然。

(四) 思想设计与传播娱乐产业群

思想设计产业群，是以各种各样的思想库、思想银行和战略库为代表，专门从事知识生产、信息制造、思维的生产与制造、生产战略战术、生产政策文献等，它与咨询策划产业一起被形象地称为脑业，是知识产业的典型代表。西方发达国家建立了无数的思想库、脑库、战略库，尤其以美国兰德公司为代表。

传播娱乐产业群，是集文体娱乐、大众媒体、商业服务于一体的新兴产业群。21世纪的娱乐将带有极大的传播特征和服务特征，因此传播娱乐业将发展成为全球最大的产业之一。另外，随着知识革命的兴起，人类的空间、时间、收入都在急剧膨胀，大量的结构性过剩的劳力和人才也只有向需求巨大的传播娱乐业转移，才能避免变革带来的震荡。

三、知识经济的内涵与基本特征

(一) 知识经济的内涵

近年来，知识经济的兴起在全球产生了深远的影响。经济合作与发展组织1996年在一份题为《技术、生产率和工作的创造》的报告中写道：“今天，各种形式的知识在经济过程中起着关键的作用，无形资产投资的速度远大于对有形资产的投资，拥有更多知识的人获得更高报酬的工作，拥有更多知识的企业是市场的赢家，拥有更多知识的国家有着更高的产出。”

所谓知识经济，按经济合作与发展组织《以知识为基础的经济》的报告中的定义，是指以知识为基础，建立在知识和信息的生产、分配和使用之上的经济。知识经济是和农业经济、工业经济相对应的一个概念，是当今世界上一种新类型的、富有生命力的经济。

这里所说的知识，包括人类迄今为止创造的所有知识，其中科学技术、管理和行为科学的知识是最重要的部分。按照经济合作与发展组织的定义，知识可以分为四大类：知道是什么(Know-what)，知道为什么(Know-why)，知道怎么做(Know-how)，知道谁有知识(Know-who)。Know-what是关于事实方面的知识；Know-why是指自然原理和规律方面的科学知识，这方面的知识由专门的机构来完成；Know-how是指做一些事情的技能和能力；

Know-who是有关知识在谁那里的信息，在信息社会的今天，这种知识正变得越来越重要，它有助于信息使用者降低知识获取的成本。

对知识经济这个概念可以从以下几个方面进行理解①：

知识经济的资源配置。在资源配置上，知识经济以人力资本、无形资产为第一要素。对于自然资源通过知识智力进行科学、合理、综合、集约的配置，并且通过用智力资源开发富有的自然资源来创造新财富，逐步替代工业经济时代依为命脉、已经短缺的自然资源。如信息技术的计算机芯片来自石头，新能源和可再生能源技术的受控热核聚变原料来自水中的氢，都不属于稀缺自然资源。知识经济中对智力资源的占有比工业经济中对稀缺自然资源的占有更为重要。

知识经济的产业支柱。知识经济以高新技术产业为第一产业支柱。高新技术产业以高科技为其最重要的资源依托，主要有信息科学技术、生命科学技术、新能源与可再生能源科学技术、新材料科学技术、空间科学技术、海洋科学技术、有益于环境的高新技术和管理科学（软科学）技术等。

知识经济的社会消费。知识经济的消费或使用，以高技术产品和通过信息产生的新知识为主。在食物中，基因农作物产品的营养成分高于传统农作物；在能源中，太阳能、受控热核聚变的能量大于煤和石油；在人们的交流中，信息网络终端多媒体的利用优于火车、汽车、飞机和电话。利用知识与智力开发富有自然资源作为载体的知识财富将大大超过由传统技术开发稀缺自然资源所创造的物质财富。

知识链接

经济合作与发展组织

经济合作与发展组织，简称经合组织（OECD），是政府间国际经济组织，旨在共同应对全球化带来的经济、社会和政府治理等方面的挑战，并把握全球化带来的机遇，其前身是欧洲经济合作组织（OEEC），该组织在美国和加拿大的支持下建于1947年，目的是协调第二次世界大战后重建欧洲的马歇尔计划。作为北约组织的经济对应体而创建的OECD在1961年取代了OEEC。OECD成立条约是于1960年12月14日在巴黎签署的。该条约附有多项关于组织特权、豁免权以及欧盟在OECD地位的补充协议。

OECD最初的宗旨一直延续到今天，包括：促进成员国的持续经济增长、就业以及生活水平的提高，同时保持财政的稳定，以此对世界经济的发展做出贡献；帮助成员国和其他国家在经济发展进程中保持健康的经济增长步伐；在多边、平等的基础上促进世界贸易的发展。

OECD提供了这样一种机制：各国政府可以相互比较政策实践，寻求共同问题的解决方案，甄别出良好的措施和协调的国内、国际政策。该机制以平等的监督作为有效的激励手段来促进政策的进步，执行的是“软法”而非强制性的手段（比如OECD公司治理原

① 刘沛汉、耿丽华、张旭、张薇：《当代世界经济与政治》，辽宁大学出版社2005年版，第42—43页。

则),有时也促成了正式的协议或条约。

OECD常被称作"智囊团"、"监督机构"、"富人俱乐部"或"非学术性大学"。它具备上述所有特征,但任何一种称呼都不能完全概括OECD的特点。OECD最重要的作用是为各国政府提供一个探讨、发展和完善经济及社会政策的场所。它们交流经验,寻求对相同问题的答案,并协调国内和国际政策,从而在日益全球化的世界形成一个国家间的实践系统。它们的交往可能形成正式执行协议,但更常见的是,它们的讨论可使各自的政府更好地了解在公共政策范围内的工作,并澄清国内政策对国际社会的影响。同时,OECD还为成员国提供了一个与其情况相似国家表明观点和交换看法的机会。OECD是由观点相近的国家组成的俱乐部。它富有,因为OECD成员国产出的货物和服务占世界的2/3,但它不是一个排他性的俱乐部。

在本质上,成员国仅限于实行市场经济和多元民主国家。由欧洲和北美的创始国组成的核心现已扩大到包括日本、澳大利亚、新西兰、芬兰、墨西哥、捷克、匈牙利、波兰和韩国。OECD还通过合作计划,与前苏联、亚洲和拉丁美洲等许多其他国家建立了联系,并可能使这些国家成为OECD的成员。2010年1月11日,智利正式签署加入OECD的协定,使其成为该组织第31个成员国;同时,OECD 2010年5月10日宣布,同意吸收爱沙尼亚、以色列和斯洛文尼亚三国为新成员,使其成员数量增至34个。智利是第一个加入OECD的南美洲地区国家,以色列则是第一个加入OECD的中东地区国家。

(资料来源:根据 http://baike.baidu.com/view/198481.htm? fromenter = oecd 相关资料整理得出。)

(二)知识经济的基本特征①

1. 知识经济是知识化的经济

知识经济的发展资源主要是知识和智力。在知识经济时代,掌握现代知识并具有创新、创造和运用能力的人将成为知识经济中的主力军,财富的再定义和利益的再分配取决于人们拥有的信息、知识、智力和创造力。

知识化的特征表现在软件知识产业的兴起方面,软件知识产业是当今世界知识经济初具框架的标志。知识化的特征还反映在制造业结构的高科技化、服务业的高科技化和产业结构的高科技化方面。作为工业经济主干的制造业已注入了越来越多的新科技知识。目前,发达国家的制造业中高技术产品的生产和出口所占的比重已接近1/3,80%以上的服务业采用了信息技术产品。

2. 知识经济是信息化的经济

所谓信息化,就是把信息看做是与物质、能源同等重要的第三要素,有意识地进行其生成、加工、传输、储存、利用等活动的主体。

知识经济是信息化的经济。信息化的形式就是电子化、数字化和网络化。产业结构的高科技化、信息化使信息产业成为主导产业,电子信息产业和其他高技术将渗透到第一、第二、第三产业的各个领域。信息技术对经济和社会发展的贡献最主要的不是其本

① 陈漓高、杨新房、赵晓晨:《世界经济概论》,首都经济贸易大学出版社2006年版,第281—286页。

身作为一个产业部门对国民经济总产值的贡献,而在于它提供了一种有利的手段,加快了信息资源的开发利用,使国民经济和社会各个领域发展的质量和速度得到提高。

信息革命正在打破传统通信业、计算机和影视业、传媒业之间的分工,使公众电话网、数据通信网和广播电视网交织成一个整体,大大降低了通信基础设施的费用,提高了效益。

信息化的表现就是网络化。网络是人类文明进程的重要标志,高速、互动、传递信息、共享知识的新一代网络构成了知识经济的基础设施。网络化使得计算机从单机的局部网、广域网,走向全局化的网络和系统,把数据服务和大众传媒服务都纳入到一个系统当中,各种数据的大汇集带来了无限的技术发展前景和商业机会。网络化将遍布知识经济社会的每个角落,没有网络化就没有生命力。

信息化的另一个表现就是使世界虚拟化。由于数字化和网络化程度的提高,空间变小了,世界成为"地球村"。同时,又使空间扩大了,除了物理空间外,多了个媒体空间,通过信息可以虚拟市场、虚拟现实,如虚拟银行、虚拟商店等。

3. 知识经济是资产无形化的经济

知识经济是以无形资产投入为主的经济,它在资源的配置上,以智力资源、无形资源为第一要素。传统工业经济需要大量资金、设备,有形资产在经济体系中起决定作用,而知识经济则是知识、智力等无形资产的投入起决定作用的经济。当然,知识经济也需要资金的投入。对于高技术产业,甚至需要风险资金投入,但是,如果没有更多的信息、知识、智力的投入,它就不是高技术产业。

从古典经济学诞生起,财富的源泉就一直被视为有形的生产要素;重商主义者认为财富的源泉是货币,重农主义者认为财富的源泉是土地;自亚当·斯密以后,则把劳动和资本看做是产业真正的基础。事实上,农业经济属于劳动密集型的产业模式,工业经济属于资本密集型的产业模式,二者都是以开发稀缺资源为主旨的经济。

无形资本是指不具有物质实体的资产,主要有著作权、专利权、商标权、专有技术、专营权、生产许可证、进口许可证、土地使用权、国家赋予的税赋优惠权、商(信)誉以及企业员工的知识和头脑中的构想、见解等。

在企业资产中,无形资产的比例正大大增加。据测算,现在国外许多高技术企业的无形资产已经超过总资产的60%,1995 年美国很多企业的无形资产的比例已经高达50%—60%;同时,各类咨询公司如雨后春笋般兴起,咨询业务在经济活动中的重要性大大增加。美国现在的国民生产总值中有近 1/3 是由像微软公司这样的知识企业创造的。微软公司的有形资产规模很小,原材料的库存很小,但企业资产却高达 2 000 亿美元;相比之下,通用汽车公司拥有的庞大设施可谓雄居全球之首,而它的整个资产却只有 400 亿美元。

在知识经济时代,企业投入的是知识,产出的是经济效益和社会效益;交流的是无形或抽象的概念,得到的是有形或具体的财富;出售的是文化符号,换取的是经济利益,塑造的是文化形象,带来的是产业利润;对知识进行充分的开发,可以节约人、财、物力的投入,减少库存,降低成本。特别是对知识进行再创造后所形成的策略、规划甚至是专利,在产品开发、市场开拓等方面往往能达到事半功倍的效果,其价值就等同于投入大量的有形资产。

30 多年前,美国可口可乐公司的老板曾说过:我们的公司即使在一夜之间化为灰烬,也完全可以凭“可口可乐”商标的高信誉在世界任何一家银行贷款,起死回生,重振雄风。当时,“可口可乐”商标值 30 亿美元。30 多年过去了,“可口可乐”凭借其全球闻名的商标、形象和优质的服务,在世界 120 多个国家和地区办起了分公司。1993 年,“可口可乐”商标的价值升至 244 亿美元。在当今,谁拥有驰名商标,谁就拥有广阔的市场。资料显示,1992 年,世界驰名商标销售额中,美国的“可口可乐”为 132.3 亿美元、“国际商用机器(IBM)”为 650.1 亿美元,日本的“丰田”为 791.1 亿美元,瑞士的“雀巢”为 390.6 亿美元。今天,像可口可乐、索尼、松下、日立、夏普、西门子等著名企业的真正价值,与其说是体现在它们所拥有的生产线及其他有形资产上,不如说更在于它们所控制的资料库、社会知名度、专利权以及他们员工头脑中的构想、见解、信息等要素上。也就是说,专利、策略、信息等无形资产在企业整体资产中所占的比例越来越高。

但是,知识经济以之为基础的知识却是广义的知识,它不仅指“显知识”,还指“隐知识”,而后者更值得重视。所谓“隐知识”,也称作隐含经济类知识,或者说可意会的知识。外在于人的信息并不能单独形成生产力,信息必须内化为生产者和管理者的学识,才能转化为现实的生产力,这一过程是信息与人的知识能力相结合的过程。知识经济不仅着眼于信息,更着眼于信息的分享,着眼于把“显知识”转化为生产者的“隐知识”。

4. 知识经济是可持续化的经济

世界环境与发展委员会前主席布伦特兰女士 1987 年在《我们共同的未来》的报告中把可持续发展定义为:满足当代人的需要又不危及后代人满足其需求的发展。知识经济时代最重要的生产要素是知识,而知识是可以再生、反复使用的,所以人们对自然资源的利用和消耗相对降低。知识经济有利于促进人与自然的协调。人与自然的关系既不是农业时期的依赖关系,也不是工业时期的征服、榨取关系,而是平等的、长期的关系。知识经济的发展是经济、人、资源、环境、社会、文化的总体而和谐的动态发展。

在工业经济时代,传统工业技术发明的指导思想都是单一地、尽可能多地利用自然资源,以获取最大的利润,而不考虑或极少考虑环境效益、生态效益;建立在自然资源取之不尽、环境容量用之不竭的认识基础上,甚至以向自然掠夺为目的。人类在获取极大物质财富的同时,也使人类赖以生存的地球资源受到了严重的破坏,带来了严重的后果,造成资源枯竭、空气污染、物种锐减、厄尔尼诺现象频发……这些已向人类发出了警告,实现可持续发展已成为人们的迫切愿望。

知识经济的出现,将使人类真正走上可持续发展的道路。作为知识经济技术的高技术的产生在多种自然资源几近耗竭、环境危机日益加剧的年代,把科学与技术融为一体,反映了人类对自然界与人类社会的科学、全面的认识。因此,高技术的指导思想是科学、合理、综合、高效地利用现有的资源,同时开发尚未利用的自然资源来取代已近耗竭的稀缺自然资源。如信息科学技术的软件、生命科学技术的基因工程对资源的消耗与传统技术是不可同日而语的。

在知识经济时代,牵动经济发展的“领头羊”将不再是大量消耗自然资源的制造业,而是以信息、文化、科技为主体的“软资源”,这样就最大限度地减轻了对环境的污染和对资源的浪费。因此,知识经济作为一种可持续发展的经济,日益得到世界各国的普遍认同。

5. 知识经济是全球化的经济

随着网络无限制的延伸以及知识无国界的影响,以知识为主要经济资源的知识经济必定是全球化的经济。

知识经济是经济全球化条件下的经济。知识经济依靠无形资产的投入实现可持续发展的前提,就是经济全球化。与此同时,高技术产业较之以前钢铁、机械和纺织等产业不同,它的产业技术领域十分广阔。仅以信息科学技术为例,任何国家都不可能在计算机技术、微电子技术、光电子技术、芯片技术、大规模集成电路技术、光纤技术、激光技术、网络技术和软件技术以及层出不穷的高新技术中全面领先,任何一个国家都可以充分利用自己的智力资源,"有所为,有所不为",在世界大市场中占据一席之地,成为经济全球化不可缺少的一部分。

在信息革命、数字化革命的促进下,世界越来越小,各国间的相互渗透、相互联系越来越多。今天,金钱可以越过一切边界。投资者每天按几下按钮就能使 1.5 万亿美元资金和 15 万亿美元股票在全世界流动,从而使一系列国家听任投机者获利欲望的摆布。世界是联网的,无论是意大利的提包还是香港的时装、鞋,都可以通过鼠标操作订货;办公室工作或软件的开发都可以请爱尔兰或印度的廉价工作人员去完成;沈阳的孩子病了,可以请北京的医生做出诊断,甚至进行异地手术。

6. 知识经济是个性化、小型化的经济

网络的延伸使得企业组织小型化,主动学习的知识工作者通过网络进行工作,以知识与创业为产品创造价值。

企业可以通过网络寻找资源与盟友,让组织内外的疆界可以像流水一样任意延展。创新对企业的重要性远胜过原料与厂房。"淘汰自己的产品"成为知识经济时代的生存法则。

今天的产品可以按个人的要求进行生产。在知识经济时代,如果你的企业需要 100% 符合自身特殊要求的产品,就肯定会有一个可满足你要求的、以非常现代化的技术装备起来的小型厂家为你生产。这就是知识经济时代的个性化魅力所在。

四、知识经济的影响[①]

知识经济时代的到来,必将对人类社会历史进程产生划时代的影响。这种影响不仅在企业的生产方式、经营方式和管理方式等微观层面上显露出来,而且在社会的产业结构、经济结构及社会结构等宏观层面上的影响也是巨大而深刻的。

(一) 企业投资模式和竞争方式的变化

在知识经济中,信息技术是与人力资本和技能投资相联系的,从而将导致对无形资产的大规模投资,投资方向正在发生深刻的变化,由有形资产向无形资产倾斜;同时,在

① 金聪:《知识经济的影响、启示及对策》,《福建省社会主义学院学报》,1999 年第 3 期。

知识经济的作用下，企业竞争方式正在从有形竞争转向无形竞争。知识经济时代，企业竞争的实力由资本的数量转变为生产各种不同质的知识产品的智力，产品中蕴涵的知识量成为竞争的基础和胜负的关键；竞争的手段由主要的实物产品的价格与标准化测定转变为主要靠技术创新的产品的推广能力，知识产权被提高到空前的高度而成为竞争中最有利的武器。

（二）产品制造模式和生产方式的变化

在知识经济的影响下，产品制造模式转向创造知识密集型即高科技含量的产品，随之而来的是生产方式的变化。由于可以灵活地生产各种产品的柔性制造系统的出现，大规模集中型的生产方式向规模适度的、分散的生产方式转变。

（三）产业结构和经济结构的变化

在知识经济的影响下，产业结构和经济结构将会得到相应的变化和调整。一方面，知识经济将导致新兴产业的兴起，特别是一些知识高度密集的新型产业如网络经济、在线经济和电子贸易等迅速兴起；另一方面，知识经济又对传统产业发起猛烈的冲击，使传统产业越来越知识化，引起产品质量、档次的提升和新产品的出现，并使过去依赖于自然垄断而获取高额利润的方式难以为继，而且知识的低成本不断复制的现实，更会加速高技术的扩散，缩短产业和产品的寿命，使知识在短时间内成为区域及世界性的商品。与此同时，由于社会的生产和生活领域日益信息化，对于知识、信息、技术服务的需求急剧增加，促进以各种形式提供知识、信息、技术服务的新型服务业迅速发展。知识经济渗透到第三产业又使得金融、科研、高教等部门成为创造高附加值的行业。

（四）就业结构和社会结构的变化

在知识经济中，产业结构的变化必然引起就业结构的变化，主要表现为五增五减：一是服务业就业人数增加，传统制造业就业人数减少；二是经营管理就业人数增加，生产第一线就业人数减少；三是技术型、脑力劳动型就业岗位增加，传统体力劳动型就业岗位减少；四是使用计算机及信息系统的工作岗位增加，传统的办公室工作岗位减少；五是非全日制就业岗位增加，全日制就业岗位减少。总之，知识经济时代，就业需求将向知识、技术和信息领域倾斜，普遍的知识缺乏型劳动者将面临失业的危险。

由于知识经济的运行方式已与传统经济大不相同，作为经济基础，必将对上层建筑产生巨大的影响。首先，政府对社会经济的管理和宏观调控的手段和方式将会变化，政府的职能结构要面向经济对自身做相应的结构与功能上的转变。其次，在知识经济突起的背景下，动态的高新技术的发展与静态的社会制度的冲突将导致各种社会制度的概念、规范、组织和设备系统的更替。一方面，作为知识经济之首要依托的高新技术正在成为社会系统的内生变量并对既存的制度规范的渗透日益深入。另一方面，知识经济及其发展所建构出来的新行动规则也会使社会制度不但发生一种吸纳新的知识或技术的功能，而且将导致其建立一种补偿结构和机制。最后，知识经济的发展也将改变人们的意识形态，并反映在文学、艺术、哲学、公众心理等各个方面，潜移默化地反作用于社会，改变着社会结构。

（五）社会阶层结构和权力结构的变化

人类社会从“实物经济社会”到“知识经济社会”的转型，归根到底是人的转型。而由“知识经济革命”导致的人的转型又导致了社会阶层结构和权力结构的变化。在知识经济的大熔炉中，所有的社会成员、阶级和阶层都要经过凤凰涅槃式的改造，特别是把作为体力劳动者的工农，改造为知识型的生产者、消费者和管理者。在这个历史过程中，资本家的资本力量在与知识力量的较量中逐渐衰落，其地位逐渐为掌握现代高科技的“知识巨人”所取代，而无产阶级将会转为新的“知识工人阶级”。

在“实物经济社会”，社会经济权力集中于掌握资本使用权的人——资本家、经理与分配国有资本的政府官员手中；而在“知识经济社会”，由于知识本身正在取代资本的地位，社会经济权力将转移到创新的知识生产者手中。随着这种权力的转移，社会权力结构将会产生两种政治发展趋势：一是权力分散的“民主化”趋势，二是“专家”治国趋势。

（六）人类思维方式和生活方式的变化

知识经济的发展提供了人与人之间的智慧乘积的条件，不同学科、不同领域、不同见解、不同观点可以在网络上方便地交流，知识的火花相互碰撞必将产生创造性的思维，并且这种创造性的思维方式使人们的思维范围大大扩展，能够更多地从地区、国家乃至世界范围内思考问题，学会融合与交流、合作与共处。同时，人们的价值观念必将发生变化：在物质经济时期，人们注重体力、土地、资本、物质资源、物质财产的价值；在知识经济时期，各种高新技术通过对人们社会行动选择项目内容的更新渗透到人们的价值观念中，人们将注重智力、信息、科学、文化、知识资源、知识产权、无形资产、精神财富的价值。

知识经济的发展必将引起人类社会生活方式的变化。在知识信息不断更新的时代，人们的工作方式将更多地向工作与学习的不断交替和相互融合转变；由于知识的易流动性和完善的信息网络，在各种服务型的工作岗位上，人们将会很乐意在家里工作；随着高新技术的不断发展，人们在选择自己的社会行动方式时也增添了新的选择性项目，比如，网上购物、网络银行和网络会议等新技术成果的出现，使得人与人之间社会互动的范围和形式得到扩展，传统的血缘关系、地缘关系和业缘关系不再是维系人们社会互动交往的唯一形式。

以上谈的是知识经济所带来的总体影响，而对不同的国家（这里区分为发达国家和发展中国家）的影响也是大相径庭。①

（一）知识经济对发达国家的影响

1. 知识和信息成为发达国家经济发展的首要资源

（1）在发达国家，知识创新和技术创新的步伐大大加快。知识创新是指通过科学研究获得新的基础科学和技术科学知识的过程；而技术创新是指学习、革新和创造新技术的过程。发达国家把这些创新的成果迅速地转化为现实的生产力。

（2）在发达国家，高新技术产业成为新的经济增长点。在工业经济时代，发达国家的三大支柱性产业是：建筑业、汽车业、钢铁业。知识经济时代，钢铁业出现衰落，而电

① 刘沛汉、耿丽华、张旭、张薇：《当代世界经济与政治》，辽宁大学出版社2005年版，第44—45页。

脑、通信、航空航天、金融等产业崛起。高新技术产业不仅形成了自己的工业群,还带动了传统产业的改造。

(3) 在发达国家,发展的观念也在发生变化。由于知识经济的发展,发达国家从注重数量和速度增长转到注重效益、可持续性和生活质量的提高,强调人口资源与环境的可持续发展。

2. 知识经济使发达国家的经济结构发生变化

知识经济是以新知识、新技术为基础的经济,直接依赖于知识和信息的生产过程和应用。知识经济不但为发达国家创造了新的工业群,而且渗透到第三产业,使金融、科技、科研、高等教育等部门成为创造高附加值的行业。

3. 知识经济使发达国家的就业结构发生变化

从就业结构来看,一是服务业的就业人数大大高于物质部门的就业人数,这也是知识经济时代的普遍现象;二是脑力劳动者人数高于体力劳动者人数,统计结果显示,美国的白领阶层占劳动力的59%,蓝领阶层仅占29%。由于知识创新和技术创新的速度加快,发达国家中无论是白领还是蓝领,都需要不断地更新知识与技能,否则就会有失业的危险。

4. 知识经济使发达国家经济周期发生变化

知识经济使发达国家的经济增长期延长,衰退期缩短,波动幅度减缓。任何资本主义国家都不可能消除经济危机,因为它是由资本主义社会的基本矛盾所决定的,但有可能通过信息网络技术对经济与金融状况进行量化监控,及时提出预警,研究对策,以减少经济波动带来的负面影响。

可以看到,发达国家的综合实力和国际经济地位在知识经济的推动下走向强势,其国际竞争能力也日趋增强,而经济地位的增长又成为其炫耀军事、政治实力地位的基础。发达国家在知识经济方面的强势有可能持续较长时期,其主要原因是:其一,发达国家有较大的科技优势,已形成产学研一体化系统,而企业与政府对研究和开发的投入也是发展中国家所无法比拟的;其二,发达国家在信息、航空、金融等领域加快了资产重组与兼并的步伐,为其开拓商品与资本的海外市场准备了强大实力;其三,发达国家把拓展出口,强化对知识产权的保护,加大对其他国家开放市场的压力,作为对外政策的重要组成部分;其四,通过精简政府机构,节俭经费和福利开支,为知识经济的发展创造了有利的国内环境,促进了经济稳定增长。

(二) 知识经济对发展中国家的影响

知识经济的兴起,为发展中国家带来了新的机遇。发展中国家可以依托和开发自身的人力资本,努力利用人类知识、技术、信息资源,打破传统的产业发展模式,在某些领域实现跨越式发展。但是,从全球知识经济的发展来看,发展中国家与发达国家在经济、科技、管理观念上存在较大的差别。因此,发展中国家在抓住机遇求发展的同时,必须努力提高本国的科技实力,重视技术和知识的应用。一是发展中国家要用全球观念来审视和组织自己的经济活动,把整个世界的科技成果作为自己发展知识经济的基础资源;二是知识经济作为建立在工业经济之上的新经济形态,会为工业经济进一步发展创造新的机会,发展中国家应当根据条件逐步把竞争的焦点和创造价值的重心向知识经济转移,争取跨越式发展；三是知识经济只有在高科技环境中才能形成和发展，所以，发展中国家必须创造一个适合科技发展的环境；四是在知识经济中，文化的整合能力将发挥重大的作用，这是全球经济和文化交融的必然要求。

相关案例 **“环同济”知识经济圈渐成沪创意产业高地**

从20年前860米的赤峰路一条街，最初产值10亿元，到如今拥有设计企业1700家、从业人数超过3万的创意集群带，“环同济”知识经济圈已逐步被打造为上海的文化创意产业高地。记者日前获悉，2011年该区域总产出预计突破180亿元，超过五角场商圈，2015年将达300亿元。

如何将高校学科优势转化为产业优势，“环同济”的成长堪称模板。20多年前，同济大学毕业生在学校周边安营扎寨，起初被认为是一群学生的“小打小闹”。然而，短短几年，经过杨浦区厂房置换、旧区改造等多种方式的“腾笼换鸟”，“环同济”如今已扩容为上海市首批示范创意产业聚集区。地域范围更是由当年的“一条街”，演变成以同济大学四平路校区为核心，包括密云路、中山北二路、江浦路、控江路、大连路围合的产业带。

由于区内起初集聚企业大多由同济师生创立，故被称为“同家军”。因派工程顾问公司就是其中的一员，公司负责人说，这个地方思想活跃，各种新项目集聚，进而形成资源和人才的集聚，从而衍生出产业发展的良性链条。据了解，目前国内中小城镇规划、大型景观设计，近一半源自这里。

自主创业、自然集聚曾是“环同济”最大的特点，但这正在改变。

去年，同济大学联手杨浦区，成立环同济设计创意集聚区开发建设公司，推进大学校区、产业园区、公共社区“三区联动”。杨浦区科委负责人表示，近两年，园区内个别企业有转移到市中心地段的想法，因而“环同济”的服务水平需要进一步提升，以留住和吸引更多企业。

公司成立后的第一个大动作，是将原上海巴士一汽停车场打造成“环同济”核心项目“国际设计一场”，首期工程同济大学设计创意产业办公楼去年4月竣工，二期工程将原机械修配车间改造为同济大学设计创意学院大楼，将于今年7月竣工。公司副总经理奚荣庆表示，未来入驻这里的企业将经过精挑细选，必须是能够引领园区发展的特色产业和知名企业。

记者在现场看到，三期工程工地已围好护栏，近日将破土动工。据了解，三期工程将着力打造一座学科链与产业链紧密对接的国际设计创意中心，涵盖设计教室、教研中心、创意实践中心、设计博物馆、展览厅廊、上海市国际设计大师培训中心、国际设计组织和机构办公楼和代表处，以及设计创意的技术经济、法律产权和都市生活支撑等多项功能。

“环同济”发展一直面临着产业不平衡的问题，区内重点产业为现代设计、节能环保、工程咨询等，其中现代设计产业居于龙头地位，而在文化传媒设计、工业设计、时尚消费设计等领域几乎是空白。“不足和空白说明我们还有很大潜力”，奚荣庆说，“十二五”期间确定产值翻一番的目标，就是因为找到了城市建筑规划设计之外，推动园区发展的第二台发动机。

经济圈内国际性企业缺乏，本土企业承接的国际性业务偏少，也一直困扰着园区发展。去年，中意两国国家级设计创新研发中心和服务平台“中意设计创新中心”落户园区。杨浦区科委负责人表示，该中心集设计教育、研发孵化、国际交流、活动展览等多种功能于一体，将吸引中意两国50多家建筑、城市设计、工业设计、时尚、数字媒体等企业入驻并形成产业集群，推动“环同济”提升能级。

（资料来源：《“环同济”知识经济圈渐成沪创意产业高地》，《解放日报》，2010年2月20日。）

本章提要

1. 第三次科技革命是人类文明史上继蒸汽技术革命和电力技术革命之后科技领域里的又一次重大飞跃。它是以原子能、电子计算机和空间技术的广泛应用为主要标志，涉及信息技术、新能源技术、新材料技术、生物技术、空间技术和海洋技术等诸多领域的一场信息控制技术革命。这次科技革命不仅极大地推动了人类社会经济、政治、文化领域的变革，而且也影响了人类生活方式和思维方式，使人类社会生活和人的现代化向更高境界发展。

2. 知识经济，亦称智能经济，通俗地说就是“以知识为基础的经济”。它是和农业经济、工业经济相对应的一个概念。从内涵来看，知识经济是经济增长直接依赖于知识和信息的生产、传播和使用，它以高技术产业为第一产业支柱，以智力资源为首要依托，是可持续发展的经济。按照OECD的说法，知识经济就是以现代科学技术为核心的，建立在知识和信息的生产、存储、使用和消费之上的经济。

重要术语

科技革命(Scientific and Technological Revolution)

信息时代（Information Age)

知识经济(Knowledge Economy)

本章思考题

1. 试述科学革命与技术革命的概念、区别与联系。
2. 试述第三次科技革命的内容和主要特点。
3. 知识经济的含义及内容是什么？
4. 知识经济的基本特征有哪些？
5. 如何认识知识经济对人类社会的深远影响？

进一步阅读资料和网络链接

1. 中国科学院:《科技革命与中国的现代化——创新 2050:科学技术与中国的未来》,科学出版社 2009 年版。

2. 石俊田、徐佳:《科技革命与经济体制》,北京科文图书业信息技术有限公司 2008 年版。

3. 何传启:《第六次科技革命的战略机遇》(第二版),科学出版社 2012 年版。

4. 肖德武:《科技革命与社会发展》,山东大学出版社 2007 年版。

5. 〔美〕乔尔·莫基尔著,段异军、唐乐译:《雅典娜的礼物:知识经济的历史起源》,科学出版社 2011 年版。

6. 孙伯良:《知识经济社会中的价值、分配和经济运行》,上海三联书店 2008 年版。

7. 高洪深:《知识经济学教程》,中国人民大学出版社 2010 年版。

8. 吴季松:《知识经济学》,首都经济贸易大学出版社 2007 年版。

9. 中国科技网:http://www.cstnet.net.cn/。

10. 中国经济网:http://www.ce.cn/。

第三章

经济全球化与世界经济发展

【教学目的和要求】

1. 通过本章的学习，了解经济全球化的动因及表现。

2. 通过本章的学习，熟练掌握经济全球化给世界经济带来的影响，同时，注意理解经济全球化与和谐世界经济体系构建之间的辩证关系。

【教学重点与难点】

1. 经济全球化与和谐世界经济体系构建之间的辩证关系。

2. 经济全球化对世界经济产生的影响。

引导案例

低碳转型:第二次经济全球化

低碳时代来临,低碳今后对整个全球经济格局会产生什么样的影响,值得我们思考。以往的经济全球化通过贸易和投资把全球经济绑在一起,各国通过自己的比较优势在经济全球化中获利,各取所需,共同富裕。加入世界贸易组织,中国已经融入国际经济,经济全球化对中国的好处是明显的,中国得以利用先进技术和外资,通过外贸,在比较短的时间内实现工业化、城市化进程,而负面影响也是明显的,中国的资源稀缺和环境污染也由于经济全球化而快速恶化。

贸易和投资的经济全球化使得发达国家的环境保护常常以不发达国家的加速污染为代价。由于不同国家收入水平不同,对环境的需求也就不同。在开放性国际经济条件下,国际贸易和直接投资可以"在低收入国家生产高污染产品,在高收入国家消费这些产品"。目前中国和印度等发展中国家与西方发达国家和日本的关系基本如此。但是,需要注意的是:转移污染排放的可行性在于污染物的影响是当地的。

二氧化碳的气候变化影响是全球性的,在哪个国家排放是没有区别的。但是,由于产出和能源效率的不同,在不同国家生产某一产品的排放量是有区别的。在发达国家做某一个产品可能是一个单位的排放,而在发展中国家,由于生产工艺落后,能源效率低,可能是两个单位的排放。这样,将该产品在"低收入国家生产,在高收入国家消费",将导致更多的碳排放。如果不兼顾不发达国家的产出和能源效率,全球贸易可能导致更多的碳排放。因此,低碳全球化将通过低碳减排考虑,将所有的国家都绑在一起。

那么,对于发达国家来说,需求既定,某种产品要么本国生产,要么其他国家生产;本国生产排放比较少,交给其他国家生产,尤其是发展中国家,由于生产工艺落后,能源效率低,排放量可能比较大,这意味着今后的贸易保护也可以打着低碳发展的旗号。也就是说,低碳的全球化可能影响今后的贸易全球化,从而影响全球的产业格局。

进一步说,二氧化碳可能比外贸把全球经济更为紧密地捆在一起,毕竟外贸一个国家可以选择做还是不做。而由于生产工艺和能源效率比较低而导致的排放没有选择,意味着发达国家在经济发展过程当中,必须兼顾不发达国家的产业结构和能源效率。

因此,低碳全球化的基础是,二氧化碳是全球性影响,必须全球性应对。低碳将把全球经济发展和发展模式捆在一起,发达国家如果不考虑发展中国家的能源效率,将导致更多的排放。那么,今后发达国家会采取什么样的对策?

第一,通过技术和资金援助,提高发展中国家的整体效率,减少排放。这是一个比较温和的做法。基本含义是,在外贸和投资中兼顾不同国家的生产工艺和能源效率,帮助发展中国家提高生产工艺和能源效率水平,尽量减少转移排放的差异。

第二,通过碳交易,支持发展中国家进行减排。目前京都机制下两个不同但又相关的碳排放交易体系:一是以配额为基础的交易市场,即通过控制碳排放总量,造成碳排放权的稀缺性,使其成为可供交易的商品的排放交易体系;二是以项目为基础的交易市场,负有减排义务的缔约国通过国际项目合作获得的碳减排额度,补偿不能完成的减排承诺的清洁发展机制(CDM)和联合履约机制。国际碳交易市场尚处于发展阶段,有待未来国际气候谈判进一步制定和完善减排规则。由于尚未形成全球碳交易市场,目前主要是以京都机制下的欧洲(欧盟排放交易体系)和自愿减排机制下的北美(芝加哥气候交易所)两个区域性市场为核心。对于发展中国家来说,如果可以从公平角度确定人均排放权,就可以要求发达国家承担更多的能源环境责任,通过碳交易支持发展中国家进行减排。

第三,对发展中国家比较不利的做法是:发达国家通过碳税迫使发展中国家减少排放。然而,这是很可能出现的情景。碳税也是一种环境税,是按照化石燃料燃烧后的二氧化碳排放量征税的一种减排手段。目前碳税在发达国家已逐渐推广实施,它们还希望将碳税进一步向全球范围推广。支持碳税政策者认为,碳税可以使得替代能源与廉价燃料相比更具成本竞争力,推动替代能源的使用。其次,征收碳税的收入还可用于资助环保项目,或对节能减排技术进行补贴。最后,与碳排放交易市场机制不同,征收碳税不仅管理成本比较低,实施过程也可能更为简便、公正,而且更具有可预见性,即通过为碳排放设定一个明确的价格,更有利于估算节能减排进行的投资预期收益,降低投资风险。

反对碳税政策者则认为,首先,碳税将降低高耗能的发展中国家相关产业的国际竞争力,不利于处于高耗能经济发展阶段的发展中国家的工业化进程。其次,碳税客观上有可能沦为发达国家实施贸易保护主义的新手段,尤其是如果以美国为首的西方发达国家在征收国内碳税的同时,开征碳关税,那就意味着低效率、高能耗、生产工艺相对落后的发展中国家的国际竞争力可能将大幅度下降。

以上提出的三种做法,在不同的时间段,有可能是以一种做法为主,而最终的可能是三种同时出现。接下来的问题是,发展中国家如何应对可能出现的相关问题。

(资料来源:林柏强,《低碳转型:第二次经济全球化》,http://www.21cbh.com/HTML/2010-4-27/3OMDAwMDE3NDU3OQ.html。)

第一节　经济全球化及其表现

一、经济全球化的内涵与动因

(一)经济全球化的内涵

关于经济全球化的概念,至今也没有一个公认的定义,许多学者从生产关系等角度对经济全球化做出过解释。有的学者认为,经济全球化这一概念最早是由美国经济学家T.莱维在1985年提出的;也有的学者认为,最早提出这一概念的是OECD的前首席经济学家S.奥斯特雷,他在1990年指出,经济全球化主要是指生产要素在全球范围内广泛流动,实现资源最佳配置的过程。1996年,联合国贸发会议对经济全球化所下的定义是:全球化是世界各国在经济上跨国界联系和相互依存日益加强的过程,运输、通信和信息技术的迅速进步有力地促进了这一过程。而OECD的定义是:在产品及服务贸易、资本流动和技术转移与扩散基础上,不同国家市场和生产之间的依赖程度不断加深的动态过程。国际货币基金组织则认为:跨国商品、服务贸易及国际资本流动规模和形式的增加,以及技术广泛迅速的传播使世界各国经济的相互依赖性增强,它是现代经济的一个动态过程,是社会经济发展到一定阶段的产物。

不论经济全球化的定义如何,它作为世界经济不可逆转的一种趋势,已为众多的学者所普遍接受,世界上几乎每一个国家都不可避免地被卷入经济全球化的浪潮之中。但是,经济全球化既是机遇,同时也是挑战,任何国家都必须正确处理所面临的国际经济问题,抓住机遇,迎接挑战,只有这样才能在经济全球化的过程中获得最大的利益。

(二)经济全球化的动因

经济全球化是一个漫长的历史过程,它的产生是多种因素共同作用的结果,这些因素包括经济层面的,也有政治层面的。而总的来说,经济因素是经济全球化的根源,主要是生产力的发展和科技进步。

1. 科技进步和生产力的发展为经济全球化奠定了物质基础

18 世纪 60 年代,以蒸汽机的发明与使用为标志的第一次科技革命首先在英国爆发,在这次科技革命过程中出现了棉纺织业、金属冶炼业及其制造业和交通运输业,实现了从工场手工业到机器大生产的重大飞跃;进入 19 世纪后,资本主义经济迅速发展,自然科学取得重大进步,1870 年,由于各种新技术、新发明的不断涌现,第二次科技革命爆发,产生了电力工业、钢铁工业、化学工业、汽车制造业及造船工业,人类社会进入了电气时代;20 世纪 40—50 年代,原子能、计算机、航天技术、生物工程等领域取得重大突破,以原子能、电子计算机和空间技术的广泛应用为主要标志的第三次科技革命在美国爆发并迅速向其他国家扩散,这次科技革命涉及信息技术、能源技术、新材料技术、海洋开发技术等诸多领域,人类从此进入信息化社会。

由于科学技术,特别是信息技术,具有极强的向其他国家扩散的性质,各国的联系日益紧密。另外,现代的交通运输及通信设备的广泛使用,缩短了国家间的时空距离,大大降低了商品和资本流动的成本,有力地促进了经济全球化。纵观历史上的几次科技革命我们不难发现,每一次革命都极大地促进了生产力的发展,而生产力的发展使得各国生产规模不断扩大,客观上要求扩大市场和加深国际分工,这些因素都积极促成了经济的全球化。

2. 跨国公司成为经济全球化的重要载体

研究成果表明,跨国公司的形成与发展已经有 100 多年的历史。在这一漫长的历史进程中,跨国公司为推动全球经济的发展做出了重要贡献,特别是在经济全球化的过程中,跨国公司也扮演着重要角色,成为经济全球化的重要载体。

20 世纪 80 年代中期以来,世界经济持续增长,国际市场竞争更加激烈,新贸易保护主义有所抬头,同时对外直接投资利润丰厚,种种因素导致全球跨国公司对外直接投资持续迅速增长。与此同时,西方国家的汇率、利率和股市频繁大幅波动,间接投资风险加大,在一定程度上助推了国际资本向直接投资方面转移。另外,随着跨国公司海外扩张遇到越来越多的挑战,越来越多的跨国公司开始采取开放性的跨国联合经营战略。不同跨国公司之间的资金、技术、生产设备、销售、分配渠道、融资能力等方面相互渗透,形成了一种国际经营联合体。这一联合体不同于一般的合资企业,联合体中的各家企业都采用同一目标,即共同开发、共同生产、共享市场,跨国公司的全球化经营战略发展到一个新的阶段。

跨国公司的资本、技术、管理等越来越呈现出国际化的特点，在世界范围内形成了全球性的生产、交换、分配和消费，特别是跨国公司全球化经营战略的实施，使其自身活跃在社会再生产的各个环节，有力地推动了经济全球化的进程。

3. 市场经济体制的全球扩展是经济全球化的体制条件

20 世纪 70 年代末 80 年代初，世界各国经济纷纷开始进行大调整。首先，西方发达国家掀起了市场化改革浪潮，各国纷纷取消或放松政府管制，推动了贸易自由化、投资自由化以及金融自由化，进一步减少了政府对经济生活的调节和干预。其次，东欧剧变和苏联解体，打破了在冷战时期由于两种不同的社会制度和经济体系形成的两个独立运行的平行市场。最后，中国等社会主义国家以市场为取向的经济改革的扩展与深化以及这些国家从内向型经济发展战略向外向型经济发展战略的转变，形成了新的发展局面，促进了经济全球化的形成与发展。

4. 世界政治格局的变化是经济全球化的重要政治动因①

冷战结束后，两极格局瓦解，原本的国际格局失衡。以美国为首的西方国家极力想要占据前苏联遗留下来的势力真空，而发展中国家改革开放形成的广阔新兴市场更是成为西方国家争夺的焦点。西方发达国家在失去共同的政治对手后，它们之间在冷战时期掩盖着的经济利益上的矛盾凸显出来，它们都腾出手来用更多的精力投入到相互竞争上来，都争先恐后地争夺世界市场，重点是进军亚洲、非洲、拉丁美洲的新兴市场。美欧之间、美日之间的贸易战、投资战、金融战此起彼伏，西方发达国家之间的经济热战代替了过去美苏之间的政治冷战。西方发达国家在冷战后抢占世界市场的热战，客观上推动了经济全球化的进程。另外，美国为实现其全球战略目标，极力主导和推动经济全球化，也是经济全球化的动因之一。

二、经济全球化的表现

（一）贸易全球化

贸易全球化是指随着科学技术的发展和各国对外开放程度的提高，流通领域中国际交换的范围、规模、程度得到增强。第二次世界大战后，关税与贸易总协定主持了八轮多边贸易谈判，促进了贸易自由化程度的提高，其中乌拉圭回合谈判在贸易全球化中起到了至关重要的作用，达成了从关税措施到非关税壁垒、从货物贸易到服务贸易、从国际贸易到国际投资的贸易自由化协议。战后，科技的不断进步（体现为运输工具日趋便利，贸易手段逐渐先进，信息网络进一步完善，新兴贸易方式兴起）和各国开放程度的逐步提升，使得全球贸易的范围和规模急剧扩大，超过历史上的任何时期，同时，第二次世界大战后世界贸易的增长速度也超过了世界生产的增长速度。在贸易规模不断扩大的同时，贸易结构也发生了重大的变化。首先，贸易主体多元化发展。贸易主体不仅局限在国家之间，一体化区域之间、一体化区域内部和跨国公司之间的内部贸易成为国际贸易中的重要组成部分。其次，无形贸易增长迅速。在有形贸易如火如荼发展的过程中，无形贸

① 张鸿钧、姜照华：《经济全球化的动因、实质及影响》，《大连理工大学学报》（社会科学版），2000 年第 4 期。

易的增长更加引人注目,且无形贸易的增长幅度超过了有形贸易的增长。信息、技术、服务等产品的贸易在国际贸易中占据了不可替代的位置。最后,贸易流向多样化。尽管在国际市场中仍然以发达国家之间的贸易为主,但发达国家同发展中国家之间的贸易规模以及发展中国家之间的贸易规模也在不断增大。

(二) 金融全球化

金融全球化是指世界各国、各地区在金融业务、金融政策等方面相互交往和协调、相互渗透和扩张、相互竞争和制约,进而使全球金融形成一个联系密切、不可分割的整体。随着世界经济的全球化发展,金融领域的跨国活动也在迅猛发展。金融全球化不仅是世界经济发展最为关键的一个环节,同时也是最为敏感的一个环节。

20 世纪 70 年代中期以来,金融自由化浪潮席卷全球,成为西方发达国家金融创新的主流。金融自由化大大推动了金融领域的创新活动,涌现了大量新的金融工具、金融市场和金融机构。许多新兴市场经济国家也纷纷效仿,随着发展中国家逐渐开放本国的金融市场以及电子化和网络化技术的应用,20 世纪 90 年代形成了国内金融市场和国际金融市场相贯通,以国际金融中心为依托,通过信息网络和金融网络运行的全球统一的、不受时空限制的、无国界的金融大市场。金融全球化促使资金在全世界范围内重新配置,在使欧美等国金融中心得以蓬勃发展的同时,也使发展中国家特别是新兴市场经济国家获得了大量经济发展所需的资金。世界经济的发展离不开金融全球化的推动。

(三) 信息全球化

信息在国民经济生活中已成为比物质和能源更重要的战略性资源,信息产业在社会产业结构中成为主导产业,信息网络系统正在成为经济活动最重要的基础设施。

信息全球化是全球化的一个重要方面,它是与全球化的进程相伴而生并随着传播手段(主要是大众传播手段)的成熟不断发展的。20 世纪 90 年代以来,信息全球化成为显著的时代特征。信息全球化已不再是一个停留在纸面上的名词或概念,它不仅改变着人们的工作、交流、消费和娱乐方式,而且为人类社会经济的发展提供了新的途径和范式,它已全面进入我们的生活,在各个方面产生着重要的影响,并将成为一个明显的发展趋势。

互联网既是全球化或信息全球化的必然结果,又是将这一过程不断推向前进的强大动因。它以地空合一的信息高速通道作为传输渠道,以渐趋普及的多媒体电脑作为收发工具,是一种高效率、大容量、极具开放性的传播媒体。新闻信息一旦进入网络,就将无视国界的存在,任何人都可以自由收看或调阅,行政控制或干预的可能性将越来越小。

(四) 投资全球化

投资全球化主要表现为对外直接投资的迅猛增加。第二次世界大战后,发达国家的对外直接投资规模巨大,增长迅速。在投资自由化趋势的驱使下,对外直接投资快速增加,1970—1985 年,对外直接投资年均增长率为 15%,而 1985—1990 年该比率上升为 28%,20 世纪 90 年代对外直接投资的年均增长率达 30%。同时,对外直接投资的主体在 20 世纪 80 年代前后也发生了很大变化,20 世纪 80 年代前,进行对外直接投资和吸收对外直接投资的主体是发达国家,20 世纪 80 年代后期,发展中国家无论是在吸收对外直接投资还是进行对外投资活动中的比重都有所上升。从区域发展来看,东亚地区是继北美和西欧国际直接投资和吸收国际投资的又一个热点区域。随着投资活动在全球范围内的不断扩展,国际投资的规范安排也开始提到日程上,保护投资和促进投资的双边投资条约大幅度增加。乌拉圭回合谈判首次把投资问题纳入多边贸易体系,并达成了《与贸易有关的投资措施协议》。

(五)人力资源全球化

"冷战"时期,东西方互相仇视导致劳工流动的压力阀长期紧闭,东西方之间的经济交流也几乎陷于停顿。随着"冷战"的结束,全球化道路上的阻碍力量陡然减轻,经济全球化的大趋势不可更改,这就意味着目前和今后相当长的一段时间内各国间的人力资源流动都要受其影响。随着经济全球化的不断加深,人力资源在国家和地区间移动的自由度将有大的提高,国家和地区间对人力资源的流动也日益重视。与此同时,人力资源受经济的影响也在日益加深。各国的人力资源流动很大一部分都在为全球化服务。近年来,发展中国家的劳务输出量不断加大,但这并不意味着等同于近代移民。因为这些劳务是发达国家所需要的,这些劳务的输出多是有组织的和合法的。发达国家表面上输出资本,融资于世界各地,但实质上这一做法是得到发展中国家同意和有利于它们发展的。再说,经济全球化的发展使人员交流的深度和广度都有所加深,并且是双向的。当然,发展中国家输出的多为高科技人才和技术工人,这对本来就人才短缺的国家来说是很不利的。

在国际人力资源的流动中,人力资源循环成为一种新的模式。近几年来,欧洲、美洲和亚洲等地区的区域内部人力流动成为当前人力资源跨国流动的一个新趋势。OECD 于 2002 年发表的一份题为《高技能人才的国际流动》的政策摘要指出:数据显示,加拿大、法国、德国、瑞典和英国等国流向美国的人才主要是从事临时工作的各种人员,如博士后、研究人员、跨国公司工作人员等,而从事永久工作的人员相对较少。这意味着可能回国工作的人员越来越多,因此,在当前的人才跨国流动中人才循环(Brain Circulation)的流动模式越来越明显。正因为如此,越来越多的西方学者开始使用"人才循环"这一概念来代替"人才流失"的概念。据此来看,在加拿大、法国、德国等 OECD 国家中,人才流失被过分高估了,因为这些国家也吸引大批国外人才,同时流出的人才回流率比较高。亚太地区近年来保持了较快的发展速度,对人才的需求量不断扩大。这一方面使得越来越多的人才回流;另一方面也对发展中国家的人才具有较强的吸引力,甚至也引起了发达国家人才的浓厚兴趣,这些人才也多是以临时工作为主。因此,亚太地区内部以及亚太地区与其他地区之间的人才循环现象也越来越明显。

三、经济全球化与和谐世界经济体系

经济全球化程度的不断加深,对推动世界经济的快速发展起到了许多积极的作用,由于世界经济体制的一体化、世界统一贸易市场的形成、跨国公司规模及数量的不断扩大,生产要素在最大程度上实现了在全球范围内的优化配置,推动了世界经济结构特别是产业结构的合理调整,为全球范围内的知识创新提供了条件,有利于科学技术的开发及其在全球范围内的传播,同时也对发展中国家的现代化进程起到了一定的推动作用。

但是,由于世界经济一体化进程的不平衡性和复杂性,经济全球化也带来了一些负面影响,例如,造成发展中国家和发达国家的差距拉大,使国家的经济主权受到冲击,等等。类似地,在和谐世界经济体系的构建过程中,经济全球化也在从正反两个方面影响着构建的进程。

(一)经济全球化对和谐世界经济体系构建的推动作用

随着经济全球化的迅速发展,各国的经济联系日益紧密,经济联动性不断加强,特别是贸易与投资自由化在全球范围内的扩散,更是推动了各国的经济往来不断向前发展。这种紧密的经济联系,极大地推动了和谐世界经济体系的构建。

在经济全球化迅速发展的今天,除国与国之间的双边贸易额不断增长之外,国际经济合作也越来越受到广泛重视。在国际经济合作的实践中,从双边合作到区域合作乃至全球规模的多边经济合作,不仅形式繁多,而且合作内容日益深化。国际经济合作已经成为国际经济关系和经济发展不可或缺的内容。现在不仅发达国家与发达国家之间进行经济合作,而且发达国家与发展中国家、发展中国家相互之间、沿海国家与内陆国家之间、大国与小国之间,均有着广泛的经济合作关系。目前,开展区域性经济合作的组织更是数不胜数。以中国为例,2001 年,中国、俄罗斯、哈萨克斯坦、吉尔吉斯斯坦、塔吉克斯坦和乌兹别克斯坦六国在上海正式成立了"上海合作组织",以加强六国之间的全方位合作。上海合作组织自成立之日起,成员国在文化、经贸、军事、司法、安全等各领域和各层次的合作相继展开,成员国之间的经济和人文交流不断加强。如今该组织已经引起周边国家的广泛兴趣。例如,印度、伊朗、蒙古和巴基斯坦将首次以"积极观察员"的身份参与会议,上海合作组织就将拥有 6 个正式成员国和 4 个准成员国。中国的对外经贸合作不断取得深入,规模不断扩大,中国—东盟自由贸易区建设进程进一步加快:2005 年 7 月,启动了中国—东盟自由贸易区降税计划,约 7 000 个税目的商品开始实施全面降税;2007 年 1 月,双方签署了《服务贸易协议》,60 多个服务部门相互做出了高于世界贸易组织水平的市场开放承诺;2009 年 8 月,双方签署了《投资协议》,该协议的签署标志着双方成功地完成了中国—东盟自贸区协议的主要谈判;2010 年中国—东盟自贸区如期建成。中国—东盟自贸区建成后,成为拥有 19 亿人口、接近 6 万亿美元 GDP、4.5 万亿美元贸易总额的世界第三大自由贸易区,也是发展中国家组成的最大的自由贸易区。人们注意到,各个国家集团和区域经济组织在大力发展集团内部国家之间的经济合作关系的同时,也注意发展集团间的经济合作,如东盟和中国、日本、韩国的"10 + 3"合作,参加欧亚会议的亚洲和欧洲国家之间的合作。另外,各个国家都十分积极地参与各个国际经济组织(如世界贸易组织、国际货币基金组织、世界银行等)的活动,努力发展多边的国际经济合作关系。因此,一个全世界范围的多边经济合作体系已经形成,一个和谐的世界经济体系正在建成。

(二)经济全球化与和谐世界经济体系构建的阻碍作用

凡事有利则有弊,经济全球化虽然加强了全世界范围内国家之间的经济联系,但是,正是由于这种经济往来的日益频繁,国家间的经济摩擦不断出现,特别是近年来不仅数量显著增多,而且所涉及的领域也在不断扩大。因此,经济全球化在积极推动和谐世界经济体系构建的同时,也起到了一定的阻碍作用。

自1995年1月1日世界贸易组织成立至2011年9月30日的近17年里,以成员方正式依据《关于争端解决规则与程序的谅解》提出磋商为准,世界贸易组织的争端解决机构(DSB)共受理了427起案件。美国、欧盟是世界贸易组织争端解决机制的垄断性用户。在过去的17年里,作为世界第一大经济体的美国是运用世界贸易组织争端解决最频繁的成员,它先后起诉其他成员高达98起,名列第一。同时,它也是被其他成员起诉最多的成员,先后高达113起。欧盟起诉其他成员为85起,被其他成员起诉为70起,均列第二。17年中,以巴西、中国、印度、墨西哥为代表的发展中成员也积极参与世界贸易组织争端解决机制。在DSB受理的427起案件中,发展中成员的起诉达到180起,其中发展中成员诉发达成员98起,发展中成员诉发展中成员82起。作为起诉方,巴西有25起、墨西哥21起、印度19起、韩国15起、泰国13起、智利10起。中国起诉8起,按起诉数字排在第12位。按被诉统计,中国23起、印度20起、阿根廷17起、巴西14起、韩国14起、墨西哥14起、智利13起。中国被正式要求磋商共23起,排在第3位。另外,发展中成员还作为第三方积极参与世界贸易组织案件的审理。从案件涉及的协议看,在上述提到的427起磋商案件中,涉及世界贸易组织协定本身的有44起,GATT 1994的337起,涉及最惠国待遇的有90起,国民待遇的有87起。另外,涉及反倾销协定(AD)的有89起,补贴与反补贴协定(SCM)88起,农业协定(AOA)66起,技术贸易壁垒协定(TBT)41起,保障措施(SA)38起,卫生与植物卫生协定(SPS)37起,进口许可证协定34起,与贸易有关的知识产权协定(TRIPS)29起,投资措施协定(TRIMs)27起,服务贸易总协定(GATS)22起,海关估价15起,DSU条款14起,原产地规则7起,政府采购(GPA)4起,说明世界贸易组织争端解决机制处理案件的领域也大大扩展了。

第二节 经济全球化对世界经济的影响

经济全球化的出现及发展对于世界经济的整体发展来说是一把“双刃剑”,它在给全球经济发展带来机遇的同时,也给全球经济带来了巨大的挑战。

一、经济全球化的积极影响

(一)经济全球化对发达国家的积极影响

1. 扩大贸易规模

经济全球化的快速发展,促进了世界多边贸易体制的形成,发达国家不仅是国际贸易的规则制定者,而且也成为国际贸易的垄断者。经济全球化使国际贸易迅猛增长,其增长速度已大大超过世界国内生产总值的增长。在国际贸易的强劲发展势头中,美、欧等发达国家成为最大的受益方。贸易自由化极大地促进了发达国家出口的增长,美、日、欧三方在世界贸易中所占的份额高达50%以上,欧盟27国占世界贸易总量的25%以上,美国占世界贸易总量的20%以上,日本占世界贸易总量的7%左右。

2. 加速经济扩张

经济全球化为发达国家提供了更加广阔的经济活动空间,使它们凭借各自的优势和经济实力,积极活跃在世界经济舞台上,不断扩大经济势力范围,在全球获得更大的销售、投资和劳动力市场,谋取最大的经济利益。发达国家的跨国公司作为其经济对外扩张的载体,对外投资规模不断扩大,已成为全球经济的核心。目前,全球生产的40%左右,国际贸易的50%—60%,国际技术贸易的60%—70%,科研与开发的80%—90%,国际投资额的90%,都被发达国家的跨国公司控制。

3. 促进产业升级

经济全球化带来的世界范围内的空前竞争,促使发达国家经济向科技和资本密集型产业升级,在高新技术方面不断创新,研究开发和生产出技术和知识含量高的新产品,并及时推向市场,提高产品的国际竞争力。

20世纪八九十年代以来,全球经济结构进入了以信息技术为核心的高新技术产业为特征的结构调整期,出现了欧、美、日等发达国家着重发展知识密集型产业,并将重化工业、劳动密集型和一般技术密集型产业大量转向发展中国家和地区的现象。以现代信息技术、生物技术为核心的新一轮高科技革命,正在对世界产业结构产生着比以往任何时候都更加深刻、系统、全面和综合的影响,使世界产业结构的调整出现大变革。美国新一轮结构调整的目标是适应网络时代知识经济和服务经济的结构变化,以信息技术、航空航天技术、国防和生化技术工业作为支柱产业,提高金融和资讯等产业领域的竞争力,在全球化进程中占领更大的国际市场。欧盟的调整重点则是通过市场和货币一体化的进程来推动体制、就业、技术和产业结构的市场化调整。日本也是将增强竞争力作为结构调整的主要目标,重点加强对大型跨国公司治理结构的调整以及开放和重组长期受保护的银行业、不动产、建筑和零售业等,提高其国际化程度。

经济全球化使这些发达国家可以充分利用世界市场资源,在其经济结构调整和转型阶段,通过大量进口有形物质产品(如能源、原材料、消费品),节约了本国资源,使之能够利用节约出来的本国资源优先发展高新技术产业,获得所谓的“资源转换效益或利益”。

4. 推动人才引进

经济全球化为高技能劳动力的跨国流动创造了条件,而人力资源已经成为当前最重要的资源和各国争夺的焦点。吸引站在世界科技前沿和产业高端的高层次人才,越来越成为发达国家提高国际竞争力、实现经济可持续发展的迫切需要。凭借其优越的生活条件、先进的大学和研究机构、高技术企业集群等优势,发达国家吸引了大量海外人才,为发达国家的经济做出了重要贡献。OECD在一份报告中指出,美国的移民政策是其保持经济高速增长的原因之一,在信息和通信部门,来自国外的高科技人才的作用尤其突出。据统计,世界科技人员的1/4集中在美国。

劳动力的流入对于人口步入快速老龄化的发达国家来说也是有利的,因为它直接增加了这些国家的劳动力,间接降低了它们的老年依存度。没有劳动力的流入,当老年依存度的负担达到0.4时,投资在GDP中的份额将降到零或几乎为零,而劳动力流入使老年依存度的负担降到0.25—0.3时,投资在GDP中的份额将增加到0.1—0.15,从而缓解了发达国家因人口老龄化而陷入经济停滞。

（二）经济全球化对发展中国家的积极影响

发展中国家利用经济开放程度的提高，使贸易投资自由化，获得过去难以得到的先进技术、管理经验、资本、市场、资源和其他有利条件，实现经济“赶超梦想”，特别是经济全球化带来的国际分工大发展、产业大转移、资本大流动和技术大外溢，对于发展中国家弥补国内资本、技术等生产要素缺口，实现产业升级、技术进步、制度创新和整个经济起飞都是非常有利的。因此，经济全球化为发展中国家提供了前所未有的发展机遇，一些发展中国家也因此而在不同程度上成为经济全球化的受益者。

1. 经济全球化有利于发展中国家利用外资

近几年大部分发达国家经济增长缓慢甚至停滞，以致世界范围内需求严重不足，生产利润空间减少。跨国公司在进行战略调整时，通过发挥自身在全球驾驭生产营销的能力，寻求低成本的生产区位，来应对市场的挑战。与发达国家经济增长缓慢形成对比的是一些发展中国家经济发展较快，成为全球经济的亮点，其中中国、印度以及一些转型国家如波兰等表现较为突出。这些国家高素质、低价格的劳动力，稳定高速的经济增长，不断扩大的市场规模以及优惠的引进外资政策为吸引外资创造了良好的条件。在流入发展中国家的国际资本构成中，国际私人资本占85%。中国是利用外资最多的发展中国家，利用外资总额仅次于美国。2003年中国实际利用外资达535亿美元，首次超过美国成为吸收外资最多的国家，2011年中国FDI流入量达到1.5万亿美元，比2007年低23%。发展中国家大量流入的外资有助于发展中国家引进发达国家的先进技术和管理经验，有助于缓解发展中国家面临的资金匮乏的约束，有助于带动东道国的经济发展，扩大就业，提高居民收入水平，增加东道国税收。

2. 经济全球化有利于发展中国家通过外贸拉动经济增长

20世纪“亚洲四小龙”的出口替代战略利用国际贸易拉动了经济增长，完成了工业化，成为推动现代化的成功典范。尽管发达国家是国际贸易的最大受益者，但一些发展中国家尤其是亚洲的发展中国家也受益于国际贸易，其贸易额约占世界贸易总额的20%。中国自改革开放以来，对外贸易以年均15%的速度飞速增长，改革开放初期，中国的对外贸易总额不足40亿美元，2005年对外贸易总额达到14 221亿美元，成为继美国、德国之后的第三大贸易大国，2011年中国对外贸易进出口总额达到36 420亿美元，同比增长22.5%；此外，中国的外贸依存度由1980年的15%发展到2002年的51%，2004年更是高达70%以上，之后有所回落，2011年中国外贸依存度为50.1%，作为国民经济的重要组成部分，强劲增长的对外贸易促进了国民经济的平稳快速发展。

3. 经济全球化促进了发展中国家跨国公司的发展

经济全球为发展中国家的企业提供了参与国际竞争的机会，为发展中国家培育和发展自己的跨国公司提供了条件。目前发达国家的跨国公司仍然占据着绝对优势，在“世界500强”中，美国、日本、法国、德国、英国等9个主要发达国家占据的份额超过了80%，与此同时，发展中国家的进步也很明显，2012年中国共有79家企业上榜，其中中国内地和香港上榜企业达到73家，比上一年度增加12家，俄罗斯有6家企业，巴西有8家企业，墨西哥有3家企业，印度有8家企业；2012年入围“世界500强”的企业里，上榜企业数量最多的国家依次是：美国132家，中国79家，日本68家，德国32家，法国32家，英国27

家,韩国13家。有些发展中国家跨国公司的发展十分迅速,已从贸易活动深入到国际生产领域和高科技领域,并开始参与国际市场的竞争,向发达国家的跨国公司提出了挑战。当然,从总体上说,发展中国家跨国公司由于起步较晚,目前发展水平较低,普遍投资规模较小,生产规模不大,且产品多属于技术含量低的劳动密集型产品。从发展趋势上看,由于经济全球化为发展中国家提供了在更广泛的领域内积极参与国际竞争的机会,发展中国家跨国公司也将积极地活跃在世界经济舞台上。

4. 经济全球化为发展中国家学习和借鉴先进技术提供了条件

经济全球化促进了技术进步,加强了国际技术交流与合作。发达国家在将其产品和资本源源不断地输入发展中国家的同时,也将其先进的技术和管理经验输入到发展中国家,这为发展中国家学习和借鉴发达国家的技术和管理经验提供了有利条件。尽管一些发达国家出于自身利益的考虑或者政治原因,对一些发展中国家实行较为严格的技术控制,但这仍然不能阻碍国际技术交流与合作。改革开放以来,中国通过广泛开展国际技术交流与合作以及自主研发,正在逐渐缩短同先进国家之间的技术差距。韩国科学技术部公布的资料显示,如果将技术最先进的美国的技术水平设为100,韩国的99项核心技术的水平则为65.1,与之具有5.8年的差距;而中国为52.5,与韩国的技术差距仅为2.1年,与美国的核心技术差距为8—10年左右。

二、经济全球化的消极影响

(一) 经济全球化对发达国家的消极影响

1. 增大金融风险

随着资本市场全球化的真正到来,在世界经济活动中,金融资产流动的规模之大、种类之多,让之前任何历史时期都相形见绌。巨额资本在全球的自由流动,在抑制各国通货膨胀率、压低全球利率水平的同时,也为房地产与股票市场从繁荣到衰退的周期性波动创造了条件,制造了一个又一个先繁荣后衰退的泡沫,为发达国家的经济稳定埋下隐患。另外,全球资本市场的力量日益加强,影响力甚至已经超过中央银行。近年来,美联储和欧洲中央银行都发现,它们做出的调高短期利率的决定对长期利率影响甚微,而长期利率会影响绝大多数借贷行为,最终作用于经济活动。但由于发达国家的金融体系相对成熟和完善,又是国际规则的制定者,因此所受到的冲击远小于发展中国家,所获得的利益却远大于发展中国家。

2. 减缓工资增长

在经济全球化背景下,越来越多的劳动力成本较高的发达国家,通过将生产流程转移到劳动力成本较低的发展中国家而实现了效益增长。为了提高企业的效益,很多跨国集团通过雇用海外工资水平较低的工人来取代本土高工资的雇员。这个现象也是许多发达国家工人的实际工资在一段时期内没有任何显著增长的一个原因。

虽然经济全球化对发达国家的某些劳动密集型产业和就业产生了不利影响,但这种影响绝非像一些西方学者所讲的那样严重。美国经济学家对美国相关部门的调查表明,来自发展中国家的进口可能仅使制造业对非熟练工人的需求量下降6%。世界银行也认为,工业国劳动力市场的困难只有10%—30%是由与发展中国家的贸易所造成的。……即使是考虑商品异常的劳动力密集性，国际贸易对工业国劳动者的直接影响也十分有限。进入21世纪以来，全球化已超越原先所谓的可交易商品的范围，深入到迥然不同的商业领域，包括信息流、金融资本和服务业。目前，发达国家担心服务业外包趋势将导致更多工作机会流向海外，发达国家服务业正感受到世界经济竞争加剧和开放程度加深所带来的沉重压力。

3. 扩大贫富差距

经济全球化使发达国家的不同产业的收益不同，分配也不均。中小公司、传统产业受到的冲击更多，大型跨国公司则可在全球范围内优化组合配置资源，抗风险和竞争能力较强，由此也扩大了一国不同地区发展的不平衡。比如，美国“朝阳产业”集中的西部地区发展较快，传统产业和农业集中的东部地区则相形见绌。这种多层次的不平衡相互重叠交织，直接影响了不同利益集团对全球化的态度，加剧了发达国家社会内部的分化和不同阶层之间的利益冲突。

（二）经济全球化对发展中国家的消极影响

1. 经济全球化对发展中国家的金融市场造成冲击

全球迅速发展的生产体系和不断增长的跨国公司资本在为发展中国家经济注入活力的同时，也冲击着发展中国家的市场。全球化了的国际金融市场上流动着发达国家的大量资金，如使用和防范不当，会冲击发展中国家的金融市场，甚至导致金融和银行危机。1994—1995年的墨西哥金融危机，1997年的东南亚金融危机，都是在有关发展中国家积极参与经济全球化进程中、开放金融市场的情况下发生的。

2. 经济全球化造成发展中国家环境污染，生态平衡遭到破坏

在经济全球化的过程中，发达国家进行了大量的产业转移，将越来越多的劳动和资源密集型产业以及污染环境的企业向发展中国家转移。在使发展中国家劳动和资源密集型产业得到很大发展的同时，任由发达国家企业排污以及为发达国家提供的各种超国民待遇导致了发展中国家的自然环境受到污染，生态平衡遭到破坏，资源浪费严重。发展中国家曾经实施的“以市场换技术”的策略多半没有收到预想效果，发展中国家大多以发达国家占领本国市场、引进发达国家落后的技术或设备为结果，而真正需要的先进技术却未能引进。

3. 经济全球化使发展中国家经济主权受到冲击

第一，经济全球化的发展要求各国都要在一定程度上让渡和共享经济主权。但实际上，对于不同性质的国家来说，这种让渡和共享却是不对称的。由于发展阶段和经济实力的差距，发展中国家对于资金、技术、管理经验的需求更加迫切，这就为发达国家把一些不合理的要求强加给发展中国家提供了条件，使发展中国家更多地让渡了自己的经济主权。第二，经济全球化使得世界范围内市场力量加强，同时，发达国家凭借自身在资本、技术等方面的优势，通过独资、合资等方式实施大规模跨国经营，控制发展中国家国内企业，甚至控制那些关系到国计民生的重要产业，在很大程度上冲击了发展中国家的部分国内产业，甚至威胁到发展中国家的国内市场安全，使发展中国家的经济主权相对减弱，严重威胁着发展中国家的经济安全。第三，专门性国际经济组织也对发展中国家的经济主权形成约束。比如，中国在加入世界贸易组织时，不仅要做出服从世界贸易组

织规划的承诺,而且要对部分发达国家做出更大程度的让步,也就是说,在加入一些专门性的国际经济组织时,发展中国家不仅要牺牲部分经济利益,更要受到国际经济组织和发达国家对发展中国家经济主权的制约。

本章提要

1. 经济全球化出现于 20 世纪 80 年代中期,到 90 年代得到了经济学家们的广泛认可。虽然在经济学界对于经济全球化的概念至今仍没有一个公认的定义,但是它对整个世界经济的影响是不容忽视的。经济全球化在不断发展的几十年中逐渐形成了其自身的一些表现形式,如贸易全球化、金融全球化和人力资源全球化。

2. 经济全球化是一把“双刃剑”,在给世界经济发展带来促进作用的同时,也为不同类型国家的发展造成了负面作用。经济全球化有助于发达国家扩大贸易规模,有助于加速发达国家的经济扩张,有助于促进发达国家的产业升级,有助于推动发达国家的人才引进;经济全球化也有利于发展中国家利用外资,有利于发展中国家通过外贸拉动经济增长,促进发展中国家跨国公司的发展,为发展中国家学习和借鉴先进技术提供条件;同时,经济全球化增加了发达国家和发展中国家的金融风险,扩大了发达国家的贫富差距,减缓了发达国家的工资增长,污染了发展中国家的环境,破坏了发展中国家的生态平衡,冲击了发展中国家的经济主权。

重要术语

经济全球化(Economic Globalization)　　金融全球化(Financial Globalization)
贸易全球化(Globalization of trade)

本章思考题

1. 试述经济全球化的内涵。
2. 经济全球化的动因有哪些?
3. 经济全球化的具体表现是什么?
4. 经济全球化如何对和谐世界经济体系的构建产生影响?
5. 经济全球化对发达国家产生的影响有哪些?
6. 经济全球化对发展中国家产生的影响有哪些?

进一步阅读资料和网络链接

1. 〔德〕弗兰克著,刘北成译:《白银资本——重视经济全球化中的东方》,中央编译出版社 2008 年版。

2. 周寂沫:《世界三大货币:经济全球化中的货币战略》,中国经济出版社2010年版。

3. 费利群:《经济全球化与我国经济发展战略选择问题研究》,山东人民出版社2009年版。

4. 韩小威:《经济全球化背景下中国产业政策有效性问题研究》,中国经济出版社2008年版。

5. 杨逢珉、张永安:《经济全球化背景下的南北关系》,上海人民出版社2011年版。

6. 刘淼等:《经济全球化与国际经济》,暨南大学出版社2010年版。

7. 沈红芳:《经济全球化与经济安全:东亚的经验与教训》,中国经济出版社2008年版。

8. 〔美〕罗伯特·夏皮罗著,刘纯毅译:《下一轮全球趋势》,中信出版社2009年版。

9. 〔美〕史蒂芬·罗奇著,束宇等译:《未来的亚洲:新全球化时代的机遇与挑战》,中信出版社2009年版。

10. 王中保:《经济全球化与我国利益关系的变动》,复旦大学出版社2007年版。

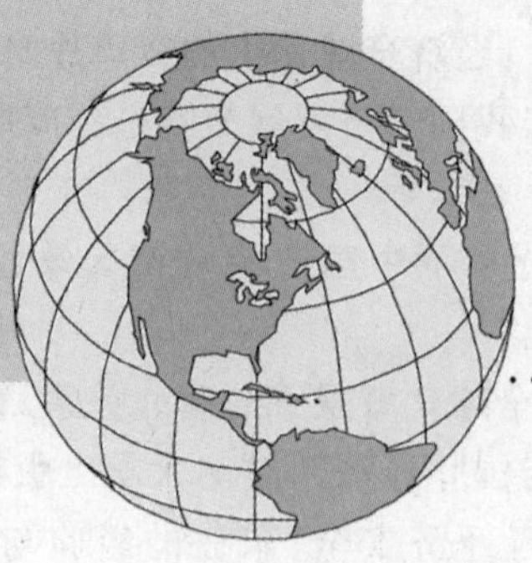

第四章

区域经济一体化与世界经济发展

【教学目的和要求】

1. 通过本章的学习，熟练掌握区域经济一体化的内涵和类型。
2. 通过本章的学习，熟悉区域经济一体化的动因。
3. 通过本章的学习，了解区域经济一体化的表现。

【教学重点与难点】

1. 理解区域经济一体化的动因。
2. 区域经济一体化对世界经济的影响。

引导案例

欧洲经济一体化新路径:地中海自由贸易区

最近中东和北非地区(MENA)经济一体化的另一条可行性路径将为欧盟—土耳其—中东北非国家的合作提供一个重大的机遇,同时会大幅度提高南欧国家的经济前景。这是2010年地中海自由贸易区的一个延伸。初步设想是欧盟和个别中东和北非国家之间率先缔结一个自由贸易协定,然后中东和北非国家自身再创建一个大型的地中海自由贸易区。这一构想的第一部分已经逐渐成功实施了,欧盟已开始与除利比亚之外的所有地中海邻国缔结自由贸易协定。

这个构想的第二部分,即建立中东和北非国家之间的自由贸易协定,由于一系列的政治障碍而困难重重。只有包括埃及、约旦、摩洛哥和突尼斯在内的区域内自由贸易区——《阿加迪尔协定》是与欧盟最初的原则基本一致的。虽然个别MENA国家的贸易正在蓬勃发展,这个多边的区域协定并没有促进MENA地区的投资。MENA的区域内贸易保持在10%左右,与欧盟的70%和北美地区的50%相比还有很大的差距。与MENA的这种类型贸易结构使得双方的贸易不平衡,MENA从欧盟的进口增加,但是对它们向欧盟的出口没有太大的影响,它的主要影响在于让欧洲的出口商打开了阿拉伯市场。

2009年,世界银行的一项研究表明,这项贸易协定实际上减弱了MENA国家整体的贸易竞争力。报告称,这种优惠的贸易协定并没有帮助MENA国家对抗中国和印度的竞争力。它们帮助欧盟国家稳定了欧洲的市场,但是没有使MENA的出口增加。此外,南欧国家经济一体化的缺乏使得很多外商投资转向北欧地区。在欧洲的投资商可以抢占MENA的所有市场,但是MENA的投资商由于双边贸易协定的很多复杂规定难以有所作为。

这样一来,建立北欧和南欧的经济一体化蓝图的构想应运而生。巴塞罗那关于建立一个无缝的自由贸易区的决定得到了执行。但是,我们面临的挑战就是FTAs(自由贸易协定)的第一部分构想。从逻辑上来说,这是一个可怕的决定。因为对于想加入欧盟—地中海自由贸易区的MENA国家来说,它们需要与11个独立的FTAs进行艰难的谈判,包括欧盟、土耳其和剩下的9个FTAs。总的来说,121个独立的FTAs需要进行协商并签订协议才能最终建立欧盟—地中海的自由贸易区。在此背景下,一个更加切实可行的方案是将目前土耳其与欧盟的经济一体化延伸到MENA国家。1995年,安卡拉和布鲁塞尔建立了一个完善的关税联盟,使得制造业的贸易双边自由化。此外,土耳其还选择了欧盟的共同贸易政策。目前,土耳其与欧盟的贸易基本以欧盟内部的贸易方式开展,也没有复杂的贸易原则对投资起到阻碍作用。这一关税联盟帮助土耳其提高了自身的经济竞争力,减低了进口壁垒,并使土耳其的制造业日益国际化。

土耳其—欧盟关税联盟扩展到MENA会实现一系列的重要目标。

首先,它无须终结MENA的单独协议来加入欧洲—地中海自由贸易区,只需要每个MENA国家加入土耳其—欧盟关税联盟,这是扩展地中海自由贸易区的起步。关税联盟的贸易原则也会消除欧盟与MENA之间贸易原则的复杂性。这种变化会消除影响经济的不利因素,吸引更多的外商投资,同时也会在一定程度上消除欧盟与MENA的贸易壁垒。其结果就是,外国投资者更会倾向于向 MENA 投资,以充分利用当地的廉价成本。

此外,关税联盟的路径也会为 MENA 区域间的贸易提供解决的路径。一旦一国参与此项联盟,它就可以与关税联盟的加入国进行自由贸易,并没有太多的贸易原则限制。因此,此项路径还为区域内自由贸易的政治障碍指明了一条解决途径。因此,世界贸易组织的多哈回合谈判的成果具有很大的建设性,它的圆满谈判会进一步消除世界贸易组织成员之间的关税壁垒,同时也会有助于 MENA 的关税联盟之路。

土耳其和欧盟的政策制定者应该就关税联盟的扩展问题进行实质性的对话。作为欧洲睦邻政策的一部分,欧洲委员会将充分探究土耳其—欧盟关税联盟扩展至 MENA 国家的可行性。正如上面所讨论的,关税联盟的扩展将会大幅提高经济一体化和整个未来经济。

(资料来源:Sinan Ulgen,吴婷婷编译,《欧洲经济一体化新路径:地中海自贸区》,《第一财经日报》,2011 年 10 月 31 日。)

第一节　区域经济一体化概述

一、区域经济一体化的内涵和类型

(一) 区域经济一体化的内涵

1. 经济一体化

经济一体化的定义最早是由首届诺贝尔经济学奖获得者、荷兰计量经济学家 J. 丁伯根(J. Tinbergen)于 1952 年在其著作《论经济政策理论》(*On the Theory of Economic Policy*)中首次提出的。丁伯根认为:“经济一体化就是将有关阻碍经济最有效运行的人为因素加以消除,通过相互协调与统一,创造最适宜的国际经济结构。”1954 年,丁伯根在其《国际经济一体化》(*International Economic Integration*)论著中更加详尽和系统地解释了世界经济一体化的现象,并将经济一体化区分为消极经济一体化(negative economic integration)和积极经济一体化(positive economic integration)。[①] 其中,消极一体化是指消除贸易壁垒(to remove trade barriers)的各种努力;积极一体化可以导致“协调集中的政策制定的新制度(new institutions for coordinated and centralized policy-making)”[②]。

美国经济学家 B. 巴拉萨(B. Balassa,1961)在《经济一体化理论》(*The Theory of Economic Integration*)中从行为或手段的角度对经济一体化进行了描述,把经济一体化定义为“既是一个过程,又是一种状态。就过程而言,它包括旨在消除各国经济单位之间差别待遇的种种举措;就状态而言,则表现为各国间各种形式的差别待遇的消失”[③]。波兰经济学家查尔斯托斯基(Chelstowski,1972)认为,经济一体化的本质是劳动分工,“即按国

---

① J. Tinbergen, *International Economic Integration*, Elsevier, Amsterdam, 1954.

② Peter A. Cornelisse, Herman K. Van Dijk, J. Tinbergen (1903—1994), Econometric Institute Report EI 2006—2009, p. 6.

③ Bela. Balassa, *The Theory of Economic Integration*, London, Allen and Unwin, 1961, p. 10.

际劳动分工的要求来调整各国的经济结构"①。后来,美国经济学家 V. 柯森(V. Curson,1974)指出,一体化过程"是成员国间生产要素再配置"的过程。②

可以看出,经济一体化(Economic Integration,又译为经济整合),是指不同经济实体之间经济整合并最终形成一个统一整体的过程。

2. 区域经济一体化

区域经济一体化是指地理区域上比较接近的两个或两个以上的国家之间所实行的各种形式的经济联合或组成的区域性经济组织。一般情况下,地区经济一体化需要建立超国家的决策和管理机构,制定共同的政策措施,实施共同的行为准则,规定较为具体的共同目标。它要求参加一体化的国家让渡部分国家主权,由一体化组织共同行使这一部分主权,实行经济的国际干预和调节。

区域经济一体化既可以描述为一种状态,又可以描述为一种过程。作为一种状态,它使此前彼此相互独立的各国经济通过一体化而最终达到相互间的融合;作为一种过程,它是指国家之间经济边界(商品、服务以及生产要素流动的界限)的逐渐消失。

(二) 区域经济一体化的类型

区域经济一体化根据不同的标准,可以划分为不同的类型。

1. 按照一体化程度进行划分

按照一体化程度可以分为优惠贸易安排、自由贸易区、关税同盟、共同市场、经济同盟和完全经济一体化等形式。

(1) 优惠贸易安排,是指成员国之间通过协定或其他形式,对全部或部分商品规定特定的关税优惠,也可能包含小部分商品完全免税的情况。它是经济一体化中最低级和最松散的一种形式。

(2) 自由贸易区,是一种区域内的自由贸易,是指各成员国之间相互取消关税及进口数量限制,使商品在区域内完全自由流动,但各成员国仍保持各自的关税结构,按照各自的标准对非成员国征收关税。自由贸易区是比较松散的经济一体化形式,自由贸易区用关税措施突出了成员国与非成员国之间的差别待遇,是当今世界区域经济一体化过程中最常见的组织形式。

(3) 关税同盟,是指各成员国之间不仅取消关税和其他壁垒,实现内部的自由贸易,还取消了对外贸易政策的差别,建立起对非成员国的共同关税壁垒。关税同盟的一体化程度高于自由贸易区,除自由贸易区的基本内容外,成员国对同盟外的国家建立共同的、统一的关税税率。

(4) 共同市场,是指除了在成员国内完全废除关税与数量限制并建立对成员国的共同关税壁垒外,还取消了对生产要素流动的各种限制,允许劳动、资本等生产要素在成员国之间自由流动,甚至企业主可以享有投资开厂办企业的自由。

(5) 经济同盟,是指成员国之间不但商品与生产要素可以完全自由流动,建立对外统一关税,而且要求成员国制定并执行某些共同经济政策和社会政策,逐步消除各国在

---

① Chelstowski, "CMEA and Integraton", *Polish Perspectives*, Vol. XV, December 1972.

② V. Curson, *The Essentials of Economic Integration*, New York: St. Martin's Press, 1974.

政策方面的差异，使一体化程度从商品交换扩展到生产、分配乃至整个国家经济，形成一个庞大的经济实体。

（6）完全经济一体化，是区域经济一体化的最高级形式，包括经济同盟的全部特点，同时各成员国还统一所有重大的经济政策，如财政政策、货币政策、福利政策、农业政策，以及有关贸易及生产要素流动的政策，并由其他相应的机构（如统一的中央银行），执行共同的对外经济政策。

2. 按照一体化范围进行划分

按照一体化范围可以分为部门一体化和全盘一体化。

（1）部门一体化，是指区域内各成员国的一种或几种产业（或商品）的一体化。如1952年建立的欧洲煤钢共同体与1958年建立的欧洲原子能共同体。

（2）全盘一体化，是指区域内各成员国的所有经济部门加以一体化，如欧洲经济共同体（欧盟）。

3. 按照参加国的经济发展水平划分

按照参加国的经济发展水平可以分为水平一体化和垂直一体化。

（1）水平一体化，又叫横向一体化，是指由经济发展水平相同或接近的国家组成的经济一体化。从区域经济一体化发展的现实情况来看，现存的一体化大多属于水平一体化，如欧洲经济共同体（欧盟）、中美洲共同市场等。

（2）垂直一体化，又叫纵向一体化，是指由经济发展水平不同的国家所组成的一体化，如北美自由贸易区（由经济发展水平不同的发达国家美国和加拿大，以及发展中国家墨西哥组成），垂直一体化使建立自由贸易区的国家之间在经济上具有更大的互补性。

二、区域经济一体化发展的动因

区域经济一体化的形成和发展不是一蹴而就的，在经济全球化的背景下，区域经济一体化的形成有其深刻的经济原因、社会原因和政治原因。

（一）多边贸易体制面临的新挑战是区域经济一体化发展的诱因

随着经济全球化的发展和世界贸易组织成员的增加，世界贸易组织体制在进一步推进多边合作上遇到一些障碍。例如，世界贸易组织协调及谈判范围已从过去的关税减让、市场开放准入等，逐渐转向各种非关税措施如各种技术标准、环境要求等。由于受各成员经济发展水平和发展阶段的差异及不同利益诉求的制约，世界贸易组织各成员方难以就某项议题达成广泛共识，迫使许多国家另辟蹊径，通过涉及国家少、见效快的区域经济一体化来寻求新的发展空间，增强本国和本地区的国际竞争力。加之，地理区域内国家间经济政治文化联系较为紧密，经济发展水平较为相似，价值观和宗教信仰比较相近，易于形成较为合理的经济协作体系，贸易自由化的地理范围较小并易于推进，使区域经济一体化呈现快速发展的势头。世界贸易组织西雅图会议失败促使各国更倾向于通过区域贸易协定来推进贸易自由化进程。世界贸易组织第五届部长会议在坎昆的无果而终对签署RTA更是起了推波助澜的作用。由于多边途径失败，出于各自国家利益或战略目标的考虑，许多成员已纷纷表示将努力通过双边或多边方式来达到在坎昆没有达到的目标。在亚太地区，对APEC的失望情绪是亚太地区次一级RTA加速发展的重要原因。

正如世界贸易组织原总干事穆尔所说:“自从 1993 年 GATT 多边贸易‘乌拉圭’谈判结束后,至今未重新启动全球范围内卓有成效的多边贸易谈判,因此现在出现了很多国家热衷于双边自由贸易协定或区域自由贸易的倾向。”

(二)利益追求是区域经济一体化发展的直接驱动力

利益的追求既有经济利益,也有包括安全在内的政治利益。对这些利益的追求和合作愿望是否强烈,是区域经济一体化得以启动和不断深化的动力。就经济利益的追求来说,所有合作成员都希望通过合作为本国本地区带来经济利益的最大化,由于区域内各成员经济结构和经济发展水平不一,加上所带来的利益结构也不尽相同,因此对合作的期望值也不一样。一般来说,发达国家希望通过合作实现一体化后,能给本国带来发展中国家广阔的劳动力和产品消费市场;对发展中国家来说,参与区域经济一体化,希望发达国家能提供本国经济发展所需要的技术、资金和先进的管理经验。

就政治利益的追求来说,安全保障可说是第一要务。不论是欧洲经济一体化启动、东盟国家的合作,还是北美自由贸易区的建立,都把安全利益放在首要位置。安全包括主权安全、经济安全、文化安全等。第二次世界大战结束后,欧洲各国把重新获得安全保障、经济繁荣和政治稳定成为欧洲各国的最重要目标,其中的安全保障就被当做第一要务。东盟的成立不是为了获得经济利益,而是为了减少或消除来自内外部环境的安全威胁,因此,东盟成立初期乃至相当一段时间里,其性质实际上是一个国际性的区域政治合作组织,只是 20 世纪 90 年代以来随着世界经济一体化迅猛发展的趋势,东盟各国意识到加强区域经济合作的重要性并开始规划逐步走向一体化组织进程。墨西哥加入北美自由贸易区其实也是为了本国的安全利益而已。所以,包括安全利益在内的政治利益追求也是实现区域经济一体化的动力之一。

(三)政府主导是区域经济一体化发展的保障

强烈的合作愿望是一体化得以启动和不断深化的动力。而强烈的合作愿望可以来自对合作收益的强烈预期,也可以来自内外部环境的挤压。在现有的一体化条件理论中,强烈的合作收益预期是一个暗含的前提条件,而这又是以社会多元化的发展为假定的。这就需要政府来起主导作用,推动国家间的合作向纵深方向发展。所谓政府主导,是指在区域经济一体化进程中,不能单靠市场需求去推动,因为如果单靠市场发挥作用,只能使经济合作和一体化进程缓慢,甚至合作得不到保障,因此政府应该在其中发挥主导作用。欧洲一体化和北美自由贸易区的建立,就充分说明了政府主导的重要性。

(四)制度保障是区域经济一体化运行的前提

制度保障是指制度建设和运行机制,这是实现区域经济一体化的重要保障。这可以从欧洲一体化的实现和北美自由贸易区的建立以及东盟合作中得到进一步的启示。如果没有一套各国公认的共同遵守的一体化制度做保障,没有能保持这一超国家组织正常运转的机制,一体化是不可能一蹴而就的。此外,相同或相近的历史文化背景,对一体化的实现也具有促进作用。

第二节　区域经济一体化的表现

一、欧洲经济一体化

(一) 欧洲联盟

1. 欧洲联盟的发展历程

欧洲联盟(The European Union)的前身是欧洲共同体(简称"欧共体")。1951 年 4 月 18 日,法国、联邦德国、意大利、荷兰、比利时和卢森堡六国在法国首都巴黎签署《关于建立欧洲煤钢共同体条约》(又称《巴黎条约》),1952 年 7 月 25 日,欧洲煤钢共同体正式成立。1957 年 3 月 25 日,法国、联邦德国、意大利、荷兰、比利时和卢森堡六国在意大利首都罗马签署《欧洲经济共同体条约》和《欧洲原子能共同体条约》(又称《罗马条约》)。1958 年 1 月 1 日,欧洲经济共同体和欧洲原子能共同体正式组建。1965 年 4 月 8 日,法国、联邦德国、意大利、荷兰、比利时和卢森堡六国在比利时首都布鲁塞尔又签署《布鲁塞尔条约》,决定将欧洲煤钢共同体、欧洲经济共同体和欧洲原子能共同体合并,统称"欧洲共同体"。1967 年 7 月 1 日,法国、联邦德国、意大利、荷兰、比利时和卢森堡六国签署《布鲁塞尔条约》的生效,标志着欧共体正式诞生。1973 年,英国、丹麦和爱尔兰加入欧共体。1981 年希腊加入欧共体,成为欧共体的第十个成员国。1986 年,葡萄牙和西班牙加入欧共体,使欧共体成员国增至 12 个。1993 年 11 月 1 日,根据内外发展的需要,欧共体正式易名为欧洲联盟(简称欧盟)。1995 年,奥地利、瑞典和芬兰加入欧盟。2002 年 11 月 18 日,欧盟 15 国外长在布鲁塞尔举行会议,决定邀请马耳他、塞浦路斯、波兰、匈牙利、捷克、斯洛伐克、斯洛文尼亚、爱沙尼亚、拉脱维亚、立陶宛十个国家加入欧盟。2003 年 4 月 16 日,在希腊首都雅典举行的欧盟首脑会议上,上述十国正式签署加入欧盟协议。2004 年 5 月 1 日,十个新成员国正式加入欧盟。2007 年 1 月 1 日,罗马尼亚、保加利亚加入欧盟。2007 年 10 月 18 日,欧盟 27 个成员国的首脑在葡萄牙首都里斯本就《里斯本条约》的文本内容达成共识。

2. 欧盟取得的成就

(1) 实现关税同盟和共同外贸政策。1967 年起欧共体对外实行统一的关税税率,1968 年 7 月 1 日起成员国之间取消商品的关税和限额,建立关税同盟(西班牙、葡萄牙 1986 年加入后,与其他成员国间的关税需经过 10 年的过渡期后才能完全取消)。1973 年,欧共体实现了统一的外贸政策。《欧洲联盟条约》即《马斯特里赫特条约》(简称"马约")生效后,为进一步确立欧盟单一市场的共同贸易制度,欧共体各国外长于 1994 年 2 月 8 日一致同意取消此前由各国实行的 6 400 多种进口配额,而代之以一些旨在保护低科技产业的措施。

(2) 实行共同的农业政策。1962 年 7 月 1 日欧共体开始实行共同农业政策。1968 年 8 月开始实行农产品统一价格;1969 年取消农产品内部关税;1971 年起对农产品贸易实施货币补贴制度。

(3) 建立政治合作制度。1970 年 10 月建立、1986 年签署、1987 年生效的《欧洲单一文件》,把在外交领域进行政治合作正式列入欧共体条约。为此,部长理事会设立了政治合作秘书处,定期召开成员国外交部长参加的政治合作会议,讨论并决定欧共体对各种国际事务的立场。马约生效后,政治合作制度被纳入欧洲政治联盟活动范围。

(4) 基本建成内部统一大市场。1985 年 6 月欧共体首脑会议批准了建设内部统一大市场的白皮书,1986 年 2 月各成员国正式签署为建成大市场而对《罗马条约》进行修改的《欧洲单一文件》。统一大市场的目标是逐步取消各种非关税壁垒,包括有形障碍(海关关卡、过境手续、卫生检疫标准等)、技术障碍(法规、技术标准)和财政障碍(税别、税率差别),于 1993 年 1 月 1 日起实现商品、人员、资本和劳务自由流通。为此,欧共体委员会于 1990 年 4 月前提出了实现上述目标的 282 项指令。截至 1993 年 12 月 10 日,264 项已经理事会批准,尚有 18 项待批。在必须转化为 12 国国内法方可在整个联盟生效的 219 项法律中,已有 115 项被 12 国纳入国内法。需转化为成员国国内法的法律,平均已完成 87%。1993 年 1 月 1 日,欧共体宣布其统一大市场基本建成,并正式投入运行。

(5) 建立政治联盟。1990 年 4 月,法国总统密特朗和联邦德国总理科尔联合倡议于当年年底召开关于政治联盟问题的政府间会议。同年 10 月,欧共体罗马特别首脑会议进一步明确了政治联盟的基本方向。同年 12 月,欧共体有关建立政治联盟问题的政府间会议开始举行。经过 1 年的谈判,12 国在 1991 年 12 月召开的马斯特里赫特首脑会议上通过了政治联盟条约。其主要内容是 12 国将实行共同的外交和安全政策,并将最终实行共同的防务政策。

此外还实行了共同的渔业政策、建立欧洲货币体系、建设经济货币联盟等措施。

(二) 欧洲自由贸易联盟

20 世纪 50 年代,西欧正致力于建立更快、更完善的经济统一体。有些欧洲国家还制订了计划,希望成立 OEEC 之外的政府间机构。它们建议各国间展开更紧密的经济合作,创建强大的中央机构,共同实现这一目标。欧洲煤钢共同体成立时,曾经希望英国加入组织。可是,由于英国自恃有英联邦国家及美国的贸易支持,加上认为会失去主权及控制国内经济的权利,最后拒绝加入。英国与葡萄牙、瑞士、奥地利、丹麦、瑞典及挪威共同成立欧洲自由贸易联盟,希望可以得到和欧洲经济共同体一样的成果,可是却未如人意。

欧洲自由贸易联盟(European Free Trade Association,EFTA)又称"小自由贸易区"。1960 年 1 月 4 日,奥地利、丹麦、挪威、葡萄牙、瑞典、瑞士和英国在斯德哥尔摩签订《建立欧洲自由贸易联盟公约》,即《斯德哥尔摩公约》。该公约经各国议会批准后于同年 5 月 3 日生效,欧洲自由贸易联盟正式成立,简称欧贸联。欧洲自由贸易联盟现有成员国 4 个,即冰岛、挪威、瑞士和列支敦士登。1960 年 3 月,列支敦士登成为准成员,1991 年 5 月正式加入。1961 年 6 月,芬兰成为准成员国,1986 年 1 月正式加入。1970 年 3 月,冰岛加入。1973 年 1 月,英国、丹麦退出。1985 年 12 月 31 日,葡萄牙退出。1994 年 12 月 31 日,奥地利、瑞典、芬兰退出后加入欧盟。欧贸联总部设在日内瓦,其宗旨是在联盟区域内实现成员国之间工业品的自由贸易和扩大农产品贸易;保证成员国之间的贸易在公平竞争的条件下进行;发展和扩大世界贸易并逐步取消贸易壁垒。欧贸联的主要任务是逐步取消成员国内部工业品的关税和其他贸易壁垒,以实现"自由贸易";对其他国家的工业品仍各保持不同的关税税率；扩大农产品的贸易；不谋求任何形式的欧洲政治一体化。

欧贸联主要由理事会、常设委员会以及秘书处组成。理事会是最高权力机构，由各成员国部长或常驻代表组成，每年开会两次，主席由成员国轮流担任，任期半年。有关承担新义务的决定须由全体一致通过，其他问题以多数通过。常设委员会下设原产地和关税专家、贸易专家、预算、经济、贸易技术壁垒、咨询委员会等委员会。咨询委员会由各国指定的雇主、工会代表和个人组成，在每次理事会前举行会议。秘书处负责处理日常事务，设秘书长、副秘书长各 1 人；此外，还在布鲁塞尔设置了监督局，1993 年 1 月成立，1994 年 1 月 1 日正式工作，负责监督欧贸联成员国遵守欧洲经济区协议，欧贸联国家企业遵守欧洲经济区竞争原则；1994 年 1 月 24 日，各成员国签署了建立法院的协议，设在日内瓦，由 5 名法官组成，其职责和权限与欧洲法院相似。

二、美洲经济一体化

（一）北美自由贸易区

1. 北美自由贸易区的发展历程

1985 年 3 月，加拿大总理马尔罗尼在与美国总统里根会晤时，首次正式提出美、加两国加强经济合作、实行自由贸易的主张。由于两国经济发展水平及文化、生活习俗相近，交通运输便利，经济上的互相依赖程度很高，因此自 1986 年 5 月开始经过一年多的协商与谈判于 1987 年 10 月达成了协议，次年 1 月 2 日，双方正式签署了《美加自由贸易协定》。经美国国会和加拿大联邦议会批准，该协定于 1989 年 1 月生效。

《美加自由贸易协定》规定在 10 年内逐步取消商品进口（包括农产品）关税和非关税壁垒，取消对服务业的关税限制和汽车进出口的管制，开展公平、自由的能源贸易。在投资方面两国将提供国民待遇，并建立一套共同监督的有效程序和解决相互间贸易纠纷的机制。另外，为防止转口逃税，还确定了原产地原则。美、加自由贸易区是一种类似于共同市场的区域经济一体化组织，标志着北美自由贸易区的萌芽。

由于区域经济一体化的蓬勃发展和《美加自由贸易协定》的签署，墨西哥开始把与美国开展自由贸易区的问题列上了议事日程。1986 年 8 月两国领导人提出双边的框架协定计划，并于 1987 年 11 月签订了一项有关磋商两国间贸易和投资的框架原则和程序的协议。在此基础上，两国进行多次谈判，于 1990 年 7 月正式达成了美墨贸易与投资协定（也称“谅解”协议）。同年 9 月，加拿大宣布将参与谈判，三国于 1991 年 6 月 12 日在加拿大的多伦多举行首轮谈判，经过 14 个月的磋商，终于于 1992 年 8 月 12 日达成了《北美自由贸易协定》。该协定于 1994 年 1 月 1 日正式生效，北美自由贸易区宣告成立。

2.《北美自由贸易协定》的主要内容

《北美自由贸易协定》的宗旨是减少贸易壁垒，促进商品和劳务在缔约国间的流通；改善自由贸易区内公平竞争的环境；增加各成员国境内的投资机会；在各成员国境内有效保护知识产权；创造有效程序以确保协定的履行和争端的解决；建立机制，扩展和加强协定利益。

《北美自由贸易协定》的总则规定除墨西哥的石油业、加拿大的文化产业以及美国的航空与无线电通信外，取消绝大多数产业部门的投资限制。对白领工人的流动将予放宽,但移民仍将受到限制。任何一成员国在6个月前通知其他成员国后,即可脱离该协定;协定还允许接纳附加成员国。总则还规定各成员国政府的采购将在10年内实现全面开放,由于墨西哥为本国的公司保留了一些合同,因此,该协定将对墨西哥产生主要影响。此外,协定还规定由执行协定而产生的争执,将交付由独立仲裁员组成的专门小组解决;如果大量进口损害一国国内的工业,将允许该国重新征收一定的关税。在产业方面,该协定规定,美、墨之间大部分农产品的关税将立即取消,其余6%的产品包括玉米、糖、某些水果和蔬菜的关税,将在15年后全部取消,进口配额在10年内消除。对于加拿大,现有的与美国签订的协议全部适用,汽车工业10年后将取消关税,美、加在1998年之前取消相互间的全部关税。在能源方面,墨西哥方面对私营部门进行勘探的限制继续有效,但国营石油公司的采购将向美国与加拿大开放。在金融服务方面,墨西哥将逐步对美国与加拿大投资开放其金融部门,最终到2007年取消壁垒。关于纺织品,协定将用10年时间取消美、墨、加之间的关税,在北美地区的纺织品制成的服装可免于征税。到2000年,北美地区的卡车可行驶到三个国家中的任何地区。该协定还对环境、劳工等问题制定了附加协定。根据协定,美国与墨西哥将建立一个北美开发银行以帮助美国边境的财务税收获利。同时,美国将需要在协定生效后最初的18个月中花费9 000万美元重新培训因协议而失业的工人。

3. 北美自由贸易区的特点

北美自由贸易区是典型的南北双方为共同发展与繁荣而组建的区域经济一体化组织,南北合作和大国主导是其最显著的特征。

(1) 南北合作。北美自由贸易区既有经济实力强大的发达国家(如美国),也有经济发展水平较低的发展中国家,区内成员国的综合国力和市场成熟程度差距很大,经济上的互补性较强。各成员国在发挥各自比较优势的同时,通过自由的贸易和投资,推动区内产业结构的调整,促进区内发展中国家的经济发展,从而减少与发达国家的差距。

(2) 大国主导。北美自由贸易区是以美国为主导的自由贸易区,美国的经济运行在区域内占据主导和支配地位。由于美国在世界上经济发展水平最高,综合实力最强;加拿大虽是发达国家,但其国民生产总值仅为美国的7.9%(1996年数据),经济实力远不如美国;墨西哥是发展中国家,对美国经济的依赖性很强,因此,北美自由贸易区的运行方向与进程在很大程度上体现了美国的意愿。

(3) 减免关税的不同步性。由于墨西哥与美国、加拿大的经济发展水平差距较大,而且在经济体制、经济结构和国家竞争力等方面存在较大的差别,因此,自《美加自由贸易协定》生效以来,美国对墨西哥的产品进口关税平均下降了84%,而墨西哥对美国的产品进口关税只下降了43%;墨西哥在肉、奶制品、玉米等竞争力较弱的产品方面,有较长的过渡期。同时,一些缺乏竞争力的产业部门有10—15年的缓冲期。

(4) 战略的过渡性。美国积极倡导建立的北美自由贸易区,实际上只是美国战略构想的一个前奏,其最终目的是在整个美洲建立自由贸易区。美国试图通过北美自由贸易区来主导整个美洲,一来为美国提供巨大的潜在市场,促进其经济的持续增长;二来为美国扩大其在亚太地区的势力,与欧洲争夺世界的主导权。1990年6月27日美国总统布什在国会提出了开创"美洲事业倡议",随后于1994年9月正式提出"美洲自由贸易区"

计划，同年12月，在美国迈阿密举行了由北美、南美和加勒比海所有国家（古巴除外）共34个国家参加的“美洲首脑会议”，会议决定于2005年建成美洲自由贸易区。

北美自由贸易区成立之初就拥有3.6亿消费者，其国民生产总值总计超过6万亿美元。可以说，北美自由贸易区是一个雄心勃勃的计划，它力图以自由贸易为理论基础，以自由贸易区的形式来实现贸易、投资等方面的全面自由化，进而带动整个北美地区的经济贸易发展。当时，许多国际经贸界人士视之为有史以来规模最大、措施最大胆的自由贸易区。尤其是对于墨西哥这样的发展中国家来说，加入这一协定包含了各方面的机遇和风险，对其国内政治、经济、社会等方面的影响非常深远。对区域内经济贸易发展的影响，对美国而言，积极的影响是：第一，不仅工业制造业企业受益，高科技的各工业部门也将增加对加拿大、墨西哥的出口，美国同墨西哥的贸易顺差将会因此而增加；第二，美国西部投资的扩大；第三，生产和贸易结构调整的结果是，将会出现大量劳动力投入那些关键工业部门；第四，协定对墨西哥向美国的移民问题将起到制约作用；第五，对国际贸易和资本流动也会产生影响。消极的影响主要有：技术性不强的消费品工业对美国不利；为改善墨西哥与美国边境环境条件，美国要付出60亿—100亿美元的经济和社会费用；关税削减使美国减少大笔收入，加重了美国的负担；北美自由贸易区的建立，一方面扩大了区域内贸易，但另一方面使一些国家担心贸易保护主义抬头，对区域外向美国出口构成了威胁。协定对加拿大、墨西哥两国同样有很大的影响。

（二）中美洲共同市场

中美洲共同市场是中美洲五国组成的发展中国家区域性经济合作组织。1960年12月13日洪都拉斯、尼加拉瓜、萨尔瓦多和危地马拉在尼加拉瓜首都马那瓜签订了《中美洲经济一体化总条约》（通称《马那瓜条约》），条约于1961年6月3日生效。1962年7月哥斯达黎加也签署了该条约。上述五国于1962年8月2日在哥斯达黎加首都圣何塞签订建立中美洲共同市场协议，中美洲共同市场正式成立。总部设在危地马拉首都危地马拉城。该组织的宗旨是取消成员国间制成品的关税壁垒，成立中美洲自由贸易区；对本组织外国家的产品实行统一税率，组成关税同盟；通过统一的工业鼓励协定调整各国的工业对策，同时争取农业的协调发展。中美洲经济理事会是该组织的最高权力机构，由成员国经济部长组成，总负责成员国之间的经济协调与合作。执行理事会负责执行总条约的规定和经济理事会的决议。

中美洲共同市场建立后，各成员国之间逐步取消关税壁垒，实行统一的对外关税。到1969年区域内已给予95%的关税项目以自由贸易地位，其余的5%都是由国际性协议或其他专门协议所安排的商品。因此，各成员国之间现已实现关税互免。在对外贸易方面，对进入该地区的98.4%的商品实行统一的关税。1969年洪、萨发生武装冲突，两国中断外交和贸易关系。洪都拉斯还关闭了连接五国的泛美公路，并宣布退出共同市场，使该组织面临严重危机。1973年洪都拉斯回到共同市场，同年8月五国成立了“重建共同市场高级委员会”。1975年10月五国总统和巴拿马首脑共同研究制订了《中美洲社会和经济共同体方案》。1980年五国和巴拿马外长又发表《圣何塞宣言》，决定加紧研究恢复中美洲共同市场。但是由于政治动乱和外债负担沉重，成员国为维持各自贸易平衡、节省有限的外汇，破坏了共同关税制度，使地区间贸易逐年大幅度下降。因受国际市场影响,又无力采取共同的保护措施,一体化进程缓慢。20 世界 80 年代以来,为了振兴共同市场、促进各国经济发展,五国副总统和经济部长等官员举行了一系列会议和磋商,并呼吁国际社会支持中美洲的发展计划和为实现经济一体化所做的努力。欧共体是中美洲共同市场的第二大出口市场和投资者。1984 年以来,欧共体、中美洲和孔塔多拉集团国家外长,就加强与中美洲的政治和经济合作问题举行了五次会议,达成了一些协议。美国是中美洲共同市场的最大出口市场和投资者,美国国际开发署向共同市场总部提供部分经费。

(三) 南方共同市场

南方共同市场简称南共市,是南美地区最大的经济一体化组织,也是世界上第一个完全由发展中国家组成的共同市场。1991 年 3 月 26 日,阿根廷、巴西、乌拉圭和巴拉圭四国总统在巴拉圭首都亚松森签署《亚松森条约》(条约于同年 11 月 29 日生效),试运转 3 年后,南共市于 1995 年 1 月 1 日正式运行。此后,南共市先后接纳智利(1996 年 10 月)、玻利维亚(1997 年)、秘鲁(2003 年)、厄瓜多尔(2004 年 12 月)和哥伦比亚(2004 年 12 月)等国为其联系国。南共市的宗旨是通过有效利用资源、保护环境、协调宏观经济政策、加强经济互补,促进成员国科技进步,最终实现经济政治一体化。

南共市的组织机构包括:第一,共同市场理事会,它是南方共同市场的最高决策机构,由成员国外交部长和经济部长组成。理事会主席以阿根廷、巴西、巴拉圭、乌拉圭为序轮流担任,任期半年。2012 年上半年轮值主席为阿根廷。一般每年举行两次成员国首脑会议,理事会负责首脑会议的筹备和组织工作。第二,共同市场小组,它是南共市的执行机构,负责实施条约和理事会做出的决议,就贸易开放计划、协调宏观经济政策、与第三国商签经贸协定等提出建议。由各成员国派出四名正式成员和四名候补成员组成,代表本国外交部、经济部和中央银行。下设贸易事务、海关事务、技术标准、税收和金融政策、陆路运输、海上运输、工业和技术政策、农业政策、能源政策和宏观经济政策协调 10 个工作组。第三,南共市贸易委员会,它是南共市的区内贸易事务机构。下设税务和商品名录、海关事务、贸易规则、保护竞争力等八个分委会。第四,南共市议会,它是南共市的立法机构,实行一院制,由各成员国各 18 名议员组成,总部设在乌拉圭首都蒙得维的亚。第五,南共市秘书处,它是南共市的行政机构,设在乌拉圭首都蒙得维的亚。第六,南共市常设仲裁法院,它是南共市的司法机构,主要解决成员国间的争端。

截至 2012 年 1 月,南共市共举行了 42 届首脑会议。此外,南共市积极发展同世界主要国家或集团的关系,已同中国、欧盟、日本、俄罗斯和韩国等建立了对话或合作机制。1995 年 12 月南共市与欧盟签署了《区域性合作框架协议》,决定 2005 年建成跨洲自由贸易区。1998 年 7 月 22 日,欧盟委员会决定启动与南共市四国和智利建立自由贸易区的谈判。南共市第 14 次首脑会议对欧盟提出的谈判倡议予以积极回应,在第 16 次首脑会议上协调了和欧盟谈判的共同立场。1999 年 6 月,欧盟与南共市宣布将于当年 11 月就建立自由贸易区谈判的原则、方式和非关税问题正式开始磋商,2001 年 7 月 1 日启动关税和敏感商品的谈判。2002 年 5 月,在第二届欧拉首脑会议上,南共市与欧盟决定于 7 月开始新一轮自由贸易谈判,至 2002 年 11 月,南共市与欧盟共进行了八轮贸易谈判,并取得了重大进展。2004 年因在农产品和工业产品市场准入问题上分歧严重,南共市与欧盟中止自贸谈判,2010 年 5 月双方宣布重启自贸协定谈判。2003 年 12 月南共市第 25 届首脑会议上,南共市与安第斯共同体(简称安共体)正式签署自由贸易协议,商定在未来 10—15 年内逐步取消关税,并自 2004 年 4 月开始制定减免关税产品清单。此外,1998 年 7 月,南共市及其联系国首脑与南非总统曼德拉共同签署了关于扩大南共市与"南部非洲发展共同体"14 个成员国间贸易的谅解备忘录。2002 年 11 月和 2003 年 4 月南共市分别与泰国和印度举行了首轮自由贸易谈判。2002 年年底,南共市与秘鲁达成了签订自由贸易协议的意向,并于 2003 年 3 月开始就协议细节进行谈判。2010 年 12 月,南共市与澳大利亚就签署自贸协定达成一致,同印度、印尼、埃及、摩洛哥等国签署贸易优惠协定,同叙利亚和巴勒斯坦签署自贸框架协议。2011 年 12 月,南共市同巴勒斯坦正式签署自贸协定。

三、亚太区域经济合作

(一) 亚太经济合作组织

亚太经济合作组织(APEC)是亚太地区最具影响的经济合作官方论坛。1989 年 11 月 5 日至 7 日,澳大利亚、美国、加拿大、日本、韩国、新西兰和东盟六国在澳大利亚首都堪培拉举行亚太经济合作会议首届部长级会议,标志着亚太经济合作会议的成立。1993 年 6 月改名为亚太经济合作组织。1991 年 11 月,中国以主权国家身份,中华台北和香港(1997 年 7 月 1 日起改为"中国香港")以地区经济体名义正式加入亚太经济合作组织。亚太经济合作组织共有 21 个成员。亚太经济合作组织总人口达 26 亿,约占世界人口的 40%;国内生产总值之和超过 19 万亿美元,约占世界的 56%;贸易额约占世界总量的 48%。这一组织在全球经济活动中具有举足轻重的地位。2012 年 9 月 5 日,APEC 第 24 届部长级会议在俄罗斯符拉迪沃斯托克开幕。APEC 的宗旨和目标是为该地区人民的共同利益保持经济的增长与发展,促进成员间经济的相互依存,加强开放的多边贸易体制,减少区域贸易和投资壁垒。APEC 主要讨论与全球及区域经济有关的议题,如促进全球多边贸易体制,实施亚太地区贸易投资自由化和便利化,推动金融稳定和改革,开展经济技术合作和能力建设等。广泛性、开放性、自愿性、松散性是 APEC 的特点。近年来,APEC 也开始介入一些与经济相关的其他议题,如人类安全(包括反恐、卫生和能源)、反腐败、备灾和文化合作等。

APEC 的发展主要经历了初期阶段、快速阶段和调整阶段。初期阶段是从 1989 年至 1992 年,这一阶段 APEC 建立了它作为一个区域性经济组织的基本构架。快速发展阶段是从 1993 年至 1997 年,自 1993 年,APEC 从部长级会议升格到经济体领导人非正式会议,发展进程加快。1993 年至 1997 年这 5 年,每年都有新进展,解决了区域合作所面临的不同问题,是 APEC 进程的"五步曲"。1993 年解决"APEC 不应该做什么",1994 年解决"APEC 应该做什么",1995 年解决"APEC 应该怎么做",1996 年制定具体的合作蓝图,1997 年实现与加速。调整阶段是从 1998 年至今,亚洲金融危机直接影响到 APEC 进程,危机的受害者开始对贸易投资自由化采取慎重态度,在 APEC 内部,始于 1997 年的部门提前自由化在一定程度上超越了亚太地区的现实情况,难以按原有设想加以推进。经济技术合作得以保持发展势头,但因发达成员态度消极,要取得实质性进展仍需时日。

1998 年和 1999 年两年，APEC 进入一个巩固、徘徊和再摸索的调整阶段。2000 年非正式领导人会议重申了应坚持茂物确定的贸易投资自由化目标，并加强人力、基础设施和市场等方面的能力建设活动。

APEC 共有 5 个层次的运作机制，即领导人非正式会议（自 1993 年来共举行了 19 次），部长级会议（包括外交、外贸双部长会议以及专业部长会议，双部长会议每年在领导人会议前举行一次，专业部长会议不定期举行），高官会，委员会和工作组，秘书处。

（二）东盟自由贸易区

东盟自由贸易区（AFTA）于 1992 年提出，现包括原东盟 6 国（印尼、马来西亚、菲律宾、新加坡、泰国、文莱）和 4 个新成员国（越南、老挝、缅甸、柬埔寨），共 10 个国家，陆地总面积为 450 万平方公里，人口 5.3 亿。经过 10 年的构建，原东盟 6 国于 2002 年正式启动自由贸易区，其他新成员国也将加快关税的削减速度。东盟建立自由贸易区的主要目标是：促进东盟成为一个具有竞争力的基地，以吸引外资；消除成员国之间关税与非关税障碍，促进本地区贸易自由化；扩大成员国之间互惠贸易的范围，促进区域内贸易；建立内部市场。东盟自由贸易区实现的重要措施包括：

1. 关税措施

实施“共同有效普惠关税”，英文简称 CEPT。该关税措施是一项东盟会员国间的合作协议，约定各会员国选定共同产品类别，具体排定减税的程序及时间表，并自 1993 年 1 月 1 日起计划在 15 年内，逐步将关税全面降低至 0—5%，以达成设立自由贸易区的目标。CEPT 减税计划分两种方式实施（自 1993 年 1 月 1 日开始实施）：第一，快速减税，即产品税率在 20% 以上者，在 10 年内降至 0—5%，于 2003 年 1 月 1 日前完成；产品税率在 20% 及以下者，在七年内降至 0—5%，2000 年 1 月 1 日前完成。第二，正常减税，产品税率超过 20% 的，分为两个阶段实施，首先在前 5—8 年（2001 年 1 月 1 日前）降至 20%。再依照经同意的进度在 7 年内降至 0—5%（2008 年 1 月 1 日前）。产品税率在 20% 及以下者，在 10 年内降至 0—5%（2003 年 1 月 1 日前）。

2. 原产地规定

东盟为使区内成员国较非成员国享有较多贸易优惠或较低关税，在 1977 年东盟各国签订的《东盟普惠贸易安排协定》的基础上，1992 年 12 月 11 日 AFTA 理事会在雅加达签订《CEPT 原产地条规》。在 CEPT 协议下，会员国自另一会员国直接进口东盟国家产制成分比率不低于 40% 的产品，经出口国国家主管机关（AFTA Units）核发产地证明者，可享有优惠关税。一些东盟区外国家认为，AFTA 即便是符合世界贸易组织的要求，但其原产地规定仍可能是一种贸易保护主义，因为该原产地规则是限定东盟自由贸易区内国家，那么就等于对区外国家是变相贸易壁垒。在原产地规定之限制下，东盟各国保障了区域内国家的利益，可吸引许多厂商前来生产。

3. 推进服务业自由化进程

1992 年东盟各国决定成立东盟自由贸易区时，对服务业贸易自由化并无具体决议，直到 1995 年 12 月在泰国召开的第五届东盟首脑会议，服务业自由化才有具体进展。在该会议期间，会员国完成了《东盟服务业框架协议》的签署，希望在世界贸易组织服务业贸易总协议（简称 GATS）外，另寻求加强彼此间服务业的合作、消除服务业贸易限制，以及扩大服务业自由化的深度和广度。1998 年 12 月在河内举行的第六届东协高峰会议中,会员国在特定承诺表上进行较多谈判,并达成了非世界贸易组织成员国也享有与世界贸易组织成员在 GATS 规范下相同的待遇,会员国应将特定承诺表的优惠待遇扩及所有其他会员国等项决议。至此,东盟对未来区内服务业贸易发展已有了进一步的共识。

东盟服务业架构协议的主要内容仍以世界贸易组织服务业贸易总协议(GATS)规范为主。由于发展中国家一般认为,服务贸易利益主要在于发达国家,发达国家应积极协助发展中国家,因此,GATS 在条文中对“增加发展中国家的参与”及“回合谈判中发展中国家的义务减轻”有了具体规定。该规范使得发展中国家依法可拒绝将较大范围的服务部门纳入市场开放承诺,因此相当多数的发展中国家服务贸易承诺表所涵盖的范围极为有限,其开放速度也因此较为缓慢,所以东盟各国间服务业开放速度显得较商品关税减让速度缓慢得多。目前东盟中除越南、老挝及柬埔寨三国非世界贸易组织成员国外,其余七国已成为世界贸易组织成员国。现在,新加坡、马来西亚、菲律宾、泰国及文莱五国服务业占各自国家 GDP 的比重已逐年增加,且都在 50% 以上,显示了这些国家对服务业已日趋开放和重视。根据调查,东盟目前存在的服务业贸易障碍,以限制外资股权比例为最多,且普遍存在于金融、保险及电信等行业。此外,行政程序繁杂(如申办工作准证、临时居住证等流程繁杂及申请延期困难等)、内陆运输不便、通信设备不足以及信息取得不易等,也成为服务业贸易发展的瓶颈。

4. 设立投资区

为实现东盟自由贸易区目标以及吸引大量投资进入东盟地区,1995 年 12 月,第五届东盟首脑会议倡议成立“东盟投资区”(AIA),1998 年 10 月第三十届东盟经济部长会议签署了“东盟投资区框架协议”。该协议适用范围为直接投资,至于投资的限制及股权规定,仍受各国国内投资相关法令约束。为促进东盟区域内投资透明化和自由化,协议规定自 2010 年起对区域内所有会员国的投资者适用国民待遇,并对会员国投资者开放所有产业,2020 年起则适用于所有的投资者,并推动资本、熟练工、专家及技术的自由移动。会员国为保护国家安全及公共道德、人类、动物、植物生命或健康以及保障个人隐私权等可提出全面例外清单外,另亦可提出暂时例外清单、敏感清单等。

5. 东盟工业合作计划

为在完成自由贸易区之前,加速区域内的贸易自由化、吸引投资、促进零部件与制成品的分工互补以及提升整体国际竞争力,1996 年 4 月在新加坡召开东盟国家经济部长会议,签署了“东盟工业合作计划”(AICO),并于 1996 年 11 月 1 日开始实施。东盟工业合作计划的主要宗旨是:第一,加强东盟在区域及全球市场上制造的竞争力;第二,增进效率与生产力,提高区内工业生产力;第三,提升市场占有率,增进东盟在制造工业中的竞争地位。至少由两个不同东盟国家的公司组成的合作主体才可以共同申请该计划。

(三) 从“10+1”到“10+3”

从东盟的发展历程来看,它现已成为东南亚地区乃至亚太地区重要的区域经济一体化组织,目前,东盟与中、日、韩三国的“10+1”合作机制和东盟与东亚三国(中国、日本、韩国)的“10+3”合作机制已经成为东亚合作的主轴。

中国—东盟自由贸易区于 2010 年 1 月 1 日正式建成。这是一个惠及 19 亿人口、国民生产总值达6万亿美元、贸易额达4.5万亿美元的自由贸易区，是发展中国家间最大的自由贸易区。2002年11月，中国与东盟签署《中国—东盟全面经济合作框架协议》，决定在2010年建成中国—东盟自由贸易区，并正式启动自由贸易区建设进程。2004年1月1日，自由贸易区的先期成果——"早期收获计划"顺利实施。2004年11月，中国与东盟双方签署自由贸易区《货物贸易协议》，并于2005年7月开始相互实施全面降税。2007年1月，双方签署了自由贸易区《服务贸易协议》，2009年签署《投资协议》。2010年1月，中国—东盟自由贸易区如期全面建成。自由贸易区建立后，双方对超过90%的产品实行零关税。中国对东盟的平均关税从9.8%降到0.1%，2011年1月至10月，双边贸易额已达2 959亿美元，同比增长25.7%。目前，中国已成为东盟第一大贸易伙伴，东盟成为中国第三大贸易伙伴。东盟与中国自由贸易协定的签署提高了东盟在国际区域经济合作中的地位，吸引了世界一些主要国家对东盟的兴趣，美国、日本等国提出了与东盟签署自由贸易协议的意愿。在这样的背景下，东盟掌握了东亚经济一体化的主导权，开始灵活地运用大国平衡战略，使各大国之间互相牵制，确保自己的主导权。

2004年11月29日东盟—韩国峰会召开，各国领导人签署了《有关全面合作伙伴关系协议的东盟—韩国联合声明》，在联合声明中决定建立东盟—韩国自由贸易区（AKFTA），拟定于2005年年初展开东盟—韩国自由贸易区谈判。2005年12月13日，各国领导人在马来西亚吉隆坡签署了《东盟和韩国全面经济合作框架协议》，该协议于2006年7月1日开始生效。2006年8月26日，东盟（泰国除外）和韩国的经济部长在吉隆坡签署了《东盟和韩国全面经济合作框架协议中的货物贸易协议》。2007年10月8日，韩国和东南亚国家联盟在服务业领域达成自由贸易协议，11月，东盟和韩国签署了《东盟和韩国全面经济合作框架协议中的服务贸易协议》。2009年6月，东盟与韩国正式签订双边自由贸易协定框架下的投资协定。韩国成为"东盟+3"对话伙伴中首个完成双边自贸协定框架下的货物贸易协定、服务业协定、投资协定及争端解决机制协定这四大协定的国家。韩国原本是继中国与日本之后才同东盟展开自贸协定谈判的国家，然而，从双边自由贸易协定框架下的货物贸易协定在2007年生效后，双方同年11月又签了服务业协定，之后再花了少于一年半的时间就完成了剩下的自由贸易谈判程序，这使韩国后来居上，赶超了两个东北亚邻国。

2002年11月，日本与东盟发表了《日本与东盟全面经济合作伙伴联合宣言》，2003年10月，日本与东盟正式签署了《日本与东盟全面经济合作伙伴框架协议》，标志着日本—东盟自由贸易区的进程正式启动。该协议确定了日本—东盟自由贸易区的目标、基本原则、措施、范围、时间表，以及在货物贸易、服务贸易和投资等领域的谈判和机构安排，为未来建立日本—东盟自由贸易区设计了基本框架。虽然东盟与日本在2003年10月就达成了自由贸易协定，但由于双方存在一系列的问题，特别是农业问题一直是东盟与日本签署货物贸易协议的最大障碍，这使谈判进展比较缓慢，直到2008年4月才签署《东盟—日本全面经济合作伙伴自由贸易协议》。

1997年12月，中、日、韩三国与东盟的第一届首脑会议在马来西亚的吉隆坡举行，与会人员就21世纪东亚地区的发展前景、国家之间的交流与合作等问题进行了探讨。2009年5月，中、日、韩三国和东盟十国财长在巴厘岛举行会议，决定在2009年年底启动规模达1 200

亿美元的亚洲区域性外汇储备库，该区域性外汇储备库被视为“亚洲货币基金”的雏形。

（四）区域全面经济伙伴关系

加强区域经济一体化的发展是减少经济全球化负面影响的重要途径，为此，部分国家之间积极实施“零”关税，相互开放市场，密切合作关系，进而寻求合作发展。

区域全面经济伙伴关系（Regional Comprehensive Economic Partnership，RCEP）是基于应对经济全球化和区域经济一体化发展而提出的，它由东盟十国首次提出，邀请中国、日本、韩国、澳大利亚、新西兰、印度共同参加（“10+6”），通过削减关税及非关税壁垒，建立16国统一市场的自由贸易协定。RCEP是以东盟为主导的区域经济一体化合作，是成员国间相互开放市场、实施区域经济一体化的组织形式。由于东亚峰会的另外两个成员国（美国、俄罗斯）尚未同东盟建立自由贸易关系，因此不在RCEP成员国计划范围之内。东盟计划待16个国家将RCEP建到一定程度后，再商谈美国、俄罗斯加入事宜。若RCEP谈成，将成为涵盖约35亿人口、GDP总和达23万亿美元（占全球总量的1/3）的世界最大自贸区。RCEP的目标是消除内部贸易壁垒、创造和完善自由的投资环境、扩大服务贸易，还将涉及知识产权保护、竞争政策等多领域，自由化程度将高于目前东盟与中国、日本、韩国、澳大利亚、新西兰、印度六个国家已达成的自贸协议，在2015年前达成在亚太地区降低贸易壁垒的协定是RCEP的主要目标。RCEP的特点主要包括RCEP是以东盟为主导的东亚地区经济合作机制、RCEP兼顾高水平自由贸易协定目标与落实渐进性以及RCEP会影响其他自由贸易谈判及全球经贸格局三方面。

东盟在区域合作中的主导作用关系到其未来的发展和稳定，关系到东盟国际地位的提升和其能否在国际事务中发挥更大的作用，积极推进RCEP的建设有利于巩固和强化东盟在区域合作中的主导作用，有利于进一步密切东盟经济关系，有利于促进东盟整合并优化其与中、日、韩等六国已签署的自由贸易协定，有利于积极应对美国主导的TPP以及中、日、韩计划筹建的自由贸易区带来的新变化。从实际发展情况来看，目前，已与东盟建立自由贸易关系的六个国家均支持东盟组建RCEP，且五个“10+1”自贸协定的签署和实施为RCEP的建成奠定了良好的基础条件；尽管RCEP的开放程度要高于已经签署的五个自由贸易协定，但仍旧会尽量考虑到各成员国的舒适度和可行性，考虑到渐进性和过渡性；根据RCEP组建的时间表，2013年年初启动谈判，2015年年底完成谈判，之后进入实施阶段，而东盟经济共同体将于2015年建成，这也为RCEP的组建提供了有利条件。可见，RCEP的形成具有很强的可行性。在组建过程中，东盟要尽全力建成东盟经济共同体；加强RCEP成员国之间的政治信任；制定合适的RCEP规则和进程，尽量发挥并挖掘服务贸易的潜在利益；着重解决非关税壁垒的问题；将产业合作作为重点；进一步完善五个“10+1”FTA；争取RCEP外部有关国家的支持，减少阻力，让没有参与RCEP的国家感受到，RCEP的建成不仅有利于RCEP内各国的经济增长，而且有利于世界经济的增长。

（五）跨太平洋伙伴关系协议

跨太平洋伙伴关系协议（Trans-Pacific Partnership Agreement，TPP）的前身是跨太平洋战略经济伙伴关系协定（Trans-Pacific Strategic Economic Partnership Agreement，P4），是由

亚太经济合作会议成员国中的新西兰、新加坡、智利和文莱四国发起，从 2002 年开始酝酿的一组多边关系的自由贸易协定，原名亚太自由贸易区，旨在促进亚太地区的贸易自由化。TPP 成员国包括澳大利亚、文莱、智利、马来西亚、新西兰、秘鲁、新加坡、美国和越南，日本于 2011 年 11 月 10 日宣布参与 TPP 多边谈判，目前，墨西哥和加拿大已被邀请参与谈判，而中国没有被邀请参与 TPP 谈判。

跨太平洋伙伴关系协议将突破传统的自由贸易协定（FTA）模式，达成包括所有商品和服务在内的综合性自由贸易协议。跨太平洋伙伴关系协议将对亚太经济一体化进程产生重要影响，可能将整合亚太的两大经济区域合作组织，亦即亚洲太平洋经济合作组织和东南亚国家联盟重叠的主要成员国，将发展成为涵盖亚洲太平洋经济合作组织大多数成员在内的亚太自由贸易区，成为亚太区域内的小型世界贸易组织。

2010 年 3 月 15 日，跨太平洋伙伴关系协议首轮谈判在澳大利亚墨尔本举行。参与谈判的共八个成员：美国、智利、秘鲁、越南、新加坡、新西兰、文莱和澳大利亚。此次谈判涉及关税、非关税贸易壁垒、电子商务、服务和知识产权等议题。美国较为强调的内容包括推动清洁能源等新兴行业的发展，促进其制造业、农业以及服务业的商品与服务出口，并强化对美国知识产权的保护。目前，TPP 成员间的自由贸易协定共有 11 个。由于成员间的贸易协定纵横交错，如何处理原有自由贸易协定与 TPP 的关系是谈判的主要议题之一。澳大利亚为进一步扩大出口市场，坚持要求在原有自由贸易协定基础上继续贸易自由化进程。美国倾向于不受原有贸易协定的约束，达成一个全新的自由贸易协定。TPP 谈判采取闭门磋商方式，谈判结束前不对外公布技术文本，谈判涉及农业、劳工、环境、政府采购、投资、知识产权保护、服务贸易、原产地标准、保障措施、技术性贸易壁垒（TBT）、卫生和植物卫生措施（SPS）、透明度、文本整合等。

美国通过推动 TPP，全面介入亚太区域经济整合进程，开创并主导 21 世纪贸易协议的新标准，为“五年出口倍增计划”提供战略保障。面对美国主导的 TPP，中国可以将 TPP 当做亚太区域经济整合的重要契机，同时要对美国在亚太区域经济一体化进程中的主导权保持谨慎，在适当的时候考虑参与 TPP 谈判，加快与东亚经济体实质性区域经贸合作进程，制定应对劳工标准和绿色环境标准贸易壁垒的预案，努力发展绿色制造业，提升现代服务业，与美国进行新兴战略性产业合作，对中国台湾地区加入 TPP 的问题早做应对预案。

第三节　区域经济一体化对世界经济的影响

区域经济一体化的形成与发展促进了世界经济新格局的形成，有利于世界经济一体化的发展，促进区域经济发展，加速区内成员国生产经营的专业化，但同时也产生了一系列消极影响，如拉大南北差距、对区外经济的排他性等。

一、区域经济一体化对世界经济的积极作用

（一）促进世界经济新格局的形成

区域经济一体化，特别是欧洲、北美、亚太三个经济集团的形成和发展，使世界经济

日益呈现“块式”结构和“网络”状态的新格局。所谓“块式”，是指这个大区域一体化形成了三个经济圈，这三个区域集团又与非洲、中南美、中欧、北欧、东南亚等其他大、小区域一体化组织组成了一个相对峙、抗争而又联系合作的世界经济网络。这种新的格局必然使各国对外经济关系的重点发生转移，即国与国的经济关系和对外贸易格局被区域经济合作以及区域国际贸易代替，各国必须更多地以自己所处的区域经济的发展为依托，谋求发展，同时这种格局也必然促使各国更加注重自身发展，经济发展成为各国的基本战略。

（二）有利于世界经济一体化的发展

世界经济一体化是指世界各国经济日益增强的相互依存性和经济活动的国际化、全球化趋势。目前区域经济一体化在世界各个角落发展起来，并呈滚雪球似的发展势头，各大集团都在吸收更多的成员，加强彼此的沟通和联系。这种趋势经过较长时期的发展，各区域集团融合在一起，可能会形成一个包容世界大多数国家在内的单一的世界经济共同体，在共同体内实现贸易和投资自由化，实现生产要素的自由流动和优化配置。因此，区域经济一体化会推动世界经济一体化的发展。

（三）促进了区域经济的快速增长

区域经济一体化组织成员国之间进出口贸易额的增长，有力地促进了区域经济的快速增长。如南美的巴西、阿根廷、乌拉圭及巴拉圭四国组成了拉美南锥共同体。1993 年共同体内部贸易额增加到 80 亿美元，几乎比该计划刚提出来时的 1985 年翻了三番。出口贸易的大幅度增加，不仅扩大了对区内产品的需求，而且增加了对区外产品的需求，即需求的不断扩大，成为经济增长的催化剂，特别是在 20 世纪 90 年代初世界经济普遍不景气的情况下，区域经济一体化组织为成员国提供了较好的经济运行和经济发展条件，使区域内的各缔约国免受或少受经济周期波动的不利影响，促使成员国经济的持续稳定增长。如南美的巴西、阿根廷在大多数邻国出现经济负增长时，1993 年的经济增长率分别达到 5% 和 7%，成为南美经济发展中表现良好的代表。

（四）促使各国生产经营更加专业化

区域经济一体化在促进成员国进出口贸易急速扩大、经济不断增长的同时，使各国生产经营更加专业化。在区域经济一体化组织成立之前，各国面对的是情况差异甚大的众多国家，各国要发展对外贸易，就必须生产各种各样的产品，以满足对各国出口贸易的需要，并从中获得比较利益。区域经贸组织成立之后，一方面，各国面临的是成员有限的贸易对象国，再加上区域内各成员国关税税率的下降和非关税贸易壁垒的减少，增强了区域内生产要素和产品的自由流动，各国因此增加了对本国具有相对优势产品的生产和销售，形成成员国之间新的国际分工和生产经营的专业化；另一方面，区域内成员国间的专业化的加强，也强化了整个区域经贸集团间的生产专业化。联合国各成员国之间的生产专业化分工和经贸竞争在一定程度上已为区域经济一体化组织所替代，即形成了具有地域特征的区域专业化分工，由世界各国的生产专业化逐渐演变成区域经贸集团间的专业化分工。国际生产经营专业化分工的进一步强化和具体化，符合社会化大生产所要求的分工越来越细、越来越专的客观发展趋势。在经济活动日益国际化的条件下，区域经济一体化是国内社会分工超越国界、走向国际社会分工与专业化生产的表现与结果，它强化了成员国之间的相互依赖性，推动了全球生产和资本一体化的进程，因而有利于提高国际劳动生产率水平，增加世界各国的社会经济福利。

二、区域经济一体化对世界经济的消极影响

（一）南北差距进一步拉大

区域经济一体化组织的出现，使发达国家的资金更多流向欧美经济圈，即使是对劳动密集型产业的投资，也从发展中国家转向比其落后的成员国，如西班牙、葡萄牙、希腊和墨西哥等。再者，一体化组织的“排外”性，会使发达国家的市场更难进入。因此，经济一体化对于发达国家经济发展的促进作用比较明显，而发展中国家在扩大对外贸易时面对的保护主义加强了，吸引外资的难度增加了，这使得区域经济一体化对发展中国家的积极作用非常有限。区域经济一体化对发达国家和发展中国家产生的积极作用不对称必然会导致南北之间经济差距的进一步扩大，而不断扩大的经济差距又反作用于世界经济格局和世界经济的增长。

（二）排他性更加明显

国际性区域经济一体化组织的基础就是内部开放市场，相互提供优惠，这样在增加区内国家间贸易的同时，区外国家和地区由于不能享受区内的种种优惠，最终会因产品竞争力下降而被区内相关国家的相同或相似产品取代。如欧洲以共同农业政策为支柱的农产品统一市场就是一个典型的排他性很强、贸易保护主义色彩很浓的市场。同样，在北美自由贸易区的运行中，随着墨西哥产品对美输出的大幅增加，亚洲地区对美国的电子产品和纺织品出口也遭受了巨大冲击。

本章提要

1. 区域经济一体化是指地理上邻近的国家和地区，为了维护共同的经济利益和加强经济联系与合作，相互间通过契约和协定，在区域间逐步取消成员国间的贸易与非贸易壁垒，进而协调成员国间的社会经济政策，形成一个跨越国界的商品、资本、人员和劳务等自由流通的统一的经济区域的过程。

2. 区域经济一体化的形成与发展为世界经济产生了诸多方面的影响，从正反两面可以划分为积极影响和消极影响，其中积极影响主要包括促进世界经济新格局的形成，有利于世界经济一体化的发展，促进了区域经济的快速增长，使各国的生产经营更加专业化；消极影响主要包括拉大了南北差距和抑制区外国家的经济发展。

重要术语

区域经济一体化（Regional Economic Integration）

自由贸易区（Free Trade Area）

关税同盟（Customs Union）

共同市场（Common Market）

本章思考题

1. 试述区域经济一体化的内涵。
2. 试述区域经济一体化的类型。
3. 试述区域经济一体化的动因。
4. 试述区域经济一体化的积极影响。
5. 试述区域经济一体化的消极影响。

进一步阅读资料和网络链接

1. 黄卫平:《中国加入区域经济一体化研究》,经济科学出版社 2009 年版。
2. 张永安:《区域经济一体化理论与实践》,格致出版社 2010 年版。
3. 张鸿:《区域经济一体化与东亚经济合作》,人民出版社 2006 年版。
4. 刘晨阳、于晓燕:《亚太区域经济一体化问题研究》,南开大学出版社 2009 年版。
5. 马静、郑晶:《FDI、区域经济一体化与区域经济增长》,中国经济出版社 2009 年版。
6. 顾颖、董联党:《欧洲一体化进程中的区域经济发展》,中国社会科学出版社 2008 年版。
7. 张彬:《国际区域经济一体化比较研究》,人民出版社 2010 年版。
8. 欧盟官方网站:http://europa.eu/。
9. 中国—东盟自由贸易网:http://www.chinaaseantrade.com/。
10. 亚太 OECD 网站:http://www.apec.org/(英文),http://apec.fsi.gov.cn/(中文)。
11. 美洲自由贸易区网站:http://www.ftaa-alca.org/。

第五章

国际贸易与国际贸易体制

【教学目的和要求】

1. 通过本章的学习，理解国际贸易政策的含义和构成；掌握国际贸易政策的具体分类；了解国际贸易政策的发展历史。

2. 通过本章的学习，了解世界贸易组织和关税与贸易总协定的宗旨、职能、基本原则及相关知识。

【教学重点与难点】

1. 认识国际贸易政策的历史演变及其规律。

2. 世界贸易组织和关税与贸易总协定的区别。

引导案例

中国成为全球贸易增长新引擎 向贸易强国转变

10年前，要买国外的高档消费品，很多人要托出国的朋友千里迢迢带回；如今，在不少内地县城的商店里都能看到来自世界各地的商品。百姓消费生活的变化是我国对外贸易巨变的一个缩影。

- 为全球经济增长提供重要支撑

近年来，我国采取优化进口结构、推动进口便利化、完善进口促进体系等多项举措扩大进口，积极主动地推进贸易平衡战略，在全球有效需求不足的情况下，扮演着向全球输出总需求的重要角色，为全球经济增长提供了重要支撑。

经过努力，我国进出口正朝着更加平衡的方向发展。2009年贸易顺差比上年减少1000亿美元，2010年又进一步减少126亿美元，预计今年顺差占GDP的比重将下降到3%以内。

中国加入世界贸易组织也为世界各国带来了实实在在的利益。10年来，中国每年平均进口7500亿美元的商品，相当于为贸易伙伴创造1400多万个就业岗位。在华外商投资企业累计汇出利润2617亿美元，年均增长30%。中国对外投资企业聘用当地员工接近80万人，每年在当地纳税超过100亿美元。中国物美价廉的商品为国外消费者带来了巨大实惠，由于进口中国商品，美国消费者过去10年共节省开支6000多亿美元，欧盟每个家庭每年可以节省开支300欧元。2010年，我国货物贸易进口接近1.4万亿美元，占全球的1/10。我国已成为日本、澳大利亚、巴西等国的第一大出口市场，也已成为美国增长最快的出口市场。

- 由量的变化到质的提升

加入世界贸易组织以来，多边贸易体制为我国的经济发展提供了有利的外部环境，我国进出口贸易额年均增长21.6%，成为世界第一大出口国和第二大进口国。2010年，我国进出口贸易再创新高，进出口总额接近3万亿美元。

“加入世界贸易组织后，中国迅速发展成为一个贸易大国，贸易规模日趋扩大，地位不断上升。”中国社科院世界经济与政治研究所研究员宋泓说。数据显示，2010年，我国出口总额占全球出口的比重由2001年的4.3%提高到2010年的10.4%；进口总额占全球进口总额的比重由2001年的1.7%上升到2010年的9.1%。

在贸易大国的道路上快步前行的同时，按照“转方式、调结构、促平衡”的目标，我国采取一系列措施加快结构调整，推进外贸发展方式转变，大力培育出口品牌，进一步提高外贸商品质量效益。

我国对外贸易实现平稳较快增长的同时，在结构上也不断优化。加工贸易在整个外贸中的比重已从2001年的47.4%下降到了2010年的38.9%。与此同时，其增值率从2001年的56.9%提升到了2010年的77.4%。加工贸易产品结构不断优化，从劳动密集型为主向劳动密集和技术、资金密集型并重转变，以电子信息、精密机械、生物医药、新能源、新材料等为代表的高新技术制造业成为加工贸易主导产业。此外，我国出口市场进一步多元化。在对传统主要贸易伙伴出口总体平稳增长的同时，对新兴市场出口较快增长，比重进一步提升。近年来，我国外贸增长呈现价格和数量协调拉动的新变化，外贸商品质量效益不断提升。

10年来，作为国民经济增长的三大动力之一，我国对外贸易的大发展为我国经济社会的发展做出了巨大贡献：

——有力拉动了国民经济的快速发展。加入世界贸易组织10年来，对外贸易增速均大大高于同期国民经济总体增长水平，贸易顺差占同期GDP的比重平均达4%；2010年，仅进出口环节海关税收就达1.25万亿元人民币，占全国税收收入的15.1%，加上与外贸关联度较高的外资企业税收，外向型经济带来的税收占全国总税收的1/3；对外贸易直接带动的就业人数超过8 000万，其中60%来自农村转移劳动力。

——推动了产业升级与国际市场占有率的提高。通过引进先进的设备、技术、管理经验，出口行业劳动生产率和管理水平不断提高，与此同时，推动了"中国制造"整体质量的提升及国内产业升级和技术进步，形成了一批产能居世界前列的优势产业。2010年实现工业增加值16万亿元，比2001年增长近2.7倍，制造业进出口总额增长近5倍。

——缓解了国民经济发展的资源制约。通过进口国内短缺资源，有效缓解了资源制约瓶颈，拉长了制约国民经济发展的短板。

- 由贸易大国向贸易强国转变

站在新一轮对外开放的起点上，中国作为"世界工厂"的地位正面临着巨大的挑战。同时，长时间以来形成的依靠资源消耗和低廉的人力成本为主要竞争力的中国外向型经济本身也面临着转型发展的迫切要求。未来中国的对外贸易不仅要着眼于成为贸易大国，而且更要着眼于成为贸易强国。

因此，我国必须加快转变外贸发展方式，推动外贸发展从规模扩张向质量效益提高转变、从成本优势向综合竞争优势转变。在保持现有出口竞争优势的基础上，加快培育以技术、品牌、质量、服务为核心竞争力的新优势。

在今年的夏季达沃斯论坛上，商务部部长陈德铭向来自全球的政经界人士表示，中国将以加入世界贸易组织十周年为新起点，进一步扩大对外开放。

"十二五"时期，我国将坚持进口和出口并重、吸引外资和对外投资并重，把提高对外开放水平作为转变经济发展方式的新动力；提高国际贸易规则制定的参与能力，更加注重从接受既定规则向更多地主动参与制定规则转变；全方位提升我国外贸国际竞争力，在更高层次上参与国际分工和合作。

（资料来源：李予阳，《中国成为全球贸易增长新引擎 向贸易强国转变》，《经济日报》，2011年11月24日。）

第一节 国际贸易的发展与政策演变

一、国际贸易的产生和发展

(一) 原始社会末期的剩余产品交换

在原始社会初期,社会生产力极其低下,人们的生产勉强维持生存,没有可供交换的剩余产品,没有私有制,也就没有阶级和国家。当时的人类处于自然分工状态,即按性别和年龄进行分工,这是分工最早、最简单的形式。人们依靠集体劳动来获取有限的生产资料,然后按照平均分配的方式,在成员之间进行分配。因此,在原始社会初期,根本就不存在对外交换,当然也就不会存在国际贸易了。

随着社会生产力的不断发展,人类社会依次出现了三次社会大分工,促进了氏族部落和后来形成的国家之间商品交换的发展。第一次社会大分工是畜牧业与农业之间的分离,牲畜的驯养和繁殖使生产力得到了发展,产品开始有了少量剩余。于是在氏族公社之间、部落之间出现了剩余产品的交换。这是最早发生的交换,但这种交换是极其原始的、偶然的物物交换。随着生产力的继续发展,手工业从农业中分离出来,出现了人类社会的第二次大分工。手工业的出现,便产生了直接以交换为目的的商品生产。商品生产和商品交换的不断扩大,产生了货币,商品交换逐渐变成了以货币为媒介的商品流通。随着商品货币关系的发展,产生了专门从事贸易的商人,于是出现了第三次社会大分工。商人的出现,促进了氏族部落之间商品流通的进一步发展,交换发展的需要产生了金属货币。货币借贷、利息和高利贷也相继出现。土地私有权被牢固地确立起来,土地完全成为私人财产,它可以世袭、抵押以至出卖。随着新的分工,产生了新的阶级划分,财富更加集中,奴隶人数增多,奴隶的强制性劳动成为整个社会的经济基础。由于有了阶级对立,于是产生了国家。到了原始社会末期,商品流通超出了国界,产生了对外贸易。

(二) 奴隶社会有限的对外商品交换

奴隶社会最早出现在古代东方各国,如埃及、巴比伦、中国,但以欧洲的希腊、罗马的古代奴隶制最为典型。在奴隶社会,生产力水平进一步发展,商品交换也有所扩大。早在公元前2000多年,由于水上交通便利,地中海沿岸的各奴隶社会国家之间就已开展了对外商品交换,出现了腓尼基、希腊、罗马等贸易中心。在奴隶社会,欧洲商业中心地区的手工业已有了相当的发展,分工也日益精细,其手工业品如玻璃器皿、染色纺织品和金属用品等,销往北非、西欧和中欧以及遥远的东方各国。

但是,由于奴隶社会是自然经济占统治地位,商品经济不发达,生产的目的主要是直接消费,进入外贸流通领域的商品数量很少,对外贸易在各国经济中的地位是微不足道的。从贸易的商品结构看,主要是奴隶主阶级需要的奢侈消费品,如宝石、香料、各种织物和装饰品等。当时,奴隶也成为对外交换的商品。希腊的雅典就是当时贩卖奴隶的中心之一。可见,当时的对外贸易是奴隶主阶级谋取利益的工具。从贸易的地区范围看,当时由于生产技术落后,交通工具简陋,各国对外贸易的范围受到很大限制,只是集中在极少数商业较为发达的民族或国家。

（三）封建社会区域性贸易的发展

封建社会取代奴隶社会之后，国与国之间的贸易又有了进一步发展。促进封建社会各国对外贸易发展的主要因素是商品经济的发展、城市的兴起、手工业的进一步发展、资本主义因素的生长以及分工的发展和区域性市场的形成。

从封建社会中期开始，实物地租转变为货币地租，商品经济的范围逐步扩大，国家之间的贸易有了进一步增长。11 世纪之后，由于意大利北部和波罗的海沿海城市的兴起，贸易范围扩大到了地中海、北海和黑海沿岸。此后城市手工业发展起来，如意大利北部城市佛罗伦萨成为当时毛纺织业的中心，它从英国和西班牙进口羊毛，从荷兰进口粗制呢绒，进行纺织与加工后输往东方。到 14—15 世纪，在地中海沿岸的某些城市已出现了资本主义生产的最初萌芽。从分工来看，已形成了欧洲与亚洲、欧洲与非洲以及欧洲各个地区之间的地域分工。与此相适应，形成了以地中海和波罗的海为中心，连接欧洲、亚洲、非洲各个区域性市场的网络。

封建社会各国之间的贸易具有以下特点：从贸易的范围看得以不断扩大。在西方，贸易中心由地中海东部扩大到地中海、北海、波罗的海、黑海沿岸。在东方，中国、印度、伊朗等亚洲国家的对外贸易也从近海逐渐扩展到远海。公元前 2 世纪的西汉时代，中国就开辟了从新疆、中亚通往中东和欧洲的“丝绸之路”。明朝时代，郑和前后七次率领船队下西洋，足迹遍及东南亚各沿海国家，最远达到了非洲东海岸。从贸易的商品来看，增加了许多手工业产品，但奢侈品仍然是贸易中的主要商品，西方国家以呢绒、酒、装饰品等来换取东方国家的丝绸、香料、珠宝等。从交易的市场和贸易组织看，已出现了固定的交易场所和有组织的贸易行为。到 12—13 世纪，具有全欧意义的香槟集市是当时最大的国际集市，东方的香料和奢侈品、佛兰德尔的呢绒、法国的葡萄酒和家畜、德国的金属制品、英国的羊毛、北欧的皮毛等都在集市上出售。至 14 世纪中叶，以德意志北部各城市为主，联合近百个北欧城市形成了一个庞大的带有政治性的贸易联盟——“汉萨同盟”，该同盟在各国设有商馆。

尽管封建社会国与国之间以及国家与地区之间的贸易有了较大发展，但由于受生产力水平、生产方式和交通条件以及自然经济的限制，对外贸易在各国经济中并不占主要地位。此时，国际分工和世界市场尚未形成，各国和地区之间的贸易无论是贸易商品的种类、数量还是贸易范围都远未达到真正的国际贸易的水平。

（四）资本主义社会国际贸易的发展

前资本主义各种社会形态中的国际商品交换只是少数国家之间和地域性的商品交换，是国际贸易的雏形，真正全球范围内的国际贸易形成于资本主义时代。对外贸易既是资本主义生产方式的基础，又是资本主义生产方式的产物，并且成为资本主义经济体系的重要组成部分。

资本主义原始积累时期，生产力的发展为国际贸易的扩大提供了物质基础，而这个时期的四次地理大发现，则为国际贸易在全球范围内的大规模扩展创造了条件。为了给资本主义发展积累资本，西欧殖民主义者采取殖民地政策，从国土之外的地方掠取黄金等资本性资产，来达到他们资本积累的目的，这时期国际贸易是单向的、充满血腥和残暴的、强迫性的。当时最残酷、最大规模的贸易活动就是奴隶贸易。资本原始积累完成后，资本主义发展进入自由资本主义时期，资本主义国家间开始了真正意义上的国际贸易。随着英、法等国相继完成工业革命，生产力迅速发展，产品极大丰富，再加上运输工具和运输方式的变革，国际贸易取得了很大的发展。体现在贸易额、贸易的商品结构、贸易方式上都有新的突破。但当时的国际贸易是以绝对优势理论为指导，只在资本主义国家间进行，主要是以农产品和手工业产品为主。从19世纪70年代开始，自由资本主义向垄断资本主义阶段过渡。国际贸易不仅把生产发展水平高的国家联系起来，而且把生产发展水平低的国家和地区也卷入交换领域中，使这些国家的生产日益具有世界性，价值规律逐渐支配了它们的生产，世界市场最终形成，国际贸易得到空前的发展。这一时期国际贸易的主要特点是：资本主义国家开始与发展中国家产生贸易，输出制成品，输入初级产品，从发展中国家中以和平的方式掠夺资源。资本主义国家间采取产业内贸易，资本主义国家和发展中国家间采取产业间贸易。

（五）当代国际贸易的新发展

20世纪90年代以来，经济全球化和高新技术的发展，对传统国际贸易产生了深刻的影响。国际贸易发展在保持其80年代所出现的发展中国家在世界贸易中地位增强、国际贸易支持世界经济增长以及服务贸易异军突起等特点的基础上，近期又出现了几大新的发展趋势：

1. 自由贸易协定的发展如火如荼

近年来，经济全球化与区域经济一体化已成为世界经济发展的重要趋势。区域化和全球化的相互促进、互为补充乃至阶段性的交替发展，凸显了社会生产力发展的必然要求及当代世界经济贸易发展的本质性特征。一方面，在贸易自由化、生产国际化和经济一体化不断突破国家和地域界限，各国及各地区之间经济联系日益增强的条件下，世界贸易组织的建立和运作，协调和规范了国际贸易发展的秩序，推动经济全球化进入了一个新的发展阶段。另一方面，由于多边贸易体制存在着一定的局限性，双边和区域层次上的贸易自由化的努力仍然十分活跃，由此促进区域经济一体化的发展。

90年代末期以来，世界上再次兴起区域贸易集团化的热潮，自由贸易协定（FTA）及优惠贸易安排大量涌现。据不完全统计，目前全球约有1 200个大大小小的自由贸易区，涉及世界贸易组织97%的成员，其中双边的FTA约占90%左右。FTA的蓬勃兴起，表明通过区域经济合作来推进一国或一地区的经济贸易增长，已成为当今国际经贸发展的重要趋势。

2. FDI成为国际贸易发展的加速器

近年来，跨国公司的投资活动对世界经济贸易发展发挥了举足轻重的作用。随着经济全球化步伐的加快，各国政府竞相采取优惠政策吸引外资，大幅削减贸易和投资壁垒，使跨国公司在全球范围内配置资源、扩张经营获得了有利的环境空间。

据《2011年世界投资报告》统计，2010年，跨国公司的全球生产带来约16万亿美元的增值，约占全球GDP的1/4。跨国公司外国子公司的产值占全球GDP的10%以上。外国子公司在全球的销售额和增值分别达到了33亿美元和7亿美元。它们的出口额超过6万亿美元，约占全球出口总额的1/3。跨国公司大规模向各地区渗透，进行跨国生产、经营和销售，不仅增加了东道国的对外贸易量，而且其开创的以公司内部分工为特征的国际生产一体化体系，使母公司分支机构间的内部贸易量急剧增长，成为当今国际贸易增长中的重要构成。由于公司内部贸易可以大大减少“交易成本”，因此跨国公司生产、销售越来越多地在内部进行。据统计，20 世纪 70 年代跨国公司的内部贸易占世界贸易的 20%，80—90 年代这一比重上升至 40%，目前世界贸易总量中有 70%—80% 与跨国公司有关。需要指出的是，世界贸易组织《与贸易有关的投资措施协议》要求各成员通报其与此相关的法规中存在的限制情况，并要求各成员根据确定的时间表在最长 7 年时间内取消这些规定。可见，国际贸易发展使跨国公司在世界市场上的竞争地位不断加强，同时也为跨国公司的发展提供了更多的机会和制度保证。

3. 电子商务引发了交易手段的革命

随着国际互联网和信息技术的飞速发展，为适应国际贸易规模迅速扩张的需要，90 年代后半期产生的电子商务一经问世，就以不可逆转的势头为世界贸易搭建起了快速运行的平台。特别是在美国、欧盟、日本等主要发达国家的大力推动下，电子商务已成为本世纪最具发展前途的领域之一。

众所周知，90 年代以前的全球电子市场交易额几乎可以忽略不计，但到 1997 年就迅速达到约 300 亿美元，2000 年增至 2 500 亿美元。2006 年达到了 5.8 万亿美元，2011 年全球电子商务市场规模达到 41 万亿美元。中国电子商务交易额 2011 年超过 6 万亿元，2012 年上半年达到 3.5 万亿美元，欧盟 2011 年电子商务交易额达到 2 000 亿欧元。

在进行电子交易的同时，各国或地区已将传统国际贸易领域内正在进行的全球制度化建设实践，同步应用到电子商务平台的建设上。当然，由于电子商务平台自身运行的高技术特点，其规则的制定并非一蹴而就，但人们努力的成效还是比较明显的。如联合国国际贸易委员会通过的《电子商务示范法》、世界贸易组织部长级会议上通过的《关于全球电子商务宣言》、OECD 召开的电子商务部长级会议以及电子商务全球对话形成的《巴黎倡议》，都是国际范围内进行电子商务规则建设的可喜成果。

总之，当前国际贸易所出现的新的发展趋势既是经济全球化的产物或阶段性现象，又是经济全球化进程继续的基础和条件。每一种趋势都以巨大的力量在助推着全球经济的发展，同时，各种趋势又交织在一起相互作用及相互影响。

二、国际贸易政策的演变

对外贸易政策是一国在一定时期内为实现一定的政策目标对本国进出口贸易制定并执行的政策，它从总体上规定了该国对外贸易活动的指导方针和原则。迄今为止，对外贸易政策无非有两种类型：自由贸易政策和保护贸易政策。一个国家选择何种对外贸易政策，主要取决于该国的经济发展水平和在国际经济中所处的地位，以及其经济实力和产品的竞争能力。那些经济最发达、经济实力最雄厚、产品最具竞争能力的国家，往往实行自由贸易政策或带有自由化倾向的贸易政策；反之，那些经济发展较晚、经济发展水平较差、产品竞争能力较弱的国家，则一般采取保护贸易政策。

（一）保护贸易政策

1. 重商主义政策

15—17 世纪，欧洲各国进入资本主义生产方式准备时期，为了促进资本原始积累，西欧各国纷纷采取重商主义对外贸易政策。目标是把金银财富留在国内,实现资本的积累。重商主义认为,只有金银才是真正的财富,除了开采矿山和进行暴力掠夺以外,只有对外贸易才能增加一国的财富。因此,国家要致富,必须通过国家干预,大力发展出口贸易,限制外国商品的进口。

重商主义经历了两个发展时期:早期的重商主义又称重金主义,其理论基础是货币差额论。重金主义主张采取直接的强制措施来取得金银,鼓励金银流入,限制金银流出,尽量把金银留在国内。在对外贸易上,原则是多卖少买,甚至不买,主张限制进口,鼓励出口。因为出口可以增加货币收入,而进口必须支出货币。早期的重金主义注重出大于进的有利贸易差额,目的在于使对外收支保持绝对的货币顺差,增加货币流入。

但是,在实践中,由于各国都限制金银货币外流,都奉行多卖少买,其结果是严重制约了国际贸易的发展。于是重商主义由它早期的重金主义发展为后期的名副其实的重商主义,其理论基础由货币差额论发展为贸易差额论。

晚期的重商主义认为,要使国内金银货币增加,必须发展对外贸易,使贸易出超,因而在政策上应采取各种办法鼓励出口商品的生产,用给予奖金或补贴的办法鼓励扩大出口,同时实行关税保护制度,限制消费进口,以保持对外贸易顺差,促使金银流入。

无论早期还是晚期的重商主义,二者都强调对外贸易顺差的重要性,都主张实行保护贸易政策,奖出限入,实现贸易出超,达到金银流入、增加财富的目的。在当时的历史条件下,重商主义的对外贸易政策对于促进资本主义商品货币关系的发展,加速资本原始积累,推动封建制度向资本主义过渡,起到了一定的积极作用。

2. 幼稚产业保护政策

幼稚产业保护理论最初于18世纪后半期由美国独立后的第一任财政部长汉密尔顿提出,在19世纪中叶由德国的史学派先驱弗里德里希·李斯特加以系统化。李斯特认为生产力是决定一国兴衰存亡的关键,而保护民族工业就是保护本国生产力的发展。所以国家和政府需要作为民族工业发展强有力的后盾,而不是秉承古典学派的自由放任原则。

幼稚产业保护政策的基本内容是某个国家的一个新兴产业,当其还处于最适度规模的初创时期时,可能经不起外国的竞争。如果通过对该产业采取适当的保护政策,提高其竞争能力,将来可以具有比较优势,能够出口并对国民经济发展做出贡献的,就应采取过渡性的保护、扶植政策。主要运用关税保护之类的手段来实现。传统的幼稚产业保护理论强调以规避竞争为主的保护方式,随着贸易全球化的发展,国际资本市场的初步形成,汇率变动的日趋频繁,对幼稚产业的保护面临着规范保护程序、加强受保护产业的监管、鼓励国内竞争等新问题。

一个国家(地区)在对幼稚产业进行保护时,幼稚产业需要满足以下条件:第一,这种产业是该国尚未发展成熟的新兴产业。它暂时还没有能力同国外较发达的同类产业竞争,且该产业具有发展潜力。第二,该产业具有较大的产业关联度,即该产业和国内很多相关产业的发展息息相关,对这些产业的发展有正的外部效应。这一特征为幼稚产业的保护提供了必要性。第三,该产业在现阶段缺乏推动其发展的资金实力。

3. 超保护贸易政策

19 世纪末 20 世纪初资本主义发展进入到垄断阶段。在这个阶段垄断代替了自由竞争,垄断组织成为一切社会生活的基础;经过产业革命,一些起步晚的资本主义国家迎头赶上,世界市场竞争空前激烈;两次严重的世界性经济危机使资本主义国家的商品销路发生严重困难,市场矛盾尖锐。因此各国为了垄断国内市场和抢占国际市场,先后实行保护贸易政策。1933 年经济危机过后,所有的资本主义国家都卷入保护贸易浪潮。这个时期的保护贸易政策性质发生了变化:它已经成为帝国主义列强瓜分世界市场、划分势力范围和掠夺经济不发达国家的工具,成为资本主义各国向外转嫁经济危机的手段。这种政策具有明显的侵略性和扩张性,因此称为侵略性的保护贸易政策或超保护贸易政策。

帝国主义时期的超保护贸易政策与垄断前资本主义时期的保护贸易政策的主要区别是:第一,保护的范围扩大了。超保护贸易政策不仅保护幼稚产业,对所有的工业都加以保护。第二,保护的目的改变了。超保护贸易政策不再是保护国内的幼稚产业,而是成为维护垄断地位的手段。第三,保护的性质由防御转为进攻。以前的贸易保护是为了保护国内的幼稚产业免受国际市场的冲击。超保护贸易政策是在保护国内市场的基础上对国外市场的进攻性扩张。第四,保护的手段由关税壁垒转向技术性壁垒,保护的方式更加隐蔽了。

4. 新贸易保护主义政策

进入 20 世纪 70 年代以后,国际贸易领域中贸易保护主义重新抬头,出现了新贸易保护主义。与传统贸易保护相比,新贸易保护主义具有以下几个方面的特点:

(1) 限制进口措施的重点由关税壁垒转向非关税壁垒。战后,随着贸易自由化的进展,特别是经过关税与贸易总协定主持下的多次多边贸易谈判,各国的贸易水平已经降到了历史的最低点。而且在已经达成的关税协定下,关税不能随意回升。因此,自 20 世纪 70 年代初资本主义经济危机以来,发达国家竞相采取非关税壁垒来限制进口,并逐渐成为限制进口的主要手段,因为非关税壁垒具有名义上的合理性和手段上的隐蔽性。

(2) 奖出限入措施的重点从限制进口转向鼓励出口。随着国际分工的加深和对国外市场依赖性的加强,各国争夺国外市场的斗争日益加剧。发达国家加强非关税壁垒措施来限制进口,不仅无法满足国内市场消费的需求,而且极易遭到他国的报复。这样,许多发达国家把奖出限入措施的重点从限制进口转向鼓励出口,采取奖励、补贴、出口退税等各种措施鼓励出口。

(3) 从贸易保护制度转向更系统的管理贸易。20 世纪 70 年代以来,随着贸易保护主义的加强,发达国家为了遵循其所倡导的自由贸易原则,又有实行贸易保护主义的需要,因此出现了一种介于自由贸易与保护贸易之间、两者兼而有之的一种新的政策倾向,即管理贸易。管理贸易在一定程度上遵循自由贸易原则,但却同时利用国内立法,或通过双边或多边国际协定,管理本国贸易和进行国际协调。各国加强实施管理贸易主要采取非关税措施,以不违背降低关税壁垒的自由贸易原则为前提,通过各种巧妙的办法限制进口。管理贸易在国际上的应用还表现在区域贸易集团化和国际协调上。区域贸易集团对内实行自由贸易,各种生产要素可以自由流动,对外实行贸易保护政策,差别对待来自区外的进口产品。

20 世纪 90 年代以来,信息技术的迅猛发展在加快经济全球化和一体化的进程,促进全球贸易自由化发展的同时,也加剧了各国经济发展的不平衡,引发了新的贸易保护主义。与传统贸易保护相比,在关注的焦点、实施的手段、保护的方式、保护的动机和目的以及影响等方面都发生了很大的变化,20 世纪 90 年代以来的新贸易保护主义的表现形式主要包括以下方面:

(1) 技术性贸易壁垒。技术性贸易壁垒又称技术性贸易措施或技术壁垒,是指以维护国家安全、保障人类健康、保护生态环境、保证产品质量等为由,滥用世界贸易组织的有关保护条例,采取的一些阻碍其他国家商品自由进入该国市场的技术性措施。随着经济全球化浪潮的兴起和贸易自由化的发展,加上世界贸易组织规则的有关限制,国际贸易壁垒的种类和形式在不断地变化:关税税率越来越低,传统的非关税壁垒也在逐步减少,新型的更灵活、更隐蔽的贸易壁垒——技术性贸易壁垒却在不断发展、种类在不断增多。目前,在各种非关税壁垒中,技术壁垒约占 30%。世界贸易组织《技术性贸易壁垒协议》将技术性贸易壁垒分为技术法规、技术标准和合格评定程序。综观世界各国(主要是发达国家)的技术性贸易壁垒,其限制产品进口方面的技术措施主要包括严格、繁杂的技术法规和技术标准,复杂的合格评定程序,严格的包装、标签规则。

(2) 社会壁垒。社会壁垒是指以劳动者劳动环境和生存权利为借口而采取的贸易保护措施。社会壁垒由各种国际公约的社会条款(包括社会保障、劳动者待遇、劳动权利、劳动技术标准等条款)构成,它与公民权利和政治权利相辅相成。社会条款的提出是为了保护劳动者的权益,本来不是什么贸易壁垒,但被贸易保护主义者利用为削弱或限制发展中国家企业产品低成本而成为变相的贸易壁垒。在社会壁垒措施中,比较引人瞩目的是 SA 8000 标准,该标准是从 ISO 9000 质量管理体系及 ISO 14000 环境管理体系演绎而来的道德规范国际标准。社会壁垒可能成为阻碍发展中国家劳动密集型产品的主要障碍。社会壁垒不但可能发展成为一种新的贸易壁垒,还可以与环境壁垒联合起来形成一种更新型、更复杂、更难以应对的环境——社会贸易壁垒。目前越来越多的发达国家将社会壁垒作为限制发展中国家进入本国市场的手段。

(3) 保障措施。保障措施也称一般保障措施,是世界贸易组织《保障措施协议》所允许的保护国内产业免受进口损害的贸易救济手段。保障措施是指当某类产品的进口激增并对进口国国内的相关产业造成严重损害或严重损害威胁时,进口方依据《1994 年 GATT》所采取的进口限制措施。贸易自由化加速了商品的国际流动,保障措施对于防止由于国外商品大量流入而带来的对国内产业造成的危害,保护国内产业的发展,具有非常重要的意义。

保障措施是成员政府在正常贸易条件下维护本国国内产业利益的一种重要手段,它与针对不公平贸易的措施(如反倾销和反补贴)不同。设置保障措施的目的在于使成员所承担的国际义务具有一定灵活性,以便其在特殊情况出现时,免除其在有关世界贸易组织协定中应当承担的义务,从而对已造成的严重损害进行补救或避免严重损害之威胁可能产生的后果。

(4) 特别保障措施。特别保障措施是世界贸易组织成员利用特定产品过渡性保障机制针对来自特定成员的进口产品采取的措施,即在世界贸易组织体制下,在特定的过渡期内,进口国政府为防止来源于特定成员国的进口产品对本国相关产业造成损害而实施的限制性保障措施。

最早的特别保障措施适用于日本。1953 年日本申请加入关税与贸易总协定时,一些 GATT 缔约国担心日本的纺织品进口可能对本国相关产业造成损害,决定在日本加入 GATT 之后其他成员国可以对日本适用特别保障条款,即 GATT 缔约国在发现原产于日本的纺织品进口数量增加从而对本国构成市场扰乱时,可以单方面针对日本的纺织品采取保障措施,以抵消或减少对国内产业的冲击。此后,在波兰、匈牙利、罗马尼亚等东欧社会主义国家加入 GATT 时,也适用特别保障措施条款。本书主要探讨针对中国的特别保障措施。针对中国的特别保障措施主要包含在《中华人民共和国加入议定书》(以下简称《议定书》)第 16 条和《中国加入工作组报告书》(以下简称《报告书》)第 242、245—250 段中。《议定书》第 16 条规定,在中国加入世界贸易组织之日起的 12 年内,如果原产于中国的产品在进口至任何世界贸易组织成员领土时,其增长的数量或所依据的条件对生产同类产品或直接竞争产品的国内生产者造成或威胁造成市场扰乱,该世界贸易组织成员可请求与中国进行磋商,包括该成员是否应根据《保障措施协议》采取措施。如果磋商未能使中国与有关世界贸易组织成员在收到磋商请求后 60 天内达成协议,该世界贸易组织成员有权在防止或补救此种市场扰乱所必需的限度内,对此类产品撤销减让或限制进口。根据《报告书》第 242 段的规定,在 2008 年 12 月 31 日前,世界贸易组织成员可以对来自中国的纺织品采取特别保障措施;第 245—250 段中则规定实施特别保障措施的基本程序。附件 7 还列举了部分世界贸易组织成员可以采取特别保障措施的中国产品名称和具体措施。特别保障措施违反了世界贸易组织非歧视原则,是中国"处于弱势地位,在紧迫、意志受限的情况下做出的承诺,在意思真实性上存在瑕疵"。因此,特别保障措施是中国加入世界贸易组织时被迫接受的不公平条款,是世界贸易组织成员国针对中国产品实施的歧视性措施;但它也是中国在谈判中为换取世界贸易组织成员国的其他让步所做出的战略选择,也是中国为平衡和其他世界贸易组织成员国贸易利益冲突的战略推进与战术妥协的结果。

(二) 自由贸易政策

自由贸易政策是指国家对进出口贸易不加干预,任其自由竞争。自由贸易政策有单边、双边、诸边和多边多种。自由贸易政策实施表现为关税的降低和应税商品的减少、非关税壁垒等的减少与取消。自由贸易政策随资本主义的建立而出现,随资本主义的发展而演变。时强时弱,没有绝对意义上的自由贸易政策。在国家存在和不平衡规律的作用下,自由贸易政策成为主流政策的时期短于保护贸易政策的时期。但自由贸易政策有利于资本扩张本性的追求。第二次世界大战以来,随着资本国际化和经济全球化的发展,自由贸易政策成为主流,但不稳定。

1. 资本主义自由竞争时期的贸易政策

19 世纪产业革命以后,英国经济竞争力大大增强。为了扩大市场,追求高额利润,形成以自身为中心的国际分工,英国确立了单方面的自由贸易政策,并通过各种渠道推行,甚至通过战争,强加给战败的国家。主要措施包括以下几个方面:

(1) 废除谷物条例。该条例是当时重商主义保护贸易的重要立法,为保持国内粮食价格处于较高水平,用征收滑准关税的办法,限制谷物进口。经过工业资产阶级与地主贵族之间的长期斗争,该条例终于在1846年废除,工业资产阶级从中获得降低粮价、降低工资的利益,被视为英国自由贸易的最大胜利。

(2) 改革关税制度。1842年英国进口项目共有1 052个,1859年减至419个,1860年减至48个,以后又减至43个。把极复杂的关税税则加以简化,绝大部分进口商品不予征税,并基本上废除出口税。

(3) 签订自由通商条约,1860年英法通商条约以及后来的英意、英荷、英德等通商条约,相互提供最惠国待遇,放弃贸易歧视,意味着英国自由贸易政策在国际上的胜利。

(4) 取消对殖民地的贸易垄断。解散特权贸易公司,开放殖民地市场,把殖民地贸易纳入自由贸易体系。法国是当时第二个工业强国,从19世纪中叶起逐渐倾向于自由贸易。1853—1855年间,曾降低煤、铁、钢材、羊毛、棉花进口税。1860年全部取消禁止进口货单,接着又废除出口奖励金,降低原料进口税,并同一些国家签订旨在推进自由通商的条约。德国工业落后,直到19世纪60年代才逐渐放松以关税为主要工具的保护政策,出现自由贸易倾向。从1865年修改关税法开始,1867年修改关税同盟条约,以后又废除出口税及部分进口税,降低进口税率,关税壁垒政策具有自由色彩,反映了南方种植园主用农产品出口换回低价工业品的要求。北方胜利后,转到保护贸易方面,不断提高工业品进口关税,就工业品贸易来说,美国并未出现自由贸易时代。

2. 第二次世界大战后的自由化贸易政策

第二次世界大战以后,美国成为经济强国。为了对外扩张,美国从第二次世界大战前的贸易保护主义转向自由贸易政策,并推动关税与贸易总协定的建立,推行贸易自由化,把单边的自由贸易政策演变为多边的自由贸易政策。随着资本国际化和经济全球化的发展,1995年建立世界贸易组织,取代1948年生效的关税与贸易总协定,使多边的自由贸易政策得到加强。

世界贸易组织所推行的自由贸易政策与GATT推行的自由贸易政策相比,有以下重大变化:

(1) 推行自由贸易政策机制从贸易协定变成国际组织,带有永久性和制度性。

(2) 自由贸易政策囊括的领域从货物扩大到投资和服务业,并就此达成将近30个贸易协定与协议。

(3) 自由贸易政策对成员的约束性大大提高,其主要表现是成员要无保留地接受多边贸易协定与协议,且对本国有关法规要予以对应;加强争端解决机制,对违规的成员予以"报复"或"惩罚";加强对成员的政策审议等。

(4) 推行的自由贸易政策带有阶段性,在一定程度上允许成员存在正当的贸易保护。如发展中国家成员自由化程度可以低于发达国家成员,加强知识产权制度,允许采取救济措施,存在可选择加入的诸边贸易协议。

(5) 鼓励世界贸易组织成员进行"开放、公平和无扭曲的竞争"。所谓开放,是指世界贸易组织成员按照承诺的协定与协议履行义务和享受权利;所谓公平,是指贸易对象应在市场经济体制基础上,通过供求正当竞争形成的真实成本进行贸易;所谓无扭曲,是指贸易主体不借助垄断和特权等行为进行贸易活动。

(6) 世界贸易成员之间的自由贸易政策的实施是通过谈判,在互惠互利基础上达成各种贸易协议,并付诸实施。

世界贸易组织推动的自由贸易政策不是纯粹的自由贸易政策:

(1) 在经济全球化下,自由贸易政策成为世界贸易政策主流,但允许存在正当的贸易保护。

(2) 贸易自由化发展不平衡。就贸易领域来说,货物贸易自由化程度高于服务贸易;工业部门的自由化程度高于农业;出口贸易自由化程度高于进口贸易自由化。就成员来说,发达国家贸易自由化程度高于发展中国家和经济转型国家;高级阶段的地区经济贸易集团内部的自由化程度高于世界贸易组织成员内部的贸易自由化。

(3) 自由贸易政策不时受到干扰。在不平衡发展规律作用下,世界经济、各国经济都处于不平衡发展中。当经济高涨时,自由贸易政策比较盛行;在经济危机下,自由贸易政策被干扰,甚至扭曲;同一国家,竞争力强的行业倾向于自由贸易政策,而竞争力弱的行业倾向于保护贸易政策;在同一行业,竞争力强的企业倾向于自由贸易政策,而竞争力弱的企业则寻求保护贸易政策;在一个国家,以国内市场为主的企业偏于贸易保护政策,而以国外市场为主的企业倾向于自由贸易政策。

(4) 在连锁作用下,贸易对一国的作用从经济领域扩散到整个社会。一国在制定贸易政策时,不仅要考虑到贸易效益,还要考虑其他因素。就业问题往往成为贸易政策制定的重要因素。

(5) 在国家存在下,由于社会制度不同、国家关系亲疏、文化和宗教差异等,一国出于国家安全和战略考虑,对出口也加以管制,如美国对中国高科技产品出口加以管制,不进行自由化。

相关案例 **中国如何应对美国贸易保护升级**

近日,美国总统奥巴马发表2012年国情咨文,“宣布成立贸易执行机构,负责调查中国等国家的不公平贸易做法。将会有更多的检查以防止假冒危险货物穿越我们的国界”。

近几年,中美贸易争端频繁,双方贸易领域冲突加剧。美国向中国输美的轮胎、太阳能光伏产品、纺织品、彩电、钢管、家具等产品使用贸易保护手段,提高关税,限制进口。中国据理力争,也相应对从美国进口的部分汽车等产品征收反倾销税和反补贴税。

中美贸易摩擦加剧跟中美贸易额的上升是成正比的。20世纪70年代,中美建交时,两国间的贸易额不过是23亿美元。而目前中美两国互为第二大贸易伙伴,据中国海关统计,2011年1—10月,中美贸易额达3 630亿美元,同比上升17%,预计2011年全年的双边贸易总额将超过4 000亿美元。

- 中国,一只后起的“替罪羊”

虽然自小布什时代,中美贸易就摩擦不断,但美国并没有成立专门的贸易执行机构来针对中国。如今奥巴马政府采取这种做法,到底用意何在?

商务部国际贸易经济合作研究院中贸研究部梅新育博士在接受《中国青年报》记者采访时表示,大选年,奥巴马竞选的执政思路就是,贸易保护和再工业化。成立贸易执行机构这种贸易保护的做法,符合奥巴马的竞选执政思路。

而不管是贸易保护还是再工业化,其目的都是增加美国国内的就业机会。梅新育说,美国钢铁、汽车零部件、太阳能、风电等行业都在大选年给政客施以压力,让其以贸易保护政策来增加国内产业的竞争力和就业岗位。但这些做法并不能增加美国这些产业的就业机会。因为美国这些产业的高薪酬和优越的工作条件,增加了生产成本,损害了这些产业的国际竞争力。梅新育认为,第二次世界大战后美国汽车、钢铁等产业的工会力量强大,为员工争取到了高薪酬。美国的高人力成本和低生产效率给了后起竞争者脱颖而出的机会。日本、韩国制造业正是在这种情况下崛起的。中国崛起后,也成为一些美国政客眼里的"替罪羊"。这只后起的"替罪羊",也成了美国采取贸易保护的众矢之的。

• 针对你是因为你有竞争力

复旦大学法学院教授、上海世界贸易组织事务咨询中心业务总监龚柏华告诉《中国青年报》记者,随着中国对外贸易总量的增加,在可预见的未来,中国出口企业面临的贸易壁垒将会进一步增加。

除了传统的反倾销、反补贴及针对中国的特保措施(特定产品过渡性保障机制和特殊保障措施)外,贸易壁垒的形式也会多样化,如侵犯知识产权的指控、苛刻的技术标准、严厉的劳工标准、刁钻的环境保护标准等,这些都可能对中国出口企业造成影响。

梅新育从另一个角度,解读了中国贸易争端增多的原因。二十多年来,中国是世界贸易救济政策的头号受害者。针对中国的贸易摩擦增多,其实是对中国成就的另类承认,针对你是因为你有竞争力。"人口红利和低工资只是中国竞争力的一方面。"梅新育说,在目前,中国的工业体系最完备,工业门类最齐全。印度、越南虽然人力成本更低,但产业配套跟不上。"在中国找上下游产业链,几个电话半个小时就搞定,在其他国家,得两个月才能搞定。"

梅新育分析,美国拥有的进口能力和巨大的销售市场,是美国在国际贸易中拥有话语权的重要原因。但是美国销售市场正在萎缩,而中国进口能力的增强和巨大的国内市场,正在逐渐转化为中国在国际贸易中的话语权,"中美话语权优势此消彼长"。

他认为,对一个小国来说,在国际贸易中的一次败诉可能就意味着一个产业一命呜呼了;对大国来说,很难用个把贸易裁决搞垮一个产业。20世纪70年代,中美刚刚恢复外交关系时,美国就要限制中国的出口,但到如今,中国的外贸依然蓬勃发展。贸易保护手段不能摧毁中国产业上升的势头。

• 中国企业不能"内战内行,外战外行"

有关专家认为,面对日益增加的贸易壁垒以及贸易争端,中国政府、企业以及行业协会应该共同努力积极应对。

2011年12月19日,美国联邦巡回上诉法院就《GPX国际轮胎公司和河北兴茂轮胎有限公司诉美国政府案》做出判决:在非市场经济条件下的政府财政援助不能被认为是补贴。

针对河北兴茂轮胎公司诉美国政府征反补贴税取得胜利一案，商务部表示，美方多年来对中国进行的反补贴调查既违反世贸规则，也没有美国法律依据，希望美方尽快纠正其在不承认中国市场经济地位情况下，对中国产品进行反补贴调查的错误做法。

而此前，在中美贸易纠纷中，中国企业却鲜有胜诉者。究其原因，作为应诉方之一的贵州轮胎股份有限公司董事会秘书李尚武认为，中国企业不团结，见到利益就争抢。一些中国企业是“内战内行，外战外行”——一提跟美国打官司就做缩头乌龟，而别人打赢官司了它们就“搭便车”。

但龚柏华认为，近年来在这方面有比较大的改观。在相关政府和行业协会的鼓励下，在专业律师的帮助下，越来越多的企业选择了应诉。因为不应诉就会失去市场。如果某一家涉案企业不应诉，它是很难“搭便车”的，因为它将被裁定为承担最高的关税；如果其他企业有胜诉的，这家企业将失去同行业产品的出口竞争能力。

梅新育认为，美国的贸易保护无形中对中国企业起了“筛选”作用，在贸易战中胜诉的中国企业潜力更大，管理者更强，投资者应对这些企业加大投资。

相对于美国的工会和行业协会对产业的周密保护，我国的行业协会也亟待改革。

龚柏华说，中国行业协会的机制一定要改，行业协会一定要代表协会成员的利益，将工作做在前面。目前，相当一部分行业协会的领导人是政府退下来的官员，这在客观上很难真正做到为成员企业的利益服务。因此，行业协会领导人专业化、推举产生是行业协会改革的方向。

世界贸易组织规则允许用反倾销、反补贴等贸易救济措施来应对不公平贸易做法。龚柏华建议，针对国外的产品在中国市场上的倾销行为和补贴做法，中国政府可以采用反倾销和反补贴税措施来应对。他说，中国政府在应用贸易救济措施方面还处于提高完善过程中，特别是在程序公正和透明度方面，还可做得更规范一些，避免给外方留下攻击的靶子。

（资料来源：《中国如何应对美国贸易保护升级》，《中国青年报》，2012 年 2 月 10 日。）

第二节　国际贸易体制

一、关税与贸易总协定

关税与贸易总协定（GATT，中文简称关贸总协定），是由美国等 23 个国家于 1947 年在日内瓦签订，并从 1948 年 1 月 1 日正式生效的一项多边国际条约。总协定确定的目标是：实现国际贸易自由化，逐步降低关税并消除各种非关税壁垒，以提高各国的生活水平，保证实现收入和有效需求的巨大持续增长，扩大世界资源的充分利用以及发展商品的生产与交换。

（一）宗旨

缔约国“认为在处理它们的贸易和经济事物关系方面，应以提高生活水平、保证充分就业、保证实际收入和有效需求的巨大增长，扩大世界资源的充分利用以及发展商品的生产与交换为目的”。

（二）基本原则

（1）自由竞争原则。以市场经济为基础，自由竞争为基本原则，价格取决于市场供求关系，积极主张自由贸易，开放门户。

（2）互惠原则或对等原则。贸易关税减让要有给有取，互惠互利，对发达国家是总体减让对等。发达国家在做出贸易减让时，不应期待发展中国家给予对等的回报。

（3）非歧视原则。它包括无条件的最惠国待遇和国民待遇。

（4）关税为唯一的保护手段。GATT 允许对国内工业进行保护，但只能利用关税进行保护，不可采用非关税壁垒的办法。

（5）贸易壁垒递减原则。主要采取关税减让的办法。缔约方之间相互约束部分或全部产品的关税税率，三年内不许提升。三年后如果提升还要同当初进行对等减让谈判的国家协商，用其他产品的相当水平的减税来补偿提升关税所造成的损失。

（6）公平贸易原则。主要是指反对倾销和反对出口补贴。

（7）一般禁止数量限制原则。一般来说，实行进出口数量限制都是违反总协定基本原则的。但是，在某些例外情况下，允许的数量限制必须遵循非歧视原则。

（8）透明度原则。也就是贸易政策法规的全国统一实施和透明。

（三）组织机构

1. 缔约方全体大会

缔约方全体大会是 GATT 的最高权力机构，权力包括：立法权；有权对总协定条款做出权威性解释，所有的某些解释可构成惯例；有权批准总协定各委员会、工作组、专家组提出的建议与报告；有权经一定方式解除某缔约方所应承担的某项义务；有权批准非 GATT 成员方所提出的要求，取得总协定的观察员地位。此外，还应某些缔约方的请求对它们之间所发生的争议、它们的贸易政策是否与总协定条款规定相一致等问题做出裁决。在一般情况下，每年召开一次缔约方全体大会审议并决定一些重大问题。

2. GATT 代表理事会

代表理事会是 GATT 的重要机构，由缔约方在日内瓦的常驻代表所组成。从总协定的法律及组织机构看，理事会既是缔约方全体大会闭会期间的常设组织，也是缔约方全体的一个执行机关。理事会采取协商一致的方式做出的决定完全有可能为缔约方全体所确认。

代表理事会下设专门委员会等机构，例如关税减让委员会、关税估价委员会、反倾销委员会、政府采购委员会、民用航空器委员会、输入许可证委员会、技术性贸易壁垒委员会、国际奶制品委员会、国际肉食品委员会、纺织品委员会、国际收支限制委员会、财政预算委员会等。贸易和开发委员会直属缔约方全体，贸易和开发委员会下还设立保障措施委员会。理事会的主要职能有：

（1）理事会有权在缔约方大会闭会后继续讨论所有尚未做出决议的问题，并对闭会期间所发生的任何紧急情况加以审议；

(2) 有权对总协定各个委员会、工作组和其他附属机构的工作进行监督,审查它们的工作报告,并酌情向缔约方全体提出对某项事务的处理意见;

(3) 负责筹备一年一度的缔约方大会;

(4) 有权根据需要成立附属机构并决定其职权范围。

3. GATT 秘书处

GATT 秘书处设在日内瓦,大约有 400 人。秘书处为 GATT 的常设机构,为关税和贸易谈判提供服务,并对发展中国家提供技术援助。GATT 预算大约为 9 290 万瑞士法郎,由缔约方按其占世界商品贸易中的份额比例交纳。

总干事是 GATT 中的最高行政官员。总干事的职权有:

(1) 最大限度地向各缔约方施加影响,要求它们遵守总协定的规则,但是只能采用建议而不是命令的方式;

(2) 协助缔约方解决它们之间发生的争端,协助缔约方进行磋商和非正式谈判,以消除分歧,促使各方协商解决问题;

(3) 有责任对现实问题做深入研究,为总协定及各缔约方实现其目标指引最佳道路,向缔约方提出实现其利益的最优方式的建议;

(4) 担任总协定的某些委员会或组织机构的主席,如总协定贸易谈判委员会的主席历来由总干事担任,应十八国咨询集团的请求也可担任该集团的主席;

(5) 负责总协定秘书处的工作,管理预算和所有与缔约方有关的行政事务。

4. GATT 部长级会议

GATT 在召开讨论有关重大国际贸易问题时,往往召开缔约方部长一级的会议。这是加强 GATT 体制作用的重要环节,其宗旨是协调缔约方及缔约方间的贸易政策,使部长们具体了解各国对总协定应承担的义务,要充分考虑国内商业政策及立法如何适应 GATT 各项规则的要求,使各缔约方政府能切实承担遵守总协定义务的责任,并通过讨论解决重大的国际贸易问题。

(四) GATT 的积极作用与局限性

1. GATT 的积极作用

(1) 总协定制定了国际贸易活动的“行为准则”,使国际贸易行为规范化、国际市场秩序化。

一是 23 个创始缔约国在 1947 年所建立的《GATT》,初步而全面地确定了战后国际贸易应当遵循的基本原则。

二是由总协定所主持的战后八轮多边国际贸易谈判,通过了一系列协议,这些协议又进一步地规范了国际贸易行为。在前六轮谈判中,各缔约国集中地讨论关税减让问题,达成双边和多边关税减让协议数百项。在第六轮的肯尼迪回合谈判中,还达成了反倾销协议,并在总协定中增加了关于发展中国家成员国的特殊要求和发达国家应当承诺的义务的有关条款。这些条款构成总协定的第四部分内容,使总协定的内容更加完整。这些条款的重要补充,使国际贸易行为朝合理化方向迈出了重大步伐。在第七轮东京回合谈判中,除了签订了一系列关税减让协议外,还突出地表现在签订了六项反对非关税壁垒的协议。此外,还通过了给广大发展中国家更多和具体的贸易优惠待遇的“保障条款”。在乌拉圭回合谈判中,涉及的内容更加广泛。协议除了关税递减和非关税壁垒外,还将包括过去历次谈判中从未涉及过的议题,如农产品贸易、知识产权、与贸易有关的投资问题等,最突出的是关于服务贸易的协议。这一协议确定了服务贸易的基本框架,清除服务贸易领域中的各种障碍,逐步实现服务贸易的多边自由化。

(2) GATT 通过大幅度地削减关税和限制非关税壁垒,奠定了国际自由贸易的基础。

一是大幅度地削减关税。在第一轮谈判中,23 个参加国家达成双边关税减让协议 123 项,涉及商品税目 45 000 项,使应征税进口值 54% 的商品平均降低关税 35%,涉及 100 亿美元的贸易额。在第二轮谈判中,33 个参加国家达成双边减税协议 147 项,涉及关税减让 5 000 项,使应征税进口值 5.6% 的商品平均降低关税 35%。在第三轮谈判中,39 个参加国家达成双边减税协议 150 项,涉及关税减让 8 700 项,使应征税进口值 11.7% 的商品平均降低关税 26%。在第四轮谈判中,28 个参加国,使应征税进口值 16% 的商品平均降低关税 15%,涉及 25 亿美元的贸易额。在第五轮谈判中,45 个参加国家,使应征税进口值 20% 的商品平均降低关税 20%,涉及 43 亿美元的贸易额。在第六轮谈判中,54 个参加国家使工业品的进口关税下降 35%,涉及贸易额 400 亿美元。在第七轮东京回合谈判中,99 个参加国家采取了一揽子办法,按照一定的公式,使关税水平降低 30% 左右。通过这七轮谈判,发达国家的平均关税税率已从 1948 年的 36%,减低到 20 世纪 80 年代的 5%,发展中国家的平均关税税率也在同期下降到 13% 左右。在第八轮乌拉圭回合谈判中,达成内容广泛的协议共 45 个,减税商品涉及贸易额高达 1.2 万亿美元,减税幅度近 40%,近 20 个产品部门实行了零关税,发达国家平均税率由 6.4% 降为 4%,农产品非关税措施全部关税化。

二是积极地限制各种非关税壁垒。在第七轮东京回合谈判中,非关税壁垒成为重要的谈判议题,并最终达成了六个限制非关税壁垒的协议。这些协议是《海关估价协议》、《进口许可证手续协议》、《技术性贸易壁垒协议》、《补贴和反补贴协议》、《反倾销守则》和《政府采购协议》。在最新一轮乌拉圭回合谈判中,非关税壁垒得到了更高程度的重视,可望达成一系列新的协议。

三是反对各国政府制定外贸政策方面的“内部规定”,增强国际贸易的透明度。总协定明确地要求各国政府要增强对外贸易的透明度。为了实现外贸的透明度,GATT 定期汇总世界各国的贸易统计和投资数据,并向各缔约国公布。GATT 秘书处定期出版国际贸易方面的刊物、专题研究资料。其主要的出版刊物有《国际贸易》、《论坛》(季刊)、《出口促进技术手册》、《市场研究》,此外还不定期出版一些专家撰写的专题报告。这些刊物和资料的出版有利于各国对世界贸易情况的了解。

(3) 充当国际“商务法庭”,发挥贸易仲裁作用。

总协定运用它的调解、仲裁机构有效地解决了众多的国际贸易纠纷。虽然总协定所做出的裁决不可能像法院那样具有权威性,但仍具有一种道义上的约束力。因为,任何一国都不愿因违反总协定而受到缔约国全体的公开谴责。由此,GATT 事实上起到了国际“商务法庭”的作用。总协定的这一作用,对于处于发展中的经济小国来说,具有重要的意义。当与经济大国发生贸易争端时,它们借助总协定的争端解决程序,可以取得有共同利益的其他国家的支持,从而加强自己的谈判地位,通过多边渠道促成双边问题的解决。东京回合谈判以后,总协定的争端解决程序又有进一步的改进和发展,对缩短争端解决的时间做出了明确规定,缔约各国还承诺要特别注意发展中缔约国的特殊问题和特殊利益。

(4) 推动发展中国家的经济发展。

总协定为广大发展中国家提供了一系列优惠,从而为推动发展中国家的贸易发展和经济发展起到了一定的作用。在总协定设立之初,发展中国家处于无权的地位。但是随着形势的发展,越来越多的发展中国家加入了 GATT,并积极参与了总协定的各项活动,在可能的范围内运用有关规定,努力扩大自己的出口贸易。

2. GATT 的局限性

(1) GATT 在成立之初就是一个"临时协定"。1948 年 1 月 1 日生效后,逐步演变成一个越来越庞大的国际组织,但又不是正式的国际组织,只能算一个准国际组织。

(2) GATT 的许多规则不严密,执行起来有很大空隙,有些缺乏法律的约束力。一些国家按照各自的利益理解协定条文。总协定又缺乏必要的核查和监督手段。例如,总协定"用倾销手段将一国产品以低于正常价值的办法进入另一国国内市场,如因此对某一国领土内已建立的某项工业造成实质性损害或产生实质性威胁"的规定,实际执行起来很难界定。于是一些国家就用国内立法来征收倾销税,使其成为这些国家推行贸易保护主义的重要手段。后来东京回合谈判虽补充了有关的多边协议,但贸易保护主义浪潮迭起。

(3) GATT 中还存在着大量"灰色区域",有很多例外。某些缔约国违背 GATT 的原则,用国内立法和行政措施来对别国实行贸易歧视。它们利用"灰色区域",通过双边安排,强迫别国接受某些产品的出口限制的事屡见不鲜。由于 GATT 原则的例外过多,许多原则不能得到很好的贯彻实施。例外过多和滥用例外,已侵害到 GATT 的一些基本原则。尽管 GATT 在关税减让方面成绩显著,但由于总协定中存在着漏洞,许多缔约国便绕开关税采用非关税壁垒。尽管规定了一般取消数量限制,但由于例外,数量限制仍是贸易保护主义的主要手段。

(4) 解决纠纷常常无法议决,难以取得实际成效。GATT 在解决国际经济贸易纠纷上,起到了不小的作用,但 GATT 解决国际经济贸易纠纷的主要手段是协商,最后是缔约方的联合行动。至今没有具有法律约束性的强制手段,这就使许多重大国际贸易争端无法解决。

二、世界贸易组织

1994 年 4 月 15 日在摩洛哥的马拉喀什市举行的 GATT 乌拉圭回合部长会议决定成立更具全球性的世界贸易组织(简称"世界贸易组织",World Trade Organization,WTO),以取代成立于 1947 年的 GATT。

世界贸易组织是一个独立于联合国的永久性国际组织。1995 年 1 月 1 日正式开始运作,负责管理世界经济和贸易秩序,总部设在瑞士日内瓦莱蒙湖畔。1996 年 1 月 1 日,它正式取代 GATT 临时机构。世界贸易组织是具有法人地位的国际组织,在调解成员争端方面具有更高的权威性。与 GATT 相比,世界贸易组织涵盖货物贸易、服务贸易以及知识产权贸易,而 GATT 只适用于商品货物贸易。

(一)世界贸易组织的宗旨

在 GATT 乌拉圭回合谈判达成的《建立世界贸易组织协议》中明确规定,世界贸易组织的宗旨和目标是:世界贸易组织全体成员在处理贸易和经济领域的关系时,应以提高生活水平、保证充分就业、大幅度和稳定地增加实际收入和有效需求、持久地开发和合理利用世界资源、拓展货物和服务的生产贸易为目的,努力保护和维持环境,并通过与各国的不同经济发展水平相适应的方式来加强环保。由此可见,世界贸易组织的目标是建立一个完整的,包括货物、服务、与贸易有关的投资及知识产权等更具活力、更持久的多边贸易体系,以包容 GATT 贸易自由化的成果和乌拉圭回合多边贸易谈判的所有成果。

为了有效地实现上述宗旨和目标,世界贸易组织规定各成员应通过互惠互利的安排,大幅度地降低关税,减少非关税壁垒,消除在国际贸易交往中的歧视性待遇,对发展中国家给予特殊和差别待遇,扩大市场准入程度及提高贸易政策和法规的透明度,以及实施通知与审议等原则。

(二)世界贸易组织的主要职能

根据《建立世界贸易组织协议》的规定,世界贸易组织的职能有:

(1)负责多边贸易协议的实施、管理和运作,促进世界贸易组织目标的实现,同时为诸边贸易协议的实施、管理和运作提供框架;

(2)为各成员就多边贸易关系进行谈判和贸易部长会议提供场所,并提供实施谈判结果的框架;

(3)通过争端解决机制,解决成员之间可能产生的贸易争端;

(4)运用贸易政策审议机制,定期审议成员的贸易政策及其对多边贸易体制运行所产生的影响;

(5)通过与其他国际经济组织(如国际货币基金组织、世界银行及其附属机构等)的合作和政策协调,实现全球经济决策的更大一致性;

(6)对发展中国家和最不发达国家提供技术援助及培训。

(三)世界贸易组织的组织机构

世界贸易组织的各项职能均由其所属的组织机构实现。世界贸易组织的主要机构是部长级会议及其下设的总理事会和秘书处。其中,总理事会的工作得到货物贸易理事会、服务贸易理事会和知识产权理事会三个理事会和贸易与环境委员会、贸易与发展委员会、区域贸易协议委员会、收支平衡委员会和预算、财务与管理委员会五个专门委员会的协助。

世界贸易组织的组织机构图如图 5-1 所示。

1. 部长级会议

根据世界贸易组织《马拉喀什协议》第四条的规定,世界贸易组织的最高决策权力机构是部长级会议(The Ministerial Conference)。部长级会议由世界贸易组织所有成员方主管外经贸的部长、副部长级官员或其全权代表组成。部长级会议负责履行世界贸易组织的职责,采取必要的措施,并可为此采取必要的措施,可对多边贸易协议的所有事务做出

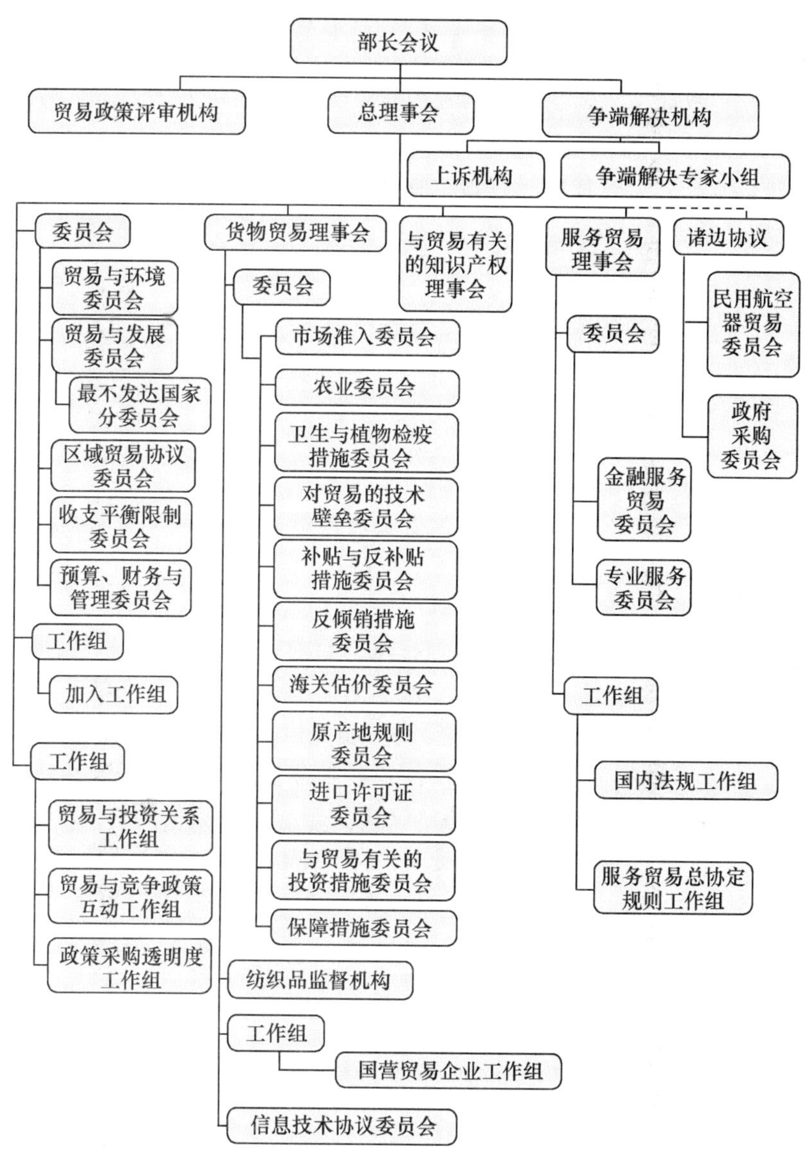

图 5-1 世界贸易组织的组织机构图

决定。部长级会议至少每两年举行一次会议。

部长级会议主要有立法权、裁决权和审批权。从法律的角度来讲,只有世界贸易组织的部长级会议才有权对其协议、协定等做出必要的修改和权威性解释;部长级会议有权对其成员之间发生的争议或其贸易政策是否与世界贸易组织相一致等问题做出裁决,并有权豁免某一个成员在特定情况下的义务;部长级会议审批非世界贸易组织成员方所提出的取得世界贸易组织观察员资格的申请。

2. 总理事会

在部长级会议休会期间,由总理事会(The General Council)履行部长级会议的职能。总理事会由各成员方的代表组成,负责世界贸易组织的日常事务。总理事会定期举行会议,通常每两个月一次。在部长级会议休会期间,总理事会代表部长级会议处理有关部门事务并向其直接报告。

在审议成员方之间的诉讼和采取必要的措施解决它们之间的争端时,总理事会作为争端解决机构召开会议,履行其根据《争端解决谅解》所赋予的争端解决机构的职能。该机构也有自己的主席和程序规则。总理事会还负责根据世界贸易组织秘书处准备的报告,就各国的贸易政策进行审议。另外,总理事会还可视情况需要随时开会,自行拟定议事规则和议程。

总理事会的工作得到几个理事会和专门委员会的协助。

3. 理事会

总理事会的附属机构,共有货物贸易、服务贸易、知识产权三个理事会(Council)。各理事会由所有成员方的代表组成。一般来讲,每一理事会每年至少召开八次会议。各理事会负责处理各自领域内的事项。

货物贸易理事会(Council for Trade)主要负责监督 1994 年 GATT 及其附属协议的实施与运作,这些协议包括《GATT》及有关《争端解决谅解》和世界贸易组织《马拉喀什协议》附件中的 12 个其他协议。

服务贸易理事会(Council for Trade in Service)目前下设四个附属机构,即金融服务委员会、专业服务委员会、国内法规工作组和服务贸易总协定规则工作组。服务贸易理事会的主要职能包括负责《服务贸易总协定》及其相关协定、决定、宣言以及谅解协定的执行和实施工作,根据《服务贸易总协定》授权开展服务贸易市场准入谈判和多边规则谈判;日常工作主要包括最惠国待遇例外的审议、《关于空运服务的附件》的审议、《电信会计费率谅解》的审议及对《服务贸易总协定》条款的技术性审议问题进行讨论。

知识产权理事会 (Council for TRIPs)主要负责知识产权协定的运作。具体来讲,除了争端解决职能由争端解决机构履行外,知识产权理事会负责监督与贸易相关的知识产权协议的运作及履行由总理事会赋予的其他职责。

4. 专门委员会

部长级会议下设专门委员会(Committee),以处理特定的贸易及其他有关事宜。目前,已设立的专门委员会如下:

贸易与环境委员会(Committee on Trade and Environment)主要负责处理有关贸易与环境方面的事务。

贸易与发展委员会(Committee on Trade and Development)主要负责定期审议多边贸易协议中有关优惠最不发达成员方的特别规定及执行情况,并就此向总理事会提出报告,以便采取适当行动,促进发展中成员方的贸易发展。

区域贸易协议委员会(Committee on Regional Trade Agreements)负责统一处理原来由 24 个专门处理区域贸易问题的工作组的工作,并使世界贸易组织内有专门处理区域贸易问题的新论坛。

收支平衡委员会(Committee on Balance-of-payments Restrictions)主要负责处理由于国际收支原因而采取贸易限制措施的有关事宜。

预算、财务与管理委员会(Committee on Budget, Finance and Administration)主要负责

审议总干事提出的世界贸易组织的年度预算和财务报告，并就此向总理事会提出建议，将这些报告报总理事会审批；同时，负责向总理事会提出财务规则的建议。

这些委员会执行世界贸易组织协议及多边贸易协议所赋予的职能，以及总理事会赋予的额外职能。所有成员方代表都有权参加上述委员会。

5. 秘书处和总干事

世界贸易组织设立秘书处（The Secretariat）负责日常工作。秘书处由一位总干事（The Director General）领导，另有三位副总干事协助总干事工作。总干事由部长级会议任命，其权力、职责、服务条件和任期由部长级会议通过规则予以确定；副总干事由总干事经与成员磋商后任命。总干事有权任命其下属工作人员。在履行职务中，总干事和秘书处工作人员不得寻求和接受任何政府或世界贸易组织以外任何组织的指示，各成员方也应尊重他们职责的国际性，不得寻求有碍其履行职责的影响。

6. 争端解决机构

争端解决机构（Dispute Settlement Body，DSB）是世界贸易组织部长级会议的一个常设机构，负责处理世界贸易组织成员方之间的贸易争端。争端解决机构可以根据需要建立自己的程序规则，设立自己的主席。争端解决机构通过争端解决专家小组（Dispute Settlement Panels）和上诉机构（Appellate Body）来处理争端。

7. 贸易政策审议机构

贸易政策审议机构（Trade Policy Review Body）是世界贸易组织部长级会议的一个重要机构，主要负责对成员方的贸易政策进行综合性定期检查，目的是增加贸易政策与措施的透明度。

（四）世界贸易组织的基本原则

1. 非歧视贸易原则

根据 GATT 第 1 条，缔约方必须相互给予最惠国待遇；根据 GATT 第 3 条，缔约方必须相互给予国民待遇。最惠国待遇条款和国民待遇条款是非歧视性贸易原则的保证。

所谓最惠国待遇，是指一成员给予其他成员的产品、服务和人员的优惠待遇，应该立即扩展到所有成员。如果一方成员与另一方成员进行了贸易壁垒减让谈判，那么谈判结果应适用于所有成员。这是近代文明的体现，也是现实世界的准则。最惠国待遇原则可以保证各国间非歧视地开展贸易，从而实现世界贸易组织的宗旨。所谓国民待遇，是指一成员给予本国的产品、企业、服务和人员的优惠待遇，也应给予另一方成员。具体来说，一成员给予其他成员的贸易等方面的待遇，不能低于本国的相同待遇。

非歧视性贸易原则除体现在 GATT 最惠国待遇条款和国民待遇条款中以外，还体现在其他一些协议条款中，如原产地协议、装船前检查协议、与贸易有关的投资措施协议、卫生及动植物检疫措施协议、服务贸易总协定、与贸易有关的知识产权协议，等等。可见，它是一项基础广泛的贸易原则。

非歧视性贸易原则有一些例外，比如，关税同盟和自由贸易区，边境贸易的优惠规定，沿海贸易与内河航行，沿河捕鱼和武器进口，文化类产品的出口限制，等等，这些不适用最惠国待遇原则；再如，沿海航行和领海捕鱼，购买不动产，服务贸易总协定中针对特定国家的豁免，等等，这些不适用国民待遇原则。

2. 透明度原则

透明度原则的基本含义是:缔约方应及时公布所制定和实施的贸易措施及其变化情况(如修改、增补或废除等),实施有关法律、法规和判决时应坚持公正、合理、统一的原则,公正和合理就是要求成员对法律、法规的实施实行非歧视原则,统一就是要求在成员领土范围内管理贸易的有关法规不应有差别待遇,同时缔约一方政府或政府机构与另一缔约方政府或机构之间缔约的影响国际贸易政策的现行规定也必须公布。

3. 自由贸易原则

自由贸易原则的基本含义是:缔约方以互惠互利为基础,通过多边贸易谈判,实质性削减关税和减少非关税壁垒,扩大缔约方之间的货物和服务贸易,由此促进国际贸易的发展。自由贸易原则包含五个要点:

(1) 以共同规则为基础。缔约方根据世界贸易组织的协定,有规则地实行自由贸易化。

(2) 以多边谈判为手段。缔约方通过参加多边贸易谈判,并根据在谈判中做出的承诺,逐步推进贸易自由化。货物贸易方面体现在逐步削减关税和减少非关税贸易壁垒,服务贸易方面则更多地体现在不断增加开放的服务部门,减少对服务提供方式的限制。

(3) 以争端解决为保障。世界贸易组织的争端解决机制具有强制性,如某缔约方被诉违反承诺并经争端解决机制裁决败诉,该缔约方就应执行有关裁决,否则,世界贸易组织可以授权申诉方采取贸易报复措施。

(4) 以贸易救济措施为“安全阀”。缔约方可以通过援用有关例外条款或采取保障措施等贸易救济措施,消除或减轻贸易自由化带来的负面影响。

(5) 以过渡期方式体现差别待遇。世界贸易组织承认不同成员之间经济发展水平的差异,允许发展中成员履行义务有更长的过渡期。

4. 公平竞争原则

公平竞争原则的基本含义是:缔约方应避免采取扭曲市场竞争的措施,纠正不公平贸易行为,在货物贸易、服务贸易和与贸易有关的知识产权领域,创造和维护公开、公平、公正的市场环境。

公平竞争原则包含三个要点:

(1) 公平竞争原则体现在货物贸易领域、服务贸易领域和与贸易有关的知识产权领域;

(2) 公平竞争原则既涉及缔约方的政府行为,也涉及缔约方的企业行为;

(3) 公平竞争原则要求缔约方维护产品、服务或贸易提供者在本国市场的公平竞争,不论他们来自本国或其他任何缔约方。

5. 磋商调解原则

磋商调解原则的基本含义是:一旦缔约方之间产生矛盾和争端,首先应在世界贸易组织范围内进行磋商,以求双方的矛盾能够在平和的气氛下解决,如果磋商不能解决问题,可以根据任何一方的要求成立专家组进行调查,并由专家组向代表理事会提出报告和裁决建议,交理事会通过,败诉方必须执行调查的建议,如败诉方拒不执行有关决议,理事会可授权胜诉方进行报复。

6. 对发展中国家的特殊待遇原则

对发展中国家的特殊待遇原则的基本含义是:世界贸易组织考虑到发展中国家的具体情况,允许发展中国家在执行世界贸易组织基本原则时有一些特殊例外。例如,允许发展中国家对本国幼稚工业通过提高关税、实行许可证等手段进行保护;允许发展中国家的关税制度有更大的弹性;允许发展中国家在一定范围内进行出口补贴;允许发展中国家享受普惠制待遇等。

(五) 世界贸易组织贸易争端解决机制

乌拉圭回合《关于争端解决规则与程序的谅解》是对四十多年来在 GATT 框架内形成的争端解决安排的全面修改和更新。该谅解规定了适用于乌拉圭回合各项协议下可能产生的争端的一套统一规则,涉及 GATT、《世界贸易组织协议》本身及其后所附全部货物贸易协议、GATS 和《TRIPS 协定》。新规则保留了 GATT 体制中的核心内容,但更为详细。

1. 基本原则

世界贸易组织争端解决体制为多边贸易体制提供可靠性和可预见性。这一机制用于保护该谅解适用协议所规定的权利和义务,并澄清这些权利与义务。争端解决机制的目的是保证积极的、在可能情况下共同接受的争端解决办法。最好的解决办法是撤销不符合《世界贸易组织协议》的措施,如果不能撤销便应提供补偿。人们不希望看到实施报复,就是受到损害的国家在得到授权后,针对另一成员暂停实施贸易减让或履行义务。

另一套重要原则包含在该谅解的第 23 条中,该条禁止世界贸易组织成员针对其认为违反义务或导致《世界贸易组织协议》规定的任何利益丧失或减损而采取的单边行动,而要求成员使用世界贸易组织争端解决程序来解决与这些问题有关的争端。特别是在没有确定已经发生违反义务和利益丧失或减损的情况,除非依照已经获得通过的专家组和上诉机构的裁决,并且遵照谅解中规定的履行专家组建议的合理期限和进行报复的规定。

2. 机构

世界贸易组织争端解决机制由争端解决机构(简称 DSB)负责监督。DSB 组织是世界贸易组织总理事会以不同名义召开的会议。DSB 主席通常与总理事会主席不是一个人。DSB 有权成立专家组,监督裁决和建议的执行。

第二个机构是设立专家组审议特殊事项。专家组由 DSB 设立,承担一项具体的任务,任务完成后解散。专家组成员是"完全合格的政府和/或非政府个人"。专家不能从涉及审议的争端国家中选择,且如果争端涉及一个发展中国家,该国家可以要求专家组成员至少有一名来自发展中国家的专家。秘书处负责任命专家组成员。专家组应该按照在文件中提交的 DSB 处理的事项,并调查以协助 DSB 提出该协议所规定的建议或裁决。专家组要评估案件的事实及有关协议实施的程度,最终形成双方满意的解决办法。

第三个机构是全新的上诉机构。该谅解规定争端各方有权对专家组报告进行上诉,但仅限于专家组报告中有关法律问题和专家组详述的法律解释。上诉案件由上诉机构 7 名成员中的 3 名进行审议。上诉机构可以维持、修改或撤销专家组的法律调查结论,上诉机构的报告一旦经 DSB 通过,争端各方就必须无条件接受。上诉机构由 DSB 设立,由具有“公认权威,并在法律、国际贸易和各适用协议所涉事项方面具有公认专门知识的人员”组成,这些人员“不附属于任何政府”,并在世界贸易组织成员中具有广泛代表性。成员任期4年,但为了扩大在成员间的轮换,最初任命的3名成员的任期只有2年。最初7名成员的任命始于1995年11月。上诉机构有自己的工作人员,其秘书处在机构上区别于世界贸易组织秘书处。

3. 争端解决程序

(1) 磋商。根据《争端解决规则和程序谅解》的规定,争端当事方应当首先采取磋商方式解决贸易纠纷。磋商要通知争端解决机构。磋商是秘密进行的,是给予争端各方能够自行解决问题的一个机会。

(2) 成立专家小组。如果有关成员在10天内对磋商置之不理或在60天后未获解决,受损害的一方可要求争端解决机构成立专家小组。专家小组一般由3人组成,依当事人的请求,对争端案件进行审查,听取双方陈述,调查分析事实,提出调查结果,帮助争端解决机构做出建议或裁决。专家组成立后一般应在6个月内向争端各方提交终期报告,在紧急情况下,终期报告的时间将缩短为3个月。

(3) 通过专家组报告。争端解决机构在接到专家组报告后20—60天内研究通过,除非当事方决定上诉,或经协商一致反对通过这一报告。

(4) 上诉机构审议。专家小组的终期报告公布后,争端各方均有上诉的机会。上诉由争端解决机构设立的常设上诉机构受理。上诉机构可以维持、修正、撤销专家小组的裁决结论,并向争端解决机构提交审议报告。

(5) 争端解决机构裁决。争端解决机构应在上诉机构的报告向世界贸易组织成员散发后的30天内通过该报告,一经采纳,则争端各方必须无条件接受。

(6) 执行和监督。争端解决机构监督裁决和建议的执行情况。如果违背义务的一方未能履行建议并拒绝提供补偿,受侵害的一方可以要求争端解决机构授权采取报复措施,中止协议项下的减让或其他义务。

相关案例　**中国入世十年历经30场诉讼涉21项争端**

2001年12月11日,我国正式加入世界贸易组织,成为其第143个成员。到今年12月11日,满十年。加入世界贸易组织十年后的今天,中国已成为全球第二大进口国、第一大出口国。

在令世人瞩目的对外贸易成就背后,是中国法治的完善和进步给予的强力支撑。十年间,我国积极履行入世承诺进行大规模法律法规清理修改工作,将世界贸易组织规则转化为国内法;修改完善贸易救济立法,构建产业安全保护机制;应对国际上的贸易保护主义,全面运用世界贸易组织贸易救济措施……

入世,不仅助推了中国改革开放的进程,而且深刻影响了中国的立法、司法,推动了法治政府建设,丰富了法学教育和法学研究内容。

自2001年12月11日加入世界贸易组织至今的10年间,中国作为争端方参与了世界贸易组织30起案件,涉21项争端。其中,在8起案件中作为起诉方,涉及8项争端;在

22 起案件中作为被诉方,涉及 13 项争端。

据世界贸易组织统计,美国是中国诉讼的主要目标,占了中国 8 起起诉案件中的 6 起,欧盟占 2 起。在中国被诉案件中,美国发起 11 起,欧盟 5 起,墨西哥 3 起,加拿大 2 起,危地马拉 1 起。

加入世界贸易组织 10 年来,中国通过世界贸易组织解决贸易争端,经历了从忐忑到逐步自信的过程。据商务部条约法律司司长李成钢介绍,为了应对中国加入世界贸易组织后日趋增多的贸易摩擦和争端,商务部专门设立了两个处负责案件的应对处理,并向世界贸易组织推荐了 17 名专家组成员,积极反映广大新兴经济体和发展中国家的贸易诉求。

“中国是能够采取负责任的态度在世界贸易组织框架内解决问题的。即便中国输了案子,也都能够认真地履行世界贸易组织裁决。而且,中国也已经学会通过世界贸易组织起诉其他国家。”这是美国助理贸易代表 Timothy P. Stratford 给中国的评价。

- 前六年“蜜月期”只有 3 起案件

在中国加入世界贸易组织初期长达 6 年的时间里,也即 2007 年以前,中国与其他国家的贸易纠纷诉诸世界贸易组织争端解决的不过 3 例。“‘入世’初期,中国对待世界贸易组织争端解决机制非常谨慎,原则上不会去主动当‘原告’”,复旦大学法学院教授、上海世界贸易组织事务咨询中心业务总监龚柏华告诉《法制日报》记者。龚柏华教授跟踪研究了中国入世十年来的每一起世界贸易组织争端解决案子。

中国加入世界贸易组织后,第一次利用世界贸易组织争端解决机制是中国以原告身份告美国。2002 年 3 月 26 日,与欧盟等世界贸易组织成员起诉美国的钢铁保障措施。但中国是在继欧盟、日本和韩国之后提出的磋商请求和设立专家组的请求,且指控事项与其他世界贸易组织成员几乎相同。龚柏华说:“这还算不上真正意义上的中国独立参与世界贸易组织争端解决机制,一定程度上有搭欧盟便车的成分。但不管如何,初战告捷有着提振信心的作用。”中国政法大学教授史晓丽也认为,“中国在这起案件中实际上还是在‘邯郸学步’或者‘搭便车’”,客观地说,当时的中国不仅缺乏参与世界贸易组织争端解决程序的经验,而且对于世界贸易组织规则本身的理解也是肤浅的。

中国再一次的“主动出击”,已经是五年后的事情了,直到 2007 年 9 月 14 日中国诉美铜版纸“双反”(反倾销、反补贴)措施战役的打响。

而在中国初入世界贸易组织的谨慎与青涩之外,以美国、欧盟为代表的世界贸易组织成员也似乎在着力于成就一个让中国感觉良好的“蜜月期”,它们也并不急于对中国发起世界贸易组织争端解决。龚柏华分析:“原因可能是,它们认为中国是在没有完全符合世界贸易组织体制要求的情况下加入世界贸易组织的,中国需要一个磨合期、过渡期,双方需要营造一个‘蜜月期’不吵架的气氛。”

中国当“被告”的第一案发生在 2004 年。美国发起了针对中国有关集成电路增值税退税措施不符合世界贸易组织规则的争端解决。中国最终答应修改相关文件,取消了集成电路免征增值税的规定。在龚柏华看来,这起诉讼以中方妥协让步为结局,反映出中国政府在那段时间希望“和为贵”的主导思想。

在中国加入世界贸易组织过渡期即将结束的 2006 年,美国、欧盟等已经按捺不住要正面对中国发起世界贸易组织争端解决，试图以此来解决它们认为双边协商解决不了的贸易问题。2006年3月，美国联合欧盟、加拿大，对中国有关进口汽车零部件关税措施发起世界贸易组织争端解决，此案也成为真正的对中国发起的世界贸易组织争端解决第一案。"这一案也让我们意识到，无论如何，世界贸易组织争端解决是回避不了的。"龚柏华说。

事实上，在此之前，中国其实也并未赋闲。中国在这一时期主要是以第三方的身份参与到其他世界贸易组织成员之间的案件中。根据史晓丽的统计，从加入世界贸易组织到2011年9月15日，中国以第三方身份参与的案件有78起。"其中，加入世界贸易组织后的前四年参与了55起，此后六年仅参与了23起"，史晓丽据此将入世后的头四年称为"中国的经验准备期"。

- 入世过渡期结束后诉讼激增

2007年，中国"入世"过渡期结束第一年，也是涉及中国的世界贸易组织争端解决案件爆发增长的一年。

仅仅这一年，世界贸易组织成员所提起的全部13起争端解决案件中，针对中国提起的就达4起，而中国自己提起的则有1起。有关中国作为当事方的案件占全年提起案件的近40%。

到2009年，世界贸易组织新发生案件则更是半数涉及中国，中国超越美国、欧盟成为当年世界贸易组织争端解决的主角，被学者称为"中国在世界贸易组织争端解决中的崛起年"。

学者分析，自2007年以后，中国涉及世界贸易组织争端案件呈井喷的原因，一方面在于美、欧等世界贸易组织成员对于走出过渡期的中国不再"克制"；另一方面，中国已经积累了一定的"实战"经验，具备了指控其他世界贸易组织成员的专业能力和人才。而更深层次的原因在于，中国对外贸易的迅速增长，让世界其他经济体不能不注意到中国"崛起"的影响。

自加入世界贸易组织之后，中国的货物出口继续大幅度增长，出口排名从2001年的世界第六位上升到2005年和2006年的第三位，2007年和2008年又上升到第二位，2009年和2010年则上升到世界第一位。10年间，中国的出口规模和进口规模分别增长了4.9倍和4.7倍；吸引外资7000多亿美元，世界500强企业中有480余家已在华开展业务。2010年，中国成为世界第二大进口国，货物贸易进口总量超过1.4万亿美元，占世界总贸易量的10%。

- 中国正在变得越来越专业

对于中国"入世"十年在学习和运用世界贸易组织争端解决机制中的总体表现，被业内尊称为"GATT/世界贸易组织之父"的美国乔治城大学(Georgetown University)法学教授、国际经济法研究所所长John H. Jackson并不吝惜自己的赞美之词："中国正在变得越来越专业，中国在世界贸易组织争端解决案件中的专业水平也在不断提高。"

在不断的磨砺当中，中国利用世界贸易组织争端解决机制处理与其他世界贸易组织成员的贸易争端的能力显著增强。2007年，中国第一次单独就美国的"双反"措施发起世界贸易组织争端解决，象征着中国政府自此开始，"对待世界贸易组织争端解决的态度更加趋于理性”。龚柏华说，“中国在针对美国的反倾销、反补贴措施案中，能够在上诉阶段峰回路转，取得体制性巨大胜利，这是中国政府利用世界贸易组织争端解决机制成熟的标志”。

从被动变主动，从忐忑到一定程度的自信，中国对待世界贸易组织争端解决机制的态度在近年来有了非常大的跨越。中国人民大学教授韩立余分析：“中国开始将贸易争端与政府决策、外交区分开来，而将其视为法律技术问题，并主动寻求在法律框架下的解决。中国的规则意识在增强，也逐渐认识到世界贸易组织争端解决机制对于维护我们自身权利的工具作用。”

以2010年发生的美国起诉中国电子支付系统案件为例，中国对这个案件的反应显示出其更加成熟和老道的心态。在美国将这个争端提交世界贸易组织之后，中国表示：这可能存在误解，中国并没有违反世界贸易组织。如果美国对此有疑问，我们可以在世界贸易组织框架内解决这一问题。

- 中国促成世界贸易组织规则开创性的解释

学会通过世界贸易组织解决贸易争端，中国在谋求自身的进步中也对世界贸易组织产生了影响。

“中国提出的有些指控，是世界贸易组织成员从未提出过的复杂问题，这促使世界贸易组织争端解决机构对相关世界贸易组织规则做出了开创性的解释，从而填补了世界贸易组织判例的空白。”史晓丽说。

中国诉美国对华某些产品反倾销和反补贴案，是GATT缔约方和世界贸易组织成员首次针对并用双重救济措施的合法性问题提出指控。上诉机构推翻了专家组做出的关于世界贸易组织《补贴与反补贴措施协定》第19.3条未规范双重救济问题的错误解释，裁定美国商务部对原产于中国的同一产品在征收反补贴税的同时，在未评估是否造成双重救济的情况下，又征收按非市场经济方法计算所得反倾销税的做法违反了其在《补贴与反补贴措施协定》第19.3条以及第10条和第32.1条中承担的义务。

中国诉欧共体对华紧固件产品反倾销措施案中，专家组和上诉机构一致认定，欧盟对华反倾销的“分别待遇”的做法违反了世界贸易组织《反倾销协定》第6.10条等条款的规定。这一裁决否定了欧盟长期以来对中国采取的这一做法。

- 世界贸易组织裁决在中国得到认真履行

对于不利于中国的裁决，中国也是坚决执行，并修改了与世界贸易组织规则不符的措施。

在中国汽车零部件进口措施案中，根据上诉机构的裁决，中国自2009年9月1日起废除了《构成整车特征的汽车零部件进口管理办法》，并修改了《汽车产业发展政策》中的相关规定。在中国影响知识产权保护和执行措施案中，根据专家组的裁决，中国修改了《著作权法》第四条以及《知识产权海关保护条例》第二十七条第三款。在中国影响某些出版和视听产品贸易权和分销服务措施案中，中国根据上诉机构裁决修改了《出版管理条例》和《音像制品管理条例》。这都表明“中国尊重国际法规则，维护世界贸易组织规则和争端解决机构的权威”，史晓丽说。

尽管如此，中国依然只是“刚刚从被动的初学者成长为具有一定经验的‘应用者’”，史晓丽认为,我们还需要在参与世界贸易组织争端解决机制方面做出改善。比如,进一步提高参与规则谈判的能力和水平,使中国从一个被动的规则接受者和执行者发展成为国际贸易政策和规则的制定者。效仿美国和日本,争取在世界贸易组织上诉机构中始终保有中国籍的成员,以体现中国作为国际贸易大国的作用。进一步发挥中国籍专家组成员在世界贸易组织案件中的作用,争取让更多的中国籍专家组成员有更多的机会参与案件的审理。在谨慎和克制的前提下,在更多的领域对其他世界贸易组织成员提出申诉。加入世界贸易组织十年来,国外对中国的对外贸易制度进行了全方位的阻击。而中国提起的八起申诉案件除一起是进口限制措施案外,其余均是针对货物贸易中的反倾销措施、反补贴措施和保障措施提出的,这反映出中国的对外反击能力还较为单一和狭窄。此外,还需加强世界贸易组织法律人才的储备。

(资料来源:《中国入世十年历经30场诉讼涉21项争端》,《法制日报》,2011年12月8日。)

本章提要

1. 对外贸易政策是一国政府为了实现保护本国市场、扩大商品或劳务出口、积累资本和技术等目的而制定的有关贸易方针、法规及措施。影响一国制定对外贸易政策的主要因素有经济发展水平和产品竞争能力、经济结构与产业结构、经济发展战略、国内经济状况、各种利益集团的力量对比、政府领导人的经济理论与贸易思想以及本国与他国的政治经济关系等。

2. 世界贸易组织(WTO)是国际贸易领域最大的国际经济组织,涉及当今国际贸易中的货物、服务、知识产权、投资措施等各个领域,它对世界各国的经济发展产生着非常重要的作用。世界贸易组织是由关税与贸易总协定(GATT)演化来的。

重要术语

国际贸易政策(Policy of International Trade)
自由贸易政策(Free Trade Policy)
保护贸易政策(Protected Trade Policy)
关税与贸易总协定(General Agreement on Tariff and Trade, GATT)
世界贸易组织(World Trade Organization, WTO)

本章思考题

1. 国际贸易的发展经历了哪几个阶段?
2. 试述资本主义自由竞争时期的自由贸易政策。
3. 请比较技术性贸易壁垒和社会壁垒。
4. 怎样认识GATT的积极作用与局限性?
5. 世界贸易组织有哪些基本原则?

进一步阅读资料和网络链接

1.〔美〕格罗斯罗、赫尔普曼著,李增刚译:《利益集团与贸易政策》,中国人民大学出版社 2005 年版。

2. 黄静波:《中国对外贸易政策改革》,广东人民出版社 2003 年版。

3. 王孝松:《美国对华贸易政策的决策机制和形成因素——基于贸易政策政治经济学的理论和经验研究》,北京大学出版社 2012 年版。

4. 曹建明、贺小勇:《世界贸易组织》,法律出版社 2011 年版。

5.〔南〕伊斯梅尔著,贺平、凌云志、邓云志、邓峥晖译:《改革世界贸易组织:多哈回合中的发展中成员》,上海人民出版社 2011 年版。

6. 石广生:《中国加入世界贸易组织谈判历程(中国加入世界贸易组织知识读本)》,人民出版社 2011 年版。

7. 海闻、P. 林德特、王新奎:《国际贸易》,格致出版社 2012 年版。

8. 唐海燕、毕玉江:《国际贸易学》,立信会计出版社 2011 年版。

9. 金泽虎:《国际贸易学》,中国人民大学出版社 2011 年版。

10. 世界贸易组织网站:http://www.wto.org/。

11. 中国世界贸易组织研究院网站:http://www.uibe.edu.cn/upload/up_wto/。

12. 中国国际经济贸易仲裁委员会网站:http://www.cietac.org.cn/。

13. 中华人民共和国商务部网站:http://www.mofcom.gov.cn/。

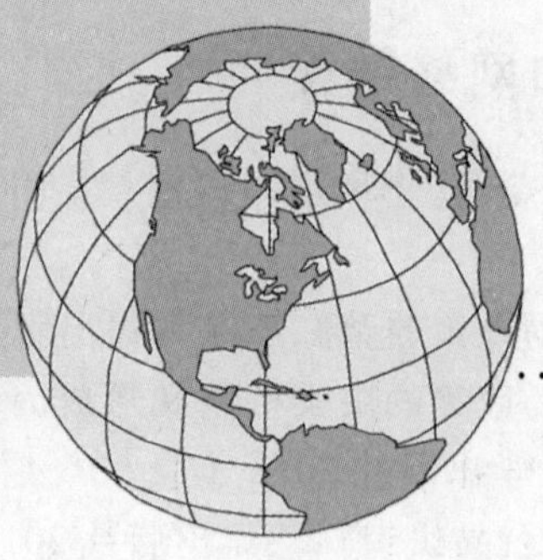

第六章

国际货币体系与金融全球化

【教学目的和要求】

1．通过本章的学习，了解和掌握布雷顿森林体系建立和瓦解的过程、原因，浮动汇率制度的发展以及国际货币体系的主要内容、演变过程及发展趋势。

2．通过本章的学习，了解和掌握金融全球化的动因、表现及其对世界经济产生的影响，金融全球化带来的金融风险，金融全球化与金融监管的关系。

【教学重点与难点】

1．布雷顿森林体系的主要内容。

2．金融全球化的表现及影响。

引导案例

蒙代尔:新国际货币体系 = 欧元 + 美元 + 人民币

9月28日,在国务院发展研究中心举行的"国际货币体系的创新与未来"座谈会上,有"欧元之父"之称的罗伯特·蒙代尔作了《国际货币体系要走向何方》的报告。他在会上勾画了未来理想的世界货币蓝图,呼吁世界建立新的国际货币体系,并主张由欧元、美元和人民币来主导这一体系。

- 中、美、欧可联手打造新的货币体系

座谈会上,蒙代尔对美国当前的货币政策提出了批评,他认为美国是在不断用错误的政策掩盖另一个错误的政策。在他看来,当前世界经济危机的根源在于各个国家之间汇率的剧烈波动,世界的未来在于建立新的国际货币体系,主要国家的货币之间建立起固定的汇率,为全球提供稳定的世界货币。

蒙代尔仔细回顾了世界货币的历史。他指出,1944年,布雷顿森林协议签署时,很多国家就提出了"世界货币"的概念。当时英国和美国都提出了自己的世界货币方案,但是美国后来出于政治原因转而反对,导致建立世界货币的方案最终没有通过。1967年,成立特别提款权(SDR)的方案通过,世界货币的雏形才开始显现。

蒙代尔在谈到他的理想货币体系时特别强调,汇率的稳定是保证这样一个体系有序运转的必要条件。他认为,在不同货币之间的汇率波动如此之大的情形下,要建立一个新的国际货币体系是不可能的。因此,需要确定世界主要货币之间的固定汇率。在世界诸多货币中,蒙代尔最看好欧元和美元,因为美国和欧洲相加可以占到全球GDP的40%。所以首先要确定欧元和美元之间的固定汇率,建立一个欧元、美元为主导的国际货币体系。同时,他对于将人民币吸纳进这样一个体系中保持积极乐观的态度。因为中国是世界第一大出口国,也是世界第二大经济体,并且中国始终实行和美元挂钩的汇率政策,在较长的时期对于美元保持了比较稳定的汇率,将中国吸纳到这个体系中来相对比较容易。当然,他没有将日本和俄罗斯拒之体系之外,同时表示要尊重它们自己的意愿。

他还指出,要创造一个欧元、美元加人民币作为主导货币的体系,需要中国同其他两大经济集团的货币政策协调一致。相对于欧洲和美国来讲,中国在支付收支平衡方面会有较大的顺差或者逆差,他希望中国可以在支付平衡方面做出一些调整。

蒙代尔设想,当美国、欧洲和中国组成了这个大的货币联盟体系后,可能会成立一个统一的央行,由这个央行制定货币政策,并设定一个理想的目标通货膨胀率,无论是1%、2%、3%还是0,但一定要设立这个标准,这样的话就能在这个体系内形成一个均衡的价格。

他认为,通过这样的方式,可以恢复非常健康的国际货币体系。如果就这种通行的国际货币达成共识的话,可以让国际货币基金组织的成员国都采用这样的货币。

- 建立国际货币新体系需要"和谐世界"

同时,蒙代尔也不无忧虑地表示,成立新的国际货币体系的过程中会碰到很多政治方面的障碍,首先需要各个国家具有共同的理念,其次这些国家要保持政治上的稳定,没有战乱。但创造欧元的成功经验仍然给了他足够的信心，他说，现在创造一个世界货币，就像在三四十年前一样，当时要创建欧洲统一货币，人们普遍认为不可能，但事实证明，后来还是建立起了统一的欧元区。与当年创造欧元的原理一样，创造了一种世界货币，也就是为180个国家甚至195个国家创造一种统一的货币。他认为，如果未来有一种统一的货币，拉丁美洲、非洲、亚洲一些比较贫困的国家将会从中获益。

如果存在一个世界政府的话，那么肯定就能创造出一种世界货币来。但在未来的几十年，甚至几个世纪都不可能出现统一的世界政府，那这样的货币体系怎么向前推进？蒙代尔给出了自己的答案：要建成这样一个国际货币体系，需要一个和谐的世界，就像胡锦涛倡导的和谐社会一样。蒙代尔重申了自己在《人与经济》这本书中提出的观点，在没有国际政府的前提下，需要建立一个国际论坛机制，来决定各个国家应该采取的路线和方针，每个国家根据共同认定的行动目标来采取行动。

蒙代尔坦言，从目前来看，建立世界政府只是个遥不可及的理想，但他也提到了一些有益的尝试，比如在应对全球气候变化等国际问题领域，已经建立起一种机制让各个国家在一起讨论共同的应对措施。可以想见，如果有足够多的国家对这样的国际货币合作有足够的兴趣，那未尝不可以建立类似的机制。

（资料来源：《蒙代尔：新国际货币体系 = 欧元 + 美元 + 人民币》，《中国经济时报》，2011年9月30日。）

第一节　国际货币体系

一、国际货币体系的演变

国际货币体系是各国政府为适应国际贸易与国际支付的需要，对货币在国际范围内发挥世界货币职能所确定的原则、采取的措施和建立的组织形式的总称。国际货币体系主要是为了保障国家贸易、世界经济稳定、有序地发展，使各国的资源得到有效的开发利用；通过建立汇率机制，防止循环的恶性贬值；为国际收支不平衡的调节提供有力手段和解决途径；促进各国的经济政策协调。国际货币体系主要包括：各国货币比价即汇率的确定、各国货币的兑换性以及国际结算的原则、国际收支的调节、国际储备资产的确定以及黄金外汇的流动与转移是否自由等。按照历史进程与发展特征可以将国际货币体系分为国际金本位制、布雷顿森林体系和牙买加体系。

（一）国际金本位制

金本位制是以黄金作为货币金属进行流通的货币制度。1816年，英国颁布了《金本位制度法案》，开始实行金本位制，促使黄金转化为世界货币，到19世纪末，资本主义各国已经普遍实行了这一货币制度。当不同国家使用金本位时，国家之间的汇率由它们各自货币的含金量之比来决定。历史上，曾有过三种形式的金本位制：金币本位制、金块本位制、金汇兑本位制。其中，金币本位制是最典型的形式，就狭义来说，金本位制即指金币本位制的货币制度。

金本位制的主要内容包括：

（1）用黄金来规定货币所代表的价值，每一货币都有法定的含金量，各国货币按其所含黄金的重量而有一定的比价。

（2）金币可以自由铸造，任何人都可按法定的含金量，自由地将金块交给国家造币厂铸造成金币，或以金币向造币厂换回相当的金块。

（3）金币是无限法偿的货币，具有无限制支付手段的权利。

（4）各国的货币储备是黄金，国际间结算也使用黄金，黄金可以自由输出或输入。

金本位制是相对稳定的货币制度，其币值的稳定便于计算产品成本、价格和利润，促进了资本主义生产和商品流通的发展；使债权债务的利益不受通货贬值的影响，促进了信用制度的发展。各国通货以黄金为基础，外汇行市相对稳定，黄金能自由发挥世界货币的职能，为国际贸易的顺利进行提供了前提条件。但随着资本主义社会固有矛盾的加深和世界市场的进一步形成，金币本位制的基础受到了严重威胁。第一次世界大战前夕，各国为了准备世界大战，加紧对黄金的掠夺，使金币自由铸造、价值符号与金币自由兑换受到严重削弱，黄金的输出入受到严格限制。第一次世界大战爆发后，各国军费开支猛烈增加，纷纷停止金币铸造和价值符号的兑换，禁止黄金输出入，从根本上破坏了金币本位制赖以存在的基础，导致了金币本位制的彻底崩溃。

（二）布雷顿森林体系

1944 年 7 月，在美国新罕布什尔州的布雷顿森林召开了由 44 个国家参加的国际货币金融会议，通过了以“怀特计划”为基础的《联合国家货币金融会议的最后决议书》以及《国际货币基金组织协定》和《国际复兴开发银行协定》两个附件，总称为《布雷顿森林协定》，由此产生的国际货币体系被称为布雷顿森林体系。

布雷顿森林体系的主要内容包括：

（1）美元与黄金直接挂钩。国际货币基金组织的成员国必须确认美国政府规定的 35 美元等于 1 盎司黄金的法定价格，并且协助美国政府维持黄金的官价水平。成员国官方随时可以官方价格向美国兑换黄金。

（2）各国货币与美元挂钩。规定各国货币与美元建立固定的比价关系。各国政府都应该规定本国货币的含金量，美国政府根据 35 美元等于 1 盎司[①]黄金的官价，规定每一美元的含金量为 0.888671 克黄金，其他各国根据各自货币含金量与美元含金量的对比确定对美元的法定汇价。

（3）可调整的固定汇率。各国货币对美元的波动幅度为平价上下各 1%，各国货币当局有义务在外汇市场上进行干预以保持汇率的稳定；只有当一国发生“根本性国际收支不平衡”时，才允许升值或贬值；当平价变动超过 10% 时，须经国际货币基金组织批准。

此外，把根据《国际货币基金组织协定》和《国际复兴开发银行协定》同时建立的国际货币基金组织和国际复兴开发银行（IBRD，以后发展为世界银行集团）以及 GATT（GATT，1995 年正式改组为世界贸易组织）这三个国际组织，称为战后世界经济的“三大

---

① 此处的盎司是指金衡盎司，1 金衡盎司 = 31.1035 克。

支柱”。

布雷顿森林体系使美元成为主要国际支付手段和国际储备货币，在布雷顿森林体系运行期间，世界经济增长迅速，全球贸易和国际资本流动也取得了很大的发展。尽管布雷顿森林体系对当时世界经济的发展起到了很大的促进作用，但随着时间的推移，该体系存在的问题也日益暴露出来。布雷顿森林体系是一种非对称性的国际货币体系，美元的双重身份和双挂钩是该体系的根本缺陷，其运行过程中必然会面临特里芬难题，世界上任何国家的货币如果充当国际储备货币，都会遇到同样的问题，这种内在制度缺陷造成了布雷顿森林体系的瓦解。20 世纪 50 年代开始，爆发过多次美元危机，1971 年 7 月第七次美元危机爆发，尼克松政府于 8 月 15 日宣布实行“新经济政策”，停止履行外国政府或中央银行可用美元向美国兑换黄金的义务，同年 12 月以《史密森协定》为标志，美元对黄金贬值，美联储拒绝向国外中央银行出售黄金，布雷顿森林体系的两大支柱之一美元与黄金挂钩开始崩溃；1973 年 3 月，联邦德国、法国等国家对美元实行“联合浮动”，彼此之间实行固定汇率，英国、意大利、爱尔兰实行单独浮动，暂不参加共同浮动，其他主要西方货币实行了对美元的浮动汇率。布雷顿森林体系的另一支柱固定汇率制度取消，至此布雷顿森林体系彻底瓦解。

（三）牙买加体系

布雷顿森林体系解体后，各国积极建立新的国际货币制度。1976 年 1 月，国际货币基金组织“国际货币制度临时委员会”在牙买加首都金斯顿召开会议，就若干重大的国际金融问题达成协议，即《牙买加协议》，以此为基础形成的国际货币制度为“牙买加体系”。

牙买加体系的主要内容包括：

（1）汇率制度改革。《牙买加协议》正式确认了浮动汇率制的合法化，建立固定汇率制与浮动汇率制并存的局面，成员国可自由选择汇率制度，国际货币基金组织对各国汇率政策实行监督，协调成员国的经济政策，促进金融稳定，缩小汇率波动范围。

（2）推行黄金非货币化。协议做出了逐步使黄金退出国际货币的决定，并规定：废除黄金条款，取消黄金官价，成员国中央银行可按市价自由进行黄金交易；取消成员国相互之间以及成员国与国际货币基金组织之间须用黄金清算债权债务的规定，国际货币基金组织逐步处理其持有的黄金。

（3）增强特别提款权的作用。主要是提高特别提款权的国际储备地位，扩大其在国际货币基金组织一般业务中的使用范围，并适时修订特别提款权的有关条款。

（4）增加成员国基金份额。成员国的基金份额从 292 亿特别提款权增加至 390 亿特别提款权，增幅达 33.6%。

（5）扩大信贷额度，增加对发展中国家的融资，包括融资数量和限额，帮助其解决国际收支困难。

牙买加体系是在保留国际货币基金组织的作用的同时，对布雷顿森林体系的进一步改革。牙买加体系下多元化的储备结构摆脱了布雷顿森林体系下各国货币间的僵硬关系，为国际经济提供了多种清偿货币，较大程度上避免了特里芬难题；多样化的汇率安排为不同发展水平的各国经济发展与稳定提供了灵活性与独立性，同时有助于保持国内经济政策的连续性与稳定性；使国际收支的调节更为有效与及时。与此同时，也应该看到在多元化国际储备下,缺乏统一的稳定的货币标准,很有可能造成国际金融的不稳定;汇率体系的不稳定增大了外汇风险,抑制了国际贸易与国际投资活动;国际收支调节机制仍不健全,现有的渠道都有各自的局限,没有消除全球性的国际收支失衡问题。

二、国际货币体系的发展趋势

(一)现行国际货币体系存在的问题

布雷顿森林体系解体后,关于国际货币体系构建的探讨从未间断过,牙买加体系(现行的国际货币体系)的诞生曾经被认为是一种比较理想的国际货币体系,但从其运行的30多年的实践来看,尤其是在遭遇金融危机时,其存在的问题暴露无遗。

(1)汇率变动频繁且剧烈。汇率的频繁变动,助长了外汇市场上的投机活动,加剧了国际金融市场的动荡和混乱,十分容易引发债务危机;同时,汇率的急剧变动,给进出口核算和正常经营带来困难,会使物价、工资以及就业发生很大的变化。这些都会影响国际贸易的正常开展和国际金融形势的稳定。

(2)短期资本流动加剧。布雷顿森林体系瓦解以后,国际资本流动的增长速度已超过国际贸易和国际生产的增长速度。随着金融全球化的发展,短期国际投机资本数额不断膨胀。现行的国际货币体系为跨国资本流动,尤其是短期性国际资本规模的增长提供了便利。

(3)美元在国际储备中的主导地位。布雷顿森林体系解体后,各国基本实现了储备货币的多元化,牙买加体系下,美元的优势也受到了一定程度的削弱,但从实际情况看,还没有其他形式的国际储备资产可以取代美元的主导地位。国际市场对美元的高度依赖导致发展中国家的汇率安排仍然以美元为核心。在国际贸易中,接近半数的交易以美元为主要计价货币;在国际金融市场的有关交易中,美元更是极为重要的交易货币。这使得各国尤其是大多数发展中国家经济政策的制定与执行效果在很大程度上受制于美元的汇率变动,进而导致这些国家汇率制度安排的实际操作与名义安排相背离。

(4)国际金融组织缺乏独立性和权威性。国际货币基金组织作为现行国际货币体系的重要载体之一,未发挥出其应有的作用。从国际货币基金组织目前的实际运行情况来看,其宗旨和金融救助规则更多反映的是发达国家尤其是美国的意志,不能体现发展中国家的利益,从而制约了国际金融机构作用的发挥;国际货币基金组织的金融援救属于"事后调节",缺乏有效的监控机制,对金融危机的预防和援救不当;国际货币基金组织对会员国的贷款规模极其有限,并按会员国交纳的份额分配,所以最需要资金的发展中国家得到的贷款非常有限;国际货币基金组织提供贷款时附加的限制性条件极其苛刻,由于国际货币基金组织对发展中国家国际收支失衡的原因分析不够准确和全面,附加贷款条件规定的紧缩和调整措施却给借款国的经济带来了很大的负面影响。

(二)国际货币体系的改革

随着国际资本流量的迅速增大、金融自由化的不断推进,现行的国际货币体系已显得越来越不适应,一旦一国发生储备货币困难,由国际社会对其进行拯救的能力是有限的。这一体系更无法应付由于各国经济的高度依赖所带来的金融危机的蔓延问题。高度一体化的国际金融市场,缺乏一个类似于国家中央银行性质的机构作为对付危机的最后屏障。1997 年的亚洲金融危机使得国际货币体系改革的话题成为热点,引发了大规模的探讨,2008 年的国际金融危机再一次将焦点集中在国际货币体系的改革上。可见,对国际货币体系进行进一步探索和改革无疑是新世纪的一大主题。

国际货币体系的改革主要包括:

(1) 建立主要储备货币稳定的汇率体系。首先,在美元、欧元、日元等主要货币层面,建立各方都能接受的货币汇率稳定协调机制,通过政策调节及协商,保持三者间汇率水平的相对稳定,各国要在汇率达到目标边界时采取必要措施干预,以维护汇率机制的灵活性和稳定国际金融市场的信心;其次,在其他相对弱势货币之间,允许其根据自身情况,在钉住、可调节和浮动之间做出恰当的选择。此外,相关国际组织应建立汇率制度和汇率水平监测机制,对成员中实际汇率水平高估或低估现象及时提供调整意见,以保证新货币汇率机制的正常运行。

(2) 建立超主权国际储备货币。创造一种与主权国家脱钩并能保持币值长期稳定的国际储备货币,从而避免主权信用货币作为储备货币的内在缺陷,是国际货币体系改革的理想目标。超主权储备货币不仅克服了主权信用货币的内在风险,也为调节全球流动性提供了可能。由一个全球性机构管理的国际储备货币将使全球流动性的创造和调控成为可能,当一国主权货币不再作为全球贸易的尺度和参照基准时,该国汇率政策对失衡的调节效果会大大增强。这些能极大地降低未来危机发生的风险,增强危机处理的能力。但由于不存在超国家强力做后盾、没有任何实际价值相对和独立的财政担保,“超主权国际储备货币”仅凭其信用很难充当国际储备货币的所有功能。况且建立“超主权国际储备货币”要打破目前既得利益,必然会阻力重重。在初级阶段,可以提升特别提款权在国际储备货币体系中的地位与作用。

(3) 进一步改革国际货币基金组织的体制功能。现行国际货币体系的演变使国际货币基金组织的职能被弱化和异化。首先,要改革不合理的份额制,更多地考虑根据一国国际收支状态而不是经济规模来调整份额,降低美国对国际货币基金组织的绝对控制;其次,要增加国际货币基金组织的基金份额,扩大其资金实力,以便在某国家或地区爆发危机时,增强国际货币基金组织可动用资金的规模;最后,要扩大国际货币基金组织提供援助的范围,增强其应付国际货币危机的职能。

金融危机的爆发暴露出现行国际货币体系包括根本性制度缺陷在内的多方面不足,这也使我们看到对现行国际货币体系的改革必须是深层次的和全方位的。理想的国际货币体系不仅要保证充足的国际流动性、有效调节国际收支、促进国际贸易与国际金融的发展,更应强化国际储备资产的多样化、维护汇率的合理与灵活。国际货币体系的建立包含了发达国家与发展中国家的利益,是发达国家与发展中国家博弈的体现,因此,对国际货币体系改革的困难是可想而知的,理想的货币体系的建立也将是一个漫长的过程。

知识链接

国际货币基金组织

国际货币基金组织（International Monetary Fund,IMF）是政府间国际金融组织。它是根据1944年7月签订的《国际货币基金协定》,于1945年12月27日与世界银行同时成立的。1947年3月1日开始运作,1947年11月15日起成为联合国的一个专门机构,在经营上有其独立性。总部设在美国首都华盛顿。

● 成员

截至2011年6月,有187个成员国,拥有来自140个国家的约2700名员工。

● 宗旨

国际货币基金组织的宗旨是稳定国际汇兑,消除妨碍世界贸易的外汇管制,在货币问题上促进国际合作,并通过提供短期贷款,解决成员国国际收支暂不平衡时产生的外汇资金需求。它的资金来源于各成员国认缴的份额。各成员国的份额由该组织根据各国的国民收入、黄金和外汇储备、进出口贸易额以及出口的波动性等经济指标确定。成员国的主要权利是按所缴份额的比例借用外汇。

● 主要职能

制定成员国间的汇率政策和经常项目的支付以及货币兑换性方面的规则,并进行监督;对发生国际收支困难的成员国在必要时提供紧急资金融通,避免其他国家受其影响;为成员国提供有关国际货币合作与协商等会议场所,促进国际间的金融与货币领域的合作;促进国际经济一体化的步伐;维护国际间的汇率秩序;协助成员国之间建立经常性多边支付体系等。

● 与世界银行的区别

国际货币基金主要的角色是核数师,工作主要是记录各国之间的贸易数字和各国间的债务,并主持制定国际货币经济政策。至于世界银行,则主要提供长期贷款。世界银行的工作类似于投资银行,向公司、个人或政府发行债券,将所得款项借予受助国。国际货币基金组织成立的目的是稳定各国的货币,以及监察外汇市场。由于国际货币基金组织不是银行,它不会放款。然而,国际货币基金有储备金,供国家借用,以在短时间内稳定货币;做法类似在往来户口中透支。所借款项必须于5年内清还。

● 组织机构

国际货币基金组织的最高权力机构为理事会,由各成员派正、副理事各一名组成,一般由各国的财政部长或中央银行行长担任。每年9月举行一次会议,各理事会单独行使本国的投票权(各国投票权的大小由其所缴基金份额的多少决定);执行董事会由24名执行董事组成,负责处理该组织的日常工作,行使理事会委托的一切权力。执行董事每两年选举一次;总裁由执行董事会推选,负责基金组织的业务工作,任期5年,可连任,另外还有三名副总裁。历任总裁按惯例均由欧洲人担任。

该组织临时委员会被看做是世界两大金融机构之一国际货币基金组织的决策和指

导机构。该委员会将在政策合作与协调,特别是在制定中期战略方面充分发挥作用。委员会由24名执行董事组成。国际货币基金组织每年与世界银行共同举行年会。

• 主要出版物

《世界经济展望》、《国际金融统计》(月刊)、《国际货币基金概览》(周刊)、《国际收支统计》(月刊)、《政府财政统计年鉴》。

国际货币基金组织每半年发表一次《全球金融稳定报告》,对全球金融市场形势进行评估,并确定可能导致金融危机的潜在系统性缺陷,为维护全球金融稳定提供建议。

• 中国与国际货币基金组织

中国于1945年加入国际货币基金组织,是该组织的创始国之一。1980年4月17日,该组织正式恢复中国的代表权。中国在该组织中的份额为33.852亿特别提款权,占总份额的2.34%。中国共拥有34102张选票,占总投票权的2.28%。中国自1980年恢复在货币基金组织的席位后单独组成一个选区并派一名执行董事。1991年,该组织在北京设立常驻代表处。

2010年2月24日,国际货币基金组织总裁多米尼克·施特劳斯-卡恩任命中国人民银行副行长朱民为其特别顾问。

2010年10月9日,国际货币基金组织将中国纳入全球五大具有系统稳定重要性的经济体。

2010年11月5日,国际货币基金组织执行董事会通过了份额改革方案。份额改革完成后,中国的份额将从目前的3.72%升至6.39%,投票权也将从目前的3.65%升至6.07%,超越德国、法国和英国,位列美国和日本之后,得到在这一国际组织中的更大话语权。

2011年7月26日,朱民正式出任国际货币基金组织副总裁。

(资料来源:根据多篇文章及多个网站上的相关内容整理得出。)

相关案例 **专家称2020年前后人民币将成为国际货币**

人民币国际化进展如何?有哪些问题需要解决?专家认为,这几年人民币国际化成效显著,今后还需要相应的金融市场的培育、监管体系和调控体系的进一步完善。

人民币使用范围扩大

目前,人民币"走出去"的方式越来越多,国际使用的规模越来越大,人民币的持有者也多元化。上海市副市长屠光绍介绍,最近人民币的国际使用在加快,有了一些新变化,包括:国际贸易结算规模比2009年7月1日刚推出人民币国际贸易结算时的规模扩张更快;中国人民银行和其他国家央行的货币互换规模和覆盖面正在进一步增加;在中国香港的人民币离岸市场出现了债券和存款规模齐增的态势;开始出现人民币回流,境内对人民币回流到债券市场的安排有了实际启动。

中国人民银行发布的数据显示:2011年,中国与181个国家和地区进行了跨境人民币交易业务;现有账户下的跨境人民币结算达到2.5万亿元,比2010年同期增长了

394%,相当于2011年中国全球贸易额的10.5%左右。屠光绍指出,人民币跨境贸易结算试点的不断推进,带动了人民币在其他方面的国际使用,比如人民币国际贸易融资、人民币海外投资等。

为进一步推进人民币的国际使用,屠光绍认为应该对一些问题进行深入研究:

第一,分析境外持有人民币的因素,一方面,全球金融危机之后,国际货币体系亟待改革,人民币作为新崛起的货币将扮演重要角色;另一方面,随着中国经济实力的不断提升,国际影响力日渐扩大,也带动了人民币的国际地位,国际投资者看到了人民币升值潜力。当然,不排除一些投机行为。

第二,人民币国际使用和国内金融改革,尤其是利率、汇率改革之间的关系。屠光绍指出,在国内金融改革特别是利率汇率的改革、资本项目的开放还没有到位的情况下,如果人民币的国际使用步子迈得太快,反过来会对国内货币的稳定、人民币的稳定带来一些负面的影响。

第三,还应该对在离岸市场和在岸市场之间如何形成良性的互动,共同支撑好人民币的国际使用方面,进行更好的把握和研究。

此外,伴随着人民币"走出去"的步伐,金融服务、金融机构以及金融人才的配套支撑也应该及时跟上。

多地争建人民币离岸市场

世界上所有主要储备货币都有一个庞大的离岸市场,发达的人民币离岸市场可以进一步推动人民币国际化进程,使其在国际货币的竞争中取得更有利的地位。最近几年,离岸人民币市场建设取得成效,尤其是香港人民币离岸市场的建设。统计显示,2011年11月,超过132家香港金融机构提供人民币业务,香港人民币贷款额达到256亿元,离岸人民币存款达到6273亿元,约占其存款总额的10%,人民币已成为继港币和美元后的香港第三大货币。

瑞穗证券亚洲有限公司董事总经理沈建光介绍说,继中国香港离岸中心成立后,伦敦、新加坡都积极跟中国政府协商成立正式的离岸市场,中国政府也持乐观态度。中国发展水平远高于很多东南亚国家,这些国家的货币都可以自由流动,而中国就不可以,这跟我们的发展地位不相符。

英国驻华大使馆经济与财政政策一秘 Peter Mumford 表示:"许多人民币产品几乎在香港和伦敦同步上市,且伦敦人民币离岸产品发展迅猛,已经出现数以亿计的人民币存款。我们有理由相信伦敦人民币离岸市场将会增长得更快。"

建议海外交易用人民币计价

专家指出,人民币国际化意义重大。上海交通大学安泰经济与管理学院教授潘英丽表示,中国在2020年前后有可能成为全世界第一大经济体,人民币完全有条件成为国际货币,从而避免在全球化过程中的汇率风险。这就是人民币国际化的核心利益。

潘英丽进一步指出,人民币国际化成功推进的标志是海外商品和资产的交易过程用人民币计价。因此,人民币国际化有一个重要前提条件,就是培育和强化海外商业的存在,即中国企业、金融机构必须在国际经济和金融交易中逐渐取得主导性地位。

复旦大学金融研究院常务副院长、教授陈学彬认为,人民币国际化需要相应的金融市场的培育、监管体系和调控体系的完善，资本的流动渠道、汇率形成机制和经济增长方式的转变相适应；人民币国际化的初期一定要保持人民币汇率的小幅升值的趋势。陈学彬建议，人民币应该与美元脱钩，钉住一揽子货币，从而实现小幅波动的汇率机制。

（资料来源：《专家称 2020 年前后人民币将成国际货币》，《人民日报》（海外版），2012 年 2 月 21 日。）

第二节　金融全球化与金融风险

一、金融全球化的动因及表现

（一）金融全球化的动因

1. 贸易和投资自由化是金融全球化的根源

金融是应实体经济发展的需要而产生的，是为实体经济发展服务的，也就是说金融全球化的产生及发展要根源于全球贸易以及全球直接投资的发展。第二次世界大战以来，以 GATT 为代表的国际多边贸易体制得到巩固，对推动世界贸易自由化发挥了积极的作用，1986—1993 年，GATT 主持的 8 轮全球多边贸易谈判，使缔约方的进口税税率不断降低，到乌拉圭回合谈判之前，发达国家的平均税率已经降低到了 5% 左右，发展中国家地区的平均关税水平降低到 15% 左右；第七轮东京回合谈判还在削减非关税壁垒方面取得了一定进展。世界贸易自由化推动了世界贸易的迅速发展。近二十年来世界贸易以两倍于世界 GDP 的速度发展，成为世界经济发展的重要动力。从世界贸易的结构来看，发达国家服务业的迅速发展所引发的服务贸易的迅速增长，使发达国家通过服务贸易这一途径进入发展中国家的金融业，进一步促进了金融全球化的发展。

第二次世界大战以后，以跨国公司为载体的国际资本流动规模空前扩大，生产国际化不断发展，使资本在更大范围内得到优化配置；特别是 20 世纪 80 年代以后，越来越多的发展中国家（地区）对国际投资采取开放的态度，发达国家对资本输出的管制也日趋放松，促进了国际投资的自由化。90 年代以后，国际投资超过国际贸易成为世界经济发展的主要推动力量。而且，在国际直接投资领域还出现了一个新的现象，即发达国家不仅是全球直接投资的主体，且成为直接投资的主要接受国。从投资部门来看，伴随全球服务业的发展，对服务业的直接投资迅速增长，其中对金融服务业投资的比重占 50% 左右。全球直接投资的快速增长不仅推动了金融活动走出国门，更为金融全球化创造了必要的实体经济条件。

2. 高新技术发展是金融全球化的技术保障

90 年代信息技术的突破使世界经济加快向“知识经济”时代过渡，深刻地改变着经济发展和人类生活的面貌，尤其在金融领域表现突出。各类信息技术的广泛应用，大大扩展了金融业的服务范围和规模，迅速提高了它的运作效率，使金融市场的流动性大幅度地提高，资金运营效率大大地增加，金融市场价格形成机制更为合理有效。这为资金在全球的转移提供了可靠的手段,使市场参与者在同一瞬间可获得各地的市场信息并完成金融交易,使全球金融市场的一体化程度提高。

3. 金融自由化浪潮是金融全球化的发展环境

20 世纪 80 年代,西方主要国家普遍推行了以放松金融管制为主要内容的“金融自由化”改革浪潮,放松了对金融的行政限制,金融机构可以更加自由地开展各类业务活动。金融自由化包括:利率自由化、业务综合化、债务证券化和金融市场开放化;大部分西方国家放宽了对非居民在本国进行资金交易的限制,通过减免税收、放松外汇管制推进资金的国际流动,特别是英国在 80 年代中后期全面放松金融管制,促进了英国金融市场的崛起。进入 90 年代以后,不仅发达国家的金融化不断取得新的进展,越来越多的发展中国家也加入了金融改革与开放的行列。发展中国家、地区的金融改革与开放,使一大批新的国际或区域金融中心迅速崛起,离岸金融市场迅速扩展,推动了金融全球化的发展。

4. 国际货币体系与金融创新体制是金融全球化的推动力

布雷顿森林体系崩溃之后,美元逐渐丧失了作为唯一国际储备货币的地位,日元、德国马克、英镑、瑞士法郎、荷兰盾等其他西方国家货币作为国际贸易结算货币的地位增强,非美元金融工具逐渐增加,客观上促进了非美元金融市场的发展和国际化,全球各金融市场的联系日趋密切,一体化程度不断提高。

金融全球化需要新的制度、新的技术,更需要新的载体。从 20 世纪 60 年代末起,各国金融机构为了规避政府管制,拓展海外市场,掀起了金融创新浪潮。新的金融市场、新的金融机构和新的金融工具(比如离岸金融市场、跨国银行、金融产品证券化和金融衍生工具等不断涌现)成为金融全球化的有效载体。金融全球化的进程实际上就是一个金融创新过程,金融创新不断为金融全球化的推进和扩展开辟道路。

(二) 金融全球化的表现

金融活动是投资者和融资者通过一定的金融机构、利用金融工具在金融市场进行的资金交易活动,因此金融全球化在一定程度上就是金融活动的全球化,主要包括:

1. 金融机构全球化

金融机构是金融活动的组织者和服务者。金融机构全球化就是指金融机构在国外广设分支机构,形成国际化或全球化的经营。20 世纪 80 年代以来,为了应对日益加剧的金融服务业全球竞争,各国大银行和其他金融机构竞相以扩大规模、扩展业务范围和推进国际化经营作为自己的战略选择。进入 90 年代后,世界一些国家先后不同程度放松了对别国金融机构在本国从事金融业务或设立分支机构的限制,从而促进了各国银行向海外的拓展。1997 年年末,世界贸易组织成员国签署《金融服务协议》,把允许外国在其境内建立金融服务公司并将按竞争原则运行作为加入该组织的重要条件,进一步促进了各国金融业务和机构的跨国发展。随着近年全球竞争的加剧和金融风险的增加,国际上许多大银行都把扩大规模、扩展业务以提高效益和增强抵御风险能力作为发展新战略,国际金融市场掀起了声势浩大的跨国购并(即兼并和收购)浪潮。金融机构的并购与重组成为金融机构全球化的一个突出特点。全球金融业并购浪潮,造就了众多的巨型跨国银行。银行并购使全球金融机构的数量减少,单个机构的规模相对扩大,银行业的集中度迅速提高。

2. 金融市场全球化

金融市场是金融活动的载体,金融市场全球化就是金融交易的市场超越时空和地域的限制而趋向于一体。目前全球主要国际金融中心已连成一片,全球各地以及不同类型的金融市场趋于一体,金融市场的依赖性和相关性日益密切。金融市场全球化有两个重要因素:一是放松或取消对资金流动及金融机构跨地区、跨国经营的限制,即金融自由化;二是金融创新,包括新的金融工具、融资方式与服务方式的创造,新技术的应用,新的金融市场的开拓,新的金融管理或组织形式的推行。特别是信息通信技术的高度发达和广泛应用,全球金融市场已经开始走向金融网络化,即全球金融信息系统、交易系统、支付系统和清算系统的网络化。全球外汇市场和黄金市场已经实现了每天 24 小时连续不间断交易。世界上任何一个角落有关汇率的政治、经济信息,几乎同步显示在世界任何一个角落的银行外汇交易室电脑网络终端的显示器上。远隔重洋的地球两端以亿美元为单位的外汇交易在数秒钟之内就可以完成。

二、金融全球化对世界经济的影响

资金跨国流动障碍的削减以及金融工具的涌现,使资本的流动更加自由与便捷,而且在效率上也大大提高,促进了世界经济与金融的进一步整合,优化了金融资源在全球范围内的配置;对于需要大量投资的国家和地区来说,金融全球化的到来为其获取国际资本带来了便利条件,可以加速其经济发展,简言之,金融全球化为发达国家的“剩余”资金提供了更为广阔的投资空间,同时也为发展中国家带来了更多的融资机会;金融全球化在加剧国际金融机构竞争的同时,有助于其服务质量的提升,还可以推动很多国家尤其是发展中国家金融制度的改革,为其经济发展奠定良好的基础。发达国家和发展中国家都能从金融全球化中受益,有利于世界经济的发展。

在看到金融全球化起到的积极作用的同时,更应清醒地认识到金融全球化的消极影响。金融全球化会加剧国际金融市场动荡,增加金融监管压力,造成金融体系脆弱。金融全球化背景下,不可避免的是各个国家(地区)的利率及汇率等的密切相关,当一个国家(地区)经济运行出现问题时会迅速通过国际金融市场传递至其他国家和地区。在 20 世纪最后十年间发生的 1992 年英镑危机、1995 年墨西哥金融危机、1997 年东南亚金融危机以及 21 世纪发生的美国次贷危机和欧债危机对世界的影响是十分巨大的。因此,金融全球化在优化全球金融资源配置、提高其使用效率的同时,也使各个国家(地区)面临着新的挑战。

三、金融全球化与金融风险

金融风险是一种特殊的经济风险:第一,金融活动的主体——银行、保险公司、投资公司、证券公司等,不同于一般的工商业企业,而是更多地涉及存款人和投资者的资产安全及利益;第二,金融交易的对象是货币资本而非一般的商品,对经济的连锁影响异常突出;第三,金融交易金额庞大,其风险的后果也异常突出;第四,金融风险的诱发因素与形成过程也与一般经济风险有显著差别,金融风险是金融市场上各种金融行为的反映,经济风险对应的则是一般的经济行为。

金融全球化的风险通常可以理解为全球进入体系运行过程中的风险,而国际金融市场是由单个国家的金融市场构成的。单个国家的金融风险必然或多或少地传递到国际金融市场;同样,国际金融市场的总体风险和波动也必然会对各国金融体系产生影响,如美国的次贷风波对世界楼市和股市的重大影响。但是,金融全球化风险又与单个国家的金融风险有着质的差别,前者是跨越国界的国际金融体系及国际化金融活动存在的风险,带有更复杂多变的性质。

国际金融体系存在着各种各样的风险,其表现形式也是各不相同的,主要有以下几种表现形式:

(一) 市场规模扩大加大了监管的风险

与国际化相伴随的外国资本的大量流入和外国投资者的广泛参与,特别是投机资本的迅速扩张,在增加金融市场深度、提高金融市场效率的同时,将导致金融资产的迅速扩张,使得整个国际金融体系面临着前所未有的风险,在缺乏足够严格的金融监管的前提下,这种扩张可能成为系统性风险爆发的根源。此外,由于发展中国家和地区以及新兴市场国内金融市场的发育程度较低,金融体系不成熟,相关的法律体系不够完善,资本流入导致其金融体系规模的快速扩张,而资本流入的突然逆转则使其金融市场的脆弱性大幅度上升。

(二) 全球化加剧了金融市场的波动性

对于规模狭小、流动性比较低的新兴金融市场来说,与国际化相伴随的外国资本大量流入和外国投资者的广泛参与,增加了市场的波动性。尤其是在一些机构投资者成为这类国家非居民投资的主体时,国内金融市场的不稳定性表现得更为显著。由于新兴市场缺乏完善的金融经济基础设施,在会计标准、公开性、交易机制、票据交换以及结算和清算系统等方面存在薄弱环节,无法承受资本大量流入的冲击,导致价格波动性的上升。新兴金融市场股票价格迅速下降以及流动性突然丧失的危险,大大地增加了全局性的市场波动。

(三) 证券市场国际化引发了系统性风险

伴随着国际证券市场一体化程度的日益提高,各国证券市场形成了高度依存的关系,如美股、H 股和 A 股的联动。不仅发达国家股市的动荡会显著波及新兴市场,而且新兴市场的股市波动对发达国家股市的波及效应也不断增大,亚洲金融危机和墨西哥金融危机就是很明显的例子。全球股票市场的系统性风险有超越国际外汇市场的趋势。国际游资对证券市场的冲击和股票投资者的非理性操作是证券市场动荡的根源,也是最大的风险来源。

四、金融风险与金融监管

在 21 世纪初金融全球化的快速发展过程中,全球性金融动荡和金融风险已经为人们广泛关注,这种动荡与风险产生的体制性原因也正在得到越来越多深刻的揭示。在新世纪金融全球化的发展中,重要的已经不是发展的动力,也不是各国是否实行金融对外开放,而是确保全球化稳定发展和运行的有效体系与制度框架。一个与金融全球化相适应的国际金融新体制的建设,是金融全球化能否得到健康发展的关键。

(一) 国际金融监管组织

1. 巴塞尔银行监管委员会

巴塞尔银行监管委员会(Basel Committee on Banking Supervision),简称巴塞尔委员会,是1974年由十国集团中央银行行长倡议建立的一个由中央银行和银行监管当局为成员的委员会,主要任务是讨论有关银行监管的问题,被视为银行监管领域的首要国际组织。总部设在瑞士的巴塞尔。

巴塞尔委员会的主要宗旨在于交换各国的监管安排方面的信息,改善国际银行业务监管技术的有效性,建立资本充足率的最低标准及研究在其他领域确立标准的有效性。委员会并不具备任何凌驾于国家之上的正式监管特权,但制定了许多监管标准和指导原则,提倡最佳监管做法,期望各国采取措施,根据本国的情况,通过具体的立法或其他安排予以实施。委员会鼓励采用共同的方法和共同的标准,但并不强求成员国在监管技术上的一致。此外,委员会的一项重要任务是堵塞国际监管中的漏洞,它遵循着两项基本原则:没有任何境外银行机构可以逃避监管和监管应当是充分的。

2. 国际证券事务监察委员会组织

国际证券事务监察委员会组织(International Organization of Securities Commissions)是国际间各证券期管理机构所组成的国际合作组织,1974年创建于美洲,总部设在加拿大的蒙特利尔市。1983年,该组织正式成为全球性组织。该组织的常设工作机构主要有技术委员会、新兴市场委员会、自律组织顾问委员会。宗旨是:通过交流信息,促进全球证券市场的健康发展;各成员组织协同制定共同的准则,建立国际证券业的有效监管机制,以保证证券市场的公正有效;共同遏止跨国不法交易,促进交易安全。已经通过的正式协议有《国际商业行为准则》、《国际审计标准》、《金融合并监管》、《清算和结算》、《国际会计标准》、《现金和衍生产品市场间的协调》和《跨国证券与期货欺诈》等。

3. 国际保险监管者协会

国际保险监管者协会(The International Association of Supervisors)成立于1994年,是一个推动各国保险监管国际协调的组织,现成员数目过百,其宗旨包括:① 通过合作来改善一国国内乃至国际层次上的保险监管,以此来促进保险市场的效率、公平、安全和稳定,并最终保护投保人的利益;② 统一各方努力,制定供各成员国选择遵守的监管标准;③ 为成员国提供培训;④ 同其他部门的监管者和国际金融组织合作。该协会由会员大会、执行委员会和秘书处组成,会员大会由执行委员会负责召集,执行委员会下设四个委员会——技术委员会、新兴市场委员会、预算委员会和教育委员会。每个委员会还可分设次级委员会、工作小组来完成日常工作。该协会每年组织数十场会议,为成员国提供沟通和交流的平台。

4. 金融稳定委员会

金融稳定委员会(Financial Stability Board),于2009年6月在瑞士的巴塞尔成立。旨在监管国际金融体系运作状况的金融稳定委员会的成立标志着应对金融危机、评估未来风险的崭新的世界性金融监管机构正式诞生。金融稳定委员会的任务就是在主权国家之外,建立一套包括新兴国家和发展中国家,涵盖主要经济体的制度和机制,加强国际监管的协调与合作，其具体职能包括：评估全球金融系统脆弱性，监督各国改进行动；促进各国监管机构合作和信息交换，对各国监管政策和监管标准提供建议；协调国际标准制定机构的工作；为跨国界风险管理制订应急预案等。

目前的国际监管组织尽管涉及银行、证券以及保险等行业，但从其现行发展状况来看，仍然存在着不足，比如巴塞尔委员会是国际银行业监管最重要的组织，但其仍旧缺乏跨国间监督权力，国际证券监督委员会组织和国际保险监管者协会也存在同样的问题。此外，目前金融全球化和金融自由化背景下，金融业的混业经营成为发展趋势，而现存的国际监管组织又是专业性监管，因此监管机构和现实经济活动的不匹配造成了监管效果还不够理想。具有综合性监管职能的政府间组织是全球金融监管的理想组织。

（二）《巴塞尔协议》

1.《巴塞尔协议》产生的背景和发展

1974年，美国、英国、德国和阿根廷先后发生了国际性银行的倒闭和国际贷款违约事件，其中德国赫斯塔德银行和美国富兰克林国民银行的倒闭最令人震惊，它们的倒闭使监管机构在惊愕之余开始全面审视拥有广泛国际业务的银行监管问题。与此同时，银行以及金融市场的国际化，使得银行的经营风险已跨越国界。因此，对国际银行业的监管必须要进行国际协调。1974年在十国集团中央银行行长的倡议下，1975年西方十国集团以及瑞士和卢森堡12国的中央银行成立了巴塞尔银行监管委员会。该委员会成立以来，制定了一系列重要的银行监管规定，包括1975年的《巴塞尔协定》、1983年的《银行国外机构的监管原则》、1988年的《巴塞尔资本协议》、1992年的《巴塞尔建议》、1977年的《巴塞尔核心原则》、2003年的《新巴塞尔资本协议》和2010年的《巴塞尔协议Ⅲ》。几十年来，《巴塞尔协议》的内容不断丰富，所体现的监管思想也不断深化。

《巴塞尔协议》是迄今为止对国际银行业发展影响最大的国际公约之一，它有助于发达国家银行在平等的基础上进行竞争，为国际银行监管和协调提供了极大的便利条件，确保国际银行体系的平稳运行，也促使发展中国家通过监管本国银行取得在国际业务中的平等竞争地位。《巴塞尔协议》中，影响最大的是1988年巴塞尔报告（旧巴塞尔资本协议）、2003年《新巴塞尔协议》和2010年《巴塞尔协议Ⅲ》。

2. 1988年巴塞尔报告

1988年7月，巴塞尔委员会发布的《关于统一国际银行资本衡量和资本标准的报告》的主要内容就是确认监督银行资本的可行的统一标准，该报告主要包括：① 资本组成。巴塞尔委员会将银行资本分为核心资本和附属资本。核心资本至少占全部资本的50%，主要包括实收资本（普通股）和公开储备；附属资本主要包括未公开储备、资产重估储备、普通准备金和呆账准备金、混合资本工具和长期次级债券。② 风险资产权重。风险资产权重就是根据不同类型的资产和表外业务的相对风险大小赋予它们不同的权重，权重越大，说明该资产的风险越大。③ 资本标准。巴塞尔报告规定，到1992年年底，所有签约国从事国际业务的银行的资本充足率，即资本与风险加权资产的比率不得低于8%。④ 过渡期安排。巴塞尔报告规定，1987年年底到1992年年底为实施过渡期。巴塞尔委员会做出一些过渡安排，以保证每个银行在过渡期内提高资本充足率，并按期达到最终目标安排。

3. 2003 年《新巴塞尔协议》

旧巴塞尔协议自从实施以来，取得了很大的发展和认同，但随着全球金融业的发展以及变革，原有规定的缺陷也逐渐暴露出来，2003 年 6 月巴塞尔委员会发布了修订的新巴塞尔协议征求意见稿，2006 年十国集团开始实施新协议，在新协议中，最引人关注的是"三大支柱"：

（1）最低资本要求。巴塞尔委员会仍将资本金要求视作最重要的支柱。新协议在资本要求上的重大变化体现为：第一，对风险范畴的拓展。信用风险仍然是银行经营中面临的主要风险，但市场风险和操作风险的影响以及破坏力也得到了很大的关注。第二，计量方法的改进。新协议根据银行业务错综复杂的现状，改进了一些计量风险和资本的方法。第三，鼓励使用内部模型。新协议主张有条件的大银行提供自己的风险评估水平，建立更精细的风险评估系统，并提出了一整套精致的基于内部信用评级的资本计算方法。第四，资本约束范围的扩大。新协议对诸如组织形式、交易工具等的变动提出了相应的资本约束对策。

（2）监管当局的监督检查。巴塞尔委员会希望监管当局应承担的职责包括：第一，全面监管银行资本充足状况；第二，培育银行的内部信用评估系统；第三，加快制度化进程。

（3）市场约束。新协议强调以市场力量来约束银行，认为市场是强大的推动银行合理、有效配置资源并全面控制风险的外在力量，具有内部改善经营、外部加强监管所发挥不了的作用。同时，新协议规定，银行在一年内至少披露一次财务状况、重大业务活动以及风险管理状况。

4. 2010 年《巴塞尔协议Ⅲ》

基于美国次贷危机引发的全球金融危机，巴塞尔委员会发布了一系列国际银行业监管的新标准，即《巴塞尔协议Ⅲ》。《巴塞尔协议Ⅲ》体现了微观审慎监管与宏观审慎监管有机结合的新思维，按照资本监管和流动性并重、资本数量和质量同步提高、资本充足率与杠杆率并行、长期影响与短期效应统筹兼顾的总体要求，确立了国际银行监管的新标杆，主要内容包括：

（1）强化资本充足率监管标准。巴塞尔委员会确定了三个最低资本充足率监管标准：普通股充足率为 4.5%，一级资本充足率为 6%，总资本充足率为 8%。为了银行体系的亲周期效应，巴塞尔委员会建立了两个超额资本要求：第一，要求银行建立留存超额资本，用于吸收严重经济和金融衰退给银行体系带来的损失；第二，建立与信贷过快增长挂钩的反周期超额资本，要求银行在信贷高速扩张时期积累充足的经济资源。

（2）引入杠杆率监管标准。在新协议中，巴塞尔委员会引入基于规模、与具体资产风险无关的杠杆率监管指标，作为资本充足率的补充。从 2011 年年初按照 3% 的标准监控杠杆率的变化，2013 年年初进入过渡期，2018 年正式纳入第一框架。

（3）建立流动性风险量化监管标准。为了增强单家银行以及银行体系维护流动性的能力，引入流动性覆盖率和净稳定融资比率两个量化指标。流动性覆盖率是用于度量短期压力情境下单个银行流动性状况的，目的是提高银行短期应对流动性中断的弹性；净稳定融资比率是用于度量中长期内银行解决资金错配的能力的，目的是激励银行尽量使用稳定的资金来源。

（4）确定新监管标准的实施过渡期。巴塞尔委员会设立为期 8 年的过渡期。各成员国应在 2013 年前完成相应的国内立法工作，从 2013 年开始实施新的资本监管标准，2015 年年初成员国开始实施流动性覆盖率，2018 年年初开始执行净稳定融资比例。

（三）金融监管的国际合作

随着金融全球化和金融自由化程度的加深，各国（地区）更加紧密地联结在一起，任何一个国家（地区）在这样的发展背景和趋势下，都无法只靠自身的实力抵御甚至是化解金融风险，因此，新时期下，加强金融安全的途径就是形成与金融全球化相匹配的金融监管全球化的国际合作。

国际金融形势发展的新特点使得国际金融监管面临的主要问题体现在：第一，金融业的混业经营快速推进，金融风险在不同金融机构之间的传染性增强，金融体系脆弱度提高；第二，目前，金融发展全球化，但金融监管区域化，二者的矛盾要求加强国际金融协作，建立统一的国际监管框架；第三，国际上尚未建立对金融危机蔓延的控制和解决机制。

为了解决国际金融监管存在的问题，避免金融危机频繁、大规模的出现，综合来看，应从重构国际金融监管框架、更新监管理念、加强系统性风险监管和推进金融监管合作与协调四个方面入手。

（1）重构国际金融监管框架。现行的国际金融监管框架是以发达国家为主导的，更多地体现了发达国家的利益。随着发展中国家经济实力的增强、融入国际金融体系程度的深化，发展中国家成为国际经济舞台中不可忽视的力量，为了加强国际金融监管，提升国际金融监管的效力，需要对现行的国际金融监管框架进行重构。在新的国际金融框架中，要增强发展中国家在其中的地位，扩大发展中国家的话语权，体现发展中国家的经济利益。

（2）更新监管理念。长期以来主流的自由市场价值观信奉最少的政府干预、最大程度的竞争、自由的贸易和资本合作。但是次贷危机的发生，使得监管当局看到过分强调、相信市场的自由调节的弊端，这是金融监管的缺位，是重要的思想根源。这次危机的发生使我们对政府监管和市场纪律之间的关系有了更加客观和科学的认识，要处理好政府监管、金融监管和市场纪律之间的关系。

（3）加强系统性风险监管。次贷危机引发的风险传染路径和特点跟以前有所不同，没有一个监管机构拥有监管系统性风险所必需的完全信息和必要权威。危机发生后，也没有一家机构有足够的权力来协调整个金融体系。所以在金融全球化和自由化的新形势下，进一步加强对系统性风险监管的重要性不言而喻。

（4）推进金融监管合作与协调。次贷危机发生后，很多国际金融组织开始总结危机发生的原因和教训，纷纷表示要致力于推动全球银行、证券、保险不同金融领域统一监管框架的构建和国际危机救助机制的建立。各国金融监管机构也一直表示，要加强国际金融监管的协作和协调，加强各国金融监管部门之间的合作。

相关案例　金融全球化加速：我们如何积极应对

2月15日，德意志交易所集团（DeutscheBoerse）和纽约泛欧交易所集团（NYX）宣布，双方已经签署了合并协议，将组成一家全球性的巨型交易所运营集团，规模排名世界第一。

德意志交易所和纽约泛欧交易所的合并，应当是后国际金融危机时代金融全球化加速的重要事件。如果注意到两大交易所总裁有关合并的关键原因是为了进入亚洲和新兴市场的表态，就让人强烈地感受到金融全球化正加速向我们走来，而我们又该如何融入这股全球化潮流？

自人类进入21世纪以来，经济全球化和金融全球化就开始进入快车道。2008年发生的国际金融危机一度延缓了这一进程，但是在世界几大主要经济体步入经济复苏通道的后国际金融危机时代，经济全球化和金融全球化已开始加速。金融全球化的加快，对人类是一柄“双刃剑”，它在给人类带来福祉如全球经济共同繁荣的同时，也时不时地给不少国家和地区造成经济和财富的巨大损失，如2008年发端于华尔街的美国金融危机，很快通过“全球化链条”蔓延至全球。

在后危机时代，正在加速的金融全球化，首先在为全球经济的复苏和繁荣增加“血液”，当然不排除为下一次全球金融危机埋下新的隐患。

按照德意志交易所和纽约泛欧交易所的合并方案，合并后成立的新集团将在法兰克福、纽约和巴黎上市，交易完成后，德交所的股东将持有新集团60%的股份，而纽交所股东持股份额为40%。新集团总部将分别设在纽约和法兰克福。纽交所首席执行官尼邓肯·尼德奥尔将出任新集团的首席执行官，而德交所首席执行官雷托·弗兰乔尼将担任董事长。这两个交易所2010年营业额总和为54亿美元，利润为27亿美元，合并后将成为全球营业收入和利润最大的交易所集团。不仅如此，新集团还将在全球衍生品交易、期权交易、上市公司市值以及市场数据及技术等多方面处于行业领先地位。

证券及期货（期权）交易所是现代金融体系的重要基础设施，是资本市场的核心交易平台，是联结各类金融机构的公共中介。拥有一家安全、高效、市场化运行的证交所，往往是一个国家或一个地区可称为金融中心的必要标志，而拥有一家安全、高效运行、国际化的证交所，是一个国家或一个地区可称为国际金融中心的必要标志。正是因为它具有如此重要的地位和作用，世界最大交易所的诞生，对金融全球化的推进作用无疑巨大，对全球金融体系的运行和效率影响深远。

雷托·弗兰乔尼在宣布合并当日表示，此项交易背后的关键原因之一就是能更好地进入亚洲市场。同时，纽约泛欧交易所首席执行官邓肯·尼德奥尔也表明，合并后的公司将吸引新兴市场企业上市，并使其通过现有的投资和技术协议，在亚洲市场表现得更出色。

在本次合并之前，纽约交易所对进军亚洲市场已经酝酿良久。据路透社报道，早在2008年5月，尼德奥尔就表示过纽交所曾考虑在上海证交所上市，他相信一旦纽交所成功上市，一系列美国上市大公司都会遵循这个方法。可见，像纽交所这样的国际大型交易所早就有进入中国市场的考虑了。

有金融分析人士表示，德意志交易所和纽约泛欧交易所的合并，在给欧美金融机构和投资者带来更快捷、更高效和更国际化的投资机会的同时，也为其进入亚洲和其他新兴市场提供了更强大的核心竞争力。毫无疑问，此举将给需要提升国际竞争力的香港联交所和迫切需要加快国际化的上海证交所、深圳证交所带来了严峻的挑战，同时也将产生新的机遇。

香港作为国际金融中心，在国际金融危机演变的两三年内，由于得到中国内地的大力支持和具有流动性充足的国际环境，而得以保持年度筹资规模连年居于国际交易所前三甲。现在，在内地和香港两地金融监管部门的通力合作下，香港国际金融中心的地位不断得到巩固和发展，如香港作为中国离岸人民币交易中心的建设正在积极进展之中，内地和香港多家金融机构在香港都发行了人民币债券，在香港的人民币存量已在3 000亿元左右，香港交易所今年将发行人民币IPO。

据香港媒体报道，为把握香港作为中国离岸人民币交易中心的机遇，港交所正积极筹备人民币计价产品，其中股票产品无疑是今年离岸市场发展的重点之一。港交所市场发展部主管表示，香港下一个人民币计价产品很可能是房地产信托基金(REIT)，但流动性仍是人民币计价股票最大的挑战。

据悉，交易结算系统方面的准备工作已进行到最后的仿真模拟测试阶段。港交所新闻发言人对媒体表示，经过去年多次测试，港交所方面已完全准备就绪，但为确保首只人民币IPO的推出万无一失，港交所将于3月19日及20日，以端对端方式就人民币产品的电子认购首次公开招股(eIPO)、交易及结算进行仿真模拟测试。

相信，在人民币国际化战略稳步推进和香港作为中国离岸金融中心建设取得突破的条件下，香港作为国际金融中心的地位和作用将更加稳固，香港交易所作为国际大型交易所的地位仍可加强。

中央已经确定把上海建成国际金融中心的发展战略，为此就有必要将上海证交所建成国际一流的交易所。这首先需要自身加快各项制度创新、法制建设和基础设施建设，如上交所要尽快建成“国际板”，增强国际化、市场化的程度；其次要借鉴香港交易所和国际上其他一流交易所发展的成功经验，加强与其合作交流，尽快缩短与其存在的差距。

上海证交所和深圳证交所建成国际一流的交易所不仅仅是自身建设的问题，而且是中国金融业发育、发展、成熟、改革、开放、创新到一定阶段的自然成果。其中，人民币国际化进程要取得重大进展和突破，人民币资本项目可兑换要基本实现。因此，内地交易所的长远建设要与中国金融体系的“十二五”规划、人民币国际化和汇率形成机制改革、中国金融机构“走出去”等统筹规划与考虑。

（资料来源：《金融全球化加速：我们如何积极应对》，《金融时报》，2011年2月17日。）

本章提要

1. 布雷顿森林体系的主要内容可以概括为两个方面:第一,美元与黄金直接挂钩;第二,国际货币基金组织会员国的货币与美元挂钩,即规定各国货币与美元建立固定的比价关系。《牙买加协议》后的国际货币制度基本上摆脱了布雷顿森林体系时期基准货币国家与依附国家相互牵连的弊端,使得以主要汇率为主的多种汇率安排能够比较灵活地适应世界形势多变的状况,建立了能够相互补充的多种国际收支调节机制,总体上能够适应世界经济发展的需要,对世界经济的正常运转起到了重要的作用。根据国际货币体系的现状,现行国际货币体系的发展趋势应该是在总体上维持现有国际货币格局的条件下不断进行改进和调整,主要国际金融机构加强对各国汇率制度的监管并加强各国之间的协调和对话,完善预警机制,努力减少隐患和风险。

2. 金融全球化是经济全球化的内在要求,同时又成为经济全球化的重要动力,将经济全球化推向前所未有的广度和深度。综观几十年国际金融发展的历史,金融全球化已成为其最重要、最显著的特征。金融全球化从整体上有力地推动了世界经济和国际金融的发展,带来了众多的利益。在金融全球化的发展过程中,与其相伴的蔓延效应使金融危机迅速扩散,产生巨大的波及和放大效应,国际金融动荡已成为一种常态。金融全球化是一把"双刃剑",它对世界各国而言,利弊兼而有之,机遇与风险相伴。加入世界贸易组织后,我国经济将全面融入金融全球化的进程之中。深入认识金融全球化、把握金融全球化带来的机遇、应对金融全球化的新挑战、加强金融监管已经成为我们无法回避的一项十分重要而紧迫的任务。

重要术语

国际货币体系(International Monetary Systems)
布雷顿森林体系(Bretton Woods System)
浮动汇率制度(Floating Exchange Rate System)
牙买加体系(Jamaica System)
国际货币基金组织(International Monetary Fund, IMF)
特里芬难题(Triffin Dilemma)
金融全球化(Financial Globalization)
金融风险(Financial Risk)
金融监管(Financial Supervision)

本章思考题

1. 简述布雷顿森林体系的内容。
2. 固定汇率制与浮动汇率制有哪些区别?
3. 金融全球化的动因及表现有哪些?
4. 论述金融全球化对世界经济的影响。
5. 什么是金融风险,怎样预防金融风险?

进一步阅读资料和网络链接

1.〔美〕维塞尔著,卢力平、李瑶译:《国际货币经济学导论:汇率理论、制度与政策》,中国金融出版社2006年版。

2. 宋敏、屈宏斌、孙增元:《走向全球第三大货币——人民币国际化问题研究》,北京大学出版社2011年版。

3. 李若谷:《国际货币体系改革与人民币国际化》,中国金融出版社2009年版。

4.〔美〕斯蒂格利茨等著,江舒译:《斯蒂格利茨报告:后危机时代的国际货币与金融体系改革》,新华出版社2011年版。

5. 郭锋:《全球化时代的金融监管与证券法治》,知识产权出版社2010年版。

6.〔法〕沙奈等著,齐建华等译:《金融全球化》,中央编译出版社2006年版。

7. 祁敬宇、祁绍斌:《全球化下的金融监管》,首都经济贸易大学出版社2011年版。

8. 高晋康、唐清利:《金融全球化条件下中国金融安全的法律保障》,法律出版社2008年版。

9. 国际货币基金组织中文主页:http://www.imf.org/external/chinese/。
英文主页:http://www.imf.org/external/index.htm/。

10. 金融时报网站:http://www.ft.com/home/asia。

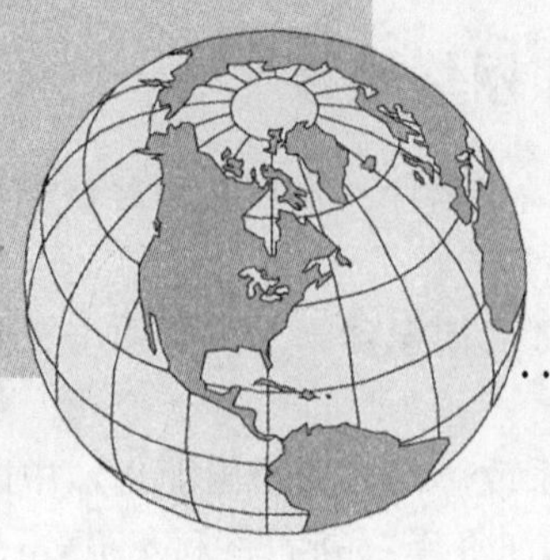

第七章

国际直接投资与跨国公司

【教学目的和要求】

1. 通过本章的学习，了解国际直接投资的特征和类型的基础，熟练掌握各种国际直接投资理论的主要观点，了解当代国际直接投资理论新的发展。

2. 通过本章的学习，着重掌握国际直接投资和跨国公司的关系，正确理解跨国公司在世界经济发展过程中的决定性作用。

【教学重点与难点】

1. 国际直接投资和跨国公司的关系。
2. 跨国公司在世界经济发展过程中的决定性作用。

引导案例

中国成为吸收国际直接投资最多的发展中国家

《博鳌亚洲论坛亚洲经济一体化进程2011年度报告》指出，虽然始于2007年的国际金融危机沉重打击了亚洲地区的国际资本流入，但自20世纪90年代中期以来，中国一直是吸收国际直接投资最多的发展中国家。

据该报告披露，近年来流入亚太地区的国际投资主要流向了东亚和东南亚地区。2008年中国的国际直接投资流入增长了29.7%，2009年只下降了2.6%，而在2010年保持了6.3%的温和增长。中国香港对国际资本也是极具吸引力的热点市场之一，但流入中国香港的资本很大部分可能进一步流入其他市场如中国内地等。

国际资本大量流入，缓解了我国经济发展进程中的资本短缺，促进了外向型经济的迅猛增长，而且国际资本流入，尤其是外国直接投资通过“外溢效应”与“学习效应”，使中国经济的技术水平、组织效率不断提升，从而提高了国民经济的综合要素生产率。

该报告显示，亚太地区作为国际资本最青睐的投资目的地，始于2007年的国际金融危机对其影响严重，特别是国际资本流入遭受沉重打击。亚太地区虽然2008年仍保持国际资本流入的正增长，但除中国外，2009年东亚主要经济体的国际直接投资流入都呈大幅度下降。

进入2010年，随着经济的缓慢复苏，全球直接投资呈现触底反弹态势。根据联合国贸易和发展会议的初步估计，2010年全球国际直接投资流入较上年微幅上升0.7%，流入发达经济体的国际直接投资下降6.9%，而发展中经济体流入上升9.7%，其中，东亚、南亚和东南亚地区流入劲升17%，成为国际直接投资率先恢复和活跃的地区。

（资料来源：新华网，2011年4月13日，http://www.hq.xinhuanet.com/news/2011-04/13/content_22518574.htm。）

第一节 国际直接投资概述

国际投资(International Investment)主要是指投资主体(企业)为了获取经济利益而将货币、实物及其他形式的资产或要素投入国际经营的一种经济活动。① 国际投资分为国际直接投资和国际间接投资两种方式。其中，国际间接投资一般是指不以控股为目标的国际证券投资以及中长期的国际信贷，而国际直接投资虽然在形式上也表现为股权投资，但其特有的标志是投资者对有关的海外经营性资产拥有控制权。

① 张小蒂、王焕祥：《国际投资与跨国公司》，浙江大学出版社2004年版，第7页。

一、国际直接投资的概念及特征

(一) 国际直接投资的概念

国际直接投资,又称对外直接投资(Foreign Direct Investment,FDI)、外商直接投资或海外直接投资(Overseas Direct Investment)①,是指外国投资者以控制企业的经营管理为核心,以获取利润为目的的在国外创建一个永久性企业的投资行为。

有学者认为,国际直接投资是指居民(自然人和法人)以一定生产要素投入到另一国(经济体)并获取相应管理权的一种跨国投资活动。

国际货币基金组织在《国际收支指南》中对国际直接投资的描述为:从事获取投资者所在国之外的企业的长期利益的投资活动,投资者的目的是能够对企业的管理拥有有效的控制。

无论哪种形式的国际直接投资概念,都反映了两个基本的核心因素:

(1) 生产要素的跨国流动;

(2) 投资主体拥有足够的经营管理权。

(二) 国际直接投资的特征

国际直接投资具有以下两个突出特征:

(1) 国际直接投资的主体——投资者对所投资的企业既拥有部分或全部所有权,又拥有有效控制权,可对其实行有效的经营管理。按国际货币基金组织等权威国际经济组织的解释,所谓有效控制权,是指投资者持有所投资企业的一定数量的股份,因而能行使表决权并在企业的经营决策和管理中享有发言权。这种股权参与下取得的对企业的控制权有别于非股权参与的情况。如果没有这种股权参与,即使通过其他途径或方法对企业产生影响,也不构成直接投资。

在外商直接投资企业中,投资者的经营控制权往往与投资者对企业股份的所有权相一致。一般情况下,投资者拥有的股份比例越高,经营控制权就越大。但是国际直接投资所要求的有效控制权并不与股份拥有比例构成确定的数量关系。因为按照投资实践的通行原则,有效控制权并不代表投资者实际参与企业经营决策的能力和在企业经营管理中的实际地位。

目前,国际上对直接投资所需拥有的最低股权比例尚无统一的标准。国际货币基金组织主张,外国投资占25%可以算作国际直接投资。许多国家的国际(对外)投资法或有关的法规也规定了构成直接投资所需拥有的最低股权比例,以区别于其他形式的投资。但是,具体的解释和标准却不尽相同。从当今世界大趋势来看,各国都日益重视对外投资和利用外资,对国际投资范畴的有效控制权规定的股权比例也相应减少,一般按国际惯例认为,超过企业10%股权的外国投资即被认定为国际直接投资。

(2) 国际直接投资在国际间转移的是生产要素的组合,而不是相互独立的单一要

---

① 实际上,对外直接投资或海外直接投资是从一个国家(经济体)的角度来考察这种投资活动,而国际直接投资则是从全球角度来考察这种投资活动的。

素,这种组合要素比单一要素能够获取更大的经济利益。

就资本流动的形态来看,国际直接投资不是单纯采取货币资本形态,而是涉及货币资本、技术设备、经营管理知识和经验等经营资源要素在国际间的一揽子流动。换句话说,企业生产和经营活动向国外扩张的同时,还涉及劳动力的跨国流动。一旦企业的生产和经营活动打破了国家界限,把整个世界作为一个大市场来对待,就产生了国际直接投资。可以认为,国际直接投资是生产社会化走向生产国际化的必然选择,是生产的专业化分工扩大到国际范围的具体体现。

国际直接投资往往是一种国际中、长期投资,是一揽子生产要素的国际转移。正如约翰·H. 邓宁(John H. Dunning,1978)所说,跨国企业作为企业资本供应者的传统作用或许已经过去,取代它的将会是技术和管理服务相结合的各种形式。①

二、国际直接投资的动因

(一)高额利润驱动

追求高额利润是资本的天然属性,是对外直接投资最根本的动机。例如,在 20 世纪 70 年代末,美国国内制造业的平均利润率为 13% 左右,而 1979 年美国在发达国家直接投资的利润率为 19.2%,在发展中国家直接投资的利润率高达 32%。美国在发达国家和发展中国家的直接投资利润率,80 年代中期分别为 16.2% 和 17.2%,1987 年分别为 21.3% 和 13.8%,1989 年分别为 14.6% 和 17.2%。丰厚的利润,是企业进行对外直接投资最大的驱动力。

(二)资源导向驱动

资源导向驱动是指企业为寻求稳定的资源供应和利用廉价资源而进行的对外直接投资。这类投资又可分为两种情况:一是寻求自然资源,即自然资源导向型投资,企业对外直接投资是以取得自然资源为目的,如开发和利用国外石油、矿产品以及林业、水产等资源,可以大大降低投资企业的生产成本;二是寻求人力资源,人力资源是影响企业生产效率的重要因素之一,如果东道国拥有比母国更加廉价和高效的人力资源,可以节省投资企业的人力成本,一般情况下投资企业在东道国主要生产劳动密集型产品。

(三)市场导向驱动

这类投资可分为以下四种情况:一是开辟新市场,跨国企业通过对外直接投资在过去没有出口市场的东道国占有一定的市场;二是保护和扩大原有市场,跨国企业在对出口市场的开辟进行到某种程度之后,通过对外直接投资在当地进行生产和销售更为有利;三是克服贸易限制和障碍,跨国企业可通过向进口国或第三国直接投资,在进口国当地生产或在第三国生产再出口到进口国,以避开进口国的贸易限制和其他进口障碍;四是跟随竞争者,在寡头垄断市场结构下,当一家企业率先到国外直接投资,其他企业会采取跟随战略,甚至不惜亏损来维护自己的相对市场份额,保持竞争关系的平衡。

---

① J. H. Dunning, "Multinational Business and the Challenge of the 1980's", *Multinational Business*, London: Economist Intelligence Unit. No.1,1978.

（四）效率导向驱动

效率导向驱动是指跨国企业基于降低成本、提高生产效率的目的而进行的对外直接投资。通常有两种情况：一是降低生产成本，当企业在国内生产出口产品的生产成本高于在国外生产时，可通过对外直接投资的方式在国外设厂生产，以降低生产成本以及运输成本等，提高生产效率；二是获得规模经济效益，当企业的发展受到国内市场容量的限制而难以达到规模经济效益时，企业可通过对外直接投资，将其相对闲置的生产力转移到国外，以提高生产效率，实现规模经济效益。

（五）技术导向驱动

技术导向驱动是指企业通过对外直接投资来获取东道国的先进技术和管理经验，这种动机的投资通常集中在发达国家和地区的资本技术密集型产业，投资企业一般通过与当地拥有先进技术的公司合资或并购吸收先进技术。第二次世界大战后，发达国家之间的对外直接投资不断增加。20 世纪 90 年代以来，国际直接投资的 80% 集中在"大三角"国家之间，欧共体和日本不断扩大对美国的直接投资，而美国也在不断增加在欧共体和日本的直接投资，出现这种情况的一个重要原因就是各国为了获得对方的先进技术。

（六）优惠政策驱动

对外直接投资的优惠政策主要包括税收、金融、保险、土地使用、进口等，对于投资企业来说，优惠政策的实施可以减少投资风险，降低投资成本，获得高额利润。东道国和母国都可以给予这些优惠政策，对于东道国来说，尤其是一些发展中国家，对于资金的需求造成其实施大量的优惠政策来引资，进而带动本国经济的发展；对于母国来说，当经济发展到一定水平后，为了鼓励本国企业走出国门寻求更大的经济增长，需要实行鼓励对外直接投资的政策。

（七）环境污染转移驱动

环境污染是威胁人类生存和经济发展的世界性问题，一些发达国家迫于日益严重的环境污染问题，严格限制企业在国内从事易造成污染的产品生产，此类型的生产企业只有通过对外直接投资将污染产业向国外转移。在发达国家对外直接投资中，化工产品、石油和煤炭产品、冶金、纸浆造纸这四大高污染行业所占比重很高。

（八）全球战略驱动

跨国公司的全球战略是跨国公司在全世界范围内安排投资，从事生产经营活动的战略。跨国公司在基于全球战略进行对外直接投资时，所考虑的并不是某一子公司在某一时期或某一地区的盈亏得失，而是跨国公司长期的、全局的最大利益，有时不惜牺牲某地区、某部门的局部利益，以保证全球战略目标和整体利益的实现。

三、国际直接投资的类型

根据不同的分类标准，国际直接投资可以分为独资经营、合资经营、合作经营、合作开发以及绿地投资和跨国并购等不同类型。[①] 跨国公司选择何种类型的国际直接投资方式,取决于其自身条件和国际投资环境。

(一)按照投资主体对海外子公司拥有股权份额的程度,国际直接投资可分为独资经营与合资经营两种类型[②]

1. 独资经营

独资经营,是指由外国投资主体根据东道国[③]的法律,经批准在东道国建立全部资本为外国投资主体所有的企业经营形式。独资经营企业的投资主体拥有企业的全部股权,因此享有企业的全部所有权,并独立承担企业经营的全部责任和风险。

由于跨国公司拥有垄断技术优势,并且采取独资经营方式可以实现内部价格转移[④],因此大型跨国公司特别偏好以创办独资企业的形式进行国际直接投资。即使由于东道国的相关法律限制,也选择开始为合资经营的形式,后来逐渐扩大股权比例,最终转化为独资经营的渐进方式。

第二次世界大战以后,无论是发达国家还是发展中国家,独资经营企业都得到了较大的发展。跨国公司设立海外独资企业(亦即海外子公司[⑤])的途径有两条:一是在东道国新建投资项目,即绿地投资;二是兼并或收购东道国公司,即跨国并购。

2. 合资经营

合资经营,又称股权式合营,是指由外国投资主体与东道国投资者依照东道国法律,在东道国境内共同投资设立一家新的企业,投资各方依照各自出资额的多少共同行使经营管理权,共负盈亏、共担风险的经营形式。由此设立的企业称为合资经营企业或合资企业。在合资比例上,投资各方出资多寡及在总股本中各占多少比重由投资各方协商确定。但从国际上合资经营的实践来看,大体上有三种做法:外国投资主体股权占半数以上;东道国投资者股权占半数以上;外国投资主体与东道国投资者股权对等。

合资经营企业从法律上讲是独立法人,它具有起诉和应诉的能力;从公司责任上讲是有限责任公司,投资者对公司所负的责任以其注册资本为限,相互间不负连带责任。这种形式适合于小型跨国公司采用。对于规模小、技术水平不高的小型跨国公司来说,想进入东道国市场,采用此种直接投资方式可以获得东道国政府的支持。进行合资经营的途径也有两个:一是通过新建投资项目的方式设立合资企业,二是通过购买东道国企业股权的方式设立合资企业。

(二)按照进入海外市场的方式,国际直接投资可分为新建投资和跨国并购两种类型

新建投资(又称绿地投资),是指在东道国建立新的企业或工厂,形成新的生产能力

---

① 崔日明、徐春祥:《跨国公司经营与管理》,机械工业出版社 2005 年版,第 86—89 页。

② 朱钟棣、郭羽诞、兰宜生:《国际贸易学》,上海财经大学出版社 2005 年版,第 245 页。

③ 东道国(Host Country)是指跨国公司从事海外经营活动的所在国家。见张小蒂、王焕祥:《国际投资与跨国公司》,浙江大学出版社 2004 年版,第 8 页。

④ 跨国公司内部价格转移是指跨国公司母公司与子公司之间或子公司与子公司之间进行交易时所执行的价格,包括货物价格、劳务费、贷款利率、租金率、专利或其他知识产权的使用费及支付方法。见崔日明、徐春祥:《跨国公司经营与管理》,机械工业出版社 2005 年版,第 157—158 页。

⑤ 海外子公司(Abroad Subsidiary)指由跨国公司的母公司出资(独资或合资),在东道国依照该国有关法律注册的企业法人组织。

或经营单位。如果是第一次进入东道国投资设厂，则称为“草根式进入”(Grass-root Entry)或“绿地策略”(Green-field Strategy)。

跨国并购(Cross-border Mergers & Acquisitions)是跨国兼并和跨国收购的简称，指一国企业(又称并购企业)为了达到某种目标，通过一定的渠道和支付手段，将另一国企业(又称目标企业)的所有资产或足以行使经营控制权的股份购买下来。其中，跨国兼并是指在当地或国外企业的资产或运营活动被融入一个新的实体或并入已经存在的企业；跨国收购是指在已经存在的当地和外国附属企业获得占有控制权的份额。跨国兼并的结果是两个或两个以上的法人合并为一个法人，而跨国收购的最终结果不是改变法人的数量，而是改变被收购企业的产权归属或经营管理权归属。①

与新建相比，跨国并购具有以下三个优点：

(1) 能够节省投资时间，迅速进入东道国市场；

(2) 有利于获得更多的市场份额，扩大业务经营范围，减轻竞争压力；

(3) 能有效利用被收购企业原有的管理制度和管理人员等。

正因为如此，20 世纪 80 年代以来，国际直接投资开始大量转向通过并购方式进入东道国。但国际竞争实践表明，跨国并购的成功率并不高，并存在一系列问题。这是因为在并购过程中，难以准确估计被收购企业的资产价格，由于企业规模和地理位置上的限制，完成企业收购后，对被收购企业的管理需要进行调整，还要受到原有契约关系的制约等。因此，尽管通过收购能迅速进入目标市场，但能否很好地实现投资者的目标却存在很大的不确定性。

20 世纪 80 年代中期以前，跨国公司的国际直接投资以绿地投资为主，而 20 世纪 80 年代中期以后，则逐渐转变为以并购方式为主。到 20 世纪末，跨国并购占全球国际直接投资的 80% 以上。

新建和并购这两种方式各有所长又相互对立，收购的优点恰恰就是新建的缺点，而收购的缺点又是新建的优点。跨国公司进行国际直接投资时，必须根据这两种方式的特点以及对跨国公司自身的实力和东道国的投资环境、政策法规等因素进行权衡，做出适当的选择。

四、国际直接投资格局的变化

(一) 国际直接投资来源国及流向变化

第二次世界大战前，英国对外直接投资位居世界首位，美国次之；而且国际直接投资主要从发达国家流向发展中国家，资本单向流动。第二次世界大战后，在相当长的一段时间内美国是世界上最大的对外直接投资国，是唯一能进行大规模资本输出的国家，投资流向较第二次世界大战前也发生了很大变化，国际直接投资主要体现在发达国家之间的流动，是资本的双向流动。20 世纪 60 年代以来，随着欧洲经济的迅速恢复，西欧国家在对外直接投资中的地位大幅度上升，且资本大量流入美国，形成对外直接投资的双向

① 崔日明、徐春祥：《跨国公司经营与管理》，机械工业出版社 2005 年版，第 163 页。

流动。20 世纪 60 年代末，日本已跻身世界经济大国，成为对外直接投资的大国。20 世纪 70 年代，美国在世界对外直接投资中的地位下降，西欧经济的崛起使其成为同美国和日本相抗衡的对外直接投资的来源，石油输出国组织此阶段的对外投资额大幅度上升，同时发展中国家吸收国际直接投资的比重逐步提高。20 世纪 80 年代，美国对外直接投资开始萎缩，直至成为直接投资的净输入国；与此同时，发展中国家经济在这个时期迅速发展，对外直接投资规模逐渐扩大，其中新兴工业化国家的表现强劲，此外，新兴及发展中国家和地区成为吸收国际直接投资最重要的国家和地区之一。20 世纪 90 年代，美国再次成为国际直接投资净输出国，且净输出额不断扩大；1994 年的货币危机后，拉美国家吸引外资的能力增强。进入 21 世纪以来，欧盟经济经过衰退、复苏和增长后，其对外投资额有所增长，在 2008 年金融危机的冲击下，主要发达国家的对外直接投资流出量锐减；日本的对外投资规模同样经历了先增加后减少的发展过程；美国在金融危机后，对外直接投资额剧烈波动且大幅度下降；发展中国家该时期的对外投资额继续上升；东亚地区是 2008 年金融危机爆发后经济恢复较快的地区，进而成为吸引国际直接投资的重要地区；巴西受到金融危机的影响，尽管在 2009 年吸收的国际直接投资额大幅下滑，但仍是拉美地区国际直接投资的主要吸收国；此外，非洲经济近年来开始回升，使其开始主动吸收国际直接投资。

（二）国际直接投资结构变化

国际直接投资结构的演变与产业结构的演进紧密相连。第二次世界大战前，国际直接投资主要集中在初级产业；第二次世界大战结束到 20 世纪 70 年代中期，国际直接投资主要集中在制造业；20 世纪 70 年代中期以后，国际直接投资在制造业内部又进一步出现了分化，从低成本、低技能的制造业向高资本、高技术产业转变；20 世纪 80 年代后，世界上的主要投资国增加了对服务业的投资，与金融和贸易有关的服务业引资占到国际直接投资总量的一半以上，目前，第三产业是发达国家对外投资的主要领域。

相关案例　**吉利：跨国并购达双赢 需文化融合助发展**

两年前，吉利集团成功扣开欧洲大门，收购全球知名品牌沃尔沃。而当国际汽车业为如何度过经济寒冬惴惴不安时，吉利汽车却摩拳擦掌大步迈进，2011 年销量超 43 万，年增长 10%。

吉利收购沃尔沃究竟有没有取得实质性进展，合作过程中是怎样实现双赢的？针对这两个全世界都关心的问题，李书福给出了明确答案，“吉利并购沃尔沃不会是一个简单的财务投资，吉利是一个汽车公司，所以一定要让沃尔沃帮助和支持吉利更好发展。希望通过设计和建立全球型企业文化，对这种新型企业文化进行研究和推广，帮助更多跨国企业接受和建设全球型企业文化模式，从而推动全球型企业文化的形成和发展，使全球型企业文化深入人心，并使全球型企业文化研究中心成为一个独立智库。”

- 吉利、沃尔沃文化逐渐顺利融合

汽车作为一个国际化产业，已经实现了研发全球化、产品全球化和市场全球化。汽车跨国巨头的触角伸向世界各个角落。中国作为一个新兴的汽车大国，汽车产业势必要实现国际化。

在“引进来”方面，几乎所有跨国汽车巨头都进入了中国，在“走出去”方面，中国汽车企业也屡有斩获。而吉利成功收购沃尔沃，就是中国企业走出去一个非常成功的典范。无论是引进来还是走出去，要取得成功，必须要实现中外文化的融合。李书福表示，“跨国并购的全球成功案例不是很多，所以在成功并购当中，一定要非常注重各利益相关方的沟通”。吉利收购沃尔沃是中国企业走出去一个非常成功的典范，但沃尔沃深深扎根于瑞典文化氛围中，所有的研发设计都在瑞典。

为此，吉利成立了对话与合作委员会，这正是双方沟通合作方式和具体细节的平台，双方就制造和供应汽车产品、开发新产品和相关技术以及产品市场推广等方面的合作进行探讨。

同时，为了瑞典员工更好地了解中国文化，浙江（吉利）交响乐团欧洲巡演的处女秀，以文化交流形式向欧洲传递吉利文化，扩大吉利成功收购沃尔沃并成功运营成果在整个欧洲的影响力和认同感，为吉利集团正在实施的全球化战略创造良好的文化环境。

- 建立企业文化智库，加强管理之道

推动本土化研发、本土化人才、本土化采购、本土化市场与全球研发、全球人才、全球采购、全球市场的灵活协调是赢得竞争的关键。

为了更好地加强本土化运作，吉利建立了中国首家企业文化智库——全球型企业文化研究中心，目的是：推动全球型企业文化的形成和发展，使全球型企业文化深入人心，并使三亚全球型企业文化研究中心成为一个独立智库。使命是：引导和建立全球型企业文化；对这种新型的跨文化企业文化进行研究和推广；帮助跨国企业接受和形成全球型企业文化。

据北京大学光华管理学院武常岐教授介绍，全球型企业文化研究中心将首先开展中国与瑞典、比利时三国之间的文化对比研究及对企业竞争力与管理的利弊分析，帮助中、欧管理层更好地实现相互了解，进而辅助商业决策。

除此，为了体现沃尔沃无污染、零排量的理念，不惜耗费几十亿元巨资，坚持举办沃尔沃环球帆船赛，通过这些举措，吉利不仅很好地解决了这一文化差异的难题，而且得到了沃尔沃所在国和各专业工会、员工的广泛认同，成为中国企业跨国并购中的文化融合经典。

吉利收购沃尔沃以后，一个新的沃尔沃正在迅速振兴。随着中国和北欧文化以及吉利和沃尔沃文化的进一步融合，沃尔沃的未来将更加光辉灿烂！

（资料来源：中国新闻网，2012 年 2 月 20 日，http://finance.chinanews.com/auto/2012/02-20/3683264_3.shtml。）

第二节 国际直接投资理论

一、麦氏模型和“双缺口”模型

（一）麦氏模型

这一模型是由美国经济学家 G. D. A. 麦克道格尔（G. D. A. Macdougall）于 1960 年在其有关国际投资的论文《来自国外私人投资的收益与成本：一种理论方法》（The Benefits and Costs of Private Investment from Abroad: A Theoretical Approach）中提出的。①

模型假定：

（1）世界仅由甲国（接受外来投资国）和乙国（对外投资国）组成，甲国为资本稀缺国，乙国为资本富裕国；

（2）资本受边际产出递减规律支配，即在其他要素投入量不变的情况下继续追加资本，则追加资本的单位产出率将递减；

（3）两国国内经济均处于完全竞争状态，资本的边际收益率等于资本的边际产出率。

如图 7-1 所示，*EJ* 和 *FD* 分别为甲、乙两国的资本边际产出曲线。

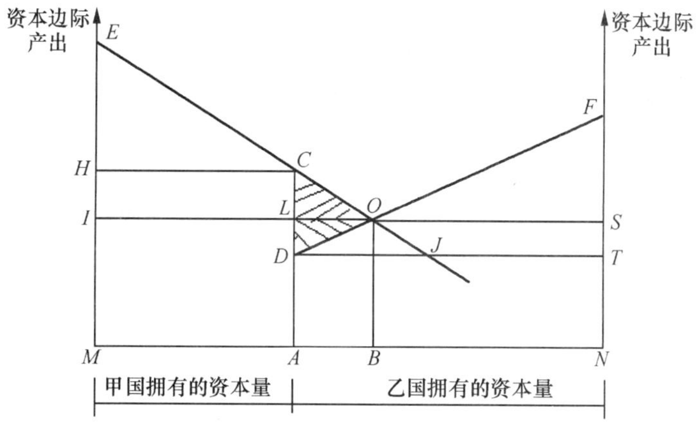

图 7-1 资本国际移动的经济效应

在资本进行国际流动之前，甲国的资本存量由 *MA* 表示，乙国的资本存量由 *NA* 表示，整个世界的资本存量保持不变，用 $MN(MN = MA + AN)$ 表示。甲国由于资本稀缺，资本利率较高，资本市场利率为 *H*；乙国则相反，由于资本丰裕，资本市场利率为 *T*。甲国国内总产出为 *MECA* 表示的面积，其中资本产出为 *MHCA* 表示的面积，其他要素收入为 *EHC* 表示的面积，资本的边际产出为 *MH*；乙国国内总产出为 *NFDA* 表示的面积，其中资本产出为 *NTDA* 表示的面积，其他要素收入为 *TFD* 表示的面积，资本的边际产出为 *NT*。

---

① G. D. A. Macdougall, “The Benefits and Costs of Private Investment from Abroad: A Theoretical Approach”, *Economic Record*, 36, 1960, pp. 13—15. 转引自张小蒂、王焕祥：《国际投资与跨国公司》，浙江大学出版社 2004 年版，第 25—27 页。

从图 7-1 可以看出,若甲、乙两国均为封闭型经济,资本不能跨国界流动,则资本相对稀缺的甲国的资本边际产出从而资本收益高于资本相对富裕的乙国,即 $MH > NT$。

由于甲国的资本边际收益率 MH 超过了乙国的资本边际收益率 NT,因此如果允许资本在国际间移动,则只要甲国资本的边际收益率高于乙国,则乙国的资本便会源源不断地流向甲国,直到两国的资本边际收益率相等为止,这时资本流动达到均衡,均衡点为 O 点,两国的资本边际收益率相等,为 $MI = NS$。这时总计数量为 AB 的资本由乙国流向甲国。

资本的国际移动对甲、乙两国的产出产生了不同的影响。甲国国内总产出变为 $MEOB$ 表示的面积,乙国国内总产出变为 $NFOB$ 所表示的面积;甲国原资本所有者由于国内利率下降而使收益变为 $MILA$,比资本流动前减少了 $IHCL$。乙国资本所有者收益变为 $NSLA$,比流动前增加了 $TSLD$。资本 AB 从乙国流向甲国创造了收入 $ALOB$,计入甲国的 GDP,同时计入乙国的 GNP。新增的资本收入中,甲国获取了 LCO 的收益,乙国获取了 LDO 的收益。

甲、乙两国间的资本跨国界移动对双方的经济资源利用效率、国民收入分配及国际收支平衡等也会产生不同程度的影响。

从甲国来看,虽然其资本收益率有所下降(由 MH 降到 MI),但其原先国内资本稀缺的状况却得到了缓解。由于外资的引入,甲国的其他生产要素,如劳动力、自然资源等得到了更加充分的利用,GNP 和 GDP 均将因此而上升,这将促进其经济的发展,在图 7-1 中表现为甲国的新增收入 LCO。在国际收支方面,若不考虑外贸及其他因素的影响,则短期内甲国的外汇收入会因外资的流入而迅速增加。但长期来看,随着外国资本利润汇出的增多,甲国的外汇收入会有相应的减少。

从乙国来看,由于资本的输出,其他生产要素的收益率有所下降,但其资本收益水平却得到了很大的提高,其 GNP 也有了明显的增加,在图 7-1 中表现为新增收入 LDO。在国际收支方面,对外投资将会使乙国的外汇收入在短期内净流出。但在长期内,由于对外投资利润的不断汇回,乙国在国际收支方面的状况会得到改善。尽管各有利弊,但从总体上看利大于弊,双方均可获得新增收入,其总和为 $CDO(LCO + LDO)$ 所表示的面积,即图 7-1 中的阴影部分。

麦克道格尔的国际资本流动理论模型认为,资本在各国间的自由流动,可以使资本的边际生产力在国际间得到平均化,从而可以提高世界资源的利用效率,增加全球财富总量,提高各国经济效益。限制国际直接投资的资本流动的经济代价是世界经济效率的损失和各国的收入下降。

当然,由于上述模型对货币化资本的国际运动做了高度的简化,故对国际投资现实的解释能力是有限的。尽管如此,作为一种高度抽象的理论分析,该模型还是以简单的形式提供了一个资本流动模型的理论分析框架。

(二)“双缺口”模型

在发展中国家,经济增长的一般约束是用于投资的资源的短缺,而不是缺少投资刺激。因此,经济的开放一般便通过这样两条渠道来影响资本积累:一是通过举借外债来补充国内储蓄不足,二是通过进口一部分用于投资的资本品。[①] 这两种影响之间的内在关系在下面的“双缺口”模型中得以表述。

“双缺口”模型最初是由世界银行的前发展政策副主席、美国经济学家 H. B. 钱纳里(H. B. Chenery)与以色列经济学家 M. 布鲁诺(M. Bruno)于 1962 年在“Development Alternatives in an Open Economy: The Case of Israel”中提出的。[②] 该模型对世界银行的政策,尤其是对国际援助分配方面的政策,具有很大的影响。他们认为,根据宏观经济学中的国民收入决定论,在封闭的经济条件下,如果以 Y 表示国民收入,以 C 表示消费,以 S 表示储蓄,以 I 表示投资,则有 $Y = C + I$ 和 $Y = C + S$,因此,国民收入达到均衡的条件为:$I = S$。

这表明,在封闭的两部门经济中,储蓄是投资唯一可能的来源,一国的投资规模受制于该国的储蓄能力。如果一国想要通过增加投资来加快经济发展,就必须减少当前的消费。对于发展中国家而言,收入的低水平导致了储蓄从而投资的低水平,进而影响经济发展的速度,形成了某种程度的恶性循环。

然而,在开放经济的条件下,上述情况就会有所改善。因为在开放经济中,国民收入的均衡条件可由 $Y = C + I + X$(出口)和 $Y = C + S + M$(进口)两式导出,即 $I - S = M - X$。该等式的左侧($I - S$)为储蓄缺口,右侧($M - X$)为贸易缺口。应该注意的是,该等式的成立是指双缺口事后的相等;而在事前,则无论投资、储蓄、进口和出口都是相对独立的变量,这意味着投资超出储蓄的数额不一定恰好等于进口超过出口的数额,故发展中国家有必要对此进行宏观调控。但是,如果仅仅对构成“双缺口”的几个经济变量进行修补,未免显得消极。因此,如果发展中国家能够积极、主动地引进和利用外资,则流入的外资既可弥补贸易缺口,提供进口所必需的外汇,又可弥补因国内投资规模大于储蓄能力而形成的储蓄缺口。

“双缺口”模型为发展中国家通过利用外资来促进经济发展提供了某种理论依据。大多数发展中国家存在着经济结构亟待调整、产业结构升级和优化的问题,而这些问题的解决离不开巨额的资金投入,出现国内储蓄缺口在所难免。同时,发展中国家在向工业化过渡的过程中,用于设备、技术进口的外汇需求很大,在自身出口创汇能力有限的情况下,很容易出现外汇缺口。

“双缺口”模型的不足之处是按照该模型,国际投资只能是从资本及外汇均相对富裕的发达国家流向二者都相对缺乏的发展中国家,这种认识带有一定的片面性,同时也不符合发展中国家经济发展和对外投资的实际。此外,该模型所指明的政策取向也并非发展中国家克服资金短缺和外汇不足的唯一选择,因为除了利用外资这一途径外,发展中国家还应通过经济体制改革提高国内资源的利用率,同时积极发展外向型经济,扩大出

---

① 〔美〕约翰·威廉逊著,厉伟译:《开放经济与世界经济》,北京大学出版社 1991 年版,第 302 页。

② H. B. Chenery and M. Bruno, “Development Alternatives in an Open Economy: The Case of Israel”, *Economic Journal*, Mar. 1962, Reprinted with Modifications as Chap. 8 in H. B. Chenery, *Structural Change and Development Policy*, Oxford University Press, New York, 1979.

口创汇，从而弥补上述缺口。发展中国家若进行贸易导向型国际直接投资①，对带动和扩大出口会起到显著作用。发展中国家在国际直接投资中并不一定只充当投资接受国的角色，也可以发展自己的跨国公司，从而进行对外直接投资，以分享国际经济发展的利益。因此，“双缺口”模型在一定程度上具有某些局限性。

在对资本国际流动的两个重要模型进行简单介绍后，下面将重点介绍国际直接投资理论。在研究跨国公司和国际直接投资理论中有两个重要贡献：第一个贡献是 S. H. 海默（S. H. Hymer）的研究，并发展成为一般文献中所说的垄断优势理论；第二个贡献是内部化概念在解释跨国公司出现和扩张行为方面的系统研究。下面分别予以介绍。

二、垄断优势理论

垄断优势理论（The Theory of Monopolistic Advantage），也称特定优势论，是产业组织理论在跨国公司和国际直接投资领域应用研究的结果，是关于跨国公司凭借其特定的垄断优势从事国际直接投资的一种跨国公司理论。

20 世纪 60 年代初，美国学者海默在他的博士论文《国内企业的国际经营：对外直接投资的研究》（International Operational of National Firms: A Study of Direct Foreign Investment）中首次提出了垄断优势论。在其论文中，海默研究了 1914—1956 年美国对外投资的资料，发现 1914 年前美国几乎没有对外证券投资（国际间接投资），直到 20 世纪 20 至 30 年代开始出现对外证券投资。第二次世界大战后，美国对外直接投资迅速增加，但对外证券投资发展却异常缓慢。海默得出“对外直接投资与对外证券投资有着不同行为表现”的结论，并以垄断优势论加以解释。

20 世纪 70 年代，由海默的导师查尔斯 · 金德尔伯格（Charles Kindleberger）对该理论进行了补充和完善，从而形成了一代跨国公司理论的基础——垄断优势论。该理论同时又被称作“海默-金德尔伯格传统”（H-K Tradition），它替代了“赫克歇尔-俄林模型”（H-O Model），成为研究国际直接投资最早且最有影响的基础理论。

垄断优势理论的核心内容是“市场不完全”与“垄断优势”。传统的国际资本流动模型，即要素禀赋论认为企业面对的海外市场是完全竞争的，然而，“完全竞争”在现实中并不多见，普遍存在的是不完全竞争市场。

海默认为，市场的不完全性体现在以下四个方面：① 产品和生产要素市场的不完全；② 规模经济导致的市场不完全；③ 政府干预经济而导致的市场不完全；④ 由于关税及其他税赋导致的市场不完全。

海默认为，市场不完全是企业进行国际直接投资的基础，因为在不完全竞争市场条件下，企业有可能获得东道国同类企业所没有的特定优势。这种“企业特定优势”（Firm-specific Advantages），即企业国际化经营的垄断优势主要包括以下七个方面：① 技术优势；② 先进的管理经验；③ 雄厚的资金实力；④ 信息优势；⑤ 国际声望；⑥ 销售渠道优

---

① 日本学者小岛清（K. Kojima）根据国际直接投资的动机，将国际直接投资分为自然资源导向型、劳动力导向型、市场导向型和生产与销售国际化型四种类型。在此基础上，国内学者崔日明、徐春祥等又补充了另外三种国际直接投资动机类型：贸易导向型、效率导向型和战略资产导向型。参见崔日明、徐春祥编著：《跨国公司经营与管理》，机械工业出版社 2005 年版，第 46 页。

势;⑦ 规模经济优势。

垄断优势理论还试图解释美国企业选择国际直接投资,而不依赖出口和许可证交易方式以充分利用其垄断优势的原因。海默认为,美国企业从事国际直接投资的原因,一是东道国关税壁垒阻碍企业通过出口扩大市场,因此企业必须以国际直接投资方式绕过关税壁垒,维持并扩大市场;二是技术等资产不能像其他商品那样通过销售获得全部收益,而国际直接投资可以保证企业对国外经营及技术运用的控制,因此可以获得技术资产的全部收益。通过研究,海默还发现,美国企业进行国际直接投资以独资经营为主要形式。

海默等人提出的垄断优势理论不仅开创了国际直接投资理论研究的先河,而且许多内容具有科学性。该理论首次提出了不完全竞争市场是导致国际直接投资的根本原因,并论述了市场不完全的类型;提出了跨国公司拥有的垄断优势是其实现国际直接投资,从而获得高额利润的条件,并分析了垄断优势的内容。这些理论对于研究当代跨国公司的国际直接投资动因具有十分重要的意义。

但海默的垄断优势理论也存在一些局限性,主要表现在:垄断优势理论的研究对象主要是美国少数技术经济实力雄厚、独具对外扩张能力的大型跨国公司,对于中小企业以及发展中国家的国际直接投资则没有进行分析。而现实情况是,自 20 世纪 60 年代以来,许多发达国家的中小企业也积极进行国际直接投资,特别是广大发展中国家的企业也加入到国际直接投资的行列中来。垄断优势理论显然对这些新的现象无法做出科学的解释。

三、内部化理论

内部化理论(The Theory of Internalization)又称市场内部化理论,是当代比较流行的关于国际直接投资的一般理论。该理论是由英国里丁大学学者彼得 · J. 巴克利(Peter J. Buckley)和其同事马克 · C. 卡森(Mark C. Casson)在 1976 年合著的《跨国公司的未来》一书中提出的。[①] 后来,加拿大学者 A. M. 拉格曼(A. M. Rugman,1978,1981)在其出版的《跨国公司的内幕:国际市场的经济学》一书中,对该理论进行了进一步完善和拓展。[②]

内部化是指把市场建立在公司内部的过程,以内部市场取代原来的外部市场,公司内部的转移价格起着润滑的作用,使之像外部市场一样有效地发挥作用。内部化的思想来自罗纳德 · H. 科斯(Ronald H. Coase,1937)的交易成本学说,是当代西方较为流行、较有影响的一般理论。

内部化理论建立在以下三个假设基础之上:

(1) 企业在不完全市场上从事经营的目的是追求利润的最大化;

(2) 当生产要素特别是中间产品的市场不完全时,企业就有可能统一管理经营活动,以内部市场取代外部市场;

---

① P. J. Buckley and M. Casson, *The Future of the Multinational Enterprise*, London, Macmillan, 1976. *A Theory of International Operation*, North-Holland, Amsterdam, 1978.

② A. M. Rugman, *Inside the Multinationals: The Economics of International Markets*, Croom Helen Ltd., 1981.

(3) 内部化超越国界时就产生了跨国公司。

巴克利在《跨国公司的未来》一书中指出:影响企业交易成本从而导致市场内部化的因素有四个:

(1) 产业特定因素,主要包括中间产品的特性、外部市场结构、企业的规模经济特征及行业特点等;

(2) 区域因素,指有关区域内社会文化差异、综合投资环境以及自然地理特征等;

(3) 国家因素,指有关国家的政治体制、法律架构与财政经济状况等;

(4) 企业因素,指企业的竞争优势与劣势、组织结构、管理水平、生产和销售技术以及企业文化等。

在市场不完全、市场交易出现障碍且交易成本不断增加的情况下,企业只能采取内部市场取代外部市场的办法来控制企业内部的资源配置和商品分配,此时以国际直接投资为手段的跨国公司便出现了。

根据内部化理论,企业通过国际直接投资,形成内部市场,降低了交易成本和交易风险。由于跨国公司内部市场的存在,它们在研究开发、规模经济上占有优势,在绕过贸易壁垒进行直接投资时,要比国内或东道国的竞争对手更胜一筹,在不确定性不断增加的市场环境下,内部交易使企业能够根据自己的需要进行内部资金、产品和生产要素调拨,从而保证效益最大化。内部化理论对跨国公司旨在将其经营的各种成本降到最低限度的行为进行了理论说明。

内部化理论的主要贡献:首先,内部化理论的出现标志着西方国际直接投资研究的重大转折。垄断优势理论从市场的不完全和寡占的市场结构论述了发达国家国际直接投资的动机和决定因素,而内部化理论则从跨国公司所面临的内外部市场的差异、国际分工、国际生产组织的形式等来研究国际直接投资的行为和动机。它既可以解释发达国家的国际直接投资行为,又可以解释发展中国家的国际直接投资行为,因而被称为“通论”。其次,内部化理论较好地解释了跨国公司在国际直接投资、出口贸易和许可证安排这三种参与国际经济方式选择的依据。跨国公司通过国际直接投资将市场内部化,保持其在世界范围内的垄断优势,从而实现公司利润的最大化,因此在这三种方式中占主导地位。而出口贸易由于受到进口国的贸易保护主义的限制,许可证安排则由于局限于技术进入产品生命周期的最后阶段,因而均属于次要地位。最后,内部化理论有助于解释战后跨国公司增长速度、发展阶段和盈利波动等事实。

内部化理论也具有一定的局限性。与其他理论相比,内部化理论虽然具有综合性,但它解释的只是跨国公司行为的充分条件,即跨国公司通过自身的财务和组织管理协调以发挥企业内部效率的机能,没有对跨国公司行为的必要条件,即跨国公司通过其生产和销售活动以满足消费者的需求的机能给予充分说明和解释,因而存在一定的片面性。

四、比较优势投资理论

比较优势投资理论(The Theory of Comparative Advantage to Investment),又称边际产业扩张论,是日本一桥大学小岛清教授提出的。1978 年,小岛清在其代表作《对外直接投资：一个日本多国企业经营的模型》(*Foreign Direct Investment: A Japanese Model of Multinational Business Operations*)一书中系统地阐述了他的对外直接投资理论。[①] 该理论被称为“小岛清模型”，对美、英等国学者产生了很大的影响。

比较优势投资理论的核心内容是：① 国际直接投资应该从本国已经或即将处于比较劣势的产业，即边际产业开始，并依次进行[②]；② 企业和东道国的技术差距越小越好，这有利于当地比较优势产业的建立，两国可以在国际直接投资及其引致的贸易中实现互补，并能更大程度地受益。

小岛清对美、日两国的国际直接投资进行了比较，发现美国的国际直接投资是从本国具有比较优势的产业开始，通过在海外设立子公司把生产基地转移到国外，减少了母公司[③]的出口，因此属于“贸易替代型”国际直接投资；而日本跨国公司的国际直接投资是从本国已经或即将陷于比较劣势的边际产业依次进行的，这种“切合比较优势原理”的国际直接投资是贸易扩大型的，属于“贸易创造型”投资。

小岛清进一步分析了美国式和日本式国际直接投资的不同：① 美国企业的国际直接投资是从本国具有比较优势的行业开始的，其目的是垄断东道国当地市场，不利于东道国经济发展；而日本企业的国际直接投资则是从不具有比较优势的所谓“边际产业”开始的，有利于东道国建立具有比较优势的产业，并推动东道国经济发展。② 日本的中小企业虽然不具备垄断优势，但它们拥有的适用技术在东道国当地具有较强的吸纳性，有利于东道国建立比较优势产业，增加就业和出口，促进东道国经济发展。

比较优势投资理论的主要贡献。在小岛清的上述理论问世之前，海默、维农等人关于国际直接投资的理论研究是以英、美的跨国公司为基础的，因而忽略了日本式的国际直接投资，因而是不全面的。小岛清提出的理论不仅填补了国际直接投资理论体系的一个空白，而且突破了以往英、美学者常用的“一种商品、一种产业、一个企业”的分析方法，而重视在“多种商品、多种产业、多个企业”的基础上进行研究。他的基本思想在于强调国际直接投资应当促进投资双方比较优势的发展，从而扩大两国之间的贸易。他所主张的国际直接投资与国际贸易之间应该是“互补而非替代”(贸易与投资互补论)的观点拓展了国际直接投资理论研究的思路。

当然，小岛清的理论也存在较大的局限性。他的理论只反映了日本这一跨国公司后起之秀在已经形成的跨国公司国际生产格局中寻找最佳发展途径的要求。日本经济原属于自然资源紧缺的海岛型经济，20 世纪 50—70 年代国内产业结构又处于升级换代阶段。这就决定了日本的国际直接投资必然集中在经济发展水平较低国家的资源产业和劳动密集型产业。因此，小岛清所阐述的理论只反映了在特定历史条件下，日本寻找最适合自己国情的国际分工途径，而难以具有普遍的意义。事实上，从 20 世纪 70 年代中期以来，随着日本经济实力的提升以及产业结构的日趋成熟，日本国际直接投资的模式表现出同“美国模式”趋同的态势。也就是说，日本原来的向发展中国家投资，实现国际生

① 〔日〕小岛清著，周宝廉译：《对外贸易论》，南开大学出版社 1987 年版。

② 实际上，这种产业的梯次转移，也是赤松要“雁行模式”的延伸。

③ 母公司(Parent Company)指跨国公司在其母国依照该国公司法律注册的法人企业。

产垂直分工的特征，逐渐转变为美国式的发达国家之间相互投资的国际生产水平分工的特征。

此外，该理论只片面强调国际直接投资对发展中国家经济发展的作用，忽视了因此也会给发展中国家带来某些危害。小岛清的边际产业扩张理论和维农的产品生命周期理论一起被称为区位优势论。

五、国际生产折中理论

应该说，前面述及的这些理论各有所长，但它们有一个共同的弱点，就是只能对跨国公司国际直接投资做出部分解释，缺乏普遍意义上的解释能力。因此，当约翰·H.邓宁把各种理论综合在一起提出其生产折中理论时，立即被誉为“集大成者”。

国际生产折中理论(The Eclectic Theory of International Production)，也称折中主义或国际生产综合理论，是由英国里丁大学(The Reading University)教授约翰·H.邓宁在1976年发表的《贸易、经济活动的区位与跨国公司：折中理论探索》一文中提出，并于1981年在其论著《国际生产与跨国企业》(*International Production and Multinational Enterprise*)中进一步系统化、理论化、动态化地予以修正。① 邓宁的理论适应国际生产格局变化的需要，吸收和综合过去有关国际直接投资的理论精华，形成了解释国际直接投资的最大理论框架，该理论能在很大程度上对国际化经营活动的三种形式，即技术转让、出口贸易及国际直接投资做出合理解释。

邓宁的国际生产折中理论的特点在于，它“集众家之所长，融众说于一炉”，力图开创一个“通论”。他把厂商理论、区位理论、产业组织理论，以及国际经济学中的各派思想有机地结合在一起，构成一个整体，综合地对跨国公司行为动机和条件做出了分析。

国际生产折中理论的核心是由三个核心优势理论组成的。邓宁在《国际生产与跨国企业》中指出：企业要发展成为跨国公司，应具备三个优势，即厂商优势(所有权优势)、内部化优势、区位优势，这三种优势(简称为“OIL”优势)必须同时齐备，缺一不可。如果缺少其中一两个优势，企业就不会进行对外直接投资，而选择商品出口或特许权转让的方式；如果仅有厂商优势和内部化优势，而无区位优势，则意味着缺乏有利的投资场所，只能将有关优势在国内加以利用，进行生产，予以出口；如果没有内部化优势和区位优势，仅存在厂商优势，包括无形资产优势，则企业难以内部利用，只得转让给外国企业。

国际生产折中理论的主要贡献：邓宁的国际生产折中理论注重综合分析、客观分析和动态分析，在理论形态上是完整和成熟的。其“三优势模式”(OIL Paradigm)主要是从国家这一宏观层面上分析了国家间的优势及其不平衡分布，比较综合地说明了三种优势和三种国际经营方式(出口、国际直接投资、许可证安排)之间的相互关系，是直到目前为止经济学界最权威和全面的理论体系。

但是，邓宁的国际生产折中理论并不是十全十美的，有的地方仍欠严谨、周密。主要表现在：

---

① J. H. Dunning, *International Production and Multinational Enterprise*, George Allen & Unwin, London, 1981.

（1）尽管该理论看起来颇有说服力，容易被人接受，但由于理论的“集大成”而影响了整个理论的逻辑性。邓宁把各种不同的甚至没有多大联系的因素捏合在一起，从而陷入了对现象的罗列和归纳，缺乏严谨而系统的分析。

（2）邓宁强调只有三种优势同时具备，才能进行跨国投资。但在现实经济活动中，并不同时具备三种优势阶段的发展中国家不仅发展了国际直接投资，而且还向发达国家进行逆向投资，这种现象给邓宁的理论以极大的冲击。

（3）该理论无法解释非私人跨国公司的直接投资活动，并过于简单地假定跨国公司国际直接投资的主要目标就是追求利润最大化。

六、国际直接投资理论的新发展

国际直接投资理论的发展和深化主要体现在两个层面：一是对垄断优势理论和区位优势理论的进一步发展；二是从其他新的角度提出了一些新的理论模型。

（一）垄断优势论与区位优势论的发展和深化

海默、金德尔伯格提出垄断优势理论后，引起了学术界的广泛关注。西方学者沿着他们的思路，进一步论述跨国公司的各种垄断优势，内容主要有三个方面：一是深化对跨国公司垄断优势的认识；二是探讨跨国公司在国际直接投资、出口贸易和许可证交易三种方式中选择国际直接投资的依据及条件；三是研究寡占反应的某些特点和规律。[①]

（二）当代国际直接投资理论的新发展

对国际直接投资理论新的发展主要表现在将国际直接投资理论由专门对发达国家的研究拓展到对发展中国家的研究，出现了所谓的发展中国家国际直接投资理论。

20 世纪 60 年代以来主流的国际直接投资理论，从海默-金德尔伯格的垄断优势理论、巴克利和卡森的内部化理论直到邓宁的“OIL 范式”，均以发达国家跨国公司的国际直接投资为研究对象。但 20 世纪 80 年代以来，迅速崛起的发展中国家国际直接投资已成为全球国际直接投资的重要组成部分。虽然就整体来说，发展中国家跨国公司在规模、技术、营销网络等各个方面都与发达国家存在着较大差距，并不具备主流国际直接投资理论所强调的垄断优势，因此主流的国际直接投资理论对此难以做出令人信服的阐释。一些学者试图对此加以解释，但至今尚未形成一个系统、完整的理论体系，归纳起来，有如下几种观点。

1. 小规模技术理论

20 世纪 70 年代后期，伴随着发展中国家跨国公司的长足发展，美国经济学家 L. T. 威尔斯（L. T. Wells）于 1977 年发表了《发展中国家企业的国际化》一文，对发展中国家跨国公司的行为特征进行了分析和总结，并给予了相应解释，并在 1983 年出版的专著《第三世界跨国企业》中做了更为详细的论述，提出了旨在解释发展中国家的国际直接投资的小规模技术理论。

---

① 有关垄断优势论和区位优势论的发展及深化内容，见崔日明、徐春祥：《跨国公司经营与管理》，机械工业出版社 2005 年版，第 53—58 页。

威尔斯认为,发展中国家跨国公司主要有以下三个方面的优势特征:

(1) 拥有为小市场需求提供服务的小规模生产技术。由于大多数发展中国家国内市场容量较小(中国和印度等少数几个大国经济体例外),在此基础上发展起来的技术也往往只适合于小规模生产。正因为如此,这种小规模生产技术在国内市场同样较小的其他发展中国家却具有一定的竞争优势。因为这些国家国内市场所要求的生产规模甚至远远小于发达国家跨国公司在一国生产所需达到的最小最佳经济规模,发达国家大规模生产技术无法从这种小市场需求中获得规模收益。因而这给发展中国家小规模技术存留了一定的生存和发展空间,也是那些技术不够先进、生产规模不够大的发展中国家中小企业国际直接投资的经济动力和优势特征所在。这种小规模技术,不但填补了这些国家的市场缝隙从而获得自身发展的空间,而且往往具有更高的利用效率。研究表明,在泰国,发达国家的跨国公司平均只利用生产设备能力的 26%,而发展中国家跨国公司的生产设备能力利用率则达 48%。①

(2) 发展中国家在民族产品的海外生产上具有优势。发展中国家国际直接投资的特征之一表现在鲜明的民族文化特点上,这些海外投资主要是为服务于海外某一种团体的需要而建立的。一个突出的案例是华人社团在食品加工、餐饮、新闻出版等方面的需求,带动了一部分东亚、东南亚国家和地区的海外投资。

(3) 低价格优势。与发达国家的跨国公司相比,发展中国家的跨国公司更倾向于节约广告、营销等费用的开支,采取低价营销策略,获得价格优势。美国学者巴斯基特(Busjeet)对毛里求斯出口加工区外国制造业的一个相关调查也证实,发展中国家跨国公司推销产品的广告费用大大低于发达国家的同行业公司。在被调查的产业中,96% 的发展中国家公司广告费用占其销售额的比例低于 1%,而在同行业的发达国家跨国公司中,21% 的公司广告费用占其销售额的比例超过 3%。②

威尔斯的小规模技术理论被西方理论界认为是研究发展中国家国际直接投资的具有代表性的理论之一。该理论把发展中国家跨国企业竞争优势与这些国家自身的市场特征结合起来,在理论上给后来的研究提供了一个充分的分析空间。即使对于那些技术不够先进、经营范围和生产规模不够大的小企业来说,参与国际竞争仍有很强的经济动力。这不仅有利于实现企业的经营战略和长期发展目标,而且企业的创新活动大大增加了发展中国家企业参与国际竞争的可能性。

此外,威尔斯的小规模技术理论不仅可以用来解释发展中国家对发展中国家自身的直接投资(即平行投资)行为,而且可用来解释发展中国家对发达国家直接投资(即上行投资或逆行投资)的动因。

2. 投资发展阶段论

投资发展阶段论又叫投资发展周期论,是邓宁的国际生产折中理论在发展中国家的运用和延伸,意在从动态的角度解释一国的经济发展水平与国际直接投资之间的关系。

---

① 张小蒂、王焕祥:《国际投资与跨国公司》,浙江大学出版社 2004 年版,第 216 页。

② 张纪康:《跨国公司与直接投资》,复旦大学出版社 2004 年版,第 185 页。

按照西方发达国家国际直接投资的实践,只有一个国家的资本积累及其经济增长达到一定水平时,大规模的国际直接投资才会发生。从理论层面来看,邓宁的实证研究证明了这一点。1981 年,邓宁在《用折中范式解释发展中国家对外直接投资》一文中,进行了用主流理论解释发展中国家现象的尝试,并写下了颇有名气的《投资发展周期论》(Investment Development Cycle)。在该论文中,邓宁对 67 个国家在 1967—1975 年间的国际直接投资量和人均 GNP 的关系进行了研究,发现两者存在着很密切的关系,并因此提出了投资发展阶段理论。邓宁认为,处在不同发展阶段的国家,其所有权优势、内部化优势和区位优势都是不同的,这对资本的流入产生了很大影响。

邓宁提出了“净国际直接投资”的概念,即一国对外直接投资总额与引进外国直接投资总额之差,并根据人均 GNP,将处在工业化过程中的发展中国家的投资发展过程划分为四个阶段:

第一阶段,人均 GNP 在 400 美元以下。处于这一阶段的国家由于经济发展落后,缺乏足够的区位优势和所有权优势,对外资的吸引力很小,并且没有国际直接投资能力,净对外直接投资为负数。

第二阶段,人均 GNP 为 400—2 000 美元。这一阶段由于经济发展水平的提高,国内投资环境得到改善,引进外资规模不断扩大,但国际直接投资额仍较小,净对外直接投资仍为负数。

第三阶段,人均 GNP 为 2 000—4 750 美元。在这一阶段,一方面,国内拥有所有权优势的企业国际直接投资有所增加,并可能大幅上升;但另一方面,国内技术力量的增强以及劳动力工资水平的提高,使该国作为东道国的区位优势逐渐丧失。总体看来,在这一阶段,外国对本国的直接投资量仍大于本国的对外直接投资量,但本国对外投资的速度明显快于吸收外资的速度,因此净对外直接投资额不断缩小。

第四阶段,人均 GNP 为 4 750 美元以上。该国进入发达国家行列,拥有强大的所有权优势,净对外直接投资额为正。

邓宁的结论是,一国所有权优势和区位优势与引进外资正相关,与对外直接投资负相关。内部化优势既可促进对外直接投资,又可促进外资的引进。

3. 技术创新和产业升级理论

发展中国家技术创新和产业升级理论又称技术累积优势理论,是由英国里丁大学技术创新与经济发展问题著名专家 J. A. 坎特威尔(J. A. Cantwell)与其弟子 P. E. 托兰惕诺(P. E. Tolentino)对发展中国家国际直接投资问题进行了系统的考察后,于 1991 年共同提出的。该理论试图从动态化与阶段化的角度分析发展中国家的国际直接投资。

技术创新和产业升级理论认为,发展中国家跨国公司的国际直接投资,一般要受到其母国产业结构和内生技术能力的影响。而发展中国家国内产业结构的升级过程,是发展中国家企业技术能力稳定提高和扩大的过程,这种技术能力的提高是不断累积的结果,是与其国际直接投资的增长直接相关的,即技术能力的存在和累积不仅是国内生产活动模式和增长的重要决定因素,同时也是国际生产活动的重要结果。

坎特威尔和托兰惕诺分析了发展中国家跨国公司国际直接投资的产业特征和地理特征,认为由于国内产业结构和内生技术创新能力的影响,发展中国家跨国公司国际直接投资的发展是有规律可循的。从产业分布特征看,首先是以资源开发为主的纵向一体化生产活动,然后是以进口替代和出口导向为主的横向一体化生产活动。从地理分布特征看,发展中国家企业在很大程度上受“心理距离”的影响,其投资方向遵循“周边国家→发展中国家→发达国家”的渐进发展轨迹。

因此,技术创新和产业升级理论是以地域扩展为基础,以技术累积为内在动力的。随着技术累积能量的扩展,直接投资逐步从低级阶段向高级阶段发展,即从资源依赖型向技术依赖型发展。

4. 投资诱发要素组合理论

投资诱发要素组合理论是近年来西方学者提出的,旨在说明任何类型的国际直接投资的产生都是由投资直接诱发要素和间接诱发要素产生的。

所谓直接诱发要素,主要是指各类生产要素,包括劳动力、资本、技术、管理及信息等。由于国际直接投资本身就是上述生产要素的流动,因此,直接诱发要素是国际直接投资的主要诱发要素。应提出的是,直接诱发要素既包括投资国,也包括东道国。这就是说,如果投资国拥有某种直接诱发要素的优势,那么它们将通过国际直接投资将该要素的优势转移出去。反之,如果投资国没有某种直接诱发要素的优势,而东道国具有这种要素的优势,那么投资国可以利用东道国的这种要素,进行国际直接投资。因此,东道国的直接诱发要素同样也能诱发和刺激投资国的国际直接投资。

而间接诱发要素是指除直接诱发要素以外的其他非要素因素,包括:

(1) 投资国政府诱发和影响国际直接投资的因素,如鼓励性投资政策和法规、政治稳定性及政府与东道国的协议和合作关系。

(2) 东道国诱发和影响国际直接投资的因素,如投资硬环境状况(交通设施、通信条件、水电原料供应、市场规模及前景、劳动力成本等),投资软环境状况(政治气候、贸易障碍、吸收外资政策、融资条件及外汇管制、法律和教育状况等),东道国政府与投资国的协议和关系。

(3) 世界性诱发要素和影响国际直接投资的因素,如经济生活国际化以及经济一体化、区域化、集团化的发展,科技革命的发展及影响,国际金融市场利率及汇率波动,战争、灾害及不可抗力的危害,国际协议及法规。

国际直接投资是建立在直接诱发要素以及间接诱发要素的组合之上的。发达国家的国际直接投资主要是直接诱发要素在起作用,这与它们拥有这种要素的优势有关,如资本、技术及管理知识等。而发展中国家则相反,在很大程度上是间接诱发要素在起作用。应该注意的是,间接诱发要素在当代国际直接投资中已经起着重要作用。尤其是对大多数发展中国家的企业而言,在资本、技术等直接诱发要素方面往往并不处于优势地位,其国际直接投资在很大程度上是间接诱发要素作用的结果。从这个意义说,投资诱发要素组合理论为发展中国家国际直接投资提供了新的理论支持。

投资诱发要素组合理论从投资国与东道国的相互需求及双方所具备条件等这一新的角度阐述国际直接投资的决定因素,关注东道国和国际投资环境对投资决策的重大影响,同时着重强调间接诱发要素在当代国际直接投资中所起的重要作用。这些观点能较好地解释现代国际直接投资的一些投资行为,具有一定的创新意义。

不足的是，投资诱发要素组合理论仍然是从静态角度研究国际直接投资的决定因素，没有从动态上对国际直接投资的发展过程及规划进行分析，因而具有一定的局限性。

5. 技术地方化理论

1983年，英国经济学家S. 拉奥(S. Lall)在其出版的《新跨国公司：第三世界企业的发展》一书中，从技术变动的角度对发展中国家，特别是印度的跨国公司的竞争优势和投资动机进行了深入研究，并提出了技术地方化理论。

拉奥认为，即使发展中国家跨国公司的技术特征表现为规模小、标准化和劳动密集的性质，但技术变动性本身能够使其同样拥有竞争优势。拉奥指出，尽管技术创新很大程度上取决于市场的开拓和科技知识的新突破，但技术变动性使企业又能够在适当范围内对国外技术进行消化、改造和创新，即进行所谓的“二次创新”，使之适合于当地条件，从而使技术本身得到发展和提高，最终拥有技术比较优势。

拉奥同时指出，即使对发达国家而言，国际直接投资的垄断优势也并非是完全一致的，而是随各国具体情况的不同而变化的。如美国企业的技术创新属于劳动节约型，而欧洲企业的技术创新则属于原材料节约型。

拉奥认为，发展中国家也能够根据自身独特的情况发展并拥有独具特色的垄断优势。通过实证研究，拉奥指出，发展中国家特有的优势是建立在使用成熟技术和对非差异化产品的特殊营销技能基础之上的。这种优势可能源于发展中国家企业自身的技术创新，或源于对从国外引进的成熟技术、生产工艺的改进，也可能源于在提供该类成熟技术方面所具有的成本优势。

同威尔斯的小规模技术理论相比，拉奥的技术地方化理论对发展中国家国际直接投资的解释更前进了一步。威尔斯对发展中国家跨国公司的解释，实际上是一种技术被动论，而拉奥则更强调企业技术引进的再生过程，即发展中国家跨国公司不是在技术变动过程中进行简单模仿和复制，而同样具有主动性技术创新，正是这种创新活动给跨国公司带来竞争优势。

第三节 跨国公司的发展及其对世界经济的影响

跨国公司既是企业国际直接投资的载体，又是国际直接投资的产物，国际直接投资与跨国公司密不可分。跨国公司作为企业国际化经营的产物，在世界经济的发展过程中发挥着决定性的作用。

一、跨国公司概述

跨国公司(Transnational Corporation)作为一种特殊的企业组织形态，出现于19世纪60年代中期。学术界对于跨国公司曾经有过多种称谓，并出现过不同的定义标准。

(一) 跨国公司的定义

关于跨国公司的定义，学术界由于标准不一而众说纷纭，通常根据不同的划分标准可以分为以下几种。

1. 结构性标准定义

结构性标准包括:地区分布、所有权、股权比例以及生产或服务设施等划分标准。

(1) 地区分布标准。该标准以跨国公司在国外进行投资或经营的国家数目作为划分的标准。欧共体在1973年认为在两国以上拥有生产设施的跨国经营企业即称为跨国公司;而美国的一些学者则提出了另外的标准,如哈佛大学"美国多国公司研究项目"提出,必须在6个以上国家设有子公司或分支机构才算跨国公司。

(2) 所有权标准。"所有权"在西方文献中既指资产的所有权形式,又指企业的拥有者和公司高层主管的国籍。资产所有权形式是指国营(国有)、私营、合作制或公私合营以及合伙(Partnership)股份公司等。联合国经社理事会认为:"……至于公司的法律组织形式并不重要,可以是私人资本的公司,也可以是国有或合作社所有的实体。"另外,经社组织的文件也认为,跨国公司的所有权形式可以是私有、国有或混合所有。但也有一些人认为跨国公司必定是国际垄断组织,是垄断资本主义的所有制。

(3) 股权比例标准。该标准以一个企业拥有国外企业的股份多少来划分企业是否为跨国公司。美国法律规定一个企业拥有的国外企业股份或业务份额达10%以上,才能算做子公司;而日本则规定要达到25%以上,如果不足25%,必须是采取非股权安排措施加以控制的公司才算做子公司。

(4) 生产或服务设施标准。原欧共体、联合国经社理事会以及OECD等国际组织并不要求跨国公司的机构必须分布在6个国家以上,而更强调必须在两个或两个以上国家拥有生产或服务设施。1973年欧共体委员会公布的准则和1976年欧洲议会通过的守则都明确指出:凡在两个或两个以上国家有生产或服务设施的企业即构成跨国公司。

2. 经营业绩标准

(1) 传统的经营业绩标准。按跨国公司在全球的经营业绩状况来界定跨国公司,主要是指企业的国外活动占整个公司的业务份额,包括销售收入、资产总额、盈利额或公司雇员人数等达到一定标准才算得上是跨国公司。如维农教授率领的"多国公司研究项目"认为跨国公司的标准是:年销售额超过1亿美元的企业;而联合国贸发会议1993年则认为营业额在10亿美元以上的企业可被视为跨国公司,即所谓的"10亿美元俱乐部"(Billion Dollar Club)。

(2) 国际化经营业绩指标体系。衡量一个企业是否是跨国公司,常用的指标体系有三个:

第一,比例指标体系。比例指标体系主要是应用比例方法来衡量和反映企业的国际化程度。具体的比例指标通常有五项:国际销售率、海外资产比率、国际管理指数、国际投资指数、海外公司比率。①

第二,相对、绝对指标组合法。该方法包括海外销售总额、海外销售净额、海外资产比率、海外销售率、外贸依存度、投资结构水平、生产依存度七个指标。

第三,跨国指数。跨国指数是用来衡量跨国公司"国际参与程度"的一个平均数据,是"公司经营活动在国外配置程度的函数",由国外资产/总资产、国外销售额/销售总额、

① 更详细的解释请参阅崔日明、徐春祥:《跨国公司经营与管理》,机械工业出版社2006年版,第5页。

国外雇员数/雇员总数三个比率的平均值构成。联合国贸发会议于《1998年世界投资报告》中指出："该指数……所依据的理论框架是以国外活动与本国活动的二分法为基础的,并有助于评估跨国公司的活动和利益介入本国或外国经济的程度。"①

以上评价指标,均从不同的角度反映企业在经营业绩等方面所表现出来的跨国程度。

3. 战略取向标准

战略取向标准又称行为特性标准,该标准以企业的经营战略和动机是否为全球性来划分是否为跨国公司。该标准认为企业经营决策时的战略取向以全球为目标,实行全球中心战略的公司,才算是跨国公司。

4. 联合国对跨国公司的定义

联合国跨国公司中心在1977年起草,经数次修改并于1986年最终定稿的《跨国公司行为守则草案》中对跨国公司的定义是:"本守则中使用的'跨国公司'一词是指由在两个或更多国家的实体所组成的公营、私营或混合所有制企业,不论这些实体的法律形式和活动领域如何;该企业在一个决策体系下运营,以便通过一个或更多决策中心制定协调的政策和共同的战略;该企业中各个实体通过所有权或其他方式结合在一起,从而其中一个或更多的实体能够对其他实体的活动施加有效的影响,特别是与其他实体分享知识、资源和责任。"②

联合国关于跨国公司的定义有以下三个基本要素:

(1) 包括两个或两个以上的国家实体,不管这些实体的法律形式和领域如何;

(2) 在同一个决策体系中进行经营,能通过一个或几个决策中心采取一致对策和共同战略;

(3) 各个实体通过股权或其他方式形成的联系,使其中的一个或几个实体有可能对别的实体施加重大影响,特别是同其他实体分享知识资源和分担责任。③

(二) 跨国公司的基本特征

1. 跨国公司实行全球战略目标和高度集中统一的经营管理

跨国公司通过对外直接投资,在世界范围内进行生产、配置,并把研究与发展、采掘、提炼、加工、装配、销售以及服务等生产过程和流通过程伸向世界各地,而把最高决策权保留在跨国公司总公司,总公司对整个公司的投资计划、生产安排、价格体系、市场安排、利润分配、研究方向以及其他重大决策分担责任。

2. 跨国公司向综合多种经营发展

多种经营给跨国公司营销带来极大的好处:增强垄断企业总的经济潜力,防止"过剩"资本形式,确保跨国公司安全发展,有利于全球战略目标的实现;有利于资金合理流动与分配,提高各种生产要素和副产品的利润率;便于分散风险,稳定企业的经济效益;可以充分利用生产余力,延长产品生命周期,增加利润;能节省共同费用,增强企业机动性。

---

① 张纪康:《跨国公司与直接投资》,复旦大学出版社2004年版,第10页。

② 吴文武:《跨国公司新论》,北京大学出版社2000年版,第23页。

③ 罗进:《跨国公司在华战略》,复旦大学出版社2001年版,第5页。

3. 以开发新技术推动跨国公司的发展

高技术是“未来世界经济的引擎”,故跨国公司之间在这方面展开了一场较为激烈的角逐,更尖锐地表现在生物工程、新材料、新能源等领域的贸易摩擦上。跨国公司在新的国际分工中,若要保持优势,或从一种优势转向另一种优势,就必须在研究与开发新技术、新工艺、新产品中,始终保持领先地位。跨国公司注重生产工艺的研究,几乎每个跨国公司都设有专门的研究机构并得到政府大量财政资助。跨国公司对于研发的重视,使其在新技术部门占领先地位,战后迅速发展起来的新兴工业,如汽车、石化、制药和电子工业等,几乎全部为跨国公司所控制。

4. 跨国公司从利用价格竞争手段,转向以非价格竞争手段争夺世界市场

传统的价格竞争是指企业通过降低生产成本,以低于国际市场或其他企业同类商品的价格,在国外市场上打击和排挤竞争对手,扩大商品销路。非价格竞争是指通过提高产品质量和性能,增加花色品种,改进商品包装及装潢、规格,改善售前售后服务,提供优惠的支付条件,更新商标牌号,加强广告宣传和保证及时交货等手段,来提高产品的素质、信誉和知名度,以增强商品的竞争能力,扩大商品的销路。

5. 跨国公司扩大内部贸易

跨国公司内部贸易在整个国际贸易中也具有举足轻重的地位。跨国公司的内部贸易是指跨国母公司与国外子公司之间以及国外子公司相互之间在产品、技术和服务方面的交易关系。20 世纪 70 年代以来,不断发展的跨国公司内部贸易日益呈现出巨大的重要性,不仅对国际贸易体系和贸易方式而且对国际贸易的发展趋势都产生了很大影响。与跨国公司之间的国际贸易相比,跨国公司内部贸易有以下特点:

(1) 一般来说,在研究与开发密集度较高的产业部门中的公司内部贸易,比研究与开发密集度低的部门高。公司内部贸易呈现这种特点的原因,主要是跨国公司之所以能够从事海外经营活动,是因为它们在技术和管理上拥有某些优势,而这些优势的获得往往是以付出高昂的研究与开发费用为代价的,因此为了保持企业在技术和管理上的垄断优势,为了不使已付出的高昂的代价付之东流,将所有交易都在公司内进行,不失为一种明智的选择。

(2) 公司内部贸易的产品构成主要是最终产品,其次是有待加工和组装的中间产品。经系统的研究证明,公司贸易的内部化率与产品的加工程度呈正比关系,即产品的加工程度越高,其内部化率越高;反之,则内部化率越低。

(3) 公司内部贸易的价格不依国际市场供求关系而变化,而是采用转移价格的方式进行。

(三) 跨国公司的产生和发展

研究结果表明,跨国公司的形成和发展已有近 200 年的历史了。跨国公司是当今世界经济合作的新型的企业组织形态,而当代跨国公司在早期跨国公司的基础上又有了新的发展。

1. 跨国公司的产生和初步发展期(19 世纪下半叶至第一次世界大战前)

19 世纪下半叶,当时发达资本主义国家的新兴工业部门中,先后出现了一批拥有先进技术和管理水平、资金实力雄厚的现代企业。出于种种动机,它们进行国际直接投资,在海外设立分支机构和子公司,形成了早期的跨国公司。

1863 年,德国人弗里德里克·拜尔(Bayer)创建了拜尔化学公司,总部设在德国伍贝塔尔城,最初只生产染料。1865 年拜尔化学公司通过购股方式兼并了美国纽约州奥尔班尼的一家制造苯胺的工厂,此后从 1876 年开始,又先后在俄国、法国和比利时设分厂。1881 年该公司改组为拜尔化学股份有限公司,在主要工业国家从事药品和农药生产经营业务。1892 年生产出世界上第一种合成杀虫剂,1899 年生产出驰名世界的药品——阿司匹林,从而奠定了公司的发展基础。拜尔化学公司因此被公认为跨国公司的先驱。1866 年,瑞典的阿弗列·诺贝尔公司在德国的汉堡兴办了制造甘油炸药的工厂。1867 年,美国的“胜家”(Singer)缝纫机公司在英国的格拉斯哥建立了缝纫机装配厂。西方学术界把这三家公司看做是跨国公司的前驱。

19 世纪末到第一次世界大战前,美国国内的大企业不断涌现,半数以上的大公司都开始向海外投资,在国外设立分厂或分公司,如国际收割机公司、西方联合电机公司、国际收款机公司、贝尔电话公司、爱迪生电灯公司等。

据统计,到 1914 年,发达国家的跨国公司设在国外的子公司有 800 家左右,它们遍布世界各地,从事产品制造、销售以及采掘、种植等活动。对外投资总额累计达 143 亿美元,其中,英国 65 亿美元,美国 26.52 亿美元,法国 17.5 亿美元,德国 15 亿美元。[①]

2. 跨国公司的缓慢发展期(两次世界大战期间)

受第一次世界大战战争创伤的影响,加之 20 世纪 30 年代前后出现的资本主义有史以来最大规模的经济危机——大萧条,使得世界性的金融秩序变得混乱,从而导致两次世界大战期间,国际直接和间接投资徘徊不前,增长缓慢。1913—1938 年的 25 年间,全球国际投资总额仅增加了 0.6%。当时,大部分对外扩张的跨国公司属于技术先进的新兴工业领域,或者是生产大规模消费产品的行业,为了加强国际竞争力,这些公司往往先在国内进行兼并以壮大实力,再向外扩张,不断到海外建立子公司。美国 187 家制造业大公司在海外的分支机构由 1913 年的 116 家增至 1919 年的 180 家,1929 年增至 467 家,1939 年增至 715 家,说明第二次世界大战前跨国公司虽然发展缓慢,但有了一定基础,尤其美国更是如此。

3. 跨国公司的高速发展期(第二次世界大战后至 20 世纪 90 年代末期)

跨国公司在广度和深度上空前发展还是第二次世界大战以后的事,因此有学者认为,真正现代意义上的跨国公司是第二次世界大战以后出现的现象。

据联合国跨国公司中心的资料显示,截至 1969 年,主要发达国家的跨国公司共 7 276 家,其国外子公司达 27 300 家;而到 1978 年,主要发达国家的跨国公司的数目发展到 10 727 家,分公司达 82 266 家。据统计,20 世纪 60 年代,美国 187 家制造业跨国公司子公司平均每年增加 900 家以上;英国 47 家跨国公司子公司同期平均每年增加 850 家,且随着时间的推移,递增速度加快。20 世纪 60 年代末期,日本 67 家跨国公司的子公司平均每年增加 200 家以上。进入 20 世纪 70 年代后,美国跨国公司子公司的增加速度有所降低。

跨国公司规模方面,1971 年年均销售额 10 亿美元以上的制造业(含石油业)跨国公司有 211 家,1976 年相同规模的跨国公司已达 422 家,5 年时间翻了一番。同时,在一些

① 参见罗进:《跨国公司在华战略》,复旦大学出版社 2001 年版,第 6 页。

资本和技术密集型行业中,整个世界的生产主要集中在几家或十几家巨型跨国公司手中。例如,1980 年农机工业世界销售总额的 80% 以上集中在 11 家跨国公司手中。在 10 家规模最大的计算机跨国公司总的销售额中,仅 IBM 一家就占了将近一半。随着跨国公司的发展,在一些工业部门中,跨国公司不仅控制了国内市场,而且控制了相当份额的世界市场。

4. 21 世纪以来的跨国公司

2000 年,全球拥有的跨国公司数量已经达到 6 万家,跨国公司控制的国外子公司达到 80 万个。2008 年,全球跨国公司总数超过 8 万家,相对于 20 世纪 90 年代 90% 以上的跨国公司总部位于发达国家的情形来讲,发展中国家及转型经济体的跨国公司的数量上升到了 28%。2000 年以来,跨国公司的全球投资额急剧增加,跨国公司全球化程度大大增加。全球化的国际背景使得跨国公司面对更加广阔的市场的同时也面对着更加强大的竞争对手,为了增强自身的竞争优势,跨国公司纷纷将主要力量集中到附加值最高的业务和环节上,将附加值越来越小的加工组装环节转移出去,体现出经营业务"服务化"的趋势。跨国公司将附加值较低的生产环节转移出去,是跨国公司从自我完善型运营系统向资源外取型运营系统的转变,随着经济的发展,跨国公司进一步转移了价值链中附加值更高的研发、设计、采购、营销、服务环节,有些跨国公司还将财务、结算等环节外包给专门的公司,在更大程度上实现了经营资源外部化。

二、跨国公司对世界经济的影响

(一) 跨国公司对世界经济的积极影响

(1) 跨国公司的发展推动了国际分工的进一步发展,加速了国际经济一体化进程和社会生产力的提高。国际分工是社会生产力发展的结果,同时国际分工的发展又将促进生产的国际化和生产力的进一步提高。战前发达资本主义国家跨国公司主要将其资本投向殖民地和半殖民地国家和地区,利用当地低廉的原料和劳动力来获取超额垄断利润。战后,随着科学技术的进步和新能源、新材料的广泛利用,对初级产品的需求日益减少,发达国家之间的相互直接投资不断增强,甚至超过了对发展中国家的投资。近几年,一些发展中国家为了推动本国经济的发展,也将一部分资金投向发达国家,出现了一批第三世界国家的跨国公司。随着社会主义国家改革开放的进展,一些社会主义国家在吸收外资的同时,也开始向发达国家和发展中国家投资,出现了社会主义国家的跨国公司。所有这一切,使长期以来各国相对独立的经济体系出现了你中有我、我中有你的局面,国际分工和生产国际化程度不断提高,从而使日益紧缺的资源在世界范围内优化配置,促进了社会生产力的发展。

(2) 跨国公司所带动的贸易占世界贸易额的比重很大,促进了世界贸易的快速增长。战后世界贸易的迅速发展与跨国公司的发展有着密切的联系,跨国公司对外扩张需要在东道国开办子公司,建立生产基地,输入大量的商品和劳务,子公司必须从母公司进口关键原材料、零部件等;跨国公司通过国外子公司不仅占领所在国的市场,而且积极向其他国家渗透跨国公司内部的细密分工,促使各种零部件、半成品的内部贸易大大增加,这也增加了国际贸易的流量。据联合国贸发会议及世界贸易组织的有关报告显示,世界贸易中大约 1/3 是在各跨国公司内部进行的,不同跨国公司之间的贸易占世界贸易的

1/3,换句话说跨国公司在世界贸易中所占份额约为70%。

(3)跨国公司内部科学技术的不断研发带动了东道国和其他国家经济技术水平的提高。跨国公司为了在激烈的国际竞争中占据优势,扩大自己的份额,需要不断地进行科学技术研究,每年投入大量的研究与开发费用,直接促进了新技术产品的研究与开发,加速了产品的更新换代,也促进了国际技术贸易的快速发展。以美、欧、日为主的发达国家既是世界上研究与开发支出和人员投入最集中的地区,同时也是世界上最大的科学技术知识生产基地和国际技术交易最为集中的国家群体。跨国公司在不断研究与开发高新技术的同时,也加快了国际技术转移的速度和规模,发展中国家有可能从其技术转移中获得更多的溢出效益。目前,跨国公司掌握了世界80%以上的新技术和新工艺的专利权,控制着80%左右尖端技术的开发和30%的国际技术转移,垄断着国际技术贸易。

(4)跨国公司的发展为发展中国家吸引外资、增加就业提供了机会。发展中国家在经济发展过程中面临的最主要的问题是资金短缺,跨国公司向外大量输出资本为发展中国家吸引和利用外资提供了更多的条件和机会。1999—2002年四年间,发展中国家吸引外资平均每年超过2000亿美元,而且仅跨国公司向发展中国家投资就占流入发展中国家国际资本的85%,吸引外资规模的扩大无疑有助于解决发展中国家的资金短缺问题。就业问题也是影响发展中国家经济发展和社会稳定的一个令人头痛的问题,随着跨国公司在发展中国家直接投资建厂,对解决这些国家的就业问题发挥了积极作用。有资料显示,近10年间发展中国家的就业人数由于吸引外资年增长率提高了14%以上。

(5)跨国公司投资推动了产业国际转移和东道国出口结构与竞争力的提高。跨国公司的对外直接投资的过程,也是产业转移的过程。跨国公司对外直接投资的发展极大地促进了投资国与东道国产业结构的调整与提升。一方面,从产业部类调整来看,跨国公司投资的产业结构经历了由第一产业为主向第二产业为主,再向第三产业为主转移的发展过程,这无疑顺应和强化了世界各国的产业部类由初级产业向制造业,再向服务业调整的总体趋势。另一方面,从产业内部调整与升级看,跨国公司对外直接投资在各大产业内部投向的调整趋势是从低生产率、劳动密集型行业向高生产率、高智能行业调整,从低技术含量、低附加值商品和劳务向高技术含量、高附加值商品和劳务生产调整。

显然,跨国公司的对外直接投资缩小了投资国境内已经或正在失去竞争优势产业的生产规模,但却为国内有竞争优势的产业让出了资源,从而使投资国原有的产业结构得以不断调整和升级。而投资国在调整、升级其产业结构的同时,又充分运用其比较优势,将劳动密集型的、低技术、低增值工序转移至海外的发展中国家,在致力于优化本国产业结构的同时,带动了东道国的产业结构调整。

(二)跨国公司对发展中国家经济的消极影响

1. 对发展中东道国民族工业发展的影响

通过与跨国公司合作,积极参与工业部门的垂直型分工,是发展中国家加速其工业化进程的一种有效途径。但是,外资大规模涌入以后,诸如西班牙民族工业一蹶不振的事例也是屡见不鲜。跨国公司追求利润与垄断的天性,必然将东道国当地的生产和销售纳入母公司的总体战略中,根据母公司的利润最大化原则来决定当地的生产和销售,从而导致行业发展主动权的转移。同时,即使是发展中国家的优势企业,与大型跨国公司相比,其竞争力还是有很大差距。而且对于一些发展中国家有限的市场规模来说,跨国公司的大量涌入,势必在一定程度上冲击民族工业的发展。

2. 跨国公司大量资金的流动,给发展中国家的金融业带来了危机

跨国公司不仅把资本直接投资于生产,还投资于金融业,目前国际上流动资本的数量远远超过实际经济规模,这些资本不停地运转以获得最大收益,其结果必然引起正常投资生产和贸易的资金供求的频繁波动,引起汇率和利率的连锁反应。同时,发展中国家普遍存在着这样的情况:金融体制不完善和金融监管能力不强,缺乏金融风险防范和稳定金融秩序的意识,在这种情况下发展中国家金融市场很容易成为国外游资攻击的对象,1998 年东亚金融危机的爆发就是很好的证明。

3. 先进技术的"虚入效应"

在跨国公司大量独资的情况下,即使是随着先进的生产要素流入发展中国家的先进技术,也还是牢牢掌握在跨国公司手中。有些跨国公司则利用对合资企业的绝对控制,把已投入的或在东道国开发出的先进技术和其他资源转移出去,这不仅不利于东道国的技术水平的提高,反而还形成了东道国技术等资源的流失。

相关案例

跨国公司营造"第二故乡"

除了将出生地称为故乡,人们通常把后来的迁居地称为"第二故乡"。通用电气全球副总裁兼中国总裁 Mark 曾表达过:"无论对于通用电气还是我,中国都是我们的第二故乡。"

特别是 2008 年国际金融危机爆发后,以中国为代表的新兴市场在全球经济中的地位日益提升。除了通用电气,一些在中国发展较好的跨国公司如飞利浦、英特尔、空中客车、丹佛斯等,均提出将中国作为"第二故乡"或"第二重要市场"的发展策略。"欧洲、北美这些跨国公司因真正的故乡发展减速,将中国视为商业上的第二故乡的转变极具全球战略眼光,所以更多跨国公司正在把巨大的希望寄托在中国等新兴国家市场上。"复旦大学经济学院教授韦森认为,这种提法,已经不只是经济牌,而是感情牌了。

● 未雨绸缪深入中国市场

受欧洲市场疲软的影响,飞利浦近日发布的 2011 年第四季度财务报告显示,其销售业绩不太理想,但飞利浦中国的总体业绩去年持续保持接近 20% 的增长。飞利浦大中华区首席执行官、全球执委会成员孔祥辉庆幸的是,当年将中国作为与欧洲、美国市场等具有同等重要性的另一个总部基地的战略称得上是未雨绸缪。和这家拥有 120 年历史的跨国公司一样,不少跨国企业正把它们的某项业务总部或者地区总部设在中国。

经济学人信息部的一项研究显示,几乎一半的跨国公司受访者(占总数的 49%)表示,国际金融危机的冲击使公司提高了对中国市场的期望。大型企业(年收入超过 50 亿美元)的投资意愿及能力更强,其中 73% 的公司期待中国业务创造更多收入。"这是从根本上对中国战略进行反思,不再将中国视为其以美国为中心的业务运营的边远角落,而是寻找方法将中国转变为能产生价值的全球运营核心部分。"博斯公司大中华区董事

长谢祖墀分析说，不仅是将中国业务与全球业务更有机地整合在一起，同时价值链的整合也是逆向的，经过中国或者印度这样的新兴国家市场的洗礼，将当地生产的产品和服务再向全球其他国家“出口”。

● 风险尚存还需寻找新优势

然而，发展迅速的中国市场一直也变化快速，即便是曾经在中国表现出色的跨国公司，也发现在中国市场的激流中，不进则退的压力始终存在。此前在很长一段时间里，跨国公司往往被认为拥有更胜一筹的技术和更好的品牌管理，对中国本地人才的吸引力更大。但有迹象显示，这些传统竞争优势在中国开始削弱。经济学人信息部的调查显示，即便在大型企业中，也仅有1/4的公司认为它们拥有更胜一筹的技术或更强的品牌。而一些领域的跨国公司还发现，此前不起眼的中国本土公司优势正在积累。美国建筑设备供货商卡特彼勒2005年至2010年的中国市场销售额增长了3倍，但其中国市场份额在同期从11%下滑至7%，抢走其市场份额的并非是它的死对头日本小松公司，而是中国本土企业。

外资优惠政策的取消、本土企业的成长、消费者的成熟和需求的多样性，使跨国公司不再像以前那样进入中国市场就能势如破竹般成功。三星经济研究院战略组首席研究员李刚说：“跨国公司需要在中国寻找新的优势，比如人力资源成本在生产领域上升，但在研发领域还是相对较低，所以有更多企业将研发中心设在中国。”此外，跨国公司出现的“并购门”、“漏油门”、“猪肉门”等事件，也使得媒体舆论环境日益趋紧。

● 一边是火焰一边是海水

中国经济的强劲增长和广大的市场使在华跨国企业的成功看起来很容易，但也有跨国公司认为这里“看上去没那么美”。

“在中国发展较好、把中国当做第二故乡的大多还是通用电气、飞利浦、空客等这样的B2B企业，它们的技术、管理在短期内难以被中国企业超越。”李刚发现，在B2C领域、与中国消费者更为接近领域的企业正更多地受到中国本土企业逐渐成长起来的挑战。

为应对中国市场的挑战，经济学人中国首席代表兼经济学人信息部中国咨询总监许思涛说：“跨国公司需要结构重组，以配合它们对中国的重视程度。”目前只有8%的公司表示其中国区首席执行官进入了公司的董事会。不过，40%的大型企业表示，它们已经向大中华区派驻了非常高级的管理人员，旨在改善对中国的了解，加速总部的决策过程。

谢祖墀说，跨国公司中国团队的领导者除了要有效地与总部进行沟通外，还应该对中国市场的需求有很深入的了解，深度挖掘相关环节，非常清楚市场有多大、市场的需求在哪里、客户需要什么产品和服务、需要多少资源、需要总部多少的支持力度、能够给总部什么回报等，这是一套非常系统的工作。

麦肯锡的一篇报告认为，如果跨国公司意识到需要开始在中国营造“第二故乡”，从本质上就意味着，要认真对待一家企业在中国的成功，就像对待其在本土市场的成功那样。这首先需要按照与本土市场相同的标准，制定在中国的绩效目标。然后，企业需要将其在整个价值链上的全球最佳实践带到中国，使其适应当地条件的需要，并根据当地条件实施执行，从而实现这些目标。这听起来很容易，但却很少有企业将其作为一种强有力的差异化竞争优势。

（资料来源：《跨国公司营造“第二故乡”》，《经济导报》，2012年2月15日。）

本章提要

企业国际化经营活动已经有百余年的历史,国际化经营企业本身不断演进为当今的跨国公司的形态。跨国公司既是企业对外直接投资的载体,又是对外直接投资的产物,对外直接投资与跨国公司密不可分。进入20世纪,特别是第二次世界大战结束以来,跨国公司对外直接投资活动迅猛发展,带来了理论的迅速跃进和发展。当前国际上的对外直接投资几乎都是由跨国公司来完成的。跨国公司正是对外直接投资发展过程中形成和发展起来的一种新型企业组织形式。

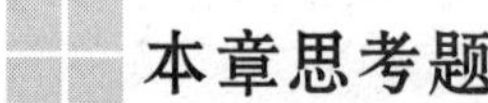

重要术语

国际直接投资(International Direct Investment)

跨国公司(Transnational Corporation)

绿地策略(Green-field Strategy)

跨国并购(Cross-border Mergers & Acquisitions)

本章思考题

1. 国际直接投资有哪些基本类型?
2. 各种国际直接投资理论的主要观点是什么?
3. 当代国际直接投资理论中有哪些新的发展?
4. 请简述跨国公司发展的阶段。
5. 跨国公司对世界经济的影响有哪些?

进一步阅读资料和网络链接

1. 崔日明、徐春祥:《跨国公司经营与管理》,机械工业出版社2006年版。
2. 赵春明等:《跨国公司与国际直接投资》,机械工业出版社2012年版。
3. 张为付:《国际直接投资(FDI)比较研究》,人民出版社2008年版。
4. 桑百川、李玉梅:《国际直接投资》,北京师范大学出版社2008年版。
5. 章昌裕:《国际直接投资融资——国际贸易系列》,中国人民大学出版社2007年版。
6. 李尔华、崔建格:《跨国公司经营与管理(第2版)》,清华大学出版社2011年版。
7. 林康:《跨国公司经营与管理》,对外经济贸易大学出版社2008年版。
8. 卢进勇、刘恩专:《跨国公司理论与实务》,首都经济贸易大学出版社2008年版。
9. 中国贸易金融网:http://www.sinotf.com/。
10. 美国商务部:http://www.commerce.gov/。
11. 商务部国际贸易合作研究院:http://www.caitec.org.cn/。

第八章

发达国家的经济发展与国家调节

【教学目的和要求】

1. 通过本章的学习,了解发达国家经济发展的历程。
2. 通过本章的学习,重点掌握国家在经济运行中的作用。
3. 通过本章的学习,熟悉发达国家的经济体制模式。

【教学重点与难点】

1. 西方国家调节经济的目标和手段。
2. 美国、德国、日本经济体制模式的异同。
3. "新经济"在经济发展中的重要作用。

引导案例

如何评估发达国家经济减速?

中国经济今年第二季度增速下降为7.6%,既有房地产等政策调控因素,也体现了政府年初在人大会议上提出的降增速调结构的意图,但这些都属于国家主动调整范畴,其影响也就相对可控。当前拉低中国经济增速的不可控因素在于外部市场尤其是发达国家经济减速,美国经济复苏增长乏力,欧债危机促使欧洲经济濒临衰退,美欧是中国最大的出口市场,如何看待发达国家经济前景,成为中国经济政策战略调整的重要内容。

观察近期发达国家经济表现,美国第二季度GDP环比折年率仅增长1.5%,创自2011年第三季度以来最低水平,失业率高位运行的难题尚未解决。欧债危机继续发酵,日本经济增长基础依然脆弱。外界推测发达国家将推出新的宽松政策,美联储等发达国家宏观部门多次表示不排除采取新的政策措施,潜在的含义是发达国家仍然具有促进经济增长的政策余地,当前较低的经济增速是暂时的。然而,种种迹象表明,发达国家宏观政策空间已显著缩窄,经济减速呈常态化趋势,在此背景下,中国外需疲软态势难以逆转,扩大内需应成为长期的战略重点。

- 发达国家财政政策空间显著缩窄

根据国际货币基金组织发布的数据显示,2011年发达国家债务占GDP比重已经超过104%,明显高于《马斯特里赫特条约》60%债务负担率的可持续标准,据此折射出发达国家特别是欧洲国家债务负担偏离常态的现象,当然,债务负担高不一定注定危机,短期财政政策空间也并非因此就缩窄。真正制约财政扩张空间的是主权债务的发行利率,如果主权债务利息或者收益率高于经济潜在名义增速,那么债务内生性膨胀速度将快于经济增长,主权债务偿还缺乏经济基础,长期来看债务危机不可避免,此等财政政策显然不宜推行。此外,制约财政扩张的另一渠道就是债务需求,如果社会对主权债务缺乏购买意愿,那么财政赤字显然无法通过债务弥补,由此构成财政扩张政策的强制性约束。

当前欧债危机显然已经预示着欧洲相关国家财政扩张空间的大幅缩窄。希腊、爱尔兰、葡萄牙、西班牙、塞浦路斯均已向欧盟申请援助,其他大多数国家尽管仍未出现这种结局,但希腊等国的危机已经警示相关国家财政债务负担率过高的潜在问题所在,社会对欧元债务需求明显弱化,相关国家债务收益率持续高企,财政整顿理应被摆在更为突出的位置上。财政风险攀升导致财政扩张难以持续,欧洲高负债国家将被迫接受财政紧缩以实现强制性平衡。

但法国奥朗德总统上台就力推1 200亿欧元的刺激计划,改变之前以紧缩落实财政整顿的做法,他寄希望于通过短期的财政扩张促进经济增长,由此反过来提升支撑债务的经济基础,这种设想尽管有一定的道理,但必须以经济增长能够有效刺激为前提,否则短期的财政扩张将导致财政恶化雪上加霜,这种理念能否实施最终考验社会公众的信心,即大规模刺激计划必须以公众积极认购相关债券以提供资金为前提。然而,近期持续动荡的欧债形势强化了公众对欧债"危"大于"机"的判断,欧洲再次推行大规模的刺激计划显然不合时宜,财政政策空间缩窄已成事实。

相比欧债问题,美国财政状况尽管也不容乐观,但美国国债大多是美元标价的债务,美联储借助印钞机就能应对短期的偿债问题,美国短期内爆发典型意义的债务危机的可能性不大,而且近期美国国债收益率大幅度走低,甚至在2011年8月份国债被标普下调评级后国债收益率不升反降,表明美国财政扩张的债务融资渠道依然畅通。然而,由此断定美国财政政策空间较大就显得草率,因为美国大选在即,当前美国国债已经逼近国债上限,共和党和民主党在财政问题上分歧颇大,共和党主张降低财政支出而民主党则主张增税,在大选结束之前财政问题显然成为争执的焦点,美国国债上限短期内大幅提升的可能性不大,由此将导致美国财政空间出现技术性缩窄。

日本与美欧的财政约束都不同,表面上看它具有较大的空间,然而,观察历史经验数据可以发现,日本自20世纪90年代以来持续实行扩张性的财政政策,但经济增长不仅没有持续向好,反而出现了"失去的十年"甚至"二十年",再次大规模刺激不仅无助于经济增长反而将恶化财政状况,表明日本财政政策空间不大的事实。而且,当前日本债务占GDP的比重已经超过220%,在主要发达国家中位居首位,尽管理论上仍然难以得出日本财政即将陷入困境的结论,但如此之高的财政债务负担率从侧面也揭示了财政政策空间缩小的事实。

• 发达国家货币政策有效性下降

受制于财政政策空间显著缩窄,发达国家刺激经济增长的政策重点更多仰仗货币政策,当前美、日、欧央行均将利率调至零利率,同时,美联储推行了两轮的量化宽松政策,欧洲央行采取LTRO向市场大量注入流动性的量化宽松手段,日本央行自本世纪初以来一直推行量化宽松政策。然而,结合市场表现来看,货币政策有效性下降的事实日益突出。

欧洲央行虽然采取量化宽松政策,但欧债危机的持续反复导致债券市场收益率持续攀升并在高位震荡,国债属于基础性债券,其收益率波动会影响金融市场价格的剧烈震荡,由此阻碍了欧洲央行宽松货币政策通过市场的有效传导,欧洲央行货币政策遭受财政"绑架"的现象日益突出,与此同时,德国等核心大国并不主张欧洲央行积极介入债券市场的行为,表明欧洲央行已陷入货币政策空间持续缩窄的困境。

美、日的货币政策传导渠道尽管较欧洲更为顺畅,但观察两国危机以来的经济表现,日本经济呈现二次探底的现象,美国经济复苏增长乏力的态势未见改变,表明美、日两国经济复苏偏离预期,未能实现货币政策的目标。如今离金融危机已经将近四年,美、日经济如此长期的低迷预示着货币政策有效性在下降,继续推行宽松货币政策对经济复苏的作用有限,由此表明货币政策空间也在缩窄的事实。

• 中国扩大内需战略亟待长期化

发达国家面临经济减速及宏观政策空间缩窄两大困境,然而,有些评论人士认为当前发达国家财政政策空间缩窄是发达国家减速的主要原因,因为在市场低迷私人部门不愿意投资消费的情况下,政府通过财政扩张能够有效促进经济增长,而当前发达国家财政政策空间缩窄无疑限制了发达国家的行为,据此表明发达国家当前经济减速可能是暂时的,未来发达国家有望恢复之前较好的经济表现。

要评论上述观点,可以结合发达国家近年来的经验来判断。事实上,在2008年国际金融危机期间,世界主要国家并没有财政扩张的"硬约束",当时借助G20平台携手共推大规模刺激计划，中国推出“四万亿”刺激计划，美国布什政府推出7 000亿美元、奥巴马政府推出7 870亿美元的刺激计划，欧洲发达国家也纷纷推出大规模的赤字扩张政策。然而，金融危机以来，中国等新兴国家经济增长呈“V”形回升甚至转向经济过热，但截至当前将近四年的时间发达国家仍然处于复苏增长阶段，有些发达国家还处于衰退阶段。

发达国家与新兴国家采取同一“药方”应对危机，但结果大相径庭，“刺激药方”对新兴国家很管用，但发达国家并不适应，表明发达国家经济减速不是总需求不足，而是由于发达国家在危机之前过度消费引发需求过度。当前发达国家经济减速预示着其回归正常的增长通道，即发达国家潜在经济增速下调是总体趋势，未来较长时间内发达国家将难以改变经济低速甚至衰退的现象，如果没有新的科技革命，发达国家经济减速将呈现常态化。

发达国家经济减速已经造成中国出口急剧下滑。根据海关公布的贸易数据，中国2012年上半年对欧盟出口增速仅为-0.8%，与本世纪初至金融危机之前同期出口均值在30%相比呈现显著的下滑。中国2012年上半年对美国出口增速13.6%，也明显低于本世纪初至金融危机之前同期出口均值的23.5%。未来发达国家经济疲软常态化预示着中国对发达国家出口疲软难以逆转，尽管中国可以通过寻求扩大新兴市场予以弥补，但中国对美欧出口的庞大体量显然难以迅速通过外部市场拓展实现。对此，遏制中国经济减速的重心在于将扩大内需战略长期化，切实降低中国经济增长的外部依赖。

（资料来源：陈建奇，《如何评估发达国家经济减速?》，FT中文网，2012年8月23日，http://www.ftchinese.com/story/001046150? page=1。）

第一节　第二次世界大战后发达国家的经济发展

发达资本主义国家，是指具有发达的市场经济体系，较高的生产发展水平，成熟的宏观调控机制，国家垄断资本主义生产关系在经济生活中占据统治地位的资本主义国家。[①]第二次世界大战前，一般把实现了工业化的主要资本主义国家称为资本主义国家，主要包括美国、日本、德国、法国、英国、意大利等国。战后，越来越多的资本主义国家实现了工业化，进入了发达资本主义国家的行列。在目前世界上200多个国家中，能够称得上是发达国家的只有20多个，主要是OECD的成员国，其人口约占世界人口的1/5，但其经济和贸易却在世界经济或贸易中占主导地位。战后发达资本主义国家的经济发展，不论是第二次世界大战的战胜国还是战败国，大体上都经历了四个时期：经济恢复时期（从战争结束到20世纪50年代初期）；经济高速增长时期（从20世纪50年代中期到70年代初期）；经济“滞胀”时期（从20世纪70年代中期到80年代初期）以及其后到20世纪90年代初期的经济调整时期；以美国为代表的“新经济”的增长与发展时期（20世纪90年代以来）。

① 庄起善：《世界经济新论》，复旦大学出版社2001年版，第273页。

一、第二次世界大战后经济恢复与经济高速增长

（一）经济恢复

第二次世界大战给人类带来了巨大的灾难和破坏，欧、亚、非几个大陆的国家在战后普遍面临经济恢复的繁重任务。战场所在的参战国，除了美国以外，无论是战胜国还是战败国，经济都遭到了严重的破坏，特别是战败的帝国主义大国经济恢复的任务更为艰巨，有些国家难以光靠自己的力量来完成经济恢复的任务。

1. 西欧国家和日本的经济恢复

战败国德国在战争中不仅遭受经济上的严重破坏，而且国家也被分裂。从 1944 年秋起，德国工业生产直线下降。如 1938 年生产指数为 100，1945 年生产指数下降到 30—40，消费品生产指数下降到 18—28。[①] 1946 年，联邦德国西部工业生产只及战前 1938 年的 22.9%。另一个战败国日本的经济也在战争中遭到严重的破坏，不仅丧失了 45% 的国民财富，而且 40% 的城市建筑、1/2 的工厂设备和交通运输设备遭到破坏。1946 年，工矿业产值仅及 1935 年的 26.4%、1944 年的 16%。农业生产降至战前的 60%，国民经济到了崩溃的边缘。[②]

战胜国英国战时军费开支达 250 亿英镑，而且为了支付进口军需品费用，变卖了 10 亿英镑的海外投资，黄金储备几乎枯竭，并欠下了 30 亿英镑的外债，甚至成了自己殖民地的债务国。1946 年英国的工业生产只为 1937 年的 90%，出口贸易从 1938 年的 4.71 亿英镑下降到 1944 年的 2.66 亿英镑。另一个战胜国法国遭受了更大的损失。其经济损失达 14 000 多亿法郎，相当于战前 3 年的生产总值。1944 年法国解放时，工业生产只及战前 1938 年的 20%，农业只及 50%。到 1945 年，法国的 GDP 相当于 1939 年的 50.85%。[③]

正是在上述历史背景下，发达资本主义国家开始了战后的经济恢复工作。总的来看，西欧国家和日本的经济恢复较快。首先，西欧各国的经济恢复最为迅速，到 1950 年已经完全恢复到战前水平。从表 8-1 中可以看出，到 1948 年，即战争结束 3 年后，除战败的德国和意大利外，西欧国家经济都恢复并超过了战前 1938 年的水平。日本的经济恢复大约用了 10 年的时间，日本的国民生产总值、工矿业和农林水产业生产在 1951 年（其中农业生产是在 1952 年）、城市居民家庭消费水平在 1954 年均已恢复到了战前水平，到 1955 年日本工矿业生产超过战时最高年份（1944 年）的 1.7%。

表 8-1　西欧主要国家国民生产总值的增长（%）

国家	1938 年	1948 年	1950 年
法国	100	100	121
德国	100	45	64
意大利	100	92	104

① 宋则行、樊亢、池元吉等：《主要资本主义国家经济简史》，人民出版社 1973 年版，第 283 页。

② 宋则行、樊亢：《世界经济史（下）》，经济科学出版社 1998 年版，第 41—42 页。

③ 同上书，第 39—40 页。

（续表）

国家	1938 年	1948 年	1950 年
英国	100	106	114
瑞典	100	125	131
丹麦	100	111	135
西欧	100	87	179

资料来源：〔美〕W. W. 罗斯托，《世界经济：历史与展望》，英国麦克米伦出版公司 1978 年版，第 234 页。

西欧国家和日本的经济恢复较快的原因有诸多方面，一是西欧国家和日本的经济恢复是在美国的帮助下完成的。美国对西欧国家的援助主要是通过“马歇尔计划”进行的。当时西欧有 16 个国家接受了“马歇尔计划”。1948—1951 年，美国根据该计划向欧洲 16 国共提供 131.5 亿美元的援助，其中 88% 为赠款，其余为贷款。到 20 世纪 50 年代的头三年，即 1950—1952 年间，西欧国家的工业生产先后恢复到了战前的水平。为了扶植日本垄断资本主义，美国对日本也实行了援助和扶植政策。其主要表现是：① 经济援助。1945 年 9 月至 1951 年间，美国的援助总额共达 21.28 亿美元，占同一时期日本进口总额的 38%。② 经济贷款。据统计，至 20 世纪 60 年代末，日本共借入外国贷款 56.8 亿美元，到 70 年代末增加到 212.9 亿美元，其中美国的贷款最多，约占 70%，这些贷款起初只用于电力、钢铁、运输、石油等部门，后来则扩大到航空、汽车、化工等部门，对日本经济的全面发展起了不可小视的作用。③ 直接投资。到 1978 年，美国累计向日本直接投资达 49.6 亿美元。④ 技术输入。在日本引进的外国技术当中，美国方面占了 60% 以上。美国资本和技术大量地进入日本，在一定程度上弥补了日本自身资金技术相对不足的缺陷，对日本经济的发展起了促进作用。① 二是它们有比较雄厚的物质基础和人力资源。因为西欧国家和日本在战前就已经是工业相当发达的国家。这些国家的工业设施虽然在第二次世界大战期间遭到严重损坏，但多数国家的工业基础尚存，而且在战争期间各国进行了大规模的固定资本投资。三是战后西欧国家和日本在经济恢复中普遍加强了国家对经济生活的调节与干预，建立了与战前不同的经济体制。它对战后发达国家的经济恢复和发展起到了至关重要的作用。例如，在西欧，各国比较普遍地建立了“混合经济”体制。国家干预宏观经济日常运转的过程，在战后加强了对财政、货币政策等工具的运用，力求同时达到经济增长、价格稳定、充分就业和国际收支平衡的四大宏观经济目标。日本则更加重视产业政策的作用，通过比较科学、合理的产业政策，使国家将有限的经济资源投入到政府规划的重点产业和项目中去，从而推进经济恢复和增长。

2. 美国的经济恢复和发展

1939—1944 年间，美国的工业生产总值增加了 118%，国民生产总值增加了 132%，年平均增加率达 14%，促使美国在资本主义世界中的地位大大提升。战后初期，美国拥有资本主义世界工业生产的一半以上、出口的 1/3、黄金储备的 3/4、谷物收获量的 1/3；它的经济与政治影响大大加强。与此同时，其主要竞争对手则严重削弱，不得不仰仗于

① 杨剑：《战后日本经济迅速发展的客观原因》，《经济问题》，2004 年第 6 期。

它的援助。然而战后,美国轻工业生产和重工业生产都下降了。因而,战争结束后,美国面临从战时经济转向和平经济的调整任务。首先,为了争夺世界金融体系的霸主地位,1944年美国牵头在美国的布雷顿森林召开了由44个国家代表参加的“联合国国际货币金融会议”,并凭借其政治经济实力,迫使与会国家通过了《布雷顿森林协定》,在此基础上,确立了美元在国际货币体系中的中心地位。另外,美国通过马歇尔计划的实施,从经济上进而从政治上加强了对西欧各国的控制。① 同时,美国对日本也实行了援助和扶植政策。经过三年恢复时期,美国的国民经济不仅得到了恢复,而且有较大的发展,从而为1953年开始实行第一个五年计划提供了物质条件。在科学技术方面,美国也处于世界领先地位。第二次世界大战期间,出于战争的需要,美国政府集中大量人力物力从事科学研究,1941—1945年间,受雇从事研究工作的科学家从8.7万人增加到19.9万人。同时,以爱因斯坦为代表的大批世界第一流科学家流亡美国,从而使美国拥有了空前的智力优势。总之,在战后初期美国的国际经济地位达到了历史的顶峰,这些都使美国确立了世界经济霸主的地位。

(二)经济高速增长

在经过了战后经济恢复和调整阶段之后,发达资本主义国家进入了一个持续约20年的高速增长阶段,这一时期一直持续到1973年爆发的世界性经济危机为止。这一时期经济发展的特点有以下几方面:

1. 经济发展速度超出历史水平

在1951—1970年的20年里,发达资本主义国家每年平均的经济增长率为5.3%,而在两次世界大战之间的20年中,发达资本主义国家每年平均的增长率仅为2.3%。1953—1973年,日本和联邦德国的国民生产总值增长率分别高达9.8%和5.9%。工业增长速度方面更为突出,1956—1973年,日本工业生产增长了8.6倍,年平均增长率高达13.6%。同期联邦德国工业年均增长率也高达8%以上(见表8-2)。② 这个时期发达国家经济发展的主要特点是经济高速增长,同时伴随着较低的失业率和消费物价指数的温和增长(见表8-3)。

表8-2 主要资本主义国家战后和战前GNP实际年均增长率比较(%)

国家	1860—1931年	1931—1938年	1955—1973年
美国	4.3	2.0	3.5
英国	2.4	1.0	3.0
法国	1.1	1.1	5.2
德国	3.0	1.3	5.9
日本	4.1	4.5	9.8

资料来源:正村公宏,《日本经济论》,日本经济新闻社1979年版,第5页。

① 陈漓高、杨新房、赵晓晨:《世界经济概论》,首都经济贸易大学出版社2006年版,第139页。

② 池元吉:《世界经济概论》,高等教育出版社2003年版,第136页。

表 8-3 1950—1973 年主要发达资本主义国家消费物价指数年均增长率和年平均失业率(%)

国家	消费物价指数		失业率	
	1950—1960 年	1961—1973 年	1950—1960 年	1961—1973 年
美国	1.8	3.2	4.6	4.9
英国	3.4	5.1	1.6	2.7
法国	6.0	4.6	3.4	2.5
联邦德国	1.2	3.4	5.6	1.0
日本	3.1	6.2	1.3	1.1

资料来源:陈漓高、杨新房、赵晓晨,《世界经济概论》,首都经济贸易大学出版社 2006 年版,第 155 页。

2. 经济增长主要由科学技术革命所推动

战后发生的科学技术革命是推动发达资本主义国家 20 世纪 50 年代初至 70 年代初经济高速发展的主要因素之一。据估计,战后资本主义国家生产总值的增长,有 70% 以上是通过劳动生产率的提高而实现的。而劳动生产率提高的 60%—80% 是依靠采用新的科技成果取得的。这是许多国家经济得到迅速发展的一个重要原因。20 世纪五六十年代,主要发达资本主义国家生产的主要特征是重化工业迅猛发展,这带动了这些国家整个工业生产和国民经济的快速发展。工业生产和国民经济的迅速增长不仅来源于大量的资本和劳动力投入,而且主要得益于工业劳动力生产率的提高。而战后发生的以电子技术为核心的第三次科技革命则是工业劳动生产率提高的重要原因。第三次科技革命的直接结果是使社会生产力获得了空前的巨大发展,为扩大再生产提供了必备条件,使生产力结构也发生了重大变化。生产力的巨大发展主要表现在:科学技术革命几十倍、上百倍地提高了劳动生产率。随着先进科学技术的采用、工农业生产的大发展、劳动生产率的提高,新产品和新的生产部门纷纷涌现,产业结构也发生了深刻变化。在主要发达资本主义国家,农业在国民收入和就业人口中的比重不断下降,工业的比重由上升转为下降,而以服务业为中心的第三产业的比重不断上升,70 年代初占了国民收入的 60% 左右。由于掌握了先进的技术,又具备了扩大再生产所需要的诸多条件,发达资本主义国家实现了扩大再生产,经济呈现了高速增长。

3. 大力引进外国先进技术,促进经济增长

第二次世界大战后,资本主义世界科学技术的重大发展促进了生产力的发展和劳动生产率的提高,加速了经济的发展。因此,引进外国的先进技术成为促进国家经济发展的重要方面。日本在这方面是一个突出的例子。战后初期,日本在科学技术方面落后于世界先进水平 20 年到 30 年。要迎头赶上,如果完全依靠本国的科研工作,就需要雄厚的财力和足够的科学技术基础。而这两个条件,日本在当时都不具备。另外,要想在国际竞争中取胜,时间又是一个重要的因素。在这种情况下,日本采取了大力引进外国先进技术的方法。1950 年至 1973 年日本用于引进技术的费用约为 43.5 亿美元。据日本政府统计,50 年代的技术进口平均每年 230 件,60 年代猛增为 1 000 件,进入 70 年代每年超过 2 000 件。大量的技术引进不仅使日本的劳动生产率大幅提高,而且还节约了大量研发技术的资金,同时还为日本经济的发展赢得了时间,使日本用了 20 年的时间走完欧美

国家50年走过的道路。联邦德国也是引进外国先进技术最积极的国家之一。60年代到70年代初联邦德国每年的技术贸易进口额占外贸进口额的19%。联邦德国同日本一样都是大规模地引进美国技术。20世纪70年代后期,美国的一些专业技术已被西欧和日本赶上或超过,甚至出现技术倒流的"反输出"现象,因而迫使美国也不得不注意引进外国先进技术。美国1974年的技术进口比1965年增加了3倍。1962年至1973年间,以重金从国外招引的专家学者达15.2万人。这对美国保持科技水平继续领先和促进经济发展起了重要作用。

4. 扩大对外贸易,促进经济增长

战后,美国、日本、欧洲等国都非常重视扩大对外贸易,这是它们经济发展较快的一个重要因素。从1953年至1976年三个经济体的贸易出口年平均增长率都大大高于工业生产的增长率,更高于国民生产总值的年增长率。战后,美国通过对外贸易不仅大量推销了商品,而且为国内生产提供了大量廉价的原料和燃料,并通过出口技术、生产技术专利赚得大量外汇,加速了资本的积累。从1960年到1967年的八年中,美国的贸易顺差每年都在40亿美元以上。日本是个国内自然资源极为缺乏的国家,因此日本政府历来重视大力扩展对外贸易。外贸为日本工业进口了大量的廉价原料和燃料,并为日本工业扩大了国外市场。这对工业的发展起到了重要作用。此外,欧洲国家如联邦德国的外贸发展也很快,这成为各国经济迅速发展的重要因素。

5. 国家干预和调节是经济高速增长不可缺少的重要条件

战后,发达资本主义国家把对经济生活的调节作为西方国家垄断资本主义发展的重要内容,对经济生活的全面调节成为现代资本主义社会经济生活中的内在要素。由于各主要发达资本主义国家在社会、经济和政治条件等方面的差异,国家干预的形式和内容也不尽相同。各国通过制度调节(国有、私有)、政策调节(财政、货币、收入、产业)、经济计划化、社会调节、国际经济协调、行政指导等手段而达到充分就业、经济增长、价格稳定和国际收支平衡的目标,达到熨平经济周期的目的,保持了经济持续高速的增长。

二、经济"滞胀"与调整

(一) 发达国家的经济"滞胀"

1. 经济"滞胀"的表现

第二次世界大战后,西方发达国家纷纷奉行凯恩斯主义,逐步加强了对社会经济的干预与调节,从而推动了40—50年代的经济恢复,带来了60年代的经济繁荣。但是好景不长,进入70年代后,特别是经过1973—1975年的经济危机,发达资本主义国家经济高速增长的阶段宣告结束,开始处于经济增长缓慢与严重通货膨胀同时并存的为期10年的"滞胀"状态之中。"滞胀"的最典型特征为低经济增长率、高失业率和高物价上涨率并存。这一时期经济发展的具体特点有以下几方面:

(1) 经济增长处于停滞状态。在1973—1975年间,资本主义世界发生了战后以来最严重的经济危机。在这次危机中,美国的工业生产下降了16个月,下降幅度为15.1%。日本的工业生产也下降了16个月,下降幅度为19.3%。在西欧国家中,英国的经济危机持续时间最长,长达27个月,工业生产降幅为9.8%。在此次危机之后,发达资本主义国家经济增长缓慢。根据世界银行1985年《世界发展报告》的资料,1965—1973年,主要发达资本主义国家年平均经济增长率为5.2%,1973—1982年则下降为2.4%(见图8-1)。

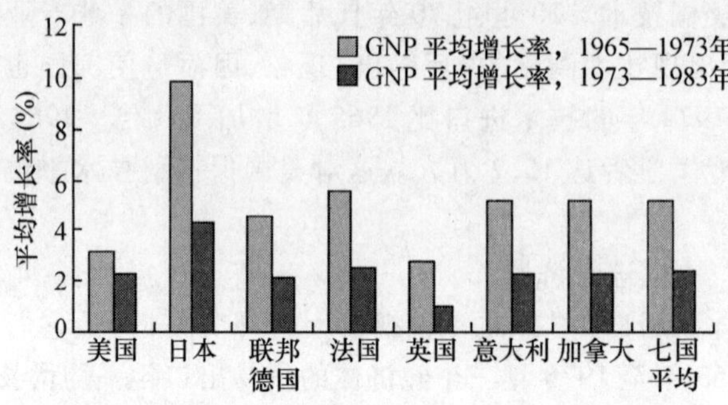

图8-1 主要发达国家GNP的平均增长率(%)

(2)物价和失业率大幅度上升。在20世纪五六十年代,发达资本主义国家的消费物价上涨率每年平均约为1%—3%,进入70年代后,消费物价急剧上涨。如表8-4所示,1951—1973年间,美国、日本、联邦德国、法国、英国、意大利六国平均的消费物价年上涨率为4.0%,1974—1981年间则提高到11.0%。其中在所列的六个主要资本主义国家中,有三个超过了10%的水平,有两个接近了10%。在"滞胀"期间,发达资本主义国家的失业率普遍上升,有的甚至超过了两位数。一般而言,发达资本主义国家在非经济危机时期的失业率为1%—2%,美国虽然为5%—6%,但也处在"充分就业"的范围之内。但1974—1982年间,美国、日本、联邦德国、法国、英国、意大利六国的平均失业率达到了5.5%,比1961—1973年高出了2.6%。

表8-4 主要发达资本主义国家消费物价指数年均增长率和年平均失业率(%)

国家	消费物价指数		失业率	
	1951—1973年	1974—1981年	1961—1973年	1974—1982年
美国	2.7	9.4	4.6	7.2
日本	5.2	9.1	1.1	2.0
联邦德国	2.7	4.9	1.0	4.2
法国	5.0	11.4	2.5	5.5
英国	4.3	15.4	2.7	6.8
意大利	3.9	15.9	5.4	7.2
六国平均	4.0	11.0	2.9	5.5

资料来源:根据联合国《统计年鉴》、国家货币基金组织《国家金融统计年鉴》计算。

2.经济"滞胀"的原因

(1)"滞胀"根源于长期推行的凯恩斯主义经济政策和科技革命高潮的消逝。战后发达资本主义国家实行以凯恩斯理论为指导的刺激投资和需求的膨胀性的财政政策与货币政策。这种政策在一定时期内从扩大消费需求等方面刺激了经济增长,缓解了经济危机,但同时也积累了许多矛盾和问题。一方面,财政赤字的不断增加,债务的不断扩大,货币的超量发行,会最终导致通货膨胀;另一方面,投资和信贷的增加,刺激了社会需求,鼓励了超前消费,使日益严重的生产过剩状态被掩盖起来。形成"滞胀"的另一个深层次原因是战后形成的新科技革命高潮的消逝。20 世纪 50 年代和 60 年代的经济高速增长,主要是靠战后新科技革命支撑的。到了 70 年代初,在新科技革命中形成的一系列新技术基本上得到了普及,并为生产所广泛吸收。然而新的科技革命尚处于酝酿当中,新的技术群和产业群尚未形成。同时,由于财政问题,对科技的投入减少,导致生产率无法实现提高,这些因素最终引发了"滞胀"。

(2) 石油危机和工资过快提高导致经济停滞。战后直至 1973 年,在国际石油垄断资本的控制下,国家石油价格十分低廉,这成为西方国家经济大发展的重要原因。然而 1973 年中东战争之后,以阿拉伯国家为主的石油输出国组织大幅度提高油价,这对以石油为基本能源的西方国家是个沉重打击,它推动了企业成本提高和物价上涨。这种成本推动型的物价上涨同原来存在的通货膨胀结合在一起,使西方国家出现了恶性的物价上涨。另外,工资提高过快也拉动了物价上涨,形成了"工资推动的通货膨胀"。这些成为发达资本主义国家经济处于"滞胀"阶段的重要原因。

(二) 发达国家干预经济政策的调整

主要发达资本主义国家在 1973 年的经济危机之后出现的经济"滞胀",导致战后以刺激社会总需求为核心的凯恩斯主义经济理论和政策走到了尽头。于是各种反凯恩斯经济流派,如货币主义、供给学派等新保守经济学派空前活跃起来。最终,新保守主义经济学派的强力主张导致西方国家干预方式的变化和政策的调整。其中具代表性的是英国 1979—1987 年的"撒切尔主义"和美国 1981—1988 年"里根经济学"的实验。①

1. 货币政策与财政政策同时并举

20 世纪 70 年代尤其是 80 年代,西方发达国家干预经济的首要目标由实现充分就业的经济增长变为实现低通货膨胀的经济增长。一方面,实行紧缩性的货币政策。80 年代以来,由美国和英国开始,发达资本主义国家进行了金融体制改革,加强了对金融市场的宏观控制,不断提高利率,降低货币供应量的增长,以压低和控制通货膨胀率。通过对货币供应量的控制,西方发达国家的物价上涨率开始下降。日本的物价上涨率从 1974—1982 年的年均 8.4% 降到 1982 年的 2.7%,率先走出了"滞胀"。1983—1991 年间,美国、日本、联邦德国、法国、英国、意大利、加拿大七国平均的消费物价年上涨率下降为 4.3%,比 1974—1982 年间的 10.8% 下降了 6.5%(见图 8-2)。另一方面,紧缩政府开支,促进经济增长。各国政府依据本国的实际情况,都提出了紧缩政府开支的重点,从而减少财政赤字,控制通货膨胀。如美国政府强调裁军,先后同苏联进行了多次裁减核武器的谈判;日本政府强调进行行政改革,减少政府机构;西欧国家则强调改革社会保障制度,减少失业补助金,等等。虽然各国政府进行了一系列的调整,但是收效甚微,财政仍处于赤字状态。

---

① 陈漓高、杨新房、赵晓晨:《世界经济概论》,首都经济贸易大学出版社 2006 年版,第 151 页。

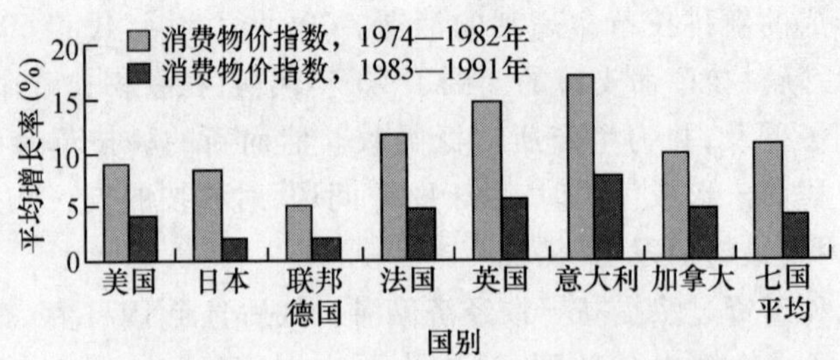

图 8-2 主要发达资本主义国家消费物价指数年均增长率(%)

2. 减税以刺激私人投资

“撒切尔主义”和“里根经济学”都主张减税，也就是通过降低税率，刺激企业投资和居民消费需求，促进经济增长。美国里根政府在 1983—1985 年间曾连续减税 23%，使个人和企业少缴纳所得税 3 500 亿美元；英国撒切尔政府也把英国所得税的基本税率从 1979 年的 33% 降到 1986 年的 29%；联邦德国和法国也都采取了减税措施。但是，减税的结果并不像政府所期望的那样增加了私人投资和储蓄，从而刺激供给，增加政府收入，而是刺激了个人消费支出的增加，财政收入减少和财政赤字剧增，并以此为代价促进了经济增长。

3. 实行国有企业私有化

20 世纪 80 年代以来，为了减少政府对企业的直接干预，特别是为了减轻国家的财政负担，提高国营企业的效率，促使国有企业扭亏为盈，西欧和日本等发达资本主义国家掀起了将国营企业转为民营企业的私有化浪潮。据统计，1979—1989 年，英国政府出售了 50 多家国有企业的全部或部分资产，金额达 250 亿英镑。美国、联邦德国、法国、日本、意大利、加拿大等国都实施了大规模的出售国营企业政策。由于这些发达资本主义国家发现私人工业的生产成本要比国营部门低一些，而且政府要花费大量财政支出进行补贴，国有企业成为政府的沉重负担，因此对国营企业实行民营化有助于增加财政收入，从而促进经济的增长。

4. 调整产业结构

从 20 世纪 70 年代开始，西方发达国家为了节约能源、资源和劳动力，提高劳动生产率，从而促进经济增长以及提高产品的国际竞争力，纷纷开始了产业结构调整。西方各国对发展技术密集型产业进行了大量的投资，并且抑制高耗能的资本密集型产业的投资。通过这一阶段的产业调整，西方各国技术密集型产业的产值在制造业中所占的比重持续上升，而资本密集型和劳动密集型产业所占的比重则有所下降。进入 20 世纪 80 年代以来，发达资本主义国家加紧了产业结构的调整，大力推进以信息产业为核心的高新产业的发展。1990 年，美国高技术产品占制成品总量的约 30%，欧洲约 20%，日本约 35%。1975—1986 年，高技术产品出口在制成品出口总额中所占的比重，美国从 25% 上升到 37%，英国从 19% 上升到 28%，日本从 18% 上升到 33%，联邦德国从 15% 上升到

37%,法国从14%上升到19%。[1] 这使得西方发达国家高新技术产品的市场份额不断扩大,而且在国际贸易中高技术产品的比重日益上升,从而提高了产品的国际竞争力。

三、“新经济”的产生与发展

(一)“新经济”的概念

“新经济”是建立在信息技术革命和制度创新基础上的经济持续增长与低通货膨胀率、低失业率并存,经济周期的阶段性特征明显淡化的一种新的经济现象。20世纪90年代以来,美国经济出现了第二次世界大战后罕见的持续性的高速度增长,在信息技术部门的带领下,美国自1991年以来,经济增长幅度达到34%,而失业率却从6%降至4%,通货膨胀率也在不断下降。这种现象被人们称为“新经济”。

(二)“新经济”的基本特征

目前,人们对新经济基本特征的认识和说法不尽一致,其中意见比较统一并具有权威性的表述有如下几种:一是“新经济”是以信息为主导的经济。部分经济界、企业界人士认为,在过去几年里推动美国经济增长的首要因素是产业结构的迅速调整和转变,其中最引人注目的是信息业的快速增长和在网络技术基础上电子商务的发展。通信业、信息业和服务业在美国国民经济中已占主导地位,特别是计算机、通信及其内容的融合产生了一个全新的多媒体产业。二是“新经济”是高科技经济和知识经济。西方的一些专家学者则认为,新经济是以高科技为基础的经济,网络经济只是信息经济的一个典型代表,而无论是网络经济还是信息经济,都只能是新经济的组成部分,新经济的内涵还包括生物工程等。他们指出,不论是在过去,还是在未来的发展中,导致美国经济结构和增长模式转变的,除电子、信息技术外,还应包括生命科学技术、新能源技术、新材料技术、空间技术、海洋技术、环境技术和管理技术等。三是“新经济”是全球化经济或资源优化配置的经济。部分经济学家认为新经济的出现实际上源于全球采购、全球性的资源优化配置、资产优化重组和竞争扩展到全世界范围等新的趋势。这部分经济学家指出,新财富的真正来源是经济系统重组所带来的效率增长。20世纪80年代美国的劳动生产率年均增长速度为1%,而自1995年以来年均增长2.9%。技术固然是生产率提高的基础,但新经济的本质特征不应归结为技术特征,而应归结为资源的配置与组合特征,因此他们得出结论,称新经济为“全球化经济”或者“资源最优化配置的经济”更为合理。

(三)“新经济”的成因

美国经济增长引人瞩目的特点不仅是其超长的扩张期,还在于它与低通货膨胀、低失业率并存,这显然超出了传统经济学理论的解释,因此,被国际上一些经济学家称为“新经济”。对美国新经济产生的原因说法不一,争论也很大,目前基本达成共识的有如下几点:信息化、全球化及美国宏观经济政策变革等。

首先,信息化为先导的美国经济结构大调整。美国经济结构调整起源于1973年的

---

① 〔美〕罗拉·D.安生·迪森著,刘靖华译:《鹿死谁手?——高技术产业的贸易冲突》,中国经济出版社1996年版,第28—29页。

世界性石油危机。石油危机的发生对当时处在汽车、钢铁时代的美国经济带来了前所未有的负面冲击,经济结构调整和新的产业革命由此被提上议事日程。除此之外,在美国,当初被用来与另一个超级大国苏联进行冷战的星球大战计划,后来成了新的信息经济发展必不可少的技术和物质基础。在此背景下,美国政府以占领 21 世纪经济技术发展的制高点为战略,强化了政府对信息化等高科技领域的干预和决策,美国总统克林顿的重要贡献首先就在于他对科技创新的积极倡导和支持。到 1994 年,美国已完成了从后工业社会向信息、知识社会的历史性跨越。这次跨越被美国的一些社会学家称为“第三次产业革命”。

其次,以全球化为背景的资源优化配置。美国善于利用全球资源的历史由来已久,从 1803 年购买法国的路易斯安那,两次世界大战期间的军火供应,到第二次世界大战后世界银行、国际货币基金组织、GATT、美元体系、廉价石油,再到里根政府的高利率政策等,都给美国经济带来了巨大的收益。克林顿政府更是一个高度介入和奉行经济全球化战略的政府。20 世纪 90 年代以来,在迅速发展的国际贸易、国际投资和国际金融的推动下,美国放弃了传统凯恩斯经济学的封闭政策,更多地考虑国外市场的因素,以全球化为核心的资源配置取向日趋明显。

最后,以政策创新为前提的宏观经济改革。在美国,一些经济学家认为新经济的基础是由里根政府奠定的,但大多数人认为克林顿政府宏观经济调整对新经济的产生功不可没。在财政政策上推行“平衡财政”;在货币政策上推行“中性金融”,美国历届政府基本上都采用凯恩斯主义的经济政策主张,即货币政策从属于财政政策,主要通过利率中介目标来实现经济增长的充分就业。在克林顿执政的几年里,美国的宏观政策目标由 80 年代的仅仅控制通货膨胀,发展到 90 年代的以抑制通货膨胀为主,同时兼顾刺激经济增长和防止失业率上升,因此创造了良好的宏观经济环境。强调对人力资源投资,教育政策由忽视中等教育向注重普遍提高公民素质、培育知识人才转变。贸易政策由放任自由主义向具有保护主义色彩的自由主义转变。总之,这些因素都为新经济的产生打下了极其坚实的基础。

第二节　国家对经济生活的全面调节

一、国家对经济生活干预的强化

发达的市场经济国家都力求在市场体系充分发育的基础上逐步建立起较为完善的宏观调控体系,以保证市场经济的运行和发展。战后发达资本主义国家的宏观经济调控与战前相比有了重大发展,不断加强国家对经济生活的干预。发达资本主义国家宏观经济调控的基础,是国家垄断资本所具有的经济实力。与战前相比,战后国家垄断资本实力迅速扩展,资产阶级国家已成为当代最大的资本所有者。战后国家所具有的雄厚经济实力,使其对国民经济实行宏观调控的力度即深度和广度,都是战前时期所不能相比的。国家对经济生活的干预的强化主要表现为:

(1) 国家对经济的调节已不再局限于为资本主义经济的发展创造外部条件。国家作为最大的资本所有者和最高层次的经济调控者,进入了实际的生产过程和经济运行过程。一方面直接从事生产经营,另一方面支配和组织大量的社会资本流动,使国家调节成为社会再生产过程的一个有机组成部分,使宏观调控与市场竞争机制一样,成为当代资本主义经济运行的内在机制。

(2) 国家实行经济调控的形式,也由短期调节普遍扩展到中长期计划调节,并且在形成相应的国家干预经济制度的同时,建立起一套相对稳定的国家经济调节机构。

(3) 国家的宏观经济的干预是一种全面的干预和调节。战后科技革命推动的生产高度社会化,以及资本主义经济内部矛盾的复杂化,使国家调节由过去的对某个经济领域和某个再生产环节进行单向调节,发展成为对整个再生产各环节和各个经济领域进行全方位的调节;使国家干预由过去的只对国内经济过程进行干预,发展为对国际经济关系的经常性干预和协调。

二、国家调节的原因与目标

国家加强对经济调节的原因主要是战后新科技革命的兴起和社会生产力的巨大发展,使资本主义社会的矛盾日趋尖锐,为了缓解这种矛盾,西方国家不得不对社会经济生活进行广泛干预。具体表现为:

(1) 实现经济均衡增长和资源优化配置。大垄断资本对社会经济的统治弱化了市场的自然调节,并且垄断竞争使垄断资本实力大幅度增长,降低了市场信号真实度,特别是中小资本与大垄断资本有经济依附,社会生产不能按供求均衡和资源效益最优化的要求进行,只能以受大垄断资本操纵的利润走向决策。因此,国家加强对经济进行调节,使经济增长和资源配置不再受制于大垄断资本获取高额利润的需要,而是服从社会发展的需要,从而实现均衡增长和优化配置。

(2) 缓解现代生产力发展与垄断企业的矛盾。战后新科技革命的兴起和社会生产力的巨大发展,提出了一系列需要解决的任务,尤其对公共物品的提供和基础设施的建设提出更高要求。因此,国家需要加强干预从而解决这一问题。

(3) 缓解跨国经营与私人垄断资本局限的矛盾。当代垄断资本多数以跨国经营实现生产国际化,但客观上遇到国家、民族、各国国内市场及其财政、金融、税收制度和不同的经济与社会政策等各种限制,这些障碍以及上述各种问题是私人垄断资本自身力量无法克服的,需要国家直接参与到社会再生产活动中,对整个经济生活进行干预和调节。

1929—1933 年经济危机前,西方国家货币政策目标是单一的:稳定币值。第二次世界大战后的 20 世纪 60 年代,从国家调节的目标来看,追求"公平与效率"成为各国政府宏观调控的出发点。其具体目标则包括充分就业、物价稳定、经济持续增长、社会平等以及国际收支平衡等几个方面。当然,不同国家,其宏观调控的侧重点也会有所不同。①

(1) 所谓充分就业,就是指所有愿意工作的人都能按照他们愿意接受的工资条件找到职业;同时,包括劳动力在内的各种生产要素,都能按照他们愿意接受的价格全部用于生产。在这种状态下,社会总需求就等于社会总供给,国民经济可以实现无通货膨胀的

① 庄起善:《世界经济教程》,复旦大学出版社 2001 年版,第 211 页。

稳定增长。充分就业时仍然有一定的失业，这是因为，经济中造成就业的原因有些是难以克服的，劳动市场总不是十分完善的。这种失业的存在不仅是必然的，而且还是必要的。失业可以分为由于需求不足而造成的周期性失业和由于经济中某些难以克服的原因而造成的自然失业。自然失业包括摩擦性失业，即人们在寻找工作或转换工作过程中的失业现象，增加职业训练计划与提高信息沟通（使失业者能确实掌握就业机会）可降低这方面的失业；结构性失业，即市场竞争的结果或者是生产技术改变而造成的失业，结构性失业通常较摩擦性失业持久，因为结构性失业常表示人员需要再训练或是迁移才能找到工作。充分就业与自然失业的存在并不矛盾。实现了充分就业时的失业率称为自然失业率，或充分就业的失业率。一般而言，发达资本主义国家在非经济危机时期的失业率在1%至2%之间，美国虽然在5%至6%之间，但也处在“充分就业”的范围之内。在“滞胀”期间，发达国家的失业率普遍上升，有的甚至超过了两位数，1974—1982年间，美国、日本、联邦德国、法国、英国、意大利六国的平均失业率达到了5.5%，各国失业率基本都偏离了“充分就业”的范围。

（2）所谓物价稳定，就是要抑制住通货膨胀、避免通货紧缩、维持币值的稳定，这并非是指所有的商品价格不变，而是要保持“一般价格水平”的相对稳定。目前，西方各国主要用消费物价指数来确定通货膨胀率。通常当消费物价指数的上涨幅度在3%以内，就可以认为物价基本保持稳定。1951—1973年间，美国、日本、联邦德国、法国、英国、意大利、加拿大七国平均的消费物价年上涨率为4.0%，1974—1981年间则提高到11.0%。可见在经济“滞胀”期间，西方各国的通货膨胀严重。而在1983—1991年间，各国通过对经济的调整，消费物价年上涨率都大幅降低，七国平均的消费物价年上涨率下降为4.3%。可见国家可以通过加大国家干预，从而使物价恢复并保持稳定状态。

（3）所谓经济持续增长，就是一定时期内社会所创造的人均产量和人均收入的持续增长。经济增长的核算通常依靠GDP、GNP等统计数据，即以本年度的GDP总量对比往年的GDP总量，而得出经济增长的百分比。

（4）所谓国际收支平衡，就是指通过补偿性交易和官方金融资产的变动，使金融项目和资本项目的收支达到的平衡。保持国际收支平衡是保证国民经济持续稳定增长和国家安全稳定的重要条件。巨额的国际收支逆差可能导致外汇市场波动，资本大量外流，外汇储备急剧下降，本币大幅贬值，并导致严重的货币金融危机。而长期巨额的国际收支顺差，往往使大量外汇储备闲置，为满足外汇兑换要求，中央银行不得不增发本国货币，从而可能导致或加剧国内通货膨胀。

三、国家调节的主要手段及其功能

（一）宏观经济调节

从其宏观调控的手段来看，发达国家在实现宏观经济管理目标时，一般都慎用直接的行政干预，而是在尊重企业自主权和发挥市场机制作用的基础上，利用各种宏观调控手段，因势利导地促进经济协调发展。常用的宏观调控手段有以下五种：

1. 财政政策

财政政策是宏观经济调控的主要工具之一。利用财政手段进行宏观经济调控，主要是以税收和财政收支的变化直接影响消费总量与投资总量，促进总供给与总需求的动态平衡。一般而言，财政政策的运用是采取逆经济风向而动的措施，当总需求水平非常低，即出现经济衰退时，政府通过削减税收、增加支出来刺激总需求，这被称为扩张性财政政策；当总需求水平非常高，即出现通货膨胀或经济过热时，政府通过增加税收或削减开支来抑制总需求，这被称为紧缩性财政政策。

财政政策包括支出调节和收入调节。从财政收入看，主要的财政收入渠道是税收，国家可以通过税收政策，以不同的税种设置和有差别的税率，来鼓励某些产业的发展，制约与限制另一些产业的发展，乃至从总体上调节经济周期的变化。具体来讲，一是通过税率对付经济的波动。调整税率、税种和税收起征点，实行某些免税、退税政策，直接引导纳税人的经济行为，调节经济运行。当经济过热时，提高税率以减轻通货膨胀压力；当经济衰退时，降低税率以刺激私人投资和消费。二是通过税收政策调节资源配置。西方各国政府通过税率的差别鼓励一些行业的发展，从而弥补市场机制配置资源的缺陷。三是通过政策缓解收入分配不公平和各种社会矛盾。从财政支出看，当代资本主义国家中，财政支出除了维持政府运转的需要外，大量的财政支出是用于干预社会经济活动，为实现宏观调控目标服务。一般而言，当社会总支出不足时，政府便增加采购，刺激经济增长；当总需求过旺时，政府便减少采购数额，抑制通货膨胀。实行“补偿性财政”政策，即在危机和萧条阶段采取“松”的财政政策，减少税收，扩大政府支出，加大财政赤字，增发国债；而在经济繁荣、需求过旺时，采取“紧”的财政政策，增加税收，削减政府支出，偿还国债等，以抑制需求，延缓经济危机爆发。调整政府转移支付是指改变政府在社会福利保险、失业补助和救济金等方面的支出总量。

2. 货币政策

货币政策是与财政政策相配套的宏观经济调控政策，即政府通过中央银行限制货币供应量、提高或降低利率、调整法定存款准备金率和贴现率、控制信贷规模等来达到协调经济发展的目的。在国家垄断资本主义条件下，因国家直接控制着中央银行和货币供应量、金融管理权，国家可以利用控制货币供应量影响利率水平及投资，最终达到影响总需求和调节社会再生产比例关系的目的。

货币政策主要包括对利率调节和对货币流通量的调节两个方面。第一，利率调节主要是通过利率高低和差别利率来实现某些宏观经济目标。第二，货币流量的调节对市场经济的正常运行更为重要。发达国家在调控货币量方面，主要运用三大手段：一是公开市场业务，二是最低准备金率政策，三是再贴现利率政策。所谓公开市场业务，即中央银行通过公开买卖有价证券和国家公债来控制货币市场。当采取紧缩货币政策时，中央银行便抛出票据或证券以回笼货币，减少市场的货币供应量；当执行扩张货币政策时，就大量买进公债及其他有价证券，以增加市场上的货币供应量。存款准备金比率是由国家金融当局规定的，其高低直接涉及商业银行的流动资金和资金供应。通过这一比率的调整可以达到影响商业银行放贷规模的效果。所谓调整中央银行的再贴现率，即商业银行以未到期的票据向中央银行融通现金时，贴现利息与票据到期时应得款额的比率。贴现率的高低，对于商业银行的贷款额和利息率有重大影响，中央银行通过再贴现率的调整来影响商业银行的贴现率，进而影响市场利率，从而调节货币供应量。政府使用货币政策调控经济主要表现在两个方面:一是紧缩银根政策,即提高利率,紧缩货币供应和信用,以达到限制投资、抑制消费过快增长的目的;二是放松银根政策,即通过降低利率,增加货币供应量和膨胀信用,以刺激经济增长。

3. 产业政策

产业政策是20世纪80年代以来发达国家宏观调控的一个重要政策工具。其基本内容包括产业结构政策、产业组织政策和产业地域政策。产业政策的根本任务是对产业发展施加影响,实行指导和调节。它是政府针对在资源配置方面出现的“市场失灵”而采取的政策。产业政策强调地区之间、部门之间和部门内部资源的合理配置以及改善供给能力,以追求宏观经济的协调与平衡,实现经济的有效增长,从而使国家对经济活动的干预与调节进入到更深层次,即触及对部门、地区内部等微观领域经济行为的诱导,成为国家与市场的结合点。日本是发达国家中实行产业政策最为成功的案例之一。

4. 收入政策

收入政策的主要内容是管制工资和物价,国家通过分配领域对再生产过程实行干预。它的目标有两方面:一是企图克服物价和工资的螺旋式上涨引起通货膨胀;二是调节收入分配,调整工资与利润的相对份额。国家实施收入政策的手段主要有三种:一是强制性收入政策,主要是政府通过立法来冻结物价和工资,一般是在通货膨胀严重时采用的手段;二是非强制性的“指导性”方法,即政府根据平均劳动生产率的增长趋势,规定每个部门工资增长限度,使货币收入增长不超过劳动生产率增长幅度;三是收入指数化措施,即将名义收入与某种物价指数联系起来,名义收入随物价指数变动而变动,其作用在于避免或减轻物价上涨对实际工资的影响。

(二) 经济计划指导和调节

在当代资本主义经济中,为了减少市场对经济运行产生的自发性破坏作用,为了便于集中资金发展重点或关键部门,各主要资本主义国家在市场经济基础上都不同程度地实行了对经济的计划管理和调节,它是国家垄断资本主义调节经济的一种综合形式。市场经济并不排斥政府的宏观计划指导和调节,相反,恰当的计划指导和调节在一定程度上起着引导市场经济发展的作用。这一方面较为典型的案例是法国、日本等发达国家。经济中的计划管理,资本主义国家的计划管理的主要内容是:制订一定时期的国民经济增长计划、财政收支计划、货币发行计划、国家重点投资计划、科技教育发展计划、主要产业发展计划等一些带有全局性、规划性、前瞻性、指导性的计划和规划。然后,再通过一定方式,主要是经济手段引导私人企业向计划规划的方向发展。同计划经济国家所实行的指令性计划或行政性命令有着本质的区别,发达国家实行的宏观计划指导和调节在编制和运行上有着鲜明的特点:第一,计划在协商的基础上形成,内容基本上是预示性的;第二,计划的执行有比较灵活的形式,组织上非官僚化;第三,计划与市场有机地结合,偏重于引导与协调。

(三) 国家制度调节

第二次世界大战以后,科学技术突飞猛进,生产社会化程度空前提高。西方各国认识到,作为资本主义经济基础的私人垄断已不能适应生产力发展的要求,于是它们对资本主义的所有制结构做了调整。西方国家的制度调节主要体现为国有化和非国有化。首先,国有经济在当代资本主义经济发展中起着重要的作用。进入20世纪80年代,为了缓解财政困难,摆脱“滞胀”困境,加之新技术革命使产业结构发生进一步变化,原来国有企业集中的一些行业或部门地位下降,于是许多发达资本主义国家都出现了国有经济民营化(或非国有化)的浪潮。其次,推行股权化和企业职工持股普遍化。股份制经济在第二次世界大战前就已经存在了,但当时的股权绝大多数控制在少数资本家手中。战后,发达资本主义各国在资本占有形式上的重要调整就是推行股权分散化和企业职工开始拥有股票,这些措施在相当程度上缓和了劳资双方的矛盾,促进了资本主义经济社会的发展。[①] 最后,国有经济在当代西方发达资本主义国家仍然居十分重要的地位。国有经济承担大量的基础研究和技术开发任务,并且在国有化过程中,国家承担了大量技术改造和技术推广任务。总之,虽然20世纪80年代以来,西方国家掀起了私有化浪潮,但并未降低国有经济作为国家调节手段的地位和作用。

（四）社会调节

社会调节就是由政府出面采取一系列政策措施,减轻社会各阶级和各阶层之间的各种社会矛盾和社会紧张关系,为经济发展创造和确保稳定的社会条件。战后发达国家的社会调节,主要是通过推选管理“民主化”和“社会福利制度”。战后发达国家的企业普遍实行了“民主管理”,即吸收职工参与企业的部分决策、监督与管理。其主要形式是通过设立工人代表制,实行“共同决定权”。社会福利可归纳为以下几类:① 社会保险;② 社会照顾;③ 福利补贴。

（五）利用经济立法进行调控

经济立法是发达国家市场经济调控的重要保障措施之一。市场经济并非是一种无序的“混乱”经济,市场经济越发达,越需要建立一个公平竞争的秩序和环境。而要实现这一点,就要依靠大量而缜密的经济立法。发达国家的经济发展表明,法律作为非经济调节手段能补充经济调节的不足,为经济的有效运行提供保障机制。发达国家的经济立法一般包括以下几个方面的内容:总体经济发展的立法;针对某一行业的立法;调节经济关系的立法;规范企业行为的立法等。如法国的主要经济法有:《反垄断限制法》、《经济稳定和增长法》、《信贷法》、《外贸法》等,这些法规有效地规范了法国经济运行的秩序。

四、国家调节的作用和影响

（一）国家调节的作用

国家调节的全面实行,使西方各国社会的生产条件和经济运行机制得到了一定的改善,促进了经济的迅速、稳定发展:① 国家通过财政和国有企业直接参与再生产过程,创造了经济发展的基本条件;② 国家调节在一定程度上弥补和修缮了市场运行机制,纠正了“市场失灵”,从而在一定时期内促进了经济稳定发展;③ 国家调节通过国民收入再分配和推行福利政策为经济发展创造了较为稳定的社会条件;④ 通过国家经济协调改善了

① 张惠元:《对资本主义制度调节功能的辨析》,《思想理论教育导刊》,2004年第6期。

西方国家经济发展的国际经济条件。

（二）国家调节的影响

1．改变了资本主义经济的运行机制

市场是资本主义经济运行的主导调节机制，但许多方面却不能按社会需要进行调节。国家具备经济立法、施政权力和掌握一定物质基础的充分能力，能够凌驾于个别垄断资本利益之上，从全社会的高度来驾驭生产力，承担起对国民经济的组织和领导，因而能满足补充市场机制对国民经济进行宏观调节的需要。国家用立法手段来消除垄断，保护竞争和保护生态环境；用经济手段即实施财政、税收、货币、收入等政策直接影响社会总需求和总供给，对经济发展起刺激或抑制作用；用福利国家制度即国民收入再分配关系实现分配公平化；用政府支出促进科学研究和防治污染；用计划手段对国民经济发展做预测和指导。国家对上述各种可以促进经济平衡稳定的变量手段的运用，不仅弥补了市场机制的不足，而且改变了资本主义传统的经济运行机制，由单一市场机制变为市场调节与从属于市场机制的国家宏观调节相结合的运行机制，并在各种干预手段的相互配合和灵活运用中形成相当完整的宏观调控体系。这种宏观调控体系，实行间接调节而非直接调节；既对宏观经济也对微观经济起调节作用；体现的是综合性经济机制而非主观性的人为指挥，与资本主义私有制和高度发达的商品经济有充分适应性，对资本主义经济发展有促进作用。

2．在一定程度上和一定时期内促进了发达国家经济的迅速或稳定发展

国家通过财政和国有企业直接参与再生产过程，为社会经济的迅速发展和稳定运行创造了良好的基础条件。国家调节在一定程度上弥补和修缮了市场运行机制，在一定时期内促进了经济稳定发展。国家调节通过国民收入再分配和推行福利政策为经济发展创造了较为稳定的社会条件。通过国际经济协调改善了发达国家经济发展的国际经济条件。

3．存在一系列消极影响

国家干预虽然为资本主义带来一度繁荣，却没有触动资本主义私有制根基，反而使之得到加强，其结果只会使资本主义基本矛盾在新的条件下再深化并以新的形式表现出来。而且，由于国家干预弥补市场的效应在经济生活中有所反映即市场功能趋向正常，改变了国家干预发挥作用的有效环境，使国家干预的传统政策手段的矛盾进而国家干预的有限性逐步显露出来，因而国家干预又产生了新的困难和矛盾。20 世纪 70 年代资本主义经济陷入“滞胀”是国家干预的重大挫折，其后进行的调整改革虽降低了通货膨胀，但却未能根本摆脱困境，使国家干预处于更加难解的矛盾之中：要减少税收、降低利率以刺激投资和需求，解决经济回升和就业等问题，势必加剧财政赤字和复发通货膨胀；采取紧缩性财政和货币政策手段，抑制通货膨胀和需求，往往导致经济衰退和大规模失业。此外，国家调节与市场机制之间经常发生矛盾。例如，财政、货币政策从制定到发挥实际效用往往需要较长时间，而在此期间经济波动的方向很可能在市场功能的调整下已发生了变化，从而使国家调节的作用背离其预定目标，甚至加剧经济波动。

相关案例　发达国家通过税收和社会保障调节收入分配

● 美、德、瑞典三国财富分配借鉴

无论是发达国家,还是生产力发展水平相对低下的发展中国家,社会贫富差距等问题在经济发展过程中都不可避免。考察分析美国和欧洲收入分配政策实践,也许能为中国处理社会收入分配问题提供有益的经验教训。

根据新剑桥学派收入分配理论,经济增长扩大了利润和工资在国民收入中所占的份额差距,工资份额下降,收入分配失调是不可避免的。因此,政府政策的重点是改进收入分配制度。而收入分配政策包括短期和长期政策,其中短期政策包括:用所得税和财产税进行收入再分配;对于社会低收入家庭实施社会救助政策;政府协助提高失业者的技术水平;根据经济增长率制定实际工资增长率。长期政策则包括没收性财产税以及政府参与持有部分企业的股份。

● 美国:减税缩小贫富差距

美国虽然是西方发达国家的典型代表,但收入分配不公比其他西方国家更为突出。1964 年,美国的贫困率为 19%,贫困人数为 3 610 万;1978 年贫困率降至 11.4%,贫困人口下降为 2 450 万;1993 年贫困率又上升为 15.1%,贫困人口升至 3 930 万。即使在 2000 年,美国贫困人口尚维持在 3 000 万左右的水平。美国收入分配的基尼系数从 1967 年的 0.399 逐步发展到 2000 年的 0.460。

针对这种收入分配不均的现象,美国历届政府一直在尝试缩小社会贫富差距以及不同州之间的发展差异。美国政府民主党和共和党轮流执政,所以在不同时期采用了不同的收入分配政策。但所有的政府对于税收和社会保障都十分关注,相对应的税收政策特别详尽。

在里根时期与布什时期,公平的问题更加突出,其中税收政策成为调节收入分配的重要手段。里根总统始终确信税收政策的变化会使税收增加,并努力将这一主张付诸实践,强烈反对高额个人所得税,特别是极高的边际税率。

1980 年,个人最高边际税率是 70%,10 年后削减到低于 35%。中等收入纳税人的边际税率削减了 1/3,数百万低收入者不再支付任何个人所得税。低收入者和中等收入者在这个时期收入得到了改善,税收在收入分配中起到了重要的作用,同时在缩小贫富差距、调节收入分配时做到尽量公平。

1981 年税法将税率降低了 23%,并且制定了比以前更加优惠的加速折旧补贴。

随后,在 1982—1987 年间,包括《1986 年税收改革法》在内,所得税经历了比历史上任何时期都广泛的改革过程,主要内容是扩大税基和对传统税制进行改革。从许多方面来看,推行以降低税率和减少投资税收抵免为标志的营业税改革反映了以实物资本投资为主的经济模式转向了以人力资本、技术和信息为主的经济模式。

同时,里根政府中许多人认为社会保障在预算中所占的比例过大,社会保障过于完备,福利的增长越来越成为对中产阶级和中年人的补贴而不是用于老人和穷人的基本生活保障。20 世纪 80 年代被称为美国社会保障制度的“分水岭”,开始向美国现代社会的福利保障制度转型。

在布什时期，他做出了“没有新税收”的承诺，许多针对家庭和儿童的税收改善使得1990年的预算法案更具有进步意义。法案提高了高收入群体的税率并给予低收入群体很多税收优惠。收入税抵免在1986年的税收改革法案中被扩大之后，自由主义者和保守主义者双方都开始重视家庭和个人问题。1988年总统竞选期间，布什许诺会通过制定“儿童减免”来推动其“家庭”式的税收改革。总之，在这一时期美国也是在利用税收政策调节收入分配，使其尽量做到公平。

小布什时期，为了调节收入分配不均的情况，分别使用了税收调节政策和社会保障政策。同样依据新剑桥学派关于收入分配的观点，调节税收是改善收入分配不公的重要手段。小布什首先进行了减税政策，但是其效果并不像预想的那么明显，与1981年的减税不同的是，小布什政府建议对低收入阶层的减税幅度要大大高于高收入阶层。2003年，政府开始倾向于社会保障政策，对医疗体系进行改革，至今已卓有成效。

- 德国：调整工资规避通货膨胀

在欧洲，德国和瑞典的收入分配政策很具有代表性。德国在第二次世界大战之后就致力于调节收入分配，缩小社会贫富差距；瑞典从20世纪60年代后半期开始将建立福利国家作为主要目标，是世界上福利国家的典型代表。两国都十分注重收入分配的公平性，同时兼顾社会发展。但两国的收入再分配中的税收调节和收入保障与美国所选择的道路大相径庭，德国和瑞典都坚持高税率和完善的社会保障制度。

在20世纪60年代，德国的经济发展面临的严重问题，主要表现在贫富差距增大、区域间发展不平衡以及劳资矛盾上。为了促进经济发展，德国开始重视缩小贫富差距，平衡经济发展。根据2011年联合国开发计划署公布的数据，从2000年起，德国的基尼系数保持在0.28左右，属于世界上贫富差距最小的国家之一。

德国收入差距主要表现在：一是普遍的“雇主”和“雇员”之间的收入差距，即资本和劳动参与收入分配的比例之间存在差异，资本在分配中获得较高报酬，而劳动在收入分配中获得的份额相对较低；二是民主德国和联邦德国之间的收入差距。为了改善这样的状况，德国经济部长席勒提出“社会公平”的概念，致力于改变劳资关系，促进政府经济政策公平，同时完善社会收入调节体系。

关于收入分配中的工资制度，德国政府认为“工资”是刚性的，工资水平上升容易，下降困难。德国行业整体工资水平，是根据物价水平和社会发展水平，由政府、工会和行业协会三方平等协商得到每年工资的涨幅，保持与经济增长水平的一致，控制通货膨胀。德国的通货膨胀率一致维持在较低的水平。根据世界银行的统计数据显示，2009年德国的通货膨胀率仅为0.31%。

收入再分配中的税收调节、社会保障救济以及募捐制度也起到了很大作用。

税收调节主要是针对所得税、房地产税、遗产与赠与税等进行调节，其中个人所得税以家庭为单位，主要考虑整个家庭的人口和收入因素。主要目标是增加中产阶级人数，减少低收入者数量。

德国的社会救济保障制度，涵盖范围广泛而且拥有很高效率。保障救济制度主要包括医疗、事故、养老、失业、护理、家庭保险、救济金以及供养战争受害者和健康受损下的社会补偿。

募捐调节,主要是通过减税等各项政策鼓励家庭和企业进行募捐,参与公益事业,减少政府财政支出的压力。

- 瑞典:高水平的社会保障

瑞典是世界上福利国家的典型代表,经济发展水平很高,有较深的社会民主主义传统。政府干预和调控经济的能力较强,社会福利水平很高。瑞典的社会福利化有个逐渐完善的过程。20世纪50年代,瑞典政府把促进充分就业作为主要目标;60年代后期和70年代,政府的主要宏观目标则是建立强大的福利国家,国民收入在个人、阶层、行业和地区之间的均等分配成为政府政策的重要目标。80年代中期,瑞典的基尼系数为0.3244。根据2011年1月份联合国开发计划署公布的《国际人类发展指数》,瑞典的基尼系数为0.25,处于世界收入差距最小国家或地区的前列。

瑞典政府具有操控和限制各种市场力量的权力,同时能够实现自上而下的制度变迁。政府制订指示性国家计划,不对各个部门和各个企业制定具体的发展目标。收入初次分配由市场实现,再次分配强调社会保障和社会整体福利,同时注重促进就业。

初次分配中的工资决定制度。在瑞典,由雇主和雇员所在的行业协会组织、仲裁方以及政府管理部门三方力量协商决定行业工资水平,而且没有最低工资制度。在企业内部,雇员的具体工资由雇主与雇员协商,由工会进行调节。

再分配中的社会保障制度和税收调节制度。瑞典政府为社会成员提供全面的高质量的社会保障制度,社会保障措施名目繁多,覆盖范围很广泛,涉及居民日常生活的方方面面。高质量地缩小社会差距,缓解社会对立情绪,减少社会不公。

大力促进就业政策。瑞典政府不断加大就业政策的财税支持,对失业人员自主创业实行优惠减税的政策与就业补贴政策。

(资料来源:《发达国家通过税收和社会保障调节收入分配》,http://news.sina.com.cn/c/2011-08-09/101722960316_2.shtml。)

第三节　主要资本主义国家的经济体制模式

战后发达资本主义国家的宏观经济调控与战前相比有了重大发展,不断加强国家对经济生活的干预。但是,由于各国经济发展水平的不同、各国社会政治结构的不同以及各自历史文化和意识形态的不同,政府干预的途径、方法和程度在不同的特定国家中是很不相同的,于是便形成了不同的市场经济模式。

经济体制是指在特定的地理区域内进行决策并执行有关生产、收入和消费决策的一组机制和制度。任何经济体制都是由决策结构、经营结构和动力结构组成的。①

经济体制模式是各种经济成分的构成形式和调节经济运行机制的一定式样,是撇开经济活动中的次要因素和细节,对现实经济活动和经济增长方式的框架和原则所做的抽

① 〔美〕埃冈·纽伯格、威廉·达菲等著,吴敬琏等译:《比较经济体制》,商务印书馆1984年版,第123页。

象;也可以是对国民经济基本运行规则、增长类型以及主要经济政策在理论上的一种设计和构造。根据政府对市场干预的程度和形式的不同,大体上可以将世界上成熟的市场经济体制分为三种模式:以英美为代表的自由市场经济模式、以德国为代表的社会市场经济模式和以日本为代表的政府主导型经济模式。

一、以英美为代表的自由市场经济模式

这种自由市场经济模式主张实行完全的自由市场经济,强调市场竞争,不主张国家过多干预企业和个人的经济活动。它的基本特点是政府尽量让市场机制发挥作用,充分鼓励自由竞争,政府主要通过财政和货币政策对市场进行间接调控、依法对企业经营活动进行监管。下面对美国的自由市场经济体制模式进行简要的介绍。

(一)自由企业制度和平等竞争原则

自由企业制度是美国市场经济的基石,是市场机制运行的前提条件。美国的自由企业制度从两个方面保证了市场的竞争性:一是从所有制方面,二是从企业的市场结构方面。从所有制方面看,虽然萨缪尔森将美国经济称为混合经济,但美国的所有制大体上并不混合,私有制经济在国民经济中占主体地位,这是美国经济自由的基础条件。从企业市场结构看,美国的自由企业制度是其自由市场经济模式的主要体现,是指作为美国市场经济活动主体的众多企业,以单人业主制、合伙制、公司制等组织形式独立而自由地从事多种行业的生产经营活动,为整个社会提供各种商品和服务。自由企业制度的核心是私人财产所有权,私人财产受法律保护,神圣不可侵犯。在这种制度下,每个人都有权利创办和经营企业。企业的经营方式、产品和服务的定价以及生产经营的规模等都由企业自行决策。但自由企业制度不排除政府对企业的管理,但这种管理不是对企业内部事务进行直接干预,而是为企业生产经营而服务的。自由企业制度是市场体系的必要条件,是美国市场经济的灵魂,只有经济行为主体具有独立的主体地位,独立支配其资源,独立决策,独立承担风险和责任,独享其经营成果,市场体系才能正常运行。市场体系与企业制度之间存在着内在的统一机制,它们相互适应,相互依赖,相互促进,推动了市场机制的运行与美国经济的发展。[①]

平等竞争原则是指在市场竞争面前人人平等,至少在市场机会方面人人平等。在美国的自由市场经济体制模式下,人们遵循这种平等竞争原则。虽然市场机会等实际上是不可能平等的,但由于整个社会都有平等的价值观,当一个人合法进入某一行业从事经营活动时,该行业的其他人无权阻止其进入,这就提供了一种有利于自由竞争的环境。

(二)宏观经济调控体系

1. 从宏观经济调节的目标和对象来看

(1)美国政府宏观经济调控的主要目标,即经济增长、充分就业、物价稳定和国际收支平衡,这是同其他主要资本主义国家一样的。

(2)美国政府宏观经济调节的对象一直是总需求和总供给。战后,美国政府主要将

① 刘厚俊:《20世纪美国经济发展模式:体制、政策与实践》,《南京大学学报》,2000年第3期。

宏观经济调节的重点放在总需求上。政府通过各种措施增加总需求、推动就业增加,使经济走向繁荣。政府把总需求分为消费和投资两项。一方面,政府通过增加政府支出,刺激消费和投资;另一方面,通过采取各项措施鼓励私人消费和投资,以实现增加总需求、实现充分就业和经济增长的目标。

2. 从宏观经济调节的手段来看

美国政府对市场进行调节的两个主要手段是财政政策和货币政策。第一,财政政策的目标在于调节社会总需求以影响国民收入、就业和物价等总量水平。财政政策的工具是政府税收和政府支出。如1961年,为刺激经济和减少失业,肯尼迪政府全面地削减税收,增加政府支出,促进了美国经济的快速增长,使失业问题基本上得到了解决。20世纪90年代克林顿政府则一方面增加税收,以图解决长期巨额的财政赤字问题;另一方面扩大公共事业投资,用于教育、环保等方面,以促进经济增长。第二,货币政策则主要是通过货币政策措施调节流通中的货币数量和信贷,影响利率的高低,从而达到间接调节总需求进而影响国民收入和就业的目标。美国货币政策的主要工具是联邦储蓄的贴现率、公开市场业务、法定准备金率和信贷政策等。在使用这两种调节手段时,一般是采用“逆风向的相机抉择”办法,即在经济衰退和萧条时采用扩张性的财政政策和货币政策;当经济出现繁荣和通货膨胀时,则采取紧缩性的财政政策和货币政策,有时也搭配使用这两种手段。第三,社会福利保障制度调节,为了保障市场经济的稳步运行,美国政府实行了一整套的社会保障制度,对老年人、贫困者、失业者、残疾者等给予救济和补助,对劳动者普遍实行了社会保险计划,使大多数人拥有医疗保险、退休保险等,增强了社会的稳定性。特别是市场处在萧条和衰退阶段时,可以使失业者能够保持生计;当市场处于繁荣时,又能够保持足够的劳动力供应。需要指出的是,美国政府对收入分配和社会保障的调节虽然较以前有了较大的发展,但与欧洲国家相比,美国政府在这方面的调节还明显有限。这与美国历来崇尚市场机制的调节作用,更加依赖企业和社会团体的力量有关。此外,美国政府还采取收入政策、人力政策、行政指导等政策措施,对市场进行干预和调节。

(三) 政府干预市场程度较低

在美国的自由市场经济体制模式下,美国政府直接介入市场经营活动的比重很小,而且其活动大多限于不适合由私人经营的一些基础设施和公共服务领域。甚至在军需物资和武器装备的生产上,政府所属的军工企业也只是生产一些高度机密的战略武器,大多数常规武器装备都是向私人公司订货。美国政府直接经营的基础设施和公共服务主要有:道路设施、机场设施、城市供水排水设施、电力供应、邮政、国家公园、教育、卫生、国防等。

(四) 对国际经济关系的政府调节

首先是对国际贸易的调节。战后,美国等发达资本主义国家加强了对国际经济关系的国家调节。在战后初期,美国凭借自己强大的经济实力,在国际贸易中倡导自由主义政策,通过GATT主持了多次多边贸易谈判,迫使其他发达国家和美国一起降低了关税,并就降低非关税壁垒达成了许多协议。国际贸易的自由化大大地促进了全球贸易和投资的发展,反过来又推动了美国国内的市场扩大和经济发展。其次是外汇政策,这是美国政府调节国际收支的主要工具,美国政府经常利用国家权力干预货币市场,调节美元汇率的升降,从而达到调节国际收支的目的。

综上所述,同西欧各国、日本等发达国家相比,美国的自由市场经济体制模式有这样一些特点:第一,自由企业制度;第二,政府对市场干预或调解的程度较低,政府直接参与市场经济活动的范围较小;第三,联邦和地方政府包括州政府和地区政府之间的经济职权划分得比较清楚,有利于宏观经济调控;第四,社会保障程度较低,取得社会福利和救济的条件较为严格;第五,市场经济法律制度较为健全。

相关案例 **占领华尔街运动:过度自由市场经济模式的后果**

谁也不会想到,在纽约发起的这一场"占领华尔街"示威运动会在短短的一个月时间内迅速演变成为波及全球的民众抗议活动。从纽约到伦敦,从多伦多到巴黎,从罗马到悉尼,示威者走上街头,安营扎寨,以各种方式表达着自己的诉求和不满。这可以说是西方发达国家在金融危机爆发后的三年时间里,由于政府不作为,或者说是作为不到位,导致众多民生问题得不到合理解决所带来的严重后果。广大底层人民,尤其是那些低收入人群,不但没有成为各国政府挽救的对象,反倒被当成挽救经济的牺牲品和埋单者。

用一组数据就能够说明问题,在美国,经过两轮经济的刺激政策之后,美国经济仍旧复苏乏力,失业率居高不下,这不但影响了国民收入,更使得就业在这两年时间内并未得到改善。如果剔除通货膨胀因素,美国国民收入在2000年至2010年之间下降了7%,而对于2011年经济增长的预期仅为1.5%。2010年美国贫困率为15.1%,贫困人口已达4 620万人,可以说为52年来最高,然而财富却不断地向以华尔街为代表的少数富有美国人手中集中,最富有的5%的美国人拥有了全国72%的财富,而当危机爆发,政府却竭尽全力去挽救濒临破产的华尔街,但华尔街不但不因为自身的贪婪受到惩罚,不但不与普通民众共度时艰,反而热衷于内部分红,终于导致蓄积已久的民怨最终爆发。"占领华尔街"运动的直接导火索正是华尔街大银行要向消费者收取更高的账户费用,以转嫁去年由于金融监管改革法给银行带来的成本负担。

此轮危机,表面上是由于贫富悬殊,社会矛盾激化,政府对于经济和民生的挽救政策不当,但更深层次的原因还是美国的经济体制问题,是过度自由的市场经济模式所导致的金融—经济危机,并逐步向社会—政治危机蔓延的过程,可以说是美国式的自由市场经济模式的失败。

美国经济能够取得今天的成就和地位,与其充分自由的市场经济体制有着密不可分的联系,在其发展初期,这种体制起到了一定的积极作用,在过去的数十年的时间内,可以说扶持了各种新兴行业,培植了大量的具有国际竞争力的跨国企业,同时也造就了强大的、富可敌国的金融利益集团,而随着这种发展模式的持续,美国健康的经济发展模式出现了极大的偏差。虚拟经济的不断扩展和赚取利润的便捷、高效,使得各类财团寡头加大了对金融业的投入力度,结果是虚拟经济更加快速地疯狂扩张,而实体经济却不断萎缩,从一组数据就可以看出,美国经济中,实体经济创造的GDP比重由1950年的62%

下降到了今天的34%，尤其是制造业比重由占GDP的27%下降到了11.7%，而金融业则由11%上升到了20.7%。可以说，今天的美国经济已经变成了一个“倒金字塔”模型，金融衍生品规模已达GDP十倍的规模，而金融资产也达到GDP五倍的规模，如此庞大的虚拟经济体系，可以说达到了世界经济史上的顶峰。

虚拟经济和实体经济应该说是相辅相成的，如果对虚拟经济的监管到位，对于投机倒把能够有效控制，政府能够真正站在广大民众的角度，而不是站在资本家、金融寡头的角度来制定政策，美国的金融资本主义也不至于泛滥成灾，美国社会也不至于成为典型的“三无社会”，即“无规则、无监管、无原则”。

可以看到，示威人群来自不同行业、不同企业，他们怀揣着不同的诉求，共同向着美国自由市场经济体系、金融资本主义体制的代表华尔街宣战。华尔街缔造了美国今天的繁荣，而美国的发展也成就了华尔街成为全球金融体系中心的地位，但资本总归是贪婪的，华尔街通过畸形的分配机制，从全美国乃至全世界攫取巨额财富，由此造成了巨大的财富分配不公平，而由此引发的一系列经济、社会和民生问题，的确值得人们深思。

（资料来源：廉夙，《占领华尔街运动：过度自由市场经济模式的后果》，http://www.qstheory.cn/lg/rpzm/gj/201110/t20111025_119460.htm。）

二、以德国为代表的社会市场经济模式

德国的市场经济模式属于社会市场经济模式。该模式与美国的自由市场经济模式及日本的政府主导型市场经济模式不同，该特殊性表现为政府在市场中的功能及作用不同，政府对市场的干预介乎自由市场经济模式及政府主导型市场经济模式之间。这种自由市场经济模式的基本特点是自由竞争和政府控制并存、经济杠杆与政府引导并用、经济增长与社会福利并重。下面对德国的社会市场经济模式进行简要的介绍。

（一）以市场为基础

德国的市场经济模式以市场调节为主，市场在资源的有效配置方面居于核心地位。市场的核心地位体现为：市场是资源配置的主体。社会的绝大多数资源是通过市场手段来调节的。市场对资源进行有效配置的手段为价格，价格是决定资源需求双方的有效手段。社会的需求量及供给量随着价格的变动而变动，当需求量与供给量在某一特定的价格下相等时，社会总需求与总供给达到均衡。在这种模式下，认为单纯用市场机制无法克服各种经济和社会问题，必须由国家采取必要的干预加以扶正，国家应当为竞争创造基础条件和环境。包括以下几方面：一是在保证经济的竞争性的同时，德国政府对垄断进行限制；政府也不提出经济高速增长的目标，更不是通过产量、投资和消费来控制经济的发展。这是德国的社会市场经济模式不同于其他模式的重要方面。二是政府通过制定相应的指导市场运行的专门法律，创造公平竞争的法律环境，使竞争的双方站在同一起点上进行竞争，对于维护社会的公平竞争环境具有决定性的作用。三是政府对经济调节、干预的程度受到基本法的限制。政府对私人经济活动的每一个导向性、控制性和指令性的干预措施，都必须与经营自由的基本权相符合。同时，政府也采取一系列措施防

止滥用垄断地位，如实行价格限制、利润限制、成本限制和确定产品质量等。

（二）有效的稳定货币政策

德国的经济调控手段与美、英等发达国家相比，主要采用货币政策来稳定经济，而不是主要用财政政策来刺激经济发展。德国的银行体制同美国、日本等国相比有明显的独特性。1948 年成立的德国银行，即联邦德国银行具有发行货币、执行存贷款政策，以及通过最低准备金、贴现率和公开市场业务活动等调节货币流通的职能，并从事国内外清算银行的业务活动。德国政府一直都把通货的稳定作为其经济政策的核心内容之一。政府经济政策的中心应当是在没有通货膨胀的形势下促进经济发展，币值稳定是平衡经济发展和确保社会进步的基本条件。因此，政府采取控制货币发行量、控制财政赤字、控制工资增长负担和控制物价上涨等许多综合措施。

（三）政府的作用领域受限制

德国政府在德国的市场经济模式的确立中起着重要的作用。德国政府的经济职能主要从三个方面来体现：第一，建立及维护公平的社会经济法律秩序。工作的重点放在建立及维护社会秩序、经济秩序、竞争秩序及市场秩序上。第二，间接干预经济市场。政府对经济市场的干预要受到严格的市场进入政策制约，只有在市场调节失灵时，政府才会干预市场，而干预的手段一般是以间接干预为主。第三，政府的产业政策具有较强的导向功能。一般是采取逆向调节为主，逆向调节措施是在经济出现超常波动时采取的经济措施。在经济过热时，政府以紧缩性政策措施来防止经济的超常波动；在经济需求不足时，采取刺激经济的扩张性政策增加社会需求。①

（四）完善的社会福利体系

社会市场经济在强调效率的同时，也重视社会平衡与社会进步。在经济增长的目标上追求社会公平、进步是社会市场经济的真谛。德国的收入再分配政策及其模式具有明显的社会市场经济特征。德国在再分配领域主张公民的权利与义务紧密结合，这与在收入分配领域主张市场机制的作用不同。在德国的所得税制度中，累进税的最高税率在发达国家中不算太高；在社会保障方面，以社会保险为主，主张公民通过缴纳保险税来取得社会保险。社会救济和社会服务项目的费用完全由政府或雇主承担。总之，德国政府对收入再分配的调节对经济的稳定发展和社会安定起到了非常重要的作用。

综上所述，同美国、日本等发达国家相比，德国的社会市场经济模式有以下特点：第一，政府对市场干预或调节的程度与美国相比较高，政府直接参与市场经济活动的范围较大；第二，在宏观经济调控的手段方面，主要采用货币政策来稳定经济；第三，社会保障程度较高，取得社会福利和救济的条件较为宽松。

---

① 李云海：《德国社会市场经济模式的制度分析及借鉴》，《理论探讨》，2006 年第 4 期。

相关案例 战后德国经济发展缔造奇迹

第二次世界大战后的德国满目疮痍、百废待兴，但20世纪五六十年代德国快速重建所缔造的“经济奇迹”让世界震惊。时至今日，德国经济依然位居欧洲之首、世界前列。经过60年来的转变，德国的经济成就已成为世界许多国家学习的典范。而这与德国战后实施“社会市场经济”、成功实现经济转型不无关系。

● 转型“社会市场经济”

第二次世界大战结束以后，德国人在反思战争教训的同时着手重建家园。他们认为，战前德国国内贫富差距悬殊、劳资矛盾尖锐，正好给纳粹政府上台提供了条件。战争一结束，德国社会各界就围绕未来的经济转型、确定怎样的社会体制展开了全国性的大讨论。

人们认识到，传统的英美自由竞争的工业资本主义模式，不能解决德国战后社会经济发展所面临的问题，“社会市场经济模式”成为德国经济学术界和政界的共同选择。随后德国以货币改革为先导，将市场经济、宏观调控、社会保障等通盘考虑，开始了整个社会经济体制的重塑和转型。

自战后至今，“社会市场经济”也成为整个德国经济社会的主要理念，只是不同政府在不同时期的侧重点不同罢了。战后初期的阿登纳和艾哈德重视经济增长，70年代社会民主党执政时侧重国家干预，进入80年代以后科尔政府又主张恢复艾哈德的“多市场、少国家”的经济政策，即使是在民主德国和联邦德国统一后，“社会市场经济”政策也并没有改变。

事实证明，“社会市场经济”模式符合战后德国的实际需要，也使整个国家长期远离战争、长治久安。五六十年代成为联邦德国经济增长速度最快的时期，也被称做缔造“经济奇迹”的年代，经济先后在1959年和1960年超过法国和英国。七八十年代，“社会市场经济”帮助德国度过了艰难的“滞胀时期”，随后也帮助其实现了民主德国和联邦德国经济融合后的平稳过渡。

● 废墟上树立“德国制造”

1945年5月德国战败后，进入柏林的一名美国记者这样描述当时的柏林状况：“柏林什么也没有剩下。没有住宅，没有商店，没有运输，没有政府建筑物。纳粹留给柏林人民的遗产，仅是一些颓垣残壁……柏林如今仅仅是一个碎砖破瓦堆积如山的地方。”

正是在一片废墟之上，德国开始了经济的重建和转型。制造业立国、注重科技、扶持中小企业发展，成为支撑德国经济崛起的主要支柱。德国政府确立了以机械制造、汽车、化工、电气等为主导产业的发展战略，同时政府直接拨款支持应用性科技研究，以科技推动工业发展，注重产品质量。因此，德国的制造业在战后迅速崛起，并以其技术精湛在世界上享有盛誉，迅速在全球确立了“德国制造”的响亮名声。

“德国制造”也一直是战后60多年来德国经济的主要支柱。虽然在80年代“德国制造”遭遇到了日本的强势竞争，德国工业在世界市场上的竞争力受到挑战，但随后德国工业界掀起科技改革浪潮，重新调整产业结构，德国传统制造业再次凭借高科技化重新占领世界市场。

根据世界银行的报告,德国制造业增加值占其国内生产总值的比重为23%,远高于高收入国家平均17%的比例。几十年来,德国以制造业为主导的贸易出口额一直高居世界第一,多年来稳居世界"出口冠军",直到2009年被中国取代。

• 社会政策重视"公平"

在总结了战争教训以及英美国家发展的弊端后,德国的"社会市场经济"将公平与公正作为着重追求的目标。防止贫富差距过分悬殊,是维护社会稳定的重要基石。在完成从战争经济向和平经济的转型中,德国也建立了完善的社会保障体系,在分配制度上通过政府的干预克服收入和分配上的不公平。

第二次世界大战后,联邦德国对战前的养老金保险、疾病保险和失业保险制度等进行了广泛的改革,联邦议院也颁布了一系列法律和法令。据不完全统计,在20世纪50—70年代的二十多年间,德国在社会保障方面颁布的法律就有十多部。完善的社会保障制度一方面促进了劳动力质量的提高,另一方面也创造了德国安定的经济建设环境。

德国推动社会公平的另一个重要举措,是在整个制度层面实现企业的劳方和资方共同治理。德国的工人可以参与管理企业,政府不仅从法律上赋予职工参与企业某些决策的权利,还鼓励职工持有本企业的股份。作为企业主要监督机构的监事会,其成员也由资方和劳方的代表平均共同组成。

第二次世界大战后德国经济成功向"社会市场经济"转型,它在推动市场经济的同时重视国家宏观调控、强调公平与公正。我国的"社会主义市场经济"与德国"社会市场经济"虽然有着根本的不同,但德国在经济发展、社会保障、关注民生等方面的成功之处,仍然有许多经验值得我们借鉴。

(资料来源:郇公弟、张生,《德国战后经济发展缔造奇迹》,《中国信息报》,2010年10月27日。)

三、以日本为代表的政府主导型市场经济模式

日本的政府主导型市场经济模式的基本特点是,在保护私人企业制度、按照市场机制配置资源的前提下,政府通过强有力的经济计划和产业政策对资源配置实行引导,以达到经济增长和发展的目标。政府制订并实施明确的经济计划与产业政策,是日本政府主导型市场经济模式有别于其他发达国家市场经济模式的重要方面。

(一) 政府制订经济计划

战后,日本政府为了使整个经济有序发展,实行了一系列经济计划。这些计划的形式包括中长期经济计划、年度经济计划和国土开发、地区开发计划等。计划的内容有主要发展目标、达到目标的基本政策和方针、经济增长速度等。从20世纪50年代起,日本政府共制订并实施了八个经济计划。

(二) 政府制定和实施产业政策

与欧美发达国家不同,日本政府为了实现迅速赶超先进国家的目标,对经济运行进行调节和干预,在供给管理和需求管理相结合的基础上注重供给管理。日本的产业政策包括产业结构政策和产业组织政策。日本在战后初期的经济恢复和发展过程中,提出了

符合日本国情的产业结构理论，主张迅速实现经济增长和工业现代化。根据这种产业政策，日本先后确定了三组带头的战略性主导产业。第一，在产业结构政策方面，一是日本在经济发展的每一个阶段都有比较明确的产业政策目标；二是在支持重点产业方面采取了一整套综合措施；三是日本政府对民间企业决策和企业行为有很大的影响，能够比较有效地改变企业行为使之符合产业政策的要求；四是强调通过劳资双方、财界与政界之间的人事关系进行协作，通过政府的行政指导和银行的"窗口指导"等实现产业政策的目标。第二，在产业组织政策方面，一是明确提出了工厂与企业的区分，提出规模经济涉及的是工厂规模，建立和维护合理竞争秩序及反垄断涉及的是企业规模；二是垄断与否是相对于市场规模而言的，考察垄断规模必须把企业放到世界范围的市场上；三是解决规模经济与垄断的矛盾需要由社会统一干预，这种社会统一干预的有效方式就是政府的产业组织政策。①

（三）宏观调控体系

日本政府对经济的宏观调控，也依靠财政和金融这两大政策手段，只是调控的具体方式和侧重点不同于美、英等国。财政政策的主要工具包括税收政策、支出政策、公债政策及有偿性财政资金。金融政策在战后成为日本政府对经济进行宏观调控的重要手段。具体包括："窗口指导"，即日本银行根据当时的经济情况，对民间金融机构每季度的贷款增加额给予指导和告诫，从而调节银行信用的总量；官定利率，即日本银行为商业银行办理抵押贷款或未到期票据再贴现时规定的利率；公开市场业务。②

四、美国、日本、德国市场经济体制的共同特征

以上阐述了以美国、日本、德国三个主要资本主义国家为代表的市场经济体制各自的特点。但是，这三种经济体制模式并非相互对立或互不相干，它们也存在一些共同的特征。第一，在社会经济制度方面，美国、日本、德国市场的经济体制都是以私有制为主体的混合经济，而在私有制经济中，都是以私人垄断企业为主导。第二，在社会经济机制方面，都以市场竞争为基本调节手段。在对待竞争的问题上，美国、日本、德国资本主义市场经济三种体制的共同点主要表现在下述两方面：一是都强调竞争的重要性，同时又都看到个人和企业（特别是私人垄断企业）有一种排斥竞争的本能，因此不能寄希望于其自发存在的竞争秩序，而是重视建立人为的有序的竞争；二是为了建立这种有序的竞争，不仅要直接制定若干必要的调整竞争秩序的法规，例如美国的反托拉斯法、日本的禁止垄断法、德国的反对限制竞争法等，而且还要间接地为建立有序竞争创造重要的条件，例如币值稳定、市场开放、契约自由等。第三，在追求的目标和使用的手段上，美国、日本、德国政府都重视经济增长、充分就业和通货稳定，都追求经济效益和社会公平的平衡，都以货币政策和财政政策为调节经济的基本手段以及都重视依法行政等。第四，在国家的社会经济职能方面，国家的社会经济职能相当接近。资产阶级国家同时履行阶级职能和社会经济职能，这是由来已久的事情。第二次世界大战后的新现象在于，西方资本主义

---

① 田丰伦：《战后日本经济发展模式评析》，《现代日本经济》，2007年第3期。

② 庄起善：《世界经济概论》，复旦大学出版社2001年版，第281—282页。

市场经济国家的社会经济职能都大大增强了。之所以如此，主要是因为这些国家在考虑政府的社会经济职能时的基本目标和在制定社会经济政策时所提出的目标都大大提高了。战后，美国、日本、德国政府管理社会经济生活的思路主要是：首先，国家的任务主要是为整个社会经济生活的正常运转创造框架条件，而不是自己直接从事经济生产活动；其次，针对资本主义生产资料私有制和自发的市场竞争所必然带来的三大弊病（经济的周期性波动、经济结构的不协调以及社会的极大不公），以及资本主义国家之间的种种矛盾冲突，力争加以缓和。[①]

相关案例 **日本经济模式进入历史转折点**

日媒26日报道称，日本的贸易收支时隔31年再次出现赤字。面对这一现实，人们应该认识到，这预示着依靠出口的日本经济增长模式已进入历史性转折点。

据日本《读卖新闻》报道，2011年日本贸易赤字的出现，是多种复杂因素作用的结果。出口的减少不仅是因地震导致生产受损，泰国洪水、欧洲危机、原油涨价等外部因素都对日本经济产生了负面影响，而这些因素今后仍很可能持续存在。

报道称，除外部因素之外，日本企业自身的盈利能力也在下降。虽然在电机业的液晶显示屏、半导体等领域日本还勉强保持一定的领先地位，但却面临韩国等国迅速赶超的局面。

已有证券界人士指出："可以认为，今后随着日本企业生产据点向海外转移的加速，不仅日本的贸易赤字局面难以改变，而且2020年前后还会出现经常项目收支赤字化的局面。"

《日本经济新闻》26日发表题为《必须进行从依赖出口向依赖投资的结构性转变》的社论。文章称，日本沦为贸易赤字国的直接原因，可以说是大地震和日元升值。国内的生产因此受到了打击，在价格方面丧失了竞争力。此外，核电站事故导致火力发电站的燃料进口量增加，以欧洲为发端的世界性经济不景气也影响了日本经济。然而，这些都是暂时性原因。更具有本质性的问题是：如果日本继续保持以往的出口依赖型结构，就无法与中国等新兴国家在价格方面进行竞争；在利益日益缩水的一些领域继续与这些国家打消耗战，日本伤不起。

文章称，日本需要建立一个能够缓和企业面临的诸如日元升值、电力制约、法人税居高不下等多重苦难的结构。为此，必须正视主要产业的出口利润越来越少，乃至无利可图的残酷现实。

日本制造业向海外转移以谋求在世界各地赚钱，这是一种自然趋势。但为了防止日本的贸易赤字进一步扩大，防止日本经常项目收支也出现赤字的状态，必须建立一种良性循环体制。也就是说，要让那些从海外子公司得到的红利和专利费流回日本，并用这笔钱来扶植新产业，提高日本的就业率。

文章指出，近10年来，日本的主要出口产业基本上局限在汽车、电机、机械和钢铁四

---

① 魏长学：《美国、日本、德国市场经济体制对中国的启示》，《社会主义经济理论与实践》，2000年第2期。

大领域。这表明日本产业的新陈代谢严重受阻。在进行直接投资和企业并购的同时，努力在国内创造高附加价值的新产业，这应该是企业经营者的责任和义务。此外，政府也应改变以往只重视出口的观念，应通过通商政策来推动日本企业扩展投资舞台。

（资料来源：http://www.gold361.com/page/2012/0127/26312.shtml。）

本章提要

本章通过三个部分分别对战后发达国家的经济发展和国家调节进行了阐述。第一部分介绍了战后发达资本主义国家的经济发展经历的四个时期：经济恢复时期（从战争结束到20世纪50年代初期）；经济高速增长时期（从20世纪50年代中期到70年代初期）；经济“滞胀”时期（从20世纪70年代中期到80年代初期）以及其后到20世纪90年代初期的经济调整时期；以美国为代表的“新经济”的增长与发展时期（20世纪90年代以来）。第二部分阐述了战后发达国家对经济生活进行全面调节的原因、目标、手段以及作用和影响。第三部分对美、德、日等发达国家的经济体制模式的不同特点以及共同特征做了阐述和分析。

重要术语

发达国家（The Developed Countries）
经济增长（Economic Growth）
充分就业（Full Employment）
国家调节（State Regulation）
财政政策（Fiscal Policy）
货币政策（Monetary Policy）
产业政策（Industrial Policy）
经济体制模式（Economic System Model）

本章思考题

1. 战后主要发达国家的经济发展经历了哪几个阶段？各个阶段有哪些主要特点？

2. 20世纪50年代初到70年代初，主要发达资本主义国家经济高速发展的原因是什么？

3. 20世纪70年代初到80年代初，经济“滞胀”的原因是什么？

4. 经济“滞胀”后，主要发达资本主义国家采取了哪些干预经济的政策？

5. “新经济”有哪些基本特征？其成因是什么？

6. 战后发达国家为什么要对经济生活进行全面调节？其主要手段有哪些？有哪些作用和影响？

7. 什么是经济体制及其经济体制模式？美、德、日等发达国家的经济体制模式有哪些异同？

进一步阅读资料和网络链接

1. 〔美〕哈伯德、纳瓦罗著,刘寅龙译:《毁灭的种子:美国经济的兴衰成败》,机械工业出版社 2011 年版。

2. 陈宝森、王荣军、罗振兴:《当代美国经济》(修订版),社会科学文献出版社 2011 年版。

3. 〔美〕克鲁格曼著,张碧琼等译:《克鲁格曼的预言——美国经济迷失的背后》,机械工业出版社 2008 年版。

4. 罗红波:《欧洲经济社会模式与改革》,社会科学文献出版社 2010 年版。

5. 〔美〕努斯鲍姆著,罗礼平、秦传安译:《现代欧洲经济制度史》,上海财经大学出版社 2012 年版。

6. 冯玮:《日本经济体制的历史变迁》,上海人民出版社 2009 年版。

7. 田中景:《日本经济——过去·现状·未来》,中国经济出版社 2004 年版。

8. 日本财务省网站:http://www.mof.go.jp/。

9. 日本经济产业省网站:http://www.meti.go.jp/。

10. 美国商务部网站:http://www.commerce.gov/。

第九章

发展中国家的经济改革与发展

【教学目的和要求】

1. 通过本章的学习，了解发展中国家的基本类型、基本特征和发展中国家经济发展的不平衡，掌握发展中国家实行的不同经济发展战略的理论基础、发展策略及其绩效，并通过比较认识不同经济发展战略的局限性。

2. 通过本章的学习，了解当前南北关系的现状，并对可能采取的措施有所认识。

【教学重点与难点】

1. 发展中国家实行的不同经济发展战略的理论基础。
2. 南北关系的现状。

引导案例

巴西经济超英国全球第六 跨越“中等收入陷阱”

最新的世界经济排行榜中,巴西超英国,成为全球第六大经济体,这完全得益于巴西脱胎换骨的经济改革。

据新华社电,英国经济与商业研究中心26日公布最新世界经济排行榜,巴西超过英国,成为世界第六大经济体。排名第一至第五位的国家分别是美国、中国、日本、德国和法国。

经济与商业研究中心主管道格拉斯·麦克威廉斯认为,巴西排名上升体现世界经济趋势。

“我认为这是世界经济大转变的一部分。在这一转变中,我们不仅看到(世界经济增长)从西方转向东方,那些生产食品、能源等关键性商品的国家也做得非常好,排名逐步上升。”

该中心预测,巴西将在2016年超越当前排名世界第五大经济体的法国。2010年,巴西经济增长率达到7.5%,不过,由于今年第三季度经济增速放缓,政府把今年经济增长率下调至3.5%。

根据排行榜,亚洲国家排名处于上升态势,欧洲国家排名普遍下降。经济与商业研究中心说,排名第10的印度将于2020年成为世界第五大经济体。

新闻幕后

巴西“超英”的启示

据新华社电,对巴西这个曾陷“中等收入陷阱”的国家来说,今日成绩来之不易。所谓“中等收入陷阱”,是指一个国家在成为中等收入国之后,出现经济增长乏力、经济增长放慢、人均收入水平难以提高的现象。

20世纪六七十年代,巴西曾创造出年经济增长率超过10%的奇迹,但与同时发展迅速的韩、日不同,巴西高增长的同时忽视了基础建设,尝到了经济盲目扩张、恶性通货膨胀以及滞后的社会改革带来的苦果。进入新世纪,巴西着力制定审慎的宏观经济策略,解决经济发展中的问题。巴西最近十年的再度崛起,得益于脱胎换骨的经济改革,其中包括建立自由市场,采取更审慎的宏观经济策略,实现央行独立,以及加大社会财富再分配改革等。

巴西经济发展的启示是:首先,巴西的成功经验在于以经济制度改革促进可持续增长。发展中国家能否躲过“中等收入陷阱”,关键在于改革速度是否能跟上经济发展速度。其次,正视现实,贵有自知之明。巴西目前和发达国家的差距依然很大。巴西虽然经济总量超过英国,但人均国内生产总值不到后者的三分之一,自身依然面临严峻问题。例如,巴西存在储蓄率过低、居民负债过高、基础设施严重落后、经济过度依赖大宗商品等问题。这都说明,发展中国家还需继续努力。

(资料来源:《巴西经济超英国全球第六 跨越“中等收入陷阱”》,《广州日报》,2011年12月28日。)

第一节　发展中国家的基本类型和基本特征

一、发展中国家的含义和基本类型

发展中国家(Developing Countries)一词,于20世纪60年代逐渐取代了"不发展国家"、"欠发达国家"、"落后国家",在经济上成为与所谓发达国家相比较落后的国家的惯用词。发展中国家的概念是在1964年召开的联合国会议上发表的《七十七个发展中国家联合宣言》中首次提出的:发展中国家是指人均国民生产总值低,处于发展初期的工业化过程中,教育、卫生、文化建设欠发达,基础设施不完备的国家。发展中国家的人口占世界人口的4/5,共有130多个国家和地区,主要分布在亚洲(除日本)①、非洲、拉丁美洲、大洋洲(除澳大利亚和新西兰)以及东欧。

按照不同的分类方法,发展中国家可以分为以下几种类型:

(一)按照人均国民收入划分

世界银行按照人均国民收入将发展中国家划分为:低收入国家(2004年人均国民收入735美元以下),中下等收入国家(人均国民收入为736—2 935美元),中上等收入国家(人均国民收入为2 936—9 075美元),高收入国家(人均国民收入在9 076美元以上)。②

(二)按照发展类型划分

按照它们发展的不同类型,可划分为新兴工业国、石油输出国、原料输出国及最不发达国家。

1. 新兴工业国和地区

所谓新兴工业国和地区,亦称半工业化国家和地区,是指那些经济发展水平较高,经济增长较快,在工业化和现代化方面取得显著成就的发展中国家和地区,如巴西、墨西哥、阿根廷和亚洲"四小龙",这类国家和地区从20世纪60年代中期起,由进口替代战略转变为出口导向战略,其经济增长率保持着较高水平。70年代和80年代初,这些国家和地区的人均国民生产总值已达到了中等发达国家和地区的水平。它们以惊人的发展速度,引起了世界关注。

新兴工业国和地区的发展有着共同的经济特征。首先,经济增长时间短,速度快。从20世纪30、40年代起,拉美的巴西、墨西哥、阿根廷开始实施为期40—50年之久的进口替代战略。在这一阶段,它们的发展速度很快,到80年代前的40年时间内一举完成了工业化进程。同时,从60年代起,亚洲"四小龙"的经济发展先后步入起飞期。其次,出口贸易迅速增长,经济对外贸依赖程度高。60年代后,新兴工业国和地区大多由内向型经济转向外向型经济,并实行与之相适应的出口导向经济发展战略,对外贸易对其经济的持续高速发展起到日益重要的作用。最后,工业化程度高,产业结构不断升级。拉美

① 1995年6月,OECD发展援助委员会曾经宣布,从1996年起,将新加坡划为"发达国家",根据是新加坡人均国内生产总值已达到2.4万美元。但新加坡认为自己国内的工业基础还比较弱,要求OECD对发达国家的标准再做研究和明确。1996年1月,OECD改变了原来的决定,将新加坡改划为"较发达的发展中国家"。

② 珍妮:《分类背后的利益之手》,《世界贸易组织经济导刊》,2005年第7期。

新兴工业国地域广大，资源丰富，属资源开发型的产业贸易结构，战后几十年以来，它们在工业化进程中一直致力于产业结构的改变。20 世纪 80 年代以后，这些国家把经济结构调整作为经济改革的一个重要方面，产业结构日趋完善。

新型工业国和地区的迅速崛起，成为 20 世纪经济中最引人瞩目的变化之一。虽然受到债务危机、经济危机和金融危机的一系列冲击，新兴工业国和地区仍在世界经济中扮演着越来越重要的角色。

2. 石油输出国

一般是指这些国家的经济发展和人民生活，主要依靠石油的生产和出口所得收入，并以石油开采为主，促进有关石油冶炼和石油化学以及其他经济部门发展的国家。以出口石油为主的发展中国家约有 20 个，主要有沙特阿拉伯、科威特、阿拉伯联合酋长国、利比亚等。70 年代的油价上涨给产油国经济带来了活力和刺激，与其他初级产品出口国相比，石油输出国经济增长快，出口收入多，国际收支盈余，这使一些国家的工业化进程加快，国内投资和消费扩大，进口急剧增长。然而，80 年代初世界经济陷入衰退和危机之中，国际市场油价下跌，销售疲软，给产油国经济发展带来极大影响和沉重打击，不少石油输出国的财政、贸易和国际收支状况恶化，被迫调整和减缓增长速度，采取压缩进口和消费等紧缩政策。

3. 原料输出国

这是发展中国家数量最多的类别。低收入国家和绝大多数中等收入国家都在此列。它们以农业和矿业生产为主，以生产和出口某几种农产品（主要是经济作物）和矿产品为国家主要外汇收入来源。例如，马来西亚的橡胶、泰国的大米、缅甸的柚木、孟加拉国的黄麻、厄瓜多尔的香蕉、哥伦比亚的咖啡等。这些国家面临的困难之一是国际市场上原料和初级产品价格的下跌和波动，严重影响其出口收入和经济增长速度，贸易条件恶化，使得国内建设资金的积累更困难。80 年代初以来，有些国家面临粮食短缺、贸易和国际收支逆差猛增的困境。尤其是撒哈拉以南的许多非洲国家，由于百年未遇的旱灾侵袭，发生了空前规模的饥荒，加剧了原已十分危急的非洲经济形势。

4. 最不发达国家

在原料生产国中，有一部分国家属于最困难的发展中国家。这些国家的经济发展条件比较艰难，主要表现在：

（1）自然条件不利。49 个最不发达国家有一半以上是内陆和岛屿国家①，交通条件十分不利，资源匮乏，土地面积和耕地很少，其中不少非洲国家地处撒哈拉沙漠的边缘，自然条件更加恶劣。

（2）经济基础十分薄弱。这些国家的经济结构严重畸形，是农业原料出口供应地，几乎没有现代工业，许多国家粮食要靠进口。由于经济落后，限制了国内投资的增长。

---

① 据联合国贸发会议发表新闻公报宣布，世界上最不发达国家已达 49 个。它们是阿富汗、孟加拉国、不丹、柬埔寨、老挝、马尔代夫、缅甸、尼泊尔、也门；安哥拉、贝宁、布基纳法索、布隆迪、佛得角、中非、乍得、科摩罗、刚果（金）、吉布提、赤道几内亚、厄立特里亚、埃塞俄比亚、冈比亚、几内亚、几内亚比绍、莱索托、利比里亚、马达加斯加、马拉维、马里、毛里塔尼亚、莫桑比克、尼日尔、卢旺达、圣多美和普林西比、塞内加尔、塞拉利昂、索马里、苏丹、多哥、乌干达、坦桑尼亚、赞比亚；萨摩亚、瓦努阿图、图瓦卢、基里巴斯、所罗门群岛；拉丁美洲 1 国：海地。

这种状况,使它们在国际货币市场上处于借贷无门的困境,必须依赖外国政府和国际金融机构的官方援助。

(3) 人民普遍穷困,文化教育卫生水平很低。最不发达国家依赖少数初级产品出口,受世界市场变化影响严重,70 年代以来的经济危机,最大的受害者就是这些国家,它们不仅和西方发达国家之间的贫富差距,而且和其他发展中国家之间的经济差距也日益扩大。

二、发展中国家的共同经济特征

尽管发展中国家由于自然资源条件、历史文化背景、经济发展水平和发展阶段、社会结构等方面的差异而表现出不同的经济发展特点,但与发达的市场经济国家相比较,发展中国家也存在某些共同的特征。此外,国际贸易对发展中国家的重要性要远远高于对发达国家的重要性,发展中国家的贸易政策也和发达国家的贸易政策有所不同。发展中国家的经济是整个世界经济中的重要组成部分,其经济发展表现出如下一些基本特征:

(一) 生产力水平和生活水平相对低下

绝大多数发展中国家过去都是西方资本主义国家的殖民地,遭受了长期的殖民掠夺,经济基础十分薄弱,生产力发展的起点很低。获得民族独立后,虽然经济增长的速度较快,但由于经济发展时间短,人口增长速度过快,以及发展战略和政策上的失误,其生产力水平仍然很低。尽管发展中国家拥有世界人口的 3/4、世界土地总面积的 60%,人均国民生产总值却只有发达国家的 1/12。

发展中国家的生活水平也很低,表现为贫困比例大,卫生状况和教育水平低。在许多发展中国家,仅占人口总数 10% 的富有者占有国民收入的 50% 左右,而占人口总数 40% 的贫困者只占有国民收入的 10% 左右。由于两极分化严重,发展中国家穷人的生活困苦不堪。据世界银行的专家估计,发展中国家 30% 的人正在绝对贫困水平上挣扎。在许多人口密集的低收入国家,这个百分比还要高得多。这些国家包括孟加拉国(60%)、印度(46%)、埃塞俄比亚(62%)、扎伊尔(49%)①等。除了低收入外,发展中国家的许多人还经常与疾病和恶劣的卫生状况进行斗争。世界上最不发达国家预期寿命是 49 岁,发展中国家平均是 57 岁,而发达国家则高达 72 岁。在最不发达国家的许多地方,医疗是一种格外稀缺的社会服务,每 10 万人中,最不发达国家只有 9.7 个医生,而发达国家则达到 158 个医生。虽然多数发展中国家教育开支占政府预算比例较大,但与发达国家相比,文化教育水平仍低得惊人。

(二) 二元经济结构突出

发展中国家的经济是由两个部门组成的,一个是传统的人口过剩的劳动部门,它们以劳动边际生产率等于零为特点,即剩余劳动力从农业部门迁移到工业部门时,其农业产量不会减少。另一个是高劳动生产率的现代工业部门,工业部门在扩大劳动投入时,可以从农业部门得到无限量供给,即劳动的供给具有完全弹性,这就使得工业部门不必

① 庄起善:《世界经济新论》,复旦大学出版社 2001 年版,第 322 页。

提高工资水平。工业部门的工资水平比农业部门平均收入高30%就可以吸引农村剩余劳动力。①

发展中国家在工业化的过程中形成了二元经济结构，即一方面存在传统的农业部门，一方面存在现代的工业部门。二元经济结构还表现在劳动就业与原始手工并存，闭塞的农村与日益膨胀的城市并存，以及在发展中国家地区经济发展的不平衡。二元经济结构既包括工业与农业的对立，也包括城市与农村的对立。经济上的二元化是发展中国家从传统社会向现代化过渡的必然现象，是发展中国家不发达的标志，也反映城乡之间的制度差异。发展中国家作为一个整体，出现了“二元化”的趋势，即新兴工业化国家和地区与落后的发展中国家。

（三）自然资源丰富且产业结构相对落后单一

发展中国家丰富的自然资源为发展本国经济和扩大出口提供了能源与原料，但由于在殖民地时期，帝国主义为满足自己对廉价原料的需要，利用当地有利的自然条件和丰富的矿产资源，大量推广种植品种单一的经济作物或掠夺性地采掘当地富有的矿藏，使发展中国家经济成为畸形的单一经济。表现为：生产结构片面单一，大量生产某几种或一两种农矿原料产品，产品主要供出口，成为国家收入的主要来源。发展中国家独立后虽然要求改变畸形发展的单一经济结构，但这种经济结构的改变，不是短期内能完成的，大多数发展中国家仍未摆脱对单一经济的依赖。例如，各石油输出国对单一石油经济依赖性很强，石油及其制品出口额占这些国家出口额的60%—99%；孟加拉国的黄麻及其制品占本国出口额的60%；斯里兰卡以茶叶、橡胶及其制品为三大宗出口产品，每年都占出口额的70%左右；摩洛哥是有名的磷酸盐王国，磷酸盐储量居世界第一位，出口额占全国出口额的55%，提供国家预算收入的40%。②

由于生产结构单一，这些国家常因国际市场贸易条件的恶化、农矿产品价格的下降而影响经济的稳定和发展。

（四）国际经济关系中处于劣势

发展中国家自身经济的弱点，加上发达国家在当前国际生产、贸易和金融体系中的主导作用，决定了发展中国家在国际经济关系中的脆弱地位和它们对发达国家不同程度的依赖，包括发展中国家在国际贸易中的对外依赖、对外国直接投资的依赖和对先进生产管理技术的依赖。

另外，在现存的国际分工中，发展中国家实际上仍然处在原料供应地、商品销售市场和最有利的投资场所的地位。发达国家通过多边或双边的援助、官方或私人机构的贷款、国际贸易、技术控制和技术转让等渠道，剥削和控制发展中国家。而发展中国家为了改变旧的、不合理的世界经济秩序进行了长期的斗争，但现行的国际经济秩序仍以发达国家为中心，当今的各个国际经济组织，如国际货币基金组织、世界银行、世界贸易组织、联合国有关机构，都操纵在发达国家手中，发展中国家几乎没有多少发言权。

---

① 谢威：《简议发展中国家的二元经济结构及其趋势》，http://www.chinavalue.net/article/22231.html。

② 庄起善：《世界经济新论》，复旦大学出版社2001年版，第324页。

然而，随着发展中国家经济的不断发展，它们在国际经济中的地位日益重要，发展中国家正作为世界经济的新生力量，改变着世界经济的格局。

三、发展中国家的经济发展战略

发展中国家对外贸易政策与其经济发展战略是密切相关的。战后，发展中国家为了发展民族经济，根据自己的具体情况，借鉴他国的成功经验，先后采取了不同的经济战略，并随着经济发展水平的提高而不断调整其贸易政策。发展中国家的贸易发展战略大致可分为两种：进口替代战略和出口导向战略。

（一）进口替代战略

进口替代战略是一种内向型的发展战略，是发展中国家工业化初期的必由之路。其核心是通过保护政策，发展满足本国市场所需要的制造业，以本国生产的工业制成品代替原来需要进口的工业制成品。实施这种战略的目标之一还在于单一经济结构的改造和经济多元化，减少对外国工业品的依赖，增强经济发展的自主性，有利于缩减和消除贸易逆差，解决国际收支不平衡问题。

1. 进口替代战略的理论依据

进口替代战略的理论依据主要是由两位来自发展中国家的经济学家劳尔·普雷维什（Raul Prebisch）和汉斯·辛格（Hans Singer）提出的“普雷维什-辛格假说”。20世纪60年代中期，阿根廷经济学家普雷维什率先提出，传统的比较优势理论并不适合发展中国家。他认为基于比较优势的贸易利益更多地表现为静态利益，而规模经济等动态利益则较少体现，所以对发展中国家经济发展作用不大，甚至会带来不利后果（如“悲惨增长”或“贫困化增长”）。普雷维什更进一步将整个世界分为两类国家：一类是处于“中心”地位的经济发达的国家，另一类是处于“边缘”地位的发展中国家。边缘国家是中心国家经济上的附属，为中心国家的经济增长服务。中心国家通过不等价交换，剥削了边缘国家，使发展中国家本身难以发展。因此，他提出发展中国家应该摆脱这一不合理的国际分工体系，走独立自主的经济发展道路。①

某些发展中国家的二元经济结构是采取进口替代战略的另一个基础。发展中国家的企业家希望在政府的保护之下，排除来自先进国家的竞争，同时整体经济发展水平的落后又需要本国的工业部门带动国民经济的发展。

除此之外，重商主义的贸易保护理论、幼稚产业保护理论以及凯恩斯主义的国家干预经济理论也是发展中国家实施进口替代战略的理论依据。

2. 进口替代战略实施的政策措施

发展中国家为了顺利实施进口替代战略，需要政府对进口替代产业实行保护政策，具体政策措施包括：

（1）提高关税，限制进口，保护国内工业的发展，避免外国工业品的竞争。

（2）通过外汇管制、进口许可证和进口限额等手段来限制进口替代品的进口数量，

---

① 李坤望：《国际经济学》（第二版），高等教育出版社2005年版，第164页。

并将有限的外汇资源集中用于本国的进口替代部门。

(3) 本币汇率高估,以降低进口替代品的成本,提高利润水平。

3. 进口替代战略的积极作用

首先,进口替代战略及其相应的政策措施,对发展中国家建立自己的民族工业、促进国民经济增长起了积极作用。从1950年至1960年,亚、非、拉发展中国家的制造业年均增长率为6.9%,这一速度不仅大大超过发展中国家的历史纪录,也快于同期发达资本主义国家的制造业增长速度。[①] 从地区和具体国家来看,大多数实行进口替代战略的拉美和亚洲国家,制造业增长速度都较快,例如巴西在战后进口替代时期工业增长,1948—1956年年平均增长率为8.8%,1957—1961年为10.7%[②],工业增长成为这些国家这一时期经济发展的主要推动力量。

其次,进口替代战略工业化的实施,也加强了发展中国家经济的自主程度。表现在进口的制成品占国内总供给的比重大大下降,一些国家设备的自给程度有了提高。巴西、菲律宾等一些国家的情况尤为突出(见表9-1)。

表9-1 巴西、菲律宾制造业产品进口占国内总供给的比重(%)

	巴西		菲律宾	
	1949	1964	1948	1965
非耐用消费品	3.7	1.2	30.9	4.7
耐用消费品	64.5	1.6		
中间产品	25.9	6.6	90.3	36.2
资本产品	63.7	9.8	89.4	79.9

资料来源:巫宁耕,《战后发展中国家经济(概论)》,北京大学出版社1986年版,第214页。

由上可见,巴西在战前就基本完成了非耐用消费品的进口替代。到20世纪60年代初,耐用品和中间产品的替代也大体完成。即使像菲律宾这一工业基础比较薄弱的国家,在60年代上半期,消费品也已基本达到自给程度。

最后,进口替代战略的实施促进了发展中国家经济结构的改造,过去那种畸形的单一经济结构开始发生变化,同时又可以减少外汇开支,减轻国际收支压力,对发展中国家减少贸易逆差具有积极作用。

4. 进口替代战略的消极影响

(1) 在进口替代阶段,工业化是在国家保护下发展的,进口替代产品的出口竞争力较弱,而大量的工业原料和中间产品又依赖进口,并未减少替代国的外汇支出,难以实现改善发展中国家国际收支的目标。此外,进口限制使出口产品所需进口投入要素的价格提高,从而可能会引起国内投入要素的价格也趋于上升,最终导致进口竞争产品成本增加,出口产品价格则因受到国际市场的抑制而相对较低,20世纪70年代采取进口替代战略的国家多数都出现了严重的债务危机。

(2) 进口替代战略使国民经济各部门的关系不平衡。由于贸易保护着眼于进口替

---

① 〔瑞士〕保罗·贝罗赫著,复旦大学经济系世界经济教研室译:《1900年以来第三世界的经济发展》,上海译文出版社1979年版,第96页。

② 〔美〕斯·罗博克著,唐振彬等译:《巴西经济发展研究》,上海译文出版社1980年版,第33页。

代工业特别是制造业，而往往对燃料、建筑和其他社会基础设施的发展注意不够，特别是许多发展中国家忽视了农业的发展，一方面让国内制成品保持高价，而农产品价格却维持在低水平上，另一方面，国家对替代工业所需的外汇优先供应，农业上必需的生产资料却得不到满足，严重损害了这些国家的农业。

（3）进口替代使消费者的利益受到很大损失。这主要表现在两个方面：第一，为了使国内替代工业得以发展，替代国采取高关税限制国外同类产品的进入。随着进口范围的扩大，关税保护的范围也相应扩大，国内消费者长期付出了巨大代价；第二，由于国内市场狭小，进口替代工业不能进行大规模生产而取得规模经济效益，使进口替代品成本高、价格贵，损害了消费者的利益。

（二）出口导向战略

出口导向战略是一种外向型经济发展战略，它以比较利益为原则，充分发挥本国自然条件和劳动力廉价的优势，利用发达国家的资金和技术，以国际市场为导向，大力发展出口工业，以工业制成品代替农矿初级产品出口，争取在更大范围和更深程度上参与国际分工和国际竞争，推动产业结构的升级和优化，加速工业化的实现。

1. 出口导向战略的理论基础

出口导向战略是建立在比较优势理论基础上的。比较优势理论认为，无论一国处在何种发展水平上，总有某种比较优势，按照比较优势参与国际分工，总能获得贸易利益。发展中国家通常具备廉价劳动力的优势，借助这种优势，发展中国家可以出口劳动密集型产品或原材料，以获取经济发展的资金。出口导向战略注重劳动密集型制成品的出口。

2. 出口导向战略实施的政策措施

由于采取出口导向战略的国家和地区需要外部市场，往往大进大出，因此需要有相对稳定和便利的市场环境。具体到贸易政策上，主要表现为自由贸易政策，包括：

（1）出口导向战略要求一国减少贸易壁垒，实施自由贸易。实施这一战略的国家对出口的制成品减免关税和给予价格补贴，提供各种信贷便利，免征出口商品的所得税或销售税，以增强工业制成品在国际市场上的竞争能力。

（2）各国对出口部门采取了特殊优惠政策。这些国家普遍对出口企业税收实施优惠政策，有的国家还对出口的产品实施退税政策。

（3）通过货币贬值促进出口。在货币对外贬值的条件下国内出口产品的竞争力明显增强。此外，一些国家还专门设置了促进出口贸易的专门管理机构。

3. 出口导向战略的积极作用

出口导向战略对推动一些发展中国家和地区对外贸易和经济的进一步增长起了积极作用，一些现在已经被国际上称为“新兴工业化国家”的国家，很多都是这一战略的实施者。通过出口导向战略的实施，实现了规模经济，加快了经济增长的步伐。从 1970 年到 1979 年制成品在这类国家和地区总出口比重的情况：巴西从 9.7% 增至 32.6%，韩国从 74.9% 增至 83.7%，菲律宾从 6.4% 增至 20.5%，新加坡从 26.7% 增至 43.7%，泰国从 4.4% 增至 21.1%，马来西亚从 63.% 增至 14.9%。在这些国家中，只有墨西哥因石油出口剧增,使制成品出口比重略有下降。①

此外,制成品出口的增加,不仅使这些国家增加了资金积累,为提高国内投资率及增加国外设备和原材料的进口提供了可能,而且也推动了与出口有关的其他经济部门的发展,从而带动整个经济增长。

4. 出口导向战略的消极影响

随着1974—1975年世界资本主义经济危机的爆发,以及此后发达资本主义国家经济相继陷入"滞涨"的困境,出口导向战略日益暴露出弊端。

(1) 出口导向战略主要是面向世界市场,着眼于出口,容易引起这些国家严重依赖世界市场,易受国际市场价格波动的影响,加速通货膨胀和物价上涨。

(2) 有些国家由于大量引进外资,不仅劳动人民创造的巨大财富以利润或利息的形式被掠夺走,而且外国直接投资者的本金和利润的汇出造成沉重的外汇压力,使那些通过举债的国家越陷越深,造成国民经济不稳定的发展。

(3) 若所有的发展中国家同时选择相同的商品出口,就会造成激烈的市场竞争。在市场规模有限的情况下,这种竞争必然造成两败俱伤的局面。

第二节　第二次世界大战后至20世纪70年代发展中国家的经济发展

一、独立初期的经济政策

战后,发展中国家虽然在政治上陆续取得了独立,但作为初级产品的生产国和出口国,它们的经济和外贸状况越来越坏,国家的外贸和国际逆差不断扩大,迫使国家利用政权的力量进行干预,实行贸易保护和帮助发展工业的政策,以扭转不稳定的经济形势。

(一) 贸易保护政策

对进口工业品通过关税手段(如征收高额关税、进口附加税等)和非关税手段(如实行许可证制等),以限制甚至完全禁止国外某些工业品的进口。贸易壁垒是最直接的、见效最快的保护内部市场、扶植"幼稚工业"的手段。关税的提高不仅可以降低进口产品的竞争力,而且造成供求的不平衡。此外,实施的发放进口许可证制度,使政府可以有效地控制进口产品的数量,避免进口产品争夺市场。但在实施贸易保护的同时,一般发展中国家采取了区别对待的政策:对本国进口替代工业产品的部门保护程度较高,对其他非进口替代部门产品的贸易保护程度较低;另外,对进口替代工业的最终产品保护较高,而对发展这类工业所需的原材料、燃料、机器设备进口保护较轻。

(二) 外汇和汇率政策

与贸易保护政策相配合,一些发展中国家还实行较严格的外汇管制政策,其中包括限制外汇的持有,企业和居民将从不同途径获得的外汇,全部或部分地售给指定的外汇银行;实行外汇配给,对进口替代工业给予适当照顾,对资金流向国外实行管制,等等。在货币汇率方面,通常实行币值高估或复汇率制度,以有利于进口替代工业所需原料和

① 联合国贸发会议:《国际贸易和发展统计手册》,1980年,第108—129页。

设备的进口。但这一政策弊端较大,不利于这些国家产品出口并使关税保护部分失去作用,因此较多发展中国家实施复汇率制度,即对非必需品进口,实行币值低估,限制进口,对必需品和资本物品进口,采取币值高估,以降低本国产品的成本。

(三) 投资政策

国家为了加速国内资金积累,在财政、税收、价格和信用等方面给予特殊优惠,以促进这类工业的投资。例如,几乎所有实行这一战略的国家,都对国民经济的重点发展部门以减免税收优惠,对非重点发展部门则征收较多的税收。

这一时期,由于许多国家刚独立不久,对外国资本警惕性较高,因此对外资做了较严厉的限制,有些国家甚至采取排斥的政策。但随着进口替代的深入,发展中国家面临日益突出的资本和技术问题,不少国家开始逐渐放松了对外资的控制,采取了不同程度的鼓励措施。

二、发展中国家的早期发展模式

20 世纪 70 年代以前,发展中国家的情况不同,因此各国采取的经济发展模式也不同,大体有东亚模式和拉美模式。

(一) 东亚经济发展模式

以新加坡、韩国、中国台湾地区为代表。东亚模式的基本内容包括:

(1) 在积极利用外资和国外技术的基础上,结合当时本土的廉价劳动力,实施以出口导向型为主的外向型战略,把扩大出口作为经济增长的主要动力;

(2) 逐步建立有各自特点的政府主导型的市场经济体制;

(3) 在战后特定的内外条件下,东亚很多国家和地区以威权政治体制作为实施经济战略和建立东亚特色的市场经济体制的政治保证。

一般来说,东亚工业化起源于 50 年代,由于一些条件的限制,如资金不足、技术落后、资源缺乏、市场狭小、经济规模有限,再加上受拉美地区等资本主义经济关系的影响,最初多采用进口替代战略,但是为了更充分地发挥本地非熟练劳动力资源丰富的比较优势和适应 60、70 年代国际资本结构的转移,东亚一些主要国家和地区都明确地采用了出口导向的外向型经济发展战略,采取了积极鼓励出口、放宽外资政策、积极引进技术、实行贸易自由化等措施,使东亚经济迅速发展。到了 70 年代,由于剩余劳动力被全部吸收,实际工资开始上升,劳动力资源丰富,这一比较优势就随之下降,于是东亚国家和地区进一步加大人力资本投入,开始发展以熟练劳动力、资本和技术密集型为基础的制造业。出口导向的外向型经济发展战略为东亚国家和地区的经济起飞找到新的支撑点,对发达国家所转移工业的及时接纳与利用奠定了其发展的基础,为它们实现产业结构的升级创造了有利条件,并为经济高速增长开辟了重要源泉。

然而,这一模式也存在一定缺陷,特别是在经济全球化和国内市场化迅速发展的条件下,它的问题更加突出:

(1) 为赶超发达国家,不少国家和地区政策上容易片面追求增长速度和经济规模的扩张,而忽视宏观经济的稳定和协调发展;

(2) 由于以出口为导向,以外资为增长动力,常常导致对国外资本、技术和市场的依赖，一旦外资进入减少，国际市场萎缩，经济增长就失去动力，会出现经济衰退；

(3) 为迎合世界经济全球化发展，这些国家或地区为吸引外资，常常仓促地开放资本市场，而自身又缺乏金融防范和监管机制，从而导致外资流入过快，促使泡沫经济膨胀。

(二) 拉美经济发展模式

以巴西、墨西哥等国家为代表。拉美国家与东亚国家相比较而言，发展经济具有许多优势，表现为：民族独立的时间早，第二次世界大战中未受到炮火的摧残，自然资源比较丰富，又临近最发达国家美国，与西欧等国有着历史、文化及经济联系。从战后初期至20世纪90年代初，它们一直奉行的是进口替代工业化发展模式，一方面，本币高估、高额关税损害了农产品的出口利益；另一方面，又过分强调国家干预，限制市场机制和私人经济的作用，同时在外汇和资金上对农业实行歧视政策。在发展的过程中，政府采用的是物质资本密集型增长方式，只注重物质资本积累，不仅忽视劳动力资源的比较优势，而且最重要的是忽视人力资本投资，即没有有效地开发人力资源，对物质资本的投入远远超过对人力资本的投入。结果物质资本相对富裕，而人力资本积累少、存量不高，经济发展缺乏后劲。这一切，加上人口控制上的失误和土地改革的失败，使很多国家在经济增长的同时，社会两极分化日益严重。虽然在发展中形成了50年代和60年代经济发展水平高于东亚的现象，但是70年代后期和整个80年代、90年代初拉美经济处于停滞、低迷状态，经济增长效率与东亚相比差距十分明显。

如墨西哥1955年到1970年年平均经济增长达6.5%，人均国民生产总值也由1950年的181美元增至1970年的661美元。但是在经济增长的背后，贫困却有增无减。1970年有64%的在职人口低于维持最低生活的收入水平，有近2/3的居民住在贫民窟。这种“有增长无发展”的“墨西哥病”，在当时并不是孤立的现象。根据拉美经委会的统计，1970年巴西的收入基尼系数为0.57，1972年上升至0.66，巴西10%的最高收入家庭获得国民总收入的59%，而40%的低收入家庭只获得总收入的5.6%，前者的平均收入是后者平均收入的43倍。1970年，巴西的贫困家庭占家庭总数的49%，其中，城市占35%，农村占73%。[①] 贫困问题的加剧和收入分配的不公，使社会矛盾空前加剧。

三、经济发展的成就

战后，发展中国家为改变贫穷落后的面貌，制定和实施了不同的经济发展战略。一些石油出口国，利用自己石油资源的优势，积极发展石油提炼和石油化工工业，努力改造畸形的单一经济结构，取得了显著的进展；其他原料生产国，在继续发展农矿业的同时，也积极建设自己的民族工业，实现经济的多样化，一些地少人多、资源贫乏的小国和地区，则积极利用外资，引进国外技术，发展出口加工装配工业；少数地大物博的国家，则利用自己多样化的资源，努力发展本国基础工业，逐步建立比较齐全的工业体系和国民经济体系。总之，战后以来，它们的经济发展取得了不同程度的进步。

(1) 国民经济有了较快的发展，经济实力有所提高。就整体而言，发展中国家的经

① 赵丽红：《全面发展是构建和谐社会的基础》，《中国社会科学院院报》，2007年3月29日。

济增长速度不仅大大快于独立以前，也快于发达资本主义国家。据世界银行的材料，1955年至1970年，发展中国家国民生产总值年平均增长率为5.4%，高收入石油出口国为8.6%，而西方工业国家为4.7%；1970年至1980年，发展中国家为5.3%，高收入石油出口国为6.3%，西方工业国家为3.2%。由于发展中国家经济增长比较快，它在世界国民生产总值中的比重，也由1955年的20.8%（包括高收入石油出口国），增加到1980年的22.9%。①

（2）逐步改变了过去畸形的国民经济结构，工业发展比较迅速。虽然目前发展中国家农业仍占国民经济的很大比重，但现代工业的增长大大快于农业。20世纪60年代发展中国家中，低收入国家农业平均增长率为2.2%，工业为7%，中等收入国家的相应数字为3.5%、7.4%。70年代低收入国家农业和工业的增长率为2.2%和3.6%，中等收入国家的相应数字为2.9%和6.6%（见表9-2）。发展中国家经济结构的变化还表现在：工业增长中，制造业发展较快，其增长速度也快于发达国家。1963—1973年，发展中国家制造业年平均增长率为8.1%，西方工业国家为5.8%；1973—1980年，相应的数字为3.6%和1.6%。② 如果按制造业各部门的最终消费用途分类，那么，1963—1980年，非耐用消费品部门产值占制造业的比重由51.9%降至37.6%；工业中间产品部门的比重由20.7%增至27.4%。③

表9-2　发展中国家的生产结构（在国内生产总值中的比重，%）

部门 国别　年份	农业		工业		制造业		服务业	
	1960	1980	1960	1980	1960	1980	1960	1980
低收入国家	50	36	18	35	12	15	32	29
中等收入国家	24	15	30	40	20	19	46	45

资料来源：世界银行，《1982年世界发展报告》，第114—115页。

（3）经济自主性有所增强。发展中国家逐步收回了过去被帝国主义控制的经济主权，如海关及其征税权、货币发行权、黄金外汇管理权和资源开发权等，使发展中国家可以利用这些权利调节对外经济关系，促进民族经济发展。许多发展中国家已经能够按照自己的意愿，制定本国经济发展战略和政策，扶植民族工业，并对外国垄断公司进行监督和管理。在发展中国家的努力下，过去那种"工业欧美，原料亚拉非"的传统的国际分工格局，开始有了改变。另外，发展中国家在资金、技术和市场等方面的经济自主程度也有所加强。除一些最不发达国家外，大部分发展中国家的投资总额中，外资和外援所占比重一般不超过10%。一些较大的发展中国家的机器设备制造业已有相当大的发展，并有一定的出口数量。如印度，1979—1980年机械和设备的生产已占国内制造业产值的20%，从60年代以来，印度机械产品的出口年平均增长率达24%。此外，发展中国家不仅在出口构成上发生了一定变化，不少国家的出口方向也开始向多元化发展。特别是发展中国家之间各种形式的经济合作有了显著加强，从而在一定程度上减少了对发达国家的经济依附。

（4）发展中国家文化教育卫生事业也获得一定的改善。由于遭受帝国主义、殖民主

① 世界银行：《1982年世界发展报告》，第21页。

② 巫宁耕：《战后发展中国家经济（概论）》，北京大学出版社1986年版，第213页。

③ 联合国工发组织：《变化中的世界工业》，1983年，第79页。

义的长期掠夺,多数发展中国家在经济文化方面至今还很落后,但是情况正在发生变化,1980 年和 1960 年比较,发展中国家的成人识字率,低收入国家(包括中国)由 34% 增至 52%,中等收入国家由 48% 增至 65%。低收入国家的婴儿死亡率,由 1960 年的 16.5% 降至 8.1%。① 由于医疗卫生条件和营养状况的一定改善,发展中国家人口平均寿命也有增加,低收入国家(不包括中国)由 1950 年的 35 岁增至 1978 年的 50 岁,同期,中等收入国家由 52 岁增至 61 岁。②

(5) 出现了新兴工业国和地区。20 世纪 70 年代以来,出现了以亚洲"四小龙"为代表的一批新兴工业国家和地区,包括亚洲的新加坡、韩国、中国香港和中国台湾地区、马来西亚、泰国、拉丁美洲的巴西、墨西哥、阿根廷等,这些国家和地区经济发展迅速,工业化、现代化程度不断提高,人民生活水平有了很大改善,形成了一支新兴的经济力量。

四、发展中国家开始分化

(一) 经济差距拉大

第二次世界大战以后,少数发展中国家通过各种努力,逐步缩小了与发达工业化国家的差距。然而大多数国家,特别是最不发达的低收入国家,不仅拉大了与发达国家的经济差距,而且,它们与少数新兴工业国和中等收入的发展中国家的经济差距也在迅速扩大。1970—1982 年间,有 23 个国家和地区发展很快,年均经济增长率超过 6%,24 个国家和地区发展速度居中,在 4% 至 6% 之间,其余 37 个国家和地区发展缓慢,低于 4%,有些国家经济增长率不足 1%,甚至有 5 个国家出现负增长(见表 9-3)。

表 9-3 1980 年的国内生产总值及 1965—1982 年的增长率

	1980 年国内生产总值(10 亿美元)	国内生产总值年平均增长率(%)			
		1965—1973 年	1973—1980 年	1981 年	1982 年
发展中国家	2 085	6.6	5.5	3.3	1.9
1. 低收入国家	546	5.5	4.9	4.0	5.0
亚洲	493	5.7	5.2	4.3	5.4
中国	284	7.4	5.8	2.9	7.4
印度	162	4.0	4.1	5.8	2.6
非洲	53	3.9	2.7	1.7	0.7
2. 中等收入石油进口国	978	7.0	5.6	2.0	0.8
东亚及太平洋地区	214	8.6	8.1	6.5	3.9
中东及北非	24	5.6	7.1	0.7	6.2
拉丁美洲及加勒比地区	420	7.1	5.4	-1.0	-1.5
3. 中等收入石油出口国	561	7.1	5.8	4.6	0.9
高收入石油出口国	230	9.2	7.7	0.1	-1.7

资料来源:陈立成、谷源洋,《发展中国家的经济发展战略与国际经济新秩序》,经济管理出版社 2007 年版,第 85 页。

① 世界银行:《1983 年世界发展报告》,第 39 页。
② 世界银行:《1980 年世界发展报告》,第 34 页。

那些增长较快的国家和地区,大多经济发展条件原来就较好,收入较高;而增长较慢的国家和地区,大多经济基础较差,收入较低。首先,就地区看,拉美和中东经济在战后取得较快发展,保持了较长时期的稳定增长。特别是东亚地区成为最充满活力的地区,引起了世界的关注。其次,就不同类型国家的发展而言,石油输出国和新兴工业国的发展相对更快。石油输出国组织由于在1973年石油提价后所得的收入成倍增加,刺激了经济迅速发展。新兴工业国由于工业化进程加快,工业,特别是制造业、能源、交通运输等基础设施的发展,经济实力和出口能力迅速增强,它们与其他发展中国家的经济差距已变得十分明显。

（二）政治分化

在20世纪60年代,发展中国家发展水平虽有差别,但还没有那么大和突出。非洲和南亚地区的经济相对落后,发展缓慢。它们在反对帝国主义、霸权主义,争取建立国际经济新秩序时,目标是基本一致的,队伍是团结的。“七十七国集团”①和“不结盟运动组织”②等作为发展中国家利益的代言人,在当时国际政治舞台上曾经起过重要的作用。然而,从70年代中后期以后,发展中国家的发展速度和收入水平差距逐步扩大。到80年代末,少数原来的中等收入国家和一些产油国家的人均国民生产总值已进入高收入国家行列,而拉丁美洲特别是非洲国家的收入水平出现了大幅度倒退,被联合国列为最不发达国家的数目,由最初的25个增加到46个。从经济结构的变化来看,一些国家的工业在经济中的比重已大大超过农业,并积极发展资本和技术密集型产业,其构成也逐渐以制成品为主,并和发达国家形成了初步的水平分工,然而,多数国家制造业虽有不同程度的发展,但它们的生产和出口结构仍以农矿业为主,在资本主义国际分工体系中仍处于不利地位。在这种情况下,过去的共同目标逐渐模糊,发展中国家中不同类型国家的特殊要求,可能上升到主要地位,从而更难以结成可与西方国家抗衡的联盟。80年代以来,在南北谈判中,发展中国家节节败退,内部凝聚力日益下降就是明显的证据。

第三节　20世纪80年代发展中国家的经济发展

一、20世纪80年代以来发展中国家面临的主要经济问题

20世纪80年代对于大多数发展中国家来说是经济发展倒退的十年,由于多种因素的影响,特别是70年代以来的世界经济危机,西方发达国家经济相继陷入衰退,发达国家以邻为壑,极力向发展中国家转嫁经济危机,使发展中国家经济增长普遍下降,通货膨胀连年上升,发展中国家经济面临严重困境。进入80年代后的三年里,经济增长速度大大低于70年代,许多国家出现了负增长。

此外,发展中国家的经济发展的条件是不利的:二元经济结构,弱小的民族资本和严重对外依赖的畸形的经济形态,国际上受到的经济旧秩序的影响和制约。发展中国家经

---

① 1964年在日内瓦召开的联合国第一届贸发会上,七十七个发展中国家和地区联合起来,形成了“七十七国集团”。它的宗旨是协调发展中国家在国际经贸领域中的立场,加强团结合作,提高同发达国家经贸谈判的地位,加速发展中国家的经济发展。

② 万隆会议后,广大亚非国家以万隆会议确定的各项原则为基础,继续拓展新的更高层次的合作,成功地创立了不结盟运动。

济发展面临的主要问题有：

(一) 债务负担沉重

由于国际市场初级产品价格持续下降，而发展中国家的进口却在不断增加，国际收支逆差进一步扩大，债务负担加重。20 世纪 60 年代末，发展中国家只有 600 多亿美元的债务，1980 年，债务累计达 6 300 多亿美元。两年后，墨西哥率先宣布发生债务危机，不能如期还债，继而在发展中国家引起连锁反应，形成波及全球的债务危机。此后发展中国家的债务滚雪球式发展，到 2000 年年底已达到 2.57 万亿美元，相当于发展中国家国内生产总值的 35%，债务利息相当于发展中国家出口总额的 20%。[①] 债务问题是发展中国家发展的一个严重障碍。

近年来，发达国家对发展中国家的债务有所减免。2005 年，发展中国家的还债额下降到出口水平的 6% 左右，2006 年年底，降到 4% 左右。1999 年到 2005 年间，这些国家偿还的债务额已下降到国民生产总值的 2% 左右(见图 9-1)。截至 2011 年 3 月，在重债穷国倡议下，符合或可能符合减免债务资格的 40 个国家中，有 36 个国家已经达到重债穷国倡议的“决定点”，并正在接受债务减免，已减少了 80% 以上的债务；在这 36 个国家中，有 32 个已达到“完成点”，通过多边减债倡议接受额外的债务减免；同时，有 4 个重债穷国尚未达到“决定点”，8 个重债穷国尚未达到“完成点”，19 个国家(包括 12 个重债穷国)处于高风险或债务困扰。

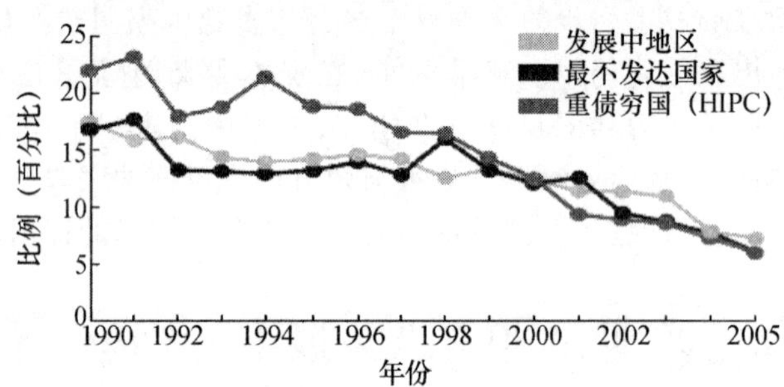

图 9-1 1990—2005 年发展中国家外债偿还占出口收入额的比例(百分比)

资料来源：联合国《2007 年千年发展目标报告》。

(二) 资金匮乏

发展中国家经济发展中长期存在资金短缺的问题，严重影响了各国国内投资的增长和扩大再生产。特别是 1983 年以后，世界金融市场出现了发展中国家资金向发达国家倒流的情况。仅 1983—1989 年资金倒流总额就达到 2 000 多亿美元，发展中国家缺少建设资金的问题十分尖锐。近几年来，发达国家开始重视发展中国家这个“新兴大市场”，使得持续多年的资金倒流问题有所解决，但流入资金分布不平衡，多数发展中国家资金匮乏问题仍很突出。

(三) 贫困问题严重

发展中国家大多是农业国，而且多数是缺粮国。战乱，灾荒，不合理开发，生态平衡

① 刘沛汉、耿丽华等：《当代世界经济与政治》，辽宁大学出版社 2003 年版，第 184 页。

遭到破坏，发达国家经济剥削，片面实施工业化战略，忽视农业生产等，都是致使工农业比重严重失调的因素。近十年中前五年的强劲增长，使发展中国家每天生活费低于1.25美元的人口从1990年的18亿减少到2005年的14亿，相应的贫困率从46%下降至27%，到2015年，发展中国家每天生活费低于1.25美元的人口预计将下降至9亿以下。2005—2007年间，尽管极端贫困在显著减少，发展中世界饥饿人口的比例仍然稳定在16%，近年来，发展中地区营养不足人口的数量在增加，但营养不足人口的比例在下降（如图9-2所示）。在发展中地区，5岁以下儿童体重不足的比例，在1990—2009年间，从30%下降至23%，但仍有近四分之一5岁以下儿童营养不良。在与饥饿的斗争中，地区内部和地区之间存在着较大的差距（如图9-3所示），《2011年千年发展目标报告》指出，

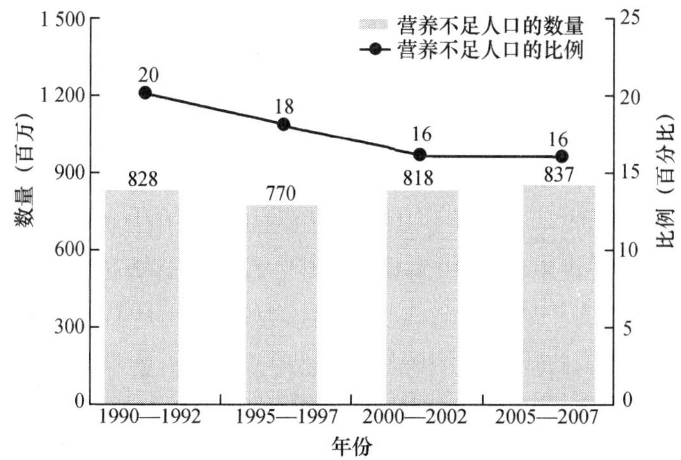

图9-2　1990—1992年、1995—1997年、2000—2002年以及2005—2007年发展中地区营养不足人口的数量以及营养不足人口的比例

资料来源：《2011年千年发展目标报告》。

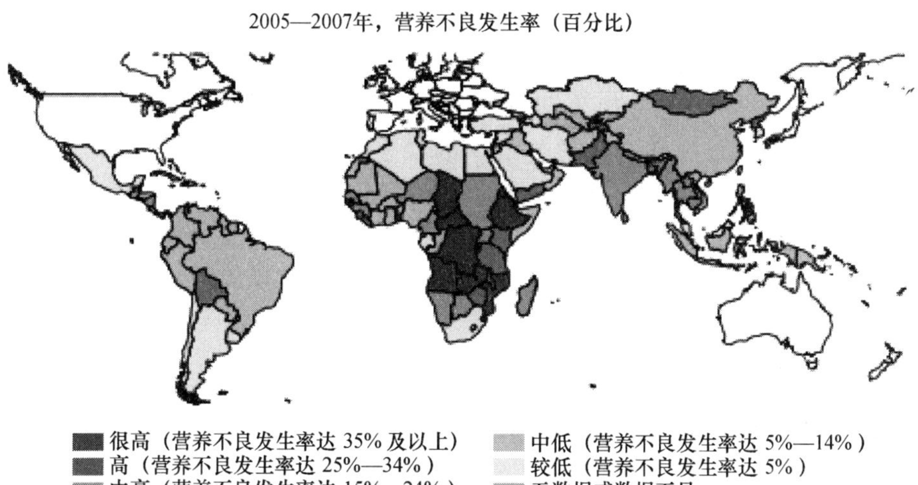

图9-3　不同地区营养不良情况

资料来源：《2011年千年发展目标报告》。

东南亚、东亚以及拉丁美洲和加勒比观察到的趋势表明,它们很可能会在2015年实现减少饥饿的目标。不过,这些地区的国家之间存在很大的差异。例如,东亚地区自1990年以来的强劲增长主要是由于中国的发展,而东南亚则得益于印尼和菲律宾取得的进展。根据目前的趋势,撒哈拉以南非洲将无法在2015年实现减少饥饿的目标。

农业的落后,已经对许多国家的经济发展和政治稳定产生严重的影响。农业和粮食状况的恶化,造成工业原料短缺,市场萎缩,出口收入减少,也直接影响了许多国家的财政收入。更严重的是,农业的衰退,进一步加快了国内的通货膨胀,使失业问题更难解决,导致国内的社会矛盾和阶级矛盾日趋尖锐。

(四)社会压力沉重

发展中国家的国民收入大部分被用作新增人口消耗,影响了生产的积累,难以在教育上更多地投入来提高国民素质,人民生活的改善缓慢引起了人民对本国政府的不满和政治上的不信任,从而影响社会的稳定。投资不足和劳动力素质的低下使本国在国际竞争的环境下总是处于不利地位。由于资本的不足和技术上的落后,本国出口只能主要靠原材料和初级产品的生产,这意味着过度开发而导致资源耗竭和环境污染。所以,控制人口增长,提高人口素质,也是每个发展中国家当前面临的重要问题。此外,发展中国家的人口增长速度高于经济增长速度,尤其是最不发达国家,这种情况就更为突出。

(五)贸易条件恶化

战后长期处于统治地位的国际经济旧秩序,使发展中国家的贸易条件不断恶化。自1980年以来,发展中国家的商品出口增加了4.5%,但是价格下跌超过了出口的增长幅度。如咖啡和可可价格下跌了70%,食糖价格下跌了60%,棉花和橡胶价格下跌了50%,而同期制成品价格仅下跌了19%。国际贸易中发展中国家初级产品与发达国家制成品之间的价格“剪刀差”越来越大。冷战结束后,随着国际经贸大战加剧,某些发达国家的贸易保护主义再度兴起,更加恶化了国际经济环境,损害了发展中国家的利益和经济发展。1986—1990年,由于初级产品价格下降,非洲国家损失达500亿美元。据联合国2001年12月《世界经济展望》,1980年至1999年第一季度,发展中国家的初级产品出口价格指数下降了58%,在2001年,国际市场的初级产品价格处于70年代中期以来的最低点。2010年,联合国与世界贸易组织的联合机构“国际贸易中心”(International Trade Center)的一份《贸易地图简报》(Trade Map Factsheet)显示,世界49个最不发达国家在2004年到2008年之间在改善其贸易条件方面取得的进展在2009年严重倒退,它们不仅同发达贸易伙伴的贸易条件变差,而且同巴西和中国这样的新兴经济体的贸易条件的恶化程度更为严重。最不发达国家2009年的出口收入与2008年高峰时相比下降了43%,它们的贸易条件退回到了2004年的水平。

二、发展中国家的经济改革和增长绩效

(一)发展中国家的经济改革

在1974年和1980年爆发的两次世界经济危机中,发展中国家深受发达国家转嫁危机之害,经济出现长期停滞甚至下降,同时还伴随着严重的财政危机、债务危机和社会危

机。这次危机是由这些国家内部结构严重失衡、外部贸易条件恶化、外来资金急剧减少和西方国家推行高利率政策等因素造成的。面对日益恶化的世界经济形势,发展中国家被迫对本国经济进行改革,包括两方面的任务:① 保持宏观经济稳定;② 进行经济体制和经济结构的调整及改革。其主要采取的措施有:

1. 重新强调加强发展农业,提高农业劳动生产率

发展中国家战后经济发展的经验教训,使越来越多的发展中国家逐渐认清农业在国民经济中的重要地位,许多国家开始重视和强调农业的发展。一些非洲国家专门制定了粮食发展战略,其他一些缺粮国家也采取了必要的措施。例如,孟加拉国把农业列为经济发展计划的重点之一,它利用亚洲开发银行贷款扩大了粮食生产。巴西为改变单纯依赖咖啡生产的畸形农业结构,扩大了小麦、大豆和其他作物的生产。近年来巴西的大豆种植面积已超过咖啡,成为世界最大的大豆出口国,为改变国家粮食靠进口的局面,巴西建立了十多个专门种植小麦的特别区。墨西哥为发挥小麦生产优势,采取了保障小农土地所有权、稳定小麦销售价格等措施。同时,许多发展中国家也在提高农业生产率方面取得了重大进步。

2. 改革国有部门,鼓励发展私人经济和市场经济

在独立初期,发展中国家国内商品经济一般都不发达,市场机制很不健全,私人资本还比较弱小。不少国家在一个时期内忽视了市场机制的重要作用,抑制私人经济的发展。而国有企业又是由政府或少数统治集团所占有,没有完全的经营自主权,企业管理混乱,亏损严重。因此,越来越多的国家认识到,必须对国有企业进行整顿改革,并充分发挥私人经济的作用。发展中国家对国营企业进行私有化改革,一方面将国营企业出售或出租给本国私人或外国资本经营,另一方面,以控股形式将国营企业与国内或国外私人资本合营。许多国家还修改法律,调整政策,鼓励私营经济和私营企业的发展,让其在国民经济中居主体地位。埃及采取许多措施鼓励私营经济发展,如允许国内私人投资者享受外国投资者的免税优惠,废除关于在新工程项目中私人投资不得超过一定比例的规定等。印度和阿尔及利亚等过去强调国家干预、发展国有经济的国家,都放宽了对私人资本在大型工程项目及制造业的投资限制。阿根廷政府规定凡是私人企业能够生产的产品,国有企业一律停止生产。为了刺激农民的生产积极性,过去强调发展国有和集体农业的国家,政策上也有变化。有的国家把农场转给私人经营,有的实行国有农场与小农合作生产的经营体制,有的解散农业生产合作社,鼓励个体生产。

3. 调整产业结构,发展多种经济

为了改善贸易逆差和国际收支赤字,许多发展中国家开始对现有产业结构进行调整。在保证现有生产部门发展的同时,建立和加强薄弱部门的发展。采取的措施主要有:① 开始着手调整工农业结构;② 发展多样化农业,继续改造单一经济结构;③ 各国根据具体情况,调整工业内部结构;④ 积极发展服务业。例如,一些实行出口导向战略的国家和地区,逐渐由劳动密集型产品的生产和出口,转向技术密集型和资本密集型部门的生产和出口。一些曾经侧重发展重工业的国家(印度、埃及),则开始注意发展轻工业部门。一些过分依赖进口石油的国家积极开采本国石油资源或发展替代能源生产(如巴西研究用酒精替代汽油作为燃料)。

4. 实行经济开放政策,力争有效地利用外资

进入20世纪80年代以后,随着许多发展中国家对外国投资态度的转变,发展中国家纷纷取消或放松对外国投资的限制,或实行更具有吸引力的刺激政策,而且许多国家还采取了不少税收优惠政策,以吸收和利用外资。有些国家,如巴西、墨西哥、阿根廷和韩国,大量从国际金融市场借款;有些国家则求助于国际金融机构,如菲律宾利用世界银行提供的用于经济结构调整的专项贷款,使工业从进口替代转为面向出口。

为了创造良好的投资气氛和投资条件,发展中国家在政策上进行了重要的调整,使外资投资的政治风险降到最低。同时,发展中国家还制定了一系列的法律,保障外资应得的权利和利益,给外资提供方便或优惠。由于发展中国家的努力,原来撤出发展中国家的一些外资企业又开始回到发展中国家,一些新的外资企业不断涌入发展中国家,逐渐形成发展中国家的"外资热"。2006年,全球直接投资高达13 060亿美元,其中流入发展中国家的为4 480亿美元。2007年,以企业并购为主的直接投资总额约达2万亿美元,吸引外资最多的发展中国家和地区是中国内地、中国香港地区、新加坡等。《2011年世界投资报告》显示,2010年全球外国直接投资流入量达1.24万亿美元,发展中经济体受内部需求强劲、经济加速增长和南南投资上扬的影响,2010年外国直接投资流入量上升12%,达5 740亿美元,占当年全球外国直接投资流入总量的52%,发展中国家吸引外资量首次超过发达国家。

(二)发展中国家增长绩效

进入21世纪以来,随着2003年伊拉克战争的结束,全球经济复苏步伐加快,发展中国家经济出现了强劲的增长势头。2004年,发展中国家经济增长率超过7%,其中,亚洲发展中国家的平均经济增长率达到7.3%,2005年发展中国家经济增长率为5.4%[①],亚洲发展中国家经济增长率为7.4%,2010年发展中国家增长率为7.3%,世界银行发布的《2012年全球经济展望》预测发展中国家2012年经济增长率为5.4%。

1. 亚洲经济增长强劲

2001—2002年间,亚洲地区一些主要国家经济增长放缓,出口需求下降,并影响到金融市场的稳定,尤其是新型工业国受外部影响极其严重。亚洲国家(除日本)经历了两年的经济下滑之后,2003年出现转机,经济增长达到6.5%,2012年亚洲发展中国家的经济增长率为6.9%,预计2013年将增长7.3%,其中中国和印度两国是全球经济发展的佼佼者。2007年4月25日印度已首次进入万亿美元经济体行列,经济规模扩张了一倍以上,而中国经济近年来一直保持8%以上的增长率,外汇储备规模在2006年已跃居世界首位。

由于2011年3月日本大地震以及泰国洪灾和欧洲动荡对东亚和太平洋地区的影响,该地区经济增长率继2010年达到9.7%之后,世界银行的《2012全球经济展望》预计在2012年和2013年会放缓至7.8%。预计约占地区GDP总量80%的中国2012年增长率会至8.4%。

---

① 商务部研究院规财司:《世界贸易形势》,《中国对外贸易形势报告》,2005年。

亚洲国家经济快速发展的原因主要有:① 中国经济的强劲增长推进了亚洲经济的增长;② 近年来亚洲国家经济自主发展能力不断加强;③ 亚洲已从经济危机的阴影中摆脱出来,金融领域相对稳定,2004 年以来,亚洲各国货币保持持续稳定,股市开始普遍回升,金融市场进一步活跃,这为当前亚洲经济的发展增添了活力。

当然,亚洲经济的增长也面临着许多考验。战后伊拉克局势和整个中东局势的动荡,导致亚洲环境安全问题日益突出。在经济形势上,亚洲国家和地区存在严重的隐患,特别是金融领域隐患突出,一些国家和地区的企业债务负担沉重,银行存在潜在危机。石油价格的居高不下,加大了亚洲国家的石油进口成本,一些国家贸易盈余大大减少,削弱了这些国家偿还债务的能力。亚洲各国应采取有效的宏观政策,积极改善投资环境,增强综合国力和国际竞争力,采取必要措施防范风险,保持经济可持续性增长。

2. 非洲经济的发展

进入 21 世纪以来,非洲国家加快经济结构调整,创造条件积极利用外资,出口商品需求强劲增长及价格上升,主动加强区域内外合作,一些国家对非洲减免债务和增加援助等,使其经济出现了持续发展的良好势头。2003—2006 年,非洲年均经济增长率分别为 4.1%、5.1%、5.4% 和 5.8%。撒哈拉以南非洲地区在 2011 年继续保持 4.9% 的稳健增长。在不包括南非(其 GDP 超过该地区 GDP 总量的 1/3)的情况下,撒哈拉以南非洲其他国家在 2011 年的增长率高达 5.9%,令其成为增长最快的发展中地区之一。预计 2013 年增长率为 5.6%。

虽然目前非洲经济有所回升,但大多数非洲国家离实现 2015 年将非洲贫困人口减半的联合国“千年发展目标”还有很大距离。要实现这个目标,非洲国家从本世纪起需要年均经济增长 7% 以上,而目前非洲 55 个国家中,只有少数能达到这一标准。非洲国家目前仍面临国际直接投资和经济援助不足等问题,经济发展受到一定程度的制约。

3. 拉美经济的增长

近年来,拉丁美洲的经济表现虽不及亚洲和非洲,但其经济形势趋于平稳。初级产品和石油的出口占拉美国家出口的 30% 以上,是拉美国家的重要支柱。自 2003 年以来,由于全球经济和美国经济增速的加快,以及国际市场对石油及原料需求的回升,拉美原料和石油出口国的收入大大增加。同时,拉美国家加强了区域性经济合作,推动了自身经济发展,并在一定程度上提高了各国抵御金融风险的能力。2006 年,拉美的 GDP 增长率为 5.3%,人均 GDP 增长率为 3.8%。拉美在 2009 年经济下降 1.9% 后,2010 年经济增长达 6%。国际金融危机后该地区国家采取的反周期措施对经济增长起到了积极促进作用,使得 2010 年该地区人均 GDP 增长达 4.8%,与此同时,该地区总体失业率从 2009 年的 8.2% 下降至 7.6% 左右。由于某些基础产品国际价格的变化,2010 年该地区通货膨胀率有轻微上涨,从 2009 年的 4.7% 上升至 6.2%。

拉美国家经济严重依赖初级产品的出口,一旦国际市场初级产品价格下跌,将给其出口带来不利影响。外向型经济是拉美经济增长的传统模式,依赖于对外贸易和国际投资,一旦国际贸易环境恶化,外国投资不振,将严重影响到拉美国家经济的发展。这种对外依赖程度较高的经济模式,是未来拉美经济发展的潜在隐患。

三、南北差距和南南差距都在拉大

战后以来的半个世纪是世界经济大发展的时期,也是世界性贫富差距迅速拉大的时期。少数富翁富得可抵国,多数穷人穷得难以生存,南南差距和南北差距都在不断扩大。

(一)南北差距不断拉大

1. 南北差距拉大的表现

(1)进入21世纪,发达国家国民生产总值已占世界的86%。2001年,世界人均国民生产总值为4 890美元,其中高收入国家为25 730美元。而撒哈拉以南国家仅为400美元。1950年,发达国家和低收入国家人均国民生产总值的差距为23.4倍,1980年扩大到39.5倍,到20世纪末已相差70多倍。① 发展中国家与发达国家的GDP总量差距从1991年的13万亿美元上升到2002年的18万亿美元,据国际货币基金组织统计,2011年发展中国家和发达国家GDP总量的差距为14.6万亿美元,2011年世界上最富有的国家和最贫穷国家的人均GDP差距扩大到605∶1。

(2)国民收入上的差距。据2011年4月12日国际货币基金组织发布的《世界经济展望》数据库显示,在世界前20名经济体排名中,美国仍高居榜首,卢森堡以人均GDP 10.8万美元位居人均GDP首位,布隆迪以180美元的GDP排名第184位。根据2010年联合国最不发达国家报告,全球共有49个最不发达国家,其中非洲33个,亚洲10个,大洋洲5个,美洲1个。目前,世界上有22%的人生活在1.25美元极端贫困线以下,有42%的人口每人每天生活费不足2美元。世界银行发展研究小组主任马丁·拉瓦利恩表示,发展中国家和地区作为一个整体在减贫方面取得了显著进展,然而按照中等和高收入国家的生活水准来衡量,生活状况依然贫困,而且按照目前的减贫速度,到2015年全球仍有大约10亿人生活在极端贫困线以下。

(3)外国直接投资的差距。1998年到2000年3年间,发展中国家在外国直接投资总量中所占份额从35%下降到17%,减幅近半,其中48个最贫穷国家份额的总计仅占0.5%。据联合国贸易和发展会议发布的《2011年世界投资报告》显示,尽管2010年全球外国直接投资达到1.24万亿美元,总体呈上升趋势,但在区域分布上仍表现出不均衡发展的状况:美国的外资流入量增长近50%,流入东亚和东南亚的外国直接投资增长34%;流入拉丁美洲国家的外国直接投资增长14%;但是,非洲、南亚、西亚、转型经济体、最不发达国家、内陆和小岛屿国家等最贫穷地区的国际直接投资流入量持续下降。跨国企业的海外扩张意愿和外资接受方正在进行的企业和产业重组、财政再平衡以及新兴经济体的增长等因素不断创造出的新投资机会,使全球外国直接投资保持增长态势。不过,全球经济复苏存在的诸多不确定性因素,不仅可能会影响外国直接投资的增长速度,而且还会导致外国直接投资在未来很长一段时间内的持续不均衡发展。

(4)知识与信息的占有量的差距。21世纪是知识经济时代,是信息社会时代。但目前全球1/4国家的电话普及率低于1%,1/4以上的人口没有打过电话,而占世界人口

---

① 刘沛汉、耿丽华等:《当代世界经济与政治》,辽宁大学出版社2003年版,第155页。

15%的发达国家,却拥有全球62%的电话。新业务和信息服务方面的差距更加明显,全世界84%的移动电话用户、91%的传真机和97%的互联网主要分布在发达国家。①

2. 南北差距拉大的原因

(1) 经济全球化导致贫富差距扩大。经济全球化对于发展中国家来说是机遇与挑战并存。20世纪90年代以来,经济全球化的趋势加强,阻碍各个国家经济往来的障碍逐渐减少。推动经济全球化的主要力量,一是跨国公司,主宰全球的投资、生产和贸易;二是国际银行或金融中介,控制世界金融。在利润、利益的驱动下,它们超越民族和国家界限,在全球范围内活动。近年来,资金主要还是流向发达国家,其次是经济增长快、市场潜力大、投资环境好的少数发展中国家和地区,而流入低收入国家的外资却少之又少。非洲国家吸收的外资仅相当于流向发展中国家外资的5%。资金匮乏仍然是制约低收入国家经济发展的重要原因,而经济落后必然造成南北间差距的扩大。此外,发达国家实行的各种贸易保护措施:反倾销、反补贴和非关税壁垒等措施,使发展中国家面临的贸易环境日益恶化,甚至连年出现逆差,因此南北经济差距不但没有缩小,反而继续扩大了。

(2) 知识和教育影响着贫富差距。知识和教育是一国能否发展和强大的基础条件。知识和教育的欠缺当然也能拉大贫富之间的差距。世界目前的贫富差距正反映了各国在知识、教育和科技水平等方面的差距。数以百万计的儿童死亡,与他们的父母缺乏关于健康和疾病的基本常识有关。收入只有美国1/10的哥斯达黎加儿童死亡率很低,与工业化国家不相上下,就是因为教育搞得好,该国政府坚持经常向民众进行医疗卫生和预防疾病的宣传。

(3) 科学技术的发展使南北差距拉大。冷战结束以后,科技在国际经济关系中显示出日益重要的作用。一些发达资本主义国家纷纷加大了对科技特别是高新技术产业的投资,推动了科技的迅猛发展,科技发展极大地提高了发达国家的劳动生产率,由此推动了新一轮的科技革命。在这方面美国表现得尤为突出。从里根政府到克林顿政府,无不增加对高新技术产业的投资,进行经济政策和产业结构的调整,从而在90年代推动了美国经济持续较快的增长,形成和发展了所谓的“新经济”,使新一轮以信息革命为代表的科技革命率先在美国爆发。欧盟则通过深化内部经济一体化,加速实现货币联盟,努力实现科技革命,扩大自己的经济势力。日本和其他发达国家也都在试图抓住科技革命的契机,进行新一轮的经济结构调整,以便在21世纪的综合国力竞争中占据有利地位。信息革命在以美国为代表的发达国家的爆发,标志着这些国家率先步入信息社会和知识经济时代。

然而,发展中国家在当前不合理的国际经济秩序控制下,遭受90年代巨大的全球化浪潮冲击,由于普遍缺乏资金、人才和资源特别是先进的科技,有的发展中国家经济发展缓慢,有的经济停滞不前甚至出现倒退,还有一些极不发达国家不得不在饥饿中挣扎。经济信息化程度的高低已经是形成南北经济差距最主要的因素之一,南北双方为争夺科技主动权的斗争日益激烈。

---

① 郭建泉:《新时期南北经济关系的发展与展望》,中国财经网,http://www.fec.com.cn/grtg/content.php3?elanmu=commend&id=22。

3. 南北差距的解决途径

（1）发达国家应该兑现对发展中国家的义务援助。发达国家曾经承诺在2000年前，拿出本国国民总收入的0.7%援助发展中国家。但美国等多数发达国家至今仍没有兑现。1990年，发达国家的官方援助只有国民生产总值的0.38%，1997年下降至0.22%，1999年再下降至0.2%。自20世纪90年代起，发达国家的官方援助逐渐增加，2005年由于实施大规模债务减免，援助金额创历史纪录达到1 068亿美元（见图9-4）。即使如此，发达国家的援助额仍然仅相当于国民总收入的0.25%，并且目前只有五个国家——丹麦、荷兰、卢森堡、挪威和瑞典——达到或超过了联合国规定的占国民总收入0.7%的目标。还有六个国家保证在2015年前达到这个比例。发达国家加大对发展中国家的援助，是解决南北差距问题的重要途径。

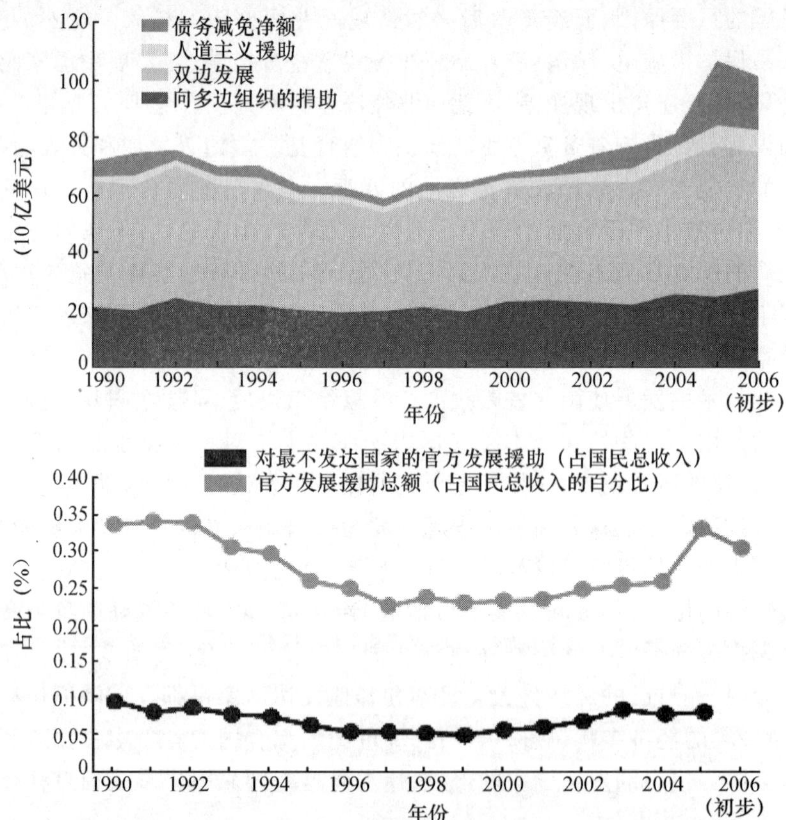

图9-4　1990—2006年发达国家提供的官方发展援助（按美元计及占捐助国国民总收入的百分比）

资料来源：联合国《2007年千年发展目标报告》。

（2）积极发展南北对话。南北对话是发展中国家同发达国家之间就经济关系进行的对话和会谈，《洛美协定》就是建立发达国家和发展中国家合作关系的成功典范。1975年，欧共体9国同非洲、加勒比和太平洋地区46个国家签署了《洛美协定》，给发展中国家出口的工业品和绝大多数农业产品以单方面的贸易优惠；设立出口稳定基金，并确定了年内对这些国家提供42亿美元的经济援助。此后该协定4次续签，受惠的发展中国家增至71个，累计援助额超过200亿美元。发展中国家不仅是发达国家出口和投资的目标市场,也是发达国家获得原料资源不可缺少的重要基地,因此,发达国家积极同发展中国家进行联系,开展战略性对话。尤其是自 2005 年以来,西方七国加俄罗斯的八国集团峰会邀请中国、印度、巴西、墨西哥和南非与会;在 2007 年海利根达姆峰会上,德国则提议将“八国集团”与“延伸五国”联系起来,使其“8 + 5”关系定式化。发展中大国在全球性经济中的地位逐渐提高。

(3) 发达国家与发展中国家进行协作,改善发展中国家所面临的经贸环境。发展中国家要实现国际贸易的发展,就必须消除阻碍贸易的主要壁垒,包括发达国家对发展中国家进口品征收的关税,以及发达国家为国内农业生产者提供的补贴。目前发展中国家的出口品几乎 2/3 可以免税进入发达国家,发达国家还启动了特别贸易措施,使最不发达国家从中受惠。

此外,新的世界格局也为发展中国家发展经济秩序提供了良好的时机。区域集团化的发展,为发展中国家与发达国家往来与合作,实现优势互补,起到了积极作用。国际社会已把缩小南北差距,列为 21 世纪最大的挑战。联合国《千年宣言》要求实现到 2015 年把贫困人口减少一半的目标。发达国家已逐渐认识到,贫富差距继续扩大,不仅影响全球化进程,也会拖累自身的经济增长。因此,近几年来,发达国家不断增加对发展中国家尤其是最不发达国家的援助,促进其发展。

(二) 南南差距不断拉大

1. 南南差距不断拉大的表现

发展中国家之间的发展不平衡,造成了南南差距,也就是发展中国家内部的差距不断扩大。这主要表现在以下几个方面:

(1) 不同类型发展中国家经济发展速度出现明显差异。第一,总的来说,经济水平较高的中等收入国家的经济发展快于低收入的国家;第二,石油生产国及新兴工业化国家和地区快于其他发展中国家;第三,东亚国家和地区、拉美快于非洲特别是撒哈拉以南非洲国家。

(2) 不同类型发展中国家经济结构差异加大。以亚洲“四小龙”为代表的新兴工业化国家和地区,产业结构实现了升级,其经济结构正在趋近于发达国家,它们在汽车、家电、电子等当前具有代表性的主导产业上,已经处于世界前列。发展中国家制造业产值的 70% 以上集中在东亚、拉丁美洲,非洲所占的比重还不到 10%。大多数非洲国家的制造业还处于早期发展阶段,主要是食品、纺织等传统工业。

(3) 不同类型发展中国家在世界经济中地位的差距加大。一方面,亚洲和拉美的一些发展中经济体在世界经济中的地位逐渐上升,作用逐渐增强。联合国贸易和发展会议发表的《2011 年统计手册》显示,从 1981 年到 2010 年间,几个发展中国家取得了长期的经济收益。统计显示,中国等主要发展经济体在世界商品和服务出口中所占份额近年来逐步上升。从 1981 年到 2010 年间,中国上涨了 8 个百分点,它在全球国内生产总值中的份额扩大了 7 个百分点。2009 年至 2010 年的数据显示,发展中国家在几种商品和产品的世界出口中占有很大份额。例如,固定植物脂肪和油的份额占了世界出口的 88.7%;铜矿砂及其精矿占了 79.1%;女性服装和针织钩编品占了 75.9%;原油和石油沥青占了 71.4%;棉梭织面料占了 71.3%。联合国拉丁美洲和加勒比经济委员会 2011 年 8 月发布的研究报告指出：过去十年中，亚洲在拉美对外贸易格局中的份额和地位显著提升，2005年至2010年，拉美对中国出口年均增长率达到了31%，同期拉美总出口年均增长率为16%；同时指出，中国及新兴经济体间的南南贸易目前成为世界贸易增长的重要引擎。与此同时，其他一些发展中国家的地位则趋于恶化，在非洲的53个国家中，有33个（绝大多数是撒哈拉以南非洲国家）已被联合国列入最不发达国家。

2. 南南差距拉大的原因

发展中国家内部的发展不平衡与其分化表明，即使独立时的经济发展水平类似，发展中国家的经济绩效也可能出现很大的差别。其原因除了自然禀赋、基础条件和外部环境的作用外，最关键的还在于发展中国家自己。战后以来，已经有许多落后国家，通过采取正确合理的发展模式和经济政策，取得了巨大成就，实现了经济持续发展的"奇迹"。有理由相信，目前落后的国家，只要走上正确的发展道路，同样能够实现这一目标。

3. 南南差距的解决途径

南南合作是国家之间为摆脱发达国家的控制，发展民族经济，开展专门的经济合作。发展中国家面对逐渐恶化的经济形式，已经清楚地认识到，要改革旧的不合理的国家经济关系，关键还在于加强自身的自力更生能力和发展中国家之间的经济合作。发展中国家之间的经济合作，有着共同的基础：

(1) 一致要求建立国际经济新秩序。战后，发达国家通过其在经济方面的优势，通过一系列不平等的贸易关系继续对发展中国家进行剥削和掠夺。发展中国家在面临贸易条件恶化，保护主义盛行，债务负担严重的情况下，迫切需要改革旧的经济秩序，建立国际经济新秩序。

(2) 面临民族经济发展的共同历史任务。发展中国家获得独立，虽然在政治、经济及文化等方面存在着多种差异，但都面临着发展民族经济的共同历史任务，为了完成这一使命，发展中国家应该在各个领域广泛地进行交流和合作。

(3) 在经济上存在互补性。发展中国家虽然资源丰富，但资源在发展中国家的分布不均，往往一个国家拥有的自然资源，不是其经济发展所必需的资源，而南南合作正为这些国家在资源利用方面起到了相互补充的作用。

21世纪以来，随着国际形势发生了复杂而深刻的变化，发展中国家内部也出现了一定程度的变化，南南合作呈现出一些新的特点：

(1) 全球性与区域性的南南合作发展势头良好。冷战后，发展中国家在全球性组织中的影响力略有下降，但近年来，发展中国家加强了全球范围内的团结与协作，南南合作有所复苏。七十七国集团、不结盟运动重新活跃起来。2005年第二届南方首脑会议在卡塔尔召开，呼吁发展中国家以更大力度推进南南合作。为适应全球化的挑战，发展中国家区域合作组织不断发展。亚洲东盟一体化、拉美南方共同市场、加勒比共同体等加速发展。区域性的经济一体化组织成为发展中国家加强团结和协调的重要形式，促进南南合作的发展。

过去十年国际贸易模式明显改变，发展中国家之间的贸易日益增长。新兴经济体中主导贸易的"金砖四国"，自21世纪初以来，占年度全球贸易增长的1/4，"金砖四国"在新兴市场贸易增长中起到了重要的作用。此外，其他发展中国家增长幅度也较大，它们对全球贸易增长的贡献，从1999年的1/10增加到2008年的近1/4。发达国家占发展中国家贸易的份额，从1999年的75%下降到2008年的62%，而同期新兴市场份额从20%增加到38%。

(2) 南南合作形式多样，讲求实效。2003年印度、巴西和南非创立了三国对话论坛，加强发展中国家大国之间的合作。同年世界贸易组织坎昆会议上，发展中国家成立"20国协调组"，集中发展中国家力量，采取灵活策略，就农业等问题与发达国家谈判，有效维护了发展中国家的整体权益。

(3) 发展中大国发挥重要作用，促进了南南合作。发展中大国有广阔的地域，人口众多，资源丰富，有的国家经济增长速度较快。随着自身实力的上升，发展中大国在南南合作中发挥着重要的作用。伊朗当选为七十七国集团的主席国，努力协调发展中国家的立场。同时，发展中大国经济规模较大，实力突出。2002年，印度占南亚经济的78.6%，巴西、墨西哥占拉美和加勒比地区的65.1%，印尼约占东盟经济的28.86%。[①] 因此，这些大国在本地区经济一体化组织中起着领头作用。发展中大国还根据形势变化不断促进南南合作的新发展。例如，印度、巴西、南非三个发展中大国创立了印巴南对话论坛，伊朗在推动"文明对话"方面发挥着积极作用，印尼、南非在亚洲次区域合作组织中发挥着核心作用。

(4) 南南合作和南北对话的互动得到进一步加强。南南合作促进了发展中国家的团结，增加了与发达国家谈判的力量，也吸引了发达国家的关注。经济全球化的发展加强了南北方的依存关系。北方国家从自身利益出发，开始重视和加强南北合作。发达国家也在债务、贫困、疾病等问题上给予了更多的援助。

相关案例　《金融时报》：印度不容错过的改革良机

《金融时报》刊登题为《印度千万不能让改革时刻溜走》的评论文章，全文主要内容摘要如下：

就目前的实际情况而言，印度经济已经陷入一种"意志消沉"的状态：印度工业产出两年多来首次下降（最新官方数据显示，10月份印度工业产出同比下降5.1%，被视为国内投资情绪关键晴雨表的资本货物产值大跌25.5%），致使印度本国货币——卢比兑美元汇率跌至有史以来最低位，跌破1美元兑52.80卢比。由于卢比走软，大宗商品价格高企，印度整体通货膨胀率居高不下，通货膨胀压力大幅缓解还需一定时间。面对如此不景气的经济氛围，一些海外投资者开始萌生退意。那么，印度目前的经济颓势，究竟是暂时的"插曲"，还是标志着印度的增长光环已经消失了呢？

像许多其他的新兴市场一样，在欧元区主权债务危机面前印度也没什么免疫力。与此同时，印度政府政治上的无能，让国内经济失去方向的同时，也早已成为经济迫切需要的改革的绊脚石。

经过了数年令旁观者"羡慕嫉妒恨"的强劲增长后，当印度经济表现出似乎永远会处

---

① 陶涛：《南南合作重新焕发的新活力》，《国际交流》，2006年第12期。

于高增长轨迹时,印度国内涌现出一种期待,即很快印度和中国之间的增长差距将消失不见。然而,不幸的是,“印度和中国之间的增长差距并没有消失”,取而代之的是印度迫切需要旨在稳定和维持经济增长的系列改革。

从当前形势看,印度的改革步伐能否加快,面临巨大的阻力。对于印度来说,最主要的问题是,政府尚未就广泛的经济改革达成一种共识。难以摆脱的腐败问题,让改革僵局进一步恶化。在官僚体系内部,中层官员将责任推给高层官员,高层官员再把责任往更上层推。

因面临强大政治阻力,印度政府已于本月7日暂停向沃尔玛等外国企业开放该国零售业的计划。据悉,印度零售业规模达4 500亿美元,开放这一行业是该国政府近年来推行的最激进改革之一。然而,该计划的暂缓,意味着像沃尔玛、家乐福这样的国际零售巨头短期内仍无法进入印度市场,被称为印度经济领域近年来最大力度的改革在诞生14天之后戛然而止。

当然,印度政府很轻易就能把大宗商品和食品价格走高的责任推到外部因素和投机者身上,但是,印度自身食品分配体系的无效率才是最根本的原因。

实际上,光鲜的“总成绩”无法掩盖一切,印度持续多年的经济增长也没有解决贫富差距悬殊、社会阶层分化严重的问题。现实情况是,印度穷人已经成为持续走高的物价的最大受害者。为了抑制通货膨胀率的继续飙升,印度央行除了收紧货币政策别无选择,而此举无疑又损害了国内工业领域的增长。显然,通过货币政策来解决结构性问题,只会让印度经济的增长步伐放缓。

限制性的劳动力市场监管和工业政策、巨大的政府预算赤字和功能紊乱的教育系统,都使印度经济失去了增长动力。对于印度来说,改革已经变成一件必须要做的事情。如若不然,印度经济的步伐将会更慢,通货膨胀率将会更高。

(资料来源:http://global.cjzg.cn/zhuanjia-shidian/1324260560726097.html。)

 本章提要

1. 发展中国家的概念是在1964年召开的联合国会议上发表的《七十七个发展中国家联合宣言》中首次提出的,即指那些经济、文化、教育等方面的发展较发达国家相对落后的国家。发展中国家的经济普遍存在着生产力、生活水平相对较低,经济结构单一,人口压力大,债务负担严重等问题。战后发展中国家为了发展经济分别采取了进口替代战略和出口导向战略。每一战略的实施对发展中国家的发展都起到了一定的积极作用,但同时也产生了消极的影响。

2. 战后至20世纪70年代以来,面对不断扩大的贸易逆差和不断恶化的经济环境,发展中国家采取贸易保护政策对本国的贸易发展进行干预,同时,根据本国经济状况制定了不同的发展战略,以此呈现出东亚和拉美两种模式。发展中国家的经济由此取得了国民收入快速增长、畸形经济结构有所改善等重大成就。

3. 20世纪80年代以来,受到世界经济危机及发达国家转嫁危机的影响,发展中国

家的经济开始出现倒退甚至停滞的局面。债务负担沉重、粮食危机加深、贸易条件恶化等问题迫使发展中国家采取一系列有效措施进行经济改革。

4. 战后以来的半个世纪是发展中国家经济以及世界经济快速发展的时期,也是世界贫富差距迅速拉大的时期。不仅发展中国家和发达国家之间的差距不断拉大,发展中国家之间的差距也在逐渐拉大。为此,南南合作和南北合作机制的深化成为改善现状的必要途径。

重要术语

发展中国家(Developing Country)
进口替代战略(Import Substitution Strategy)
出口导向战略(Export-oriented Strategy)
东亚模式(East Asian Model)
拉美模式(Latin American Model)
南南合作(South-South Cooperation)
南北对话(North-South Dialog)

本章思考题

1. 发展中国家有哪些基本特征?有哪几种主要类型?
2. 试比较进口替代战略和出口导向战略在发展中国家经济发展中的地位。
3. 发展中国家的发展存在的问题有哪些?
4. 经济全球化给发展中国家带来了怎样的机遇和挑战?
5. 中国应如何在南南合作中发挥作用?

进一步阅读资料和网络链接

1. 赵江林:《东亚经济增长模式:转型与前景》,社会科学文献出版社 2010 年版。
2. 〔印度〕阿玛蒂亚·森、让·德雷兹著,黄飞君译:《印度:经济发展与社会机会》,社会科学文献出版社 2006 年版。
3. 沈开艳等:《经济发展方式比较研究——中国与印度经济发展比较》,上海社会科学院出版社 2008 年版。
4. 赵丽红:《“资源诅咒”与拉美国家初级产品出口型发展模式》,当代世界出版社 2010 年版。
5. 王然:《美国与巴西经济发展比较研究》,经济科学出版社 2008 年版。
6. 中华人民共和国商务部:www. mofcom. gov. cn/。
7. 世界银行:www. worldbank. org/。
8. 中国国际关系研究网:http://www. sinoir. com/Index. html。
9. 联合国经济与社会理事会:http://www. un. org/chinese/。
10. 中国社会科学院世界经济与政治研究所:http://old. iwep. org. cn。
11. 财经网:http://www. caijing. com. cn/。

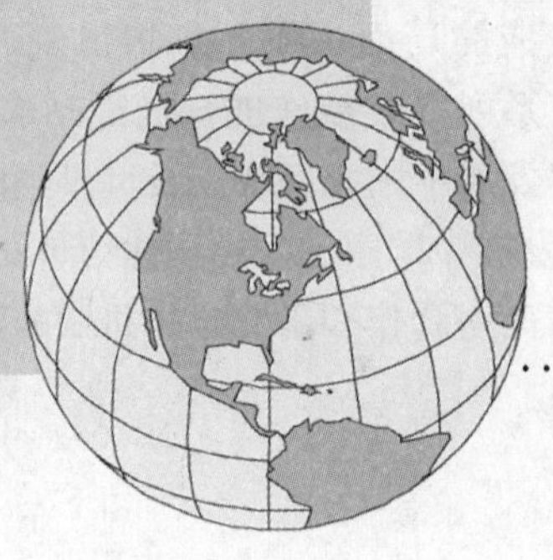

第十章

转轨国家的经济改革与经济发展

【教学目的和要求】

1. 通过本章的学习，掌握东欧、俄罗斯、中国等原计划经济国家的体制转轨进程，以及转轨国家的共同性与区别。

2. 通过本章的学习，初步了解经济转轨与制度变迁的不同之处，对中国的制度变迁过程有深刻的了解，进而比较中国与俄罗斯在经济变革的过程中，两国所追求的目标与变迁方式的不同，以及由此产生的绩效的差异。

3. 通过本章的学习，掌握俄罗斯政府为何推动转轨进程、俄转轨进程中为何呈现危机频发的发展态势、俄经济转轨的性质，与此同时也要了解实施这一激进的改革战略对俄整个转轨过程长期所显示出的重要成效。

4. 通过本章的学习，对渐进式改革战略的基本过程有初步的了解，重点理解中国特色的渐进式改革道路。

5. 通过本章的学习，初步了解转轨以来我国宏观调控的经验教训，在此基础上，对当前中国宏观经济形势形成正确的判断；了解在社会主义市场经济条件下我国政府职能的转变。

【教学重点与难点】

1. 俄罗斯经济转型的四个进程。

2. 中国特色的渐进式改革道路及其合理性。

3. 替代性交易制度理论。

4. 在社会主义市场经济条件下政府职能的转变。

引导案例

俄罗斯经济挑战与机遇并存

俄罗斯历经十九年的漫长坎坷历程,终于成为世界贸易组织的正式成员。这一刻在许多人看来,不单是闪光灯下的“历史性时刻”,同时也承载着推动俄罗斯实现持续稳定发展和大国经济崛起的希望。正如普京总统所说,竞争力增强才能推动俄罗斯经济的现代化改造,不加入世界贸易组织就无法现代化改造俄罗斯经济。

2012年俄罗斯经济有望全面恢复到国际金融危机前的发展水平,但随着外部经济环境的起伏变幻,新一波经济危机的隐忧为俄罗斯实现今年的经济发展目标带来了不确定性。俄罗斯经济对国际能源市场过度依赖、经济结构单一的“老大难”问题,让人们再次深感俄罗斯经济现代化的必要性与紧迫性。

作为世界第六大经济体,俄罗斯经济现代化进程离不开国际多边贸易体制,长期的“局外人”身份只会加速俄罗斯的被边缘化。而入世后,通过参与制定和完善世界贸易组织规则,推动建立一个更加公正、合理、稳定的多边贸易体制将对俄应对金融危机、提振市场信心、加快本国经济发展发挥十分重要的作用。此外,俄罗斯还可以更加有效地利用国际贸易规则,保护本国正当的贸易利益。今后,俄罗斯将在世界贸易组织框架内开展对外经贸合作,理顺与贸易伙伴的关系,这必然提高双边和多边贸易合作水平。对其他国家而言,入世将推动俄融入全球经济,给各国贸易伙伴创造更加稳定、明确的贸易环境,有利于统一贸易规则的推广,为多边贸易体制建设和全球经济治理注入新的活力。

履行入世义务不仅是俄罗斯与国际接轨的承诺,同时也是俄罗斯经济现代化的内在需要。俄罗斯修改本国法律与世界贸易规则接轨,减小贸易壁垒,降低关税水平等举措,使俄罗斯吸引外资、运用国外先进技术和管理经验变得更加便利,而这正是俄完成本国经济发展各项具体任务的必需条件,也是俄罗斯实现经济现代化的题中应有之意。近年来,俄罗斯正在加紧建设创新型经济,调整经济结构,转变增长方式,推动俄罗斯从资源出口国家转型为创新经济国家。但是应该看到,没有与其他国家资金、技术的双向流动,没有基于开放市场基础上的进步和变革,创新型经济就无从谈起。仅此而言,俄罗斯入世是其追求自我发展,实现经济现代化的必由之路。

当然,入世必定会给俄罗斯带来冲击,俄农业、轻工业和汽车工业等长期享受政府关照或远离竞争的行业将首当其冲。倒逼的阵痛是难以避免的,背水一战的竞争压力也正是俄罗斯推进经济现代化所需要的。俄罗斯要克服自身经济顽疾,不再让经济现代化的努力流于形式,外部压力不可或缺,入世正是推动俄罗斯经济现代化进程的加速器。

(资料来源:廖伟径,《俄罗斯经济私有化教训与启示》,《经济日报》,2012年8月23日。)

第一节　经济转轨进程与市场失灵

一、转轨国家经济进程

进入20世纪80年代，由于经济与社会的日益严重衰退一直到最终政治失衡，社会主义国家纷纷失去了增长的能力和潜力。持续的通货膨胀压力使得物品大量匮乏，进而加重了微观经济的低效率，无力满足社会的需要。由于投资减少，生产力下降，增长越来越慢。换句话说，经过长达70年的"试验"，计划体制给社会主义国家留下了一份经济增长缓慢、结构长期失衡、人民生活水平持续无法得到有效提高的"遗产"。随着实践中传统集权型计划经济体制弊端的日益暴露，人们越来越相信中央集权的计划经济体制已经走到了尽头，体制的转轨存在着客观的必然性。东欧国家率先进行了经济体制改革的探索，继而从20世纪70年代末开始，中国也开始了波澜壮阔的经济体制改革历程。因此，90年代后期，多数转轨经济国家正在走出经济谷底，总体上进入了一个复苏和重组的阶段：首先，多数东欧国家经济已经走出谷底。1996年是一个转折性年份，该年转轨国家总体上实现了0.6%的正增长。目前，除了长期遭受战乱的前南斯拉夫地区的一些国家外，绝大多数中东欧国家经济已经复苏或增长。独联体成员中，情况比较复杂。俄罗斯经历长期经济危机，于1999年才出现止跌回升征兆；乌克兰经济继续下降，危机深重，其他成员国也开始了经济复苏过程。其次，恶性通货膨胀逐渐缓解，宏观经济环境趋向稳定。在90年代前期不少国家通货膨胀年率曾经到三位数甚至四位数，1998年已普遍降至两位数，捷克、克罗地亚、波罗的海沿岸国家的通货膨胀率已下降到10%以下。这些国家通货膨胀率的下降是与它们持续执行财政紧缩政策有关的，各国财政赤字占其国内总产值的比重都有不同程度的下降，大大减轻了对通货膨胀的压力。1998年，捷克和波兰均达到欧盟《马斯特里赫特条约》[①]的要求，即预算赤字不超过国内总产值的3%；匈牙利的预算赤字较多，比重为4.8%。同时，由于出口增加和外资流入，许多国家的国际收支状况得到改善，使本国货币日趋稳定，也有利于通货膨胀的缓解。最后，在一些相对领先的国家，出现经济增长率较高与失业率较高同时并存的现象，表明它们正深入进行企业重组和经济结构改造。波兰等国家的失业率在达到高峰后已开始缓慢回落。

从1992年年初开始启动转轨进程，俄罗斯的经济转型已经超过二十年。可以把这一进程简单地划分为四个阶段：

（一）启动转轨的"休克疗法"[②]时期（1992）

"休克疗法"的核心是自由化：放开政府对物价和贸易的管制，实施严厉的紧缩政策

---

① 1991年12月9—10日第46届欧洲共同体首脑会议在荷兰的马斯特里赫特举行。经过两天辩论，通过并草签了《欧洲经济与货币联盟条约》和《政治联盟条约》，即《马斯特里赫特条约》。这一条约是对《罗马条约》的修订，它为欧共体建立政治联盟和经济与货币联盟确立了目标与步骤，是欧洲联盟成立的基础。

② "休克疗法"本是医学上的术语，后来被经济学家们借用来比喻治疗恶性通货膨胀的一系列严厉的经济措施。它最早由美国哈佛大学的著名经济学教授杰弗里·萨克斯创立和倡导。1990年"休克疗法"被波兰政府采用，并被广泛宣传为把国家社会主义转为资本主义的最佳途径。

以及国有资产的私有化。具体看来，1992 年俄罗斯政府所实施的政策主要包括：一次性大范围取消物价管制，政府取消了除 12 种关键商品（基础食品）之外的绝大部分商品（包括全部消费品）的价格管制；实施严厉的紧缩政策，政府为此所采取的措施主要包括大幅度削减预算开支、削减补贴数额、提高税收以及严格控制信贷发放数量；推行大规模私有化政策，政府对 20%—25% 的国家财产（在轻工食品和服务行业则是 50%—70%）实行了私有化；对外经济活动自由化，国家取消了对贸易的垄断，允许所有在俄境内注册的经济单位参与对外经济活动，汇率制度则逐步从统一浮动和双轨制①汇率过渡到了统一汇率。

（二）稳定宏观经济、私有化与寡头垄断资本主义的形成时期（1993—1997）

“休克疗法”仅仅是启动了转轨，迈出了向市场经济过渡的第一步。但这些举措并未建立起市场经济所需要的条件，因为仍有相当大部分的价格由国家控制或者由国家强制调节；大部分工业和农业仍由国家控制。此外，经过 1992 年的自由化改革，俄罗斯经济陷入更深的泥潭，生产衰退的同时伴随着物价的飞涨。在这样的背景下，切尔诺梅尔金政府在制定经济政策时就面临着两难的选择，即宏观经济的严重失控要求政府首先要平抑通货膨胀，为此需要采取紧缩措施，但紧缩政策会进一步打击生产，扩大失业，降低人们的收入水平。这样政府就要在治理通货膨胀与刺激生产之间进行权衡取舍。

（三）1998 年的金融危机与市场浪漫主义的终结

切尔诺梅尔金执政时期，尽管在抑制通货膨胀方面取得了一定的成效，但并未取得稳定的经济增长，相反在财政和金融领域却积累了一系列矛盾。而私有化催生出的寡头垄断经济注定是低效的，其所蕴涵的危机随着 1997 年的东亚金融危机以及 1998 年的政治动荡而爆发。这意味着前期自由主义②改革模式的失败，经济政策的调整成为必然的选择。

（四）普京执政后的政策调整与体制深化（2000 年迄今）

2000 年年初，叶利钦宣布辞去总统职务后，普京代理总统职责，并最终赢得总统大选的胜利，成为新俄罗斯历史的第二位总统。普京上台后面临的首要任务便是重塑政府权威，并努力寻找政府与市场的合理边界，进而采取了一系列有力的措施。

二、经济转轨与制度变迁

经济转轨主要运用制度经济学中关于制度变迁和创新的理论，而不直接涉及制度的起源和功能等制度经济学的其他组成部分。制度变迁是制度的更替、转换和交易过程。制度既然作为一种稀缺性资源，它的变迁和创新同其他资源一样，也受供给和需求规律的制约。只有在新制度所带来的预期收益大于旧制度的现有收益加上制度替代成本之

① “双轨制”，最初主要指“价格双轨制”，后来这一概念又被应用于所有制结构、外贸体制、劳动就业制度、社会保障体系等其他诸多领域。

② 李千：《新自由主义研究观点综述》，载何秉孟，《理论热点：百家争鸣 12 题》，中国社会科学文献出版社 2007 年版，第 30 页。

和时,制度变迁才能发生。而且,制度是一种"公共物品"①,它的供求分析与成本收益分析又与公共选择理论的关系密切。例如,为了使经济转轨顺利进行,实现制度变迁的成本最小化和收益最大化,必须研究不同阶层的居民对新制度需求偏好的变化趋势。为此,需要分析经济转轨每一步骤的成本收益在不同社会、不同阶层间的配置及其变化,以保证转轨过程的稳步推进。

经济转轨不完全等同于经济制度变迁。制度变迁是一个更一般的概念:不管是整体性的制度结构变化,还是个别的制度安排的更改,都属于制度变迁的范畴。而经济转轨则是指整体性的制度结构的更替,以及在这种更替过程中一系列相互联系和制约的制度安排的变迁。可以说,经济转轨是一种制度变迁的系统工程。从总体上说,它是制度结构的更替;它又是由一系列有机联系的制度安排的变迁组合而成的。

一个制度系统无论制定时的出发点有多好、形成的历史有多久,总存在不完善的地方。这种不完善的地方,在制度运行的过程中就会被某些参与经济活动的主体觉察,有些人就会利用制度系统的这种不完善性来损人利己,只要有一个人这样做了,制度系统的这种不完善性就会被更多的人利用。此时,经济制度系统的激励水平就有可能下降,交易成本就有可能上升。我们把制度系统的不完善性称为制度的内在缺陷,把人们利用制度的内在缺陷所进行的损人利己行为称为机会主义。一旦出现机会主义,制度就会开始衰退,制度原有的功能就会下降:激励就会乏力,交易成本就会上升。最终经济增长就会受到影响。当人们认识到制度衰退时,就有可能来完善制度。这种对制度的完善就是制度的变迁,这种变迁有时还可能从根本上改变制度。还有一种情况也可以引起制度变迁,这就是当技术系统发生了变化,引起相对价格发生变化,生产可能性边界也发生外推,现存制度的激励作用及交易成本也会发生变化,从而使生产未能处在生产可能性边界。② 此时,相对变化了的价格体系也会要求制度变化,只有这种变化发生了,生产才能向生产可能性边界推移,经济才会增长。

中国的制度变迁过程就是中国的工业化过程,是围绕着中国工业化过程中的资本积累进行的,可以分为两大阶段:第一阶段是从多元化经济向一元化经济的变迁,形成了计划经济体制及其原始积累,这是一个从分散到集中、从市场化到计划化的过程,以 1956 年为界,包括原始积累体制的形成(1953—1956)与运行(1956—1978)两个时期;第二阶段是从 1978 年年底开始的计划体制向市场体制的变迁,这是一个从集中到分散、从计划化到市场化的过程,它标志着传统原始积累体制的终结。图 10-1 示意了中国制度变迁的基本情况。

资本集中化的计划经济体制的第一阶段从 1949 年开始,持续了近 30 年,资本表现为从分散到集中的过程,重要经济资源的控制权、投资权与分配权迅速集中到国家手中。

---

① 高鸿业:《西方经济学》(宏观部分),中国人民大学出版社 2004 年版,第 687 页。

② 生产可能性边界是指在技术知识和可投入品数量既定的条件下,一个经济体所能得到的最大产量。沿着生产可能性边界,边界内的点表明经济尚未达到有效生产。边界之外的点是不可达到的。生产可能性边界也可说明"替代"这一经济概念。在充分就业的经济中,替代是一条生命规律,生产可能性边界则表示社会的各种选择。

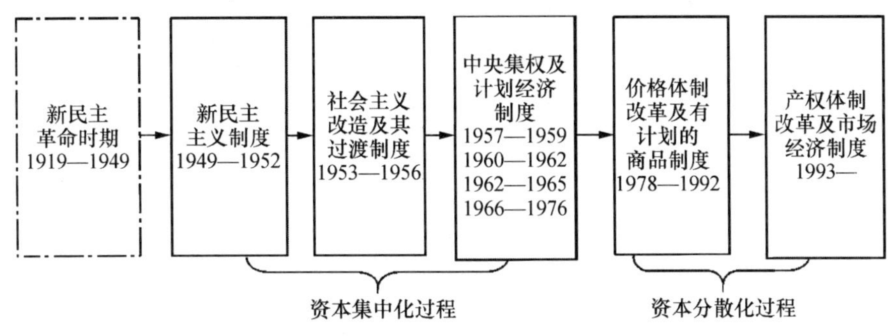

图 10-1 中国制度变迁示意图

这一阶段又分为以下几个时期：1949—1952 年①，新民主主义社会时期，完成政治权力的集中；1953—1957 年，"一化三改"②时期，私有生产资料被公有化，刚刚确立的新民主主义秩序被社会主义改造打破，在整个社会范围内基本实现了经济权力的集中；1957—1959 年，排斥来自社会与党内的批评意见，实现并强化了意识形态的统一，丧失了制衡社会生活的批评资源；1960—1962 年，三年困难时期；1962—1965 年，国民经济第一次调整时期；1966—1976 年，十年"文革"时期，表现出进一步加强意识形态权威的努力与克服社会危机的努力，而实际上它又加剧了传统计划体制的危机。到了 20 世纪 70 年代末，计划条件下原始积累伴随着计划体制的危机陷入瘫痪境地，它在中国工业化进程中通过国家积累所发挥的历史能量已经耗尽。

资本分散化的市场经济制度从 1978 年开始，经济支配权表现为分散化的过程，经济资源的控制权、投资权与分配权表现为从计划调节向市场调节、从政府计划的宏观层面管制向市场微观层面放开的过渡。但与此相伴随，出现了权力市场化这一新的腐败现象。第二阶段也可分为以下几个时期：1976—1978 年，准备时期，开始思想观念的转变，打破原有的意识形态屏障；1978—1984 年，放权让利与利改税时期，开始启动市场机制；1984—1988 年，价格转轨时期，实行价格双轨制，灰色市场交易、效力市场化开始渗透到社会经济生活之中；1988—1991 年，国民经济第二次历史调整时期；1992 年至今，投资主体进一步多元化，资源配置进一步市场化，计划条件下的原始积累正在退出历史舞台。

中国和俄罗斯原来都是实行高度集中的计划经济管理体制的国家，都经历了由计划经济向市场经济转型的经济制度变迁，然而，在经济变革过程中，两国却走上了截然不同的两条道路，中国改革战略由理论争论到实践探索，由实验失败到成功，由具体谋划到果断决策，中国的改革实质上是内生规则相机抉择制度变迁。俄罗斯激进改革由政府设计改革模式，自上而下强制性推行，其间没有经过企业和个人的自主"实验"，也没有经过任

① 1950 年 6 月 28 日中央人民政府第八次会议通过的《中华人民共和国土地改革法》第一章总则中规定："废除地主阶级封建剥削的土地所有制，实行农民的土地所有制，借以解放农村生产力，发展农业生产，为新中国的工业化开辟道路。"（中央财经领导小组办公室：《中国经济发展五十年大事记》，人民出版社、中共中央党校出版社 1999 年版，第 18—19 页。）

② "一化三改"是过渡时期总路线的简称。过渡时期总路线指：在一个相当长的时期内，逐步实现社会主义工业化，逐步实现……"一化"即逐步实现社会主义工业化。"三改"即逐步实现对农业、手工业和资本主义工商业的社会主义改造。

何的"创新"试点,新制度模式是否适合于俄罗斯的国情,全凭政府的主观臆断,这说明俄罗斯的激进改革,是典型的外生规则强制性制度变迁。据统计资料不难看出,中俄两国经济改革的绩效比较差距是很大的:1990 年中俄两国的经济总量之比为 0.35:1,2000 年变为 4.74:1,比较差距大约为 13:1。正是基于上述的巨大绩效差异,国内很多人认为我国的经济制度变迁已经成功,俄罗斯的经济制度变迁已经彻底失败,并在此基础上提出我国所采用的渐进式制度变迁要优于俄罗斯所采用的休克疗法。本书认为,中俄两国的改革均处在过程中尚未完成,现在就为之定论还为时过早。导致俄罗斯经济全面倒退的并不只是经济改革这一种因素,还有历史文化传统方面的原因。对制度变迁的利弊得失,由于评价标准的不同和价值观念的差异,结论也会有所不同。所以我们应该客观地实事求是地对改革做出评价,正确认识和把握改革和经济制度变迁的规律,借鉴他国的经验,避免走他国走过的弯路。

总之,制度变迁是由于内部或外部条件发生变化引起相对价格体系变化,而相对价格变化又引起潜在利益(激励水平、交易成本)的变化,最终为了追求潜在利益而对原有制度进行的创新。这种创新使得平均激励水平上升,交易成本下降,从而促进了经济增长。

第二节　改革战略的形成与发展

计划经济国家在转轨方向上具有一致性,这首先在总体上表现为这些国家的转轨,其实质在于用新制度取代旧制度,或者说,彻底抛弃传统的中央集权的计划经济体制,构建以市场经济为基础的全新的制度安排。这种一致性集中地反映在三个方面:第一,价格形成机制的根本变革。在转轨的过程中,计划经济国家无一例外地把价格自由化(亦称"价格市场化")放在重要的位置,政府退出市场干预,供给与需求成为价格形成的基础性机制。第二,产权制度的根本变革。如果计划经济国家在对传统体制进行完善或者改革的阶段已经关注价格自由化问题,那么产权制度的变革则是转轨阶段的一个新课题。一个时期以来,尽管提法不同,如东欧、俄罗斯等国家提"财产私有化",中国提"产权明晰"、"产权制度重构"等,但共同之处在于,计划经济国家对于产权制度的变革愈加重视,在理论上积极探索,在实践中大力推进。一些学者认为:"转轨的过程同时也就是私有化的过程。如果仅仅是价格自由化而没有产权制度的根本变革,那就不称其为转轨,至多称其为改革。"①第三,政府实施较为严厉的财政政策,力求平衡预算,严格控制货币的发放量,以实现宏观经济的稳定。以上三点通常被经济文献概括为价格自由化、财产私有化和宏观经济稳定化。

计划经济国家的转轨方向是一致的,但观察从传统计划经济向市场经济的过渡却不难发现,俄罗斯、东欧国家走的是一条激进的道路,被西方学者称为"大爆炸",而中国和越南等国家走的则是一条渐进的道路。

---

① 科勒德克:《从休克到治疗》,上海远东出版社 2000 年版,第 134 页。

一、激进改革战略的形成及其演变

激进式改革战略,又称"休克疗法"或"大爆炸",它是一次性的全面制度变革,通过紧缩货币、放开价格、全面推进私有化,在短期内实现计划经济向市场经济的过渡。从20世纪80年代末到90年代初,由于计划经济体制积重难返而经济改革又收效甚微,结果前苏联和东欧国家纷纷抛弃原有的计划经济体制,开始向市场经济过渡。尤其在苏联,戈尔巴乔夫改革社会主义渐进战略的失败,给实行渐进改革战略的提倡者和拥护者带来了很大阻力,而在这些国家迅速发展起来的亲资本主义的政治力量决心向国家注入资本主义。在这种局势下必须迅速采取激进改革措施的观念,在苏联社会完全占了上风,西方新古典经济学的思想开始发挥重要作用,从而把国际经济学界用于20世纪80年代拉美国家的政策取向——"华盛顿共识"应用到俄罗斯的经济转轨,即向市场经济的过渡必须采用激进的方式,人们不可能两步跨越一道鸿沟,渐进改革是不可能取得成功的。它主张"尽可能最大限度地自由化,尽可能最快地私有化,并且在财政、金融方面采取了强硬的措施"①。科勒德克指出,"华盛顿共识"②原来针对的不是后共产主义国家的危机,但由于国际金融组织的赞同而对东欧和前苏联的经济转型产生了很大的影响。但俄罗斯转轨的初始条件是,数十年的改良导致经济状况的极度恶化和社会矛盾的严重激化。这种背景之下,不再是愿意不愿意搞激进,而是已经丧失了渐进的条件,错过了渐进的机会。"俄罗斯经济转轨启用激进方式,既是不合适的但却是不可避免的。"③

相关案例 **中国要和"华盛顿共识"分手**

最近世行就中国经济模式和改革建议所发布的报告,再次延续了世行多年来为推动"华盛顿共识"成为全球意识形态而效力的机构特色。大家都知道,中国的经济模式走到今天,需要改革才能玄鸟重生。但是中国的问题恰恰是在对苏俄模式中的弱点反思后,却对"华盛顿共识"所代表的只让少数人获得无限自由、不顾多数人权益的新自由主义模式做了太多吸收。中国政府的管理体制是需要继续改良,但是世行对中国特有的只有劳动工资税、没有资本利得和财产税,劳动者没有组织议价权,社会贫富差距和分配严重不公等问题导致的经济失衡,置若罔闻。其他发展中国家在跌过跟头后,对世行这一机构至今所持有的怀疑态度,中国应该多做了解。中国更应意识到,自己将来发展好了,要替全球大多数人来承担改革世行的责任。

经济学家和政治思想家约瑟夫·熊彼特(Joseph Schumpeter)在20世纪经典著作《资本主义、社会主义和民主制度》中,对多种经济模式和社会制度结合的成败优劣做了系统

---

① 陶文昭:《美国软霸权的警示》, http://sfs. cumt. edu. cn/red/rednew. aspx? id = 474。

② "华盛顿共识"(即所谓的新自由主义的纲领)包括以下内容:(1) 加强财政纪律,压缩财政赤字,降低通货膨胀率,稳定宏观经济形势;(2) 把政府开支的重点转向经济效益高的领域和有利于改善收入分配的领域(如文教卫生和基础设施);(3) 开展税制改革,降低边际税率,扩大税基;(4) 实施利率市场化;(5) 采用一种具有竞争力的汇率制度;(6) 实施贸易自由化,开放市场;(7) 放松对外资的限制;(8) 对国有企业实施私有化;(9) 放松政府的管制;(10) 保护私人财产权。

③ 程伟:《俄罗斯经济转轨成效审视》,《世界经济与政治》,1999年第7期。

的、从经验出发的公正评判。结合中国的经验,读过这一经典著作后就会理解,苏俄的冷战失败不是社会主义经济制度的失败,而美国的胜利也不是资本主义经济制度的胜利。凯恩斯在《就业、利息和货币通论》里面,对为什么生产(资本积累)和消费失衡将使资本丧失一部分自由给国家做了解析。这些对于中国从决策部门到社会上的思考者,都值得从中国经验出发来研读。马克思不是一个走经验主义的政治学家,但他的经济学和政治经济学的研究果实是经验科学,《资本论》更是和李嘉图代表的古典经济学一脉相承的智力成果。劳动价值学说来自李嘉图,政治经济学中的阶级和阶层分析法也来自李嘉图。如果今天中国因为过去在社会政治领域走过的弯路,而在经济学领域对马克思经济学和政治经济学不再敬畏,那么也就意味着经济转型将无比艰难。

我们的经济改革,"九五"计划开始后有一个明显的转折,伦敦大学亚非学院的 Chris Bramall 教授对此有系统论述,这里不再赘述。从"九五"计划至今,面对十几亿人口,在中国投资找不到本土消费者、实业资本找不到新利润机会的原因,就在于过去三十多年中,国民收入中的劳动(大多数人)收入占比持续下降,资本(少数人)收入占比持续上升。而这个模式在 1997 年到 2007 年是最明显的。而 MBA 管理学的兴盛,也把福特主义简单管理学化了。福特资本主义模式中,有一个最基本的要素,就是企业的工人是可以消费得起企业自己的产品的。现在在中国的汽车组装线上的工人们,有多少可以消费得起自己生产的汽车?在中国的毛绒玩具生产线上的工人们,有多少可以给自己家里的小朋友每年买一捧毛绒娃娃?中国从"九五"计划至今的经济模式,包含的很多内容,就是"华盛顿共识"所代表的东西。

就拿毛绒玩具这一个产业为例子。现在中国 13 亿多人口,最富有的 5 000 万人口的富裕程度比美欧的最富阶层有过之而无不及,另有 2 亿多中产人口,以及 10 亿低收入人口;5 000 万最富裕人口的占有财产之和,大概相当于后面 10 亿人口的财富之和。如果最富的 5 000 万人中的 1 000 万小朋友,每人每年消费 40 个毛绒娃娃,也只有 4 个亿的年销量。但是如果 10 亿低收入人口中,2 亿小朋友每人每年可以消费 5 个毛绒娃娃,一年的销量就是 10 亿。中国怎会要依赖出口?这是一个简单化了的例子。不过它反映的是一个经济生产中的基本道理,如果社会分配不均,资本积累速度严重超过劳动收入上涨速度,那么新投资的资本报酬递减和丧失新的可盈利投资机会就是无法避免的。资本积累过剩的具体表现,不仅反映在没有需求导致的大多数产业相对产能过剩,而且反映在以存款、各类金融房产和财产高度集中为代表的食利阶层过大上。资本所遭遇的在实业领域的资本积累过剩危机,即便短期内可以被金融市场自我循环的投资缓解,如果收入分配结构问题不调整,这个资本报酬递减和资本过剩危机同样会在金融市场引爆,金融衍生市场也挽救不了这一矛盾。

对于中国的消费转型和收入分配改革,需要系统规划来解决的,是国民对城市公有产权土地的使用权的保障问题,对整个税收结构中只有工资所得税没有资本所得税、财产增值税的问题,以及劳动者在微观层面的有组织议价权问题。在利息税层面,累进制的税收同样不应忽视。1998 年的住房改革,原本并没有否定城市居民在自己享有所有权的公有土地上,基本住房需求不支付地价的权利。中国的城乡土地都是公有制,在国民自己所有的土地上的自住住房,是不应支付土地使用权和土地租金的。这个问题不解决,多数人的消费将长期难以得到释放。而这一问题的解决,要求地方财政收入必须和税收改革配套,进行系统性调整。面向个人的资本所得和财产增值的税收改革,也是各级政府保持公共财政开支能力,扭转过去过度关注产权、没有同等关注公共保障和公平分配的失误的需要。不结合实际,简单谈论小政府大政府是误导性的。一个政府,要具备提供公共服务和公共保障的能力,公正的税收征收和税收调节是必要的。而这更要求政府预算制度和财政公开制度的彻底改革,各级人大代表可以看到的财政预决算完整报告,应该通过公共渠道向国民完整公开。否则,"华盛顿共识"对中国的侵蚀,将很难抵挡。

(资料来源:郭凯,《中国要和"华盛顿共识"分手》,《21 世纪经济报道》,2012 年 3 月 3 日。)

1991 年时任俄罗斯政府总理的盖达尔参考美国"经济神童"萨克斯为波兰制定的"休克疗法",并将其拷贝至俄罗斯。休克疗法是俄罗斯经济转轨最重要的手段之一,而且作为一种金融货币政策与金融危机的联系最直接(应该承认,在经济转轨之初,在骤然开放市场、放开价格的情况下,为遏制通货膨胀,适当紧缩银根是必要的。也就是说,在俄罗斯确实存在着在一定时期、一定程度上采用这种办法的客观需要)。但是,休克疗法对俄罗斯民众来说是残酷的:俄政府不顾条件地全面放开了价格,立即引发了恶性通货膨胀,卢布大幅度贬值,使居民多年的积蓄几乎在一夜间变成了废纸,"使绝大多数居民骤然间全都陷入贫困的深渊,不要说购买国有资产,即使填饱肚子也十分困难"。

1993 年后,休克疗法始终不见功效,而俄罗斯悄悄进入"寡头化"时期。原来掌握着国有资源的权力机构得到了保留,在"分家"之际被赋予了"裁度人"、"看守人"的身份,具备了"以权换钱"的资本,这催生了转轨中最丑恶现象之一的腐败——国有资产大规模流失至少数人的口袋,这严重损害了社会公正。

1997 年,由于亚洲金融风暴的影响,俄罗斯经济再度走到了崩溃边缘。俄出现了第一次金融动荡,外资大量撤走,股价平均下跌 30,外汇储备由危机前的 231 亿美元减少到 176 亿美元。次年 1 月,第二次、第三次金融动荡接踵而来,黄金外汇储备进一步下跌,出现了"黑色星期三",8 月,第四次金融危机爆发,物价暴涨,失业人口增加,居民生活在贫困线以下,外国投资者损失了 330 亿美元。这次危机导致切尔诺梅尔金的下台,第一继任者基里延科的半年任期内,经济更不如前,而第二继任者普里马科夫的"国家主义式"的改革收到成效,止住了下滑的趋势。这两年间,外汇储备迅速下跌 30%—50%,股市、汇市和债市全面下跌,卢布贬值超过 300%,物价暴涨,失业人口急剧增加。

我们明确指出休克疗法对俄经济、社会造成的巨大负面影响的同时,也必须看到这一改革战略对俄整个转轨过程长期所显示出的重要成效:

(1) 俄罗斯私有制已基本确立,所有制结构发生根本性变化,市场主体实现了多元化。

(2) 宏观经济实现稳定,市场经济体制确立,国民经济已进入持续恢复性的增长阶段。

(3) 价格机制在资源配置中已居于主导地位。

(4) 现代金融体系和现代财政体制基本形成。

(5) 对外开放的经济格局已基本形成。

俄罗斯未来的社会经济发展将取决于国内外因素的综合影响,其中,国内因素决定着经济发展的基本趋势。国内因素既有客观的也有主观的,客观方面主要是人口状况、生产设备状况及其磨损程度,经济能耗高和资本含量高,开发新的能源和原料基地周期过长,不能满足经济发展的需要;同时,俄罗斯普遍存在着生产基础设施不发达、社会两极分化严重、劳动力缺乏流动性等问题。主观方面主要是俄罗斯政府和中央银行经济政策的影响,如通货膨胀、卢布汇率、自然垄断产品和服务的价格、税收和关税以及其他影响资金流动性的因素。这些因素,可以分为有利因素和不利因素两个方面。

有利因素方面[①]:

(1) 20 世纪 90 年代俄罗斯的经济改革在制度建设方面取得了一定的成效,市场经济制度已经初步形成,市场经济规则逐步得到完善,投资环境有所改善,包括美国和欧盟在内的西方发达国家已经承认俄罗斯为市场经济国家。进入 21 世纪,为了进一步完善市场经济制度,实现经济现代化,俄罗斯出台了一系列经济改革方案。土地改革、银行制度改革,铲除官僚主义、旨在降低税收负担的税收制度改革以及加入世界贸易组织前的相关改革,扩大人力资本投资,改革教育、卫生和社会保障制度,对改革投资环境、保持长期经济发展具有重要的作用。

(2) 政治稳定为经济发展开拓了空间。

(3) 以内需拉动为主的经济增长为经济效率和劳动生产率的提高奠定了物质基础,固定资本投资的增加为经济复苏提供了物质条件,居民实际收入增加使俄罗斯能够继续保持消费对经济增长的拉动。

(4) 经济发展所需的劳动力资源充裕。

(5) 从外部因素看,由于美元相对于世界主要国家和地区的货币贬值,而俄罗斯的进口主要来自欧盟,欧元的相对升值会使俄罗斯的进口更加昂贵,如果这种状况继续保持下去的话,进口将会减少。而根据对石油价格的预测,出口会大幅增加。这对财政收入主要依靠石油天然气和原料出口的俄罗斯来说非常重要,同时也为俄罗斯的经济持续快速增长打下坚实基础。

不利因素方面:

(1) 经济结构不合理的现象尚未得到根本好转。

(2) 资本市场不发达,银行体系不健全,缺乏将储蓄转化为投资的有效机制,资金大量外流。

(3) 投资乏力,吸引外资的环境欠佳。

(4) 扩大内需乏力。

(5) 外债对俄罗斯经济发展的制约作用仍不可忽视。

(6) 外贸形势严峻,原料出口依赖严重。

(7) 科技严重衰退,科技人员大量流失,设备老化等。

---

① 程伟:《普京"经济翻番"评析》,《国际经济评论》,2004 年第 1—2 期。

二、渐进改革战略的形成及其演变

渐进式改革战略，是指在向市场经济过渡时，采取累积性的边际演进的制度转换模式。因此，渐进式改革也称分阶段改革，它强调经济制度变革可以分阶段逐步推进，最终建立市场经济体制。渐进式改革战略的基本过程可以概括为：① 在改革的初始阶段，进行具有地方特色的实验，到成功的案例不断涌现时，则推广这些实验；② 在农业这样一些受计划经济压抑最重的部门首先进行市场取向的改革；③ 在农村改革取得初步成功经验后，将改革的重点从农村转移到城市，逐步推进所有制、价格制度、市场体系、国有企业管理、金融体制等一系列制度安排的改革。由于转轨存在"总和不确定性"，转轨道路的选择既要考虑事前可接受，又要考虑事后不可逆转。在东欧国家和俄罗斯，"大爆炸"不仅最终成为公共选择中唯一可以接受的方案，同时也是为了事后的不可逆转。"克罗斯在捷克共和国，阿纳托里·丘拜斯在俄罗斯设计的大规模私有化计划，都是为了克服对转轨的政治约束和防止产生不可逆转性而设计的。在早期的关于转轨的争论中，私有化的政治层面多少有些被忽视，但现实证明它们是非常重要的。"①中国的国情决定了渐进主义转轨方案的事前可接受性，它的成功推行又保证了转轨进程的不可逆转，从而避免走上不得已而为之的激进道路。

党的十一届三中全会以来，中国的改革从"摸着石头过河"开始，逐步形成了一条有中国特色的渐进式改革道路，它的丰富性、独创性和深刻的历史意义引起了人们日益广泛的关注。

首先以价格形成机制的变革方式为例。中国的做法与俄罗斯、东欧等国家大有不同，先是在计划轨道上将既存的生产和价格冻结，按兵不动。从 1984 年起，政府开始实行价格的边际放开，如钢材等生产资料超计划产品的价格全部放开，同时放开了生猪与蔬菜的价格，粮、棉等主要农产品也改统购为合同定购。生产者既是市场轨道上价格水平的决定者，又是市场轨道上剩余利润的索取者。实行增量价格边际放开以后便出现了双轨制，由于市场价充满生机活力，因此越做越大，不断地挤压计划价。鉴于此，1992 年下半年政府修订并颁布新的《价格管理目录》，将中央直接管制的商品由 737 种减到 89 种。1993 年进一步放开了成品油和绝大部分钢材、煤炭、水泥的出厂价格，在全国范围内基本放开了粮食和食用油的价格。至此，基本上实现了价格并轨。

另一个最有说服力的例子是产权制度的变革。中国产权制度的变革走的是一条增量先行的渐进主义道路。整个 20 世纪 80 年代以及 90 年代初，国家政策的重心是以市场为导向，大力发展个体劳动、私人企业、集体经济、三资企业等多种形式的非国有经济，而对国有企业这一传统体制遗留下来的"老牛破车"则不急于大拆大卸，只搞些属于防御性重组的应急措施，如中止过时的生产线、压缩不盈利的企业活动、裁减冗员、剥离非生产性资产等，以继续维持它的生计。党的十四届三中全会，针对政治、经济、社会舆论等各方面条件的基本成熟，尤其是非国有经济已经初具规模，第一次明确提出了对国有企业进行现代企业制度改组的任务。从此，增量继续发展与存量转制开始齐头并进。

---

① 〔比〕热若尔·罗兰著，张帆等译：《转型与经济学》，北京大学出版社 2000 年版，第 106 页。

中国的国企转制不是一下子全面铺开的，而是同样采取了渐进主义的策略，具体地表现为“抓大放小”。在“抓大”方面，十四届三中全会后中央政府在全国范围内选择了100户不同类型的国有大中型企业搞试点，地方政府也选择了2 343户企业进行试点。经过3年的努力，试点中的绝大多数企业完成了公司化改造。“放小”的进展更为顺利，世纪之交小企业的改制工作已基本完成。在“抓大放小”取得明显成效的同时，非国有经济继续走强。截至1998年年底，非国有经济部门创造出了63%的GDP、73%的工业总产值和80%的经济增长。[①] 这意味着，无论国有企业的低效率多么严重，已经不大影响把“蛋糕”做大，也为加大国企转制的力度进一步提供了便利。于是，1999年党的十五届四中全会将国企转制升格，提出了基于根本改变存量资产的配置、目标在于强化企业经营绩效的创新和投资活动的战略性重组。此举表明，中国的国有企业以及国有经济的转制进入到攻坚阶段，将逐步地从大部分竞争性行业中退出。

在中国“市场化”过程中，一直没有否认计划经济的作用，党内决策人士称中国经济转轨的目的是从单纯的计划经济转化为“有中国特色的社会主义市场经济”，其形式是“市场经济为主，计划为辅”，即一种“可调控”的市场经济。中国坚持市场和计划手段并用，在初期取得了效果，1997—1998年亚洲金融危机时期，中国依靠计划手段和国家干预平稳度过，几乎完全消除了亚洲金融危机的影响。一直到21世纪，中国宏观调控的效果依然比较明显。

无论采取哪种改革战略的方式，转轨国家取得成绩的差异是显而易见的，即中国成就巨大，俄罗斯、东欧国家困难重重，其中，波兰、匈牙利等东欧国家的情况稍好，俄罗斯最差。因此，理解转轨，“最好去观察大国的经验，大国必须在没有很多外部帮助的条件下靠自己的力量完成转轨的过程。在这里，对俄罗斯与中国加以比较才是最有意义的”[②]。

应该说，从市场取向改革的两种方式上看，渐进式改革方式更符合制度变迁的理论中关于学习制度变迁、试验探索等的分析。当然，需要特别指出的是，我国的市场取向改革不是在原计划经济体制下，按照路径依赖的原理进行的自我延续，而是对计划经济体制的一种根本性变革，尤其是当改革推进到关键性的阶段后，我们还需要某些飞跃式的步伐。除了理论上的合理性之外，我国市场化改革所取得的成就其实也从另一个角度说明了在制度变迁过程中渐进式道路的合理性。回顾历史，我们发现，我国的制度变迁在开始时并没有一个事先设计好的所谓一揽子的改革方案，而且已出台的改革措施及其改革强度也是针对经济运行中出现的主要问题与社会的承受能力而确立的，因而也就具有明显的“摸着石头过河”的渐进性的基本特征。1978年十一届三中全会以后，我们又逐步确立了新时期以经济建设为中心的基本路线，这一点既意味着改革开放是发展的动力，而且也意味着政府改革必须是在国家基本制度不变的情况下进行的，并始终处于一定的可控范围之中。显然，就这一点而言，我们的制度变迁方式并不符合西方主流经济学家所谓的激进药方。尽管中国的渐进式改革近年来已取得了并正在取得着令人瞩目

---

① 《中国统计年鉴1999》，中国统计出版社2000年版。

② 〔比〕热若尔·罗兰著，张帆译：《转型与经济学》，北京大学出版社2000年版，第314页。

的成就，尽管渐进式制度变迁方式及通路具有坚实的理论基础与现实意义，但是从契约化的过程上看，实践中我们不能够只强调渐进式改革的优越性与好处，也不应将渐进式改革与激进式改革完全对立起来，而是应在充分认识到渐进式改革方式局限性的基础上，将渐进式改革与某种程度上的激进式改革有机结合起来。唯有如此，经济转轨的实际性成效才有可能取得。

相关案例　　**渐进式改革符合中国国情**

随着世界第二大经济体增长放缓，对中国持悲观看法的人士声称自己的论点得到了印证。对中国持乐观看法的人士则指出，中国政府在财政方面有应对增长放缓的操作空间，但任何短期政策措施都带有风险。例如，由银行贷款支撑的投资飙升虽然能够推动增长，但同时也很可能导致银行体系内的不良贷款存量增加，挫败旨在通过提振民间消费来实现增长再平衡的努力。中国人口的老龄化和领导层换届的坎坷过程也对悲观人士的论点形成了支撑。

中国政府早就认识到，为了改善经济增长的平衡性和可持续性，必须改革金融业。为什么之前它没有采取更有力的行动呢？因为现行体制运行良好（对某些实体来说确实如此）。国有银行向国有企业提供廉价资金，而这些国企正是受到政界庇护的关键部门。银行还通过空壳公司向手握重权的省级官员提供资金，使他们能为自己青睐的投资项目筹措资金。但这种融资的代价是，中国家庭部门庞大的银行存款所得到的回报率在剔除通货膨胀因素后非常之低，甚至为负数。

这一切都需要改革来解决，但最好的意图也会产生反效果。在一个存有诸多政策问题的经济体中，解决一两个问题可能会招致意想不到的后果。2008 年，中国政府要求银行抑制信贷增长，避免不良贷款扩大——这是很明智的举措。但银行向疲弱国企发放的大量贷款尚未得到偿还，停止向它们放贷会使这些贷款立刻变成不良贷款。于是，银行继续向国企放贷，并关闭了向私人部门放贷的大门。这样做虽然满足了政府对于抑制信贷增长的要求，却背离了政府的初衷。

最近的举措表明，中国政府汲取了教训。它在人民币未面临升值压力的情况下，（在原则上）提高了汇率的灵活性，放松了对存款利率的限制，拓宽了外国投资者进入中国资本市场的渠道，鼓励某些非正式金融企业成为正式银行体系的一部分。这些举措均有着更为深远的意义。

举例来说，让非正式金融类企业有机会加入正式银行体系可谓一举多得。这既把它们置于银行业监管部门的监管之下，又降低了它们对金融稳定构成的威胁。而且，这些企业还使现有的银行面临更多的公开竞争。

利率自由化的必要性在中国国内外均得到广泛认同。放开存款利率和不再设置固定的存贷息差，将为储户带来更高的回报，并鼓励银行提高放贷效率。大型银行对此抵制强烈，因为这会损害它们的利润。因此，中国政府抓住近期降息的时机巧妙地迈出了一小步：它放开了银行的存款利率，使其上限略高于基准利率，理由是这样做会使降息更容易获得储户的接受。

采取毕其功于一役的方式分拆大型银行或实现利率自由化会招致强烈反弹和共同抵制,可能彻底堵死改革的道路。改革派官员正在采取更为精细的方式:一面利用宣传机器吸引公众关注存在的种种问题,一面推出步幅不大但看得见摸得着的改革举措。

有人可能会提出一个强有力的论点,即考虑到本国经济日益复杂、市场化程度越来越高,中国应该采取更为大胆的方式进行改革。去年发布的"十二五"规划列出了一系列问题,如中国企业暴露出的腐败和公司治理水平低下以及政策制定过程存在缺陷等。但考虑到中国领导人在政治领域面临的一些限制,悄悄地实施适度改革总好于根本不改革。

这一战略或将逐步推动中国走上正确的发展道路。但这是否足以帮助中国克服其面临的诸多困难,仍是一个大大的问号。

(资料来源:埃斯瓦·普拉萨德,《渐进式改革符合中国国情》,FT中文网,2012年8月8日,http://www.ftchinese.com/story/001045895。)

第三节　政府与市场:替代性交易制度

一、转轨经济中替代性交易理论

以单一公有制和指令性计划为主要特征的计划经济体制,可以称为政府完全替代市场的交易制度。它在实践中虽然取得了一定的成就,但也付出了高昂的交易成本的代价。这种代价所带来的社会发展结果促使人们去反思市场机制的作用,而反思的结果就是原计划经济体制的国家应当向市场经济体制过渡,即实行经济转轨。

但是,向市场经济转轨能否转向另一个极端——以经济自由化为核心,政府只起"稳定"经济的作用,或者说实行市场完全替代政府的交易制度呢?显然,这种交易制度同样存在由市场机制缺陷而导致的高昂交易成本。市场配置资源的功能缺陷就给政府的干预留下了空间。替代性交易制度要有合理的结构,并且这种结构是随着经济的发展变化而变化的。

现在,可以回过头来评价一下在俄罗斯等国改革实践中被采纳的代表新自由主义的经济转轨理论。以稳定化、自由化、私有化为内容的经济转轨目标无疑是一种错误的替代性交易制度安排,政府的作用仅限于"稳定化",而自由化和私有化意味着市场交易完全替代政府交易,这种无视市场机制缺陷的改革模式注定要带来由市场失败导致的高昂的交易成本。

相反,斯蒂格利茨的经济转轨理论所提到的"向市场经济过渡并不是要弱化而是要重新界定政府的作用","不要把市场与政府对峙起来而应该在二者之间保持恰到好处的平衡","重视公有企业的激励制度塑造而不是注重私有化,政府保持维持公平财富分配的优势"是有一定科学道理的。

但是,新自由主义的经济转轨理论又不仅仅在于错误的改革模式上,另一更主要的问题是短期实施这一不合理的替代性交易制度。萨克斯曾说:"许多事实使我相信,随着世界的一体化,所有成功经济都在向大致相同的经济制度迈进……这种制度趋同论是我的出发点。于是剩下的问题是如何从此地到达彼岸,过渡的时机与速度应该怎样……休克疗法的内容与此密切相关。"这种企图使"改革一步到位"的思维逻辑,注定要在实践中碰壁。因为由计划向市场经济过渡有一个至关重要的前提,就是传统计划经济体制的"遗产",这些遗产表明在传统的计划经济体制中缺乏市场交易的制度基础,缺乏市场机制起基础作用的均衡的经济结构。企业和经济主体缺乏适应市场经济的知识信息,以计划经济体制为改革起点,不仅意味着市场的不完全、信息的不完善,而且更意味着市场发育的迟滞。市场机制在缺乏发挥作用的基础领域内不可能取得预期的资源配置效率。而市场机制不能发挥功能的范围正是政府活动的范围,这也正意味着经济转轨进程中要合理安排替代性交易制度。如果强制性地实施了错误的替代性交易制度——把政府迅速撤出,经济一步到"自由",则必然会使转轨付出沉重的代价。这种代价其实正是错误安排和实施了替代性交易制度的交易成本。从这一点来讲,麦金农提出的安排好经济市场化的次序有一定的道理,而以中国为代表的渐进转轨模式,即政府在市场化经济转轨中保持一定时期和一定范围的控制更是符合经济运行规律的。

二、经济自由化

所谓经济自由化和市场开放,一是实行经营自由化,保证公民从事任何形式经济活动的权利;二是实行价格自由化,价格根据市场需求确定;三是实行对外经济活动自由化,让经济主体有权从事进出口业务活动。

实行经济自由化是实现经济转轨的一个重要举措和基本途径。其根本目的,一是与世界经济接轨,迎接经济全球化的挑战;二是使经济和企业活动摆脱形形色色的行政限制,消除计划分配体制时期实行的指令性计划和对资源的集中分配制,减少国家对经济的干预,充分发挥市场的作用,真正形成竞争环境。

经济自由化的根本目的是取消限制,减少国家对经济的干预,充分发挥市场的作用,消除计划分配体制时期实行的指令性计划和对资源的集中配置。概括起来,俄罗斯的经济自由化主要包括三个方面:

(1) 进口自由化。由于1992年年初俄罗斯消费市场上商品匮乏,俄在经济转轨之初就马上实行了完全的进口自由化。在1992年上半年,俄罗斯对进口商品既不规定数量限制,又无任何关税。甚至直到1994年年初,还一直对包括粮食和糖在内的一些重要商品尤其是食品的进口实行预算补贴。之所以如此,是因为俄许多食品的国内价格大大低于国外市场价格。1992年俄罗斯进口商品的94%都实际得到了预算补贴。1993年这种补贴额占GDP的17.5%。应当指出,虽然俄罗斯于1992年7月开始实行统一关税,当时规定的平均进口税率为14%左右,但对进口商品的课税是从1993年才开始的,而且到1995年5月前一直实行税收优惠。总的来看,俄实行进口自由化利弊兼具。一方面,进口自由化使俄罗斯在1993—1994年克服了国内市场经常性的商品短缺,丰富了市场;另一方面,在直到1998年金融危机前的一个时期内,由于大量进口的冲击而造成包括轻工业和农业在内的许多部门的生产下降。

(2) 出口自由化。苏联解体俄罗斯独立后至1992年6月前,由于没有海关关境,俄罗斯经济主体可以自由地“按难以令人置信的低价向国外出售原料和燃料等国民财富”。直到1992年6月,俄罗斯才对战略性商品实行了限额制度。商品出口限额由俄经济部规定。出口限额适用于70%以上的俄罗斯出口商品,包括石油、石油产品、天然气、煤炭、金属、化肥、木材、武器等。俄出口商与外商签订合同后,由俄对外经济联系部发放出口许可证。而且自1992年7月起,战略性商品的出口商开始交纳出口关税,以此抵补出口商品国内价格与国际价格间的差额。到1994年,俄取消了对出口的数量限制。后来,鉴于俄罗斯许多出口商品的国内价格已接近国际价格,俄又于1996年取消了出口关税。但由于1998年金融危机导致卢布四次贬值,俄出口商品的国内价格与国际价格之间又形成了很大的差价,促使俄又开始课征出口关税。

(3) 外汇市场自由化。实行价格自由化为外汇市场的自由化奠定了基础。为了建立外汇市场,俄罗斯规定从1992年6月起,出口商必须将自己50%的外汇收入卖给国家。在开始阶段,出口商可以通过商业银行出售20%的外汇收入,其余30%则必须由中央银行压低汇率购买。后来,到1993年7月,出口商可以按商业汇率出售50%的外汇收入。1998年金融危机爆发后,俄罗斯加强了对外汇领域的国家调节,规定自1999年起,出口商必须出售75%的外汇收入。此外,由于规定了统一兑换汇率,也对黑市汇率产生了遏制作用。当然,外汇的买进和卖出价之间仍有相当大的差价。

总的来看,俄罗斯对外经济活动的自由化既有其积极的一面,也有其消极的一面。从积极的方面看,实行对外经济活动自由化使俄罗斯摆脱了消费市场的商品短缺,促进了市场竞争环境的形成,打破了国家的对外贸易垄断。不仅如此,俄罗斯企业家也开始更多地注意世界的价格结构、质量规范和竞争规则。此外,在吸引外国投资、外国先进技术与管理经验方面也有一定的进展。就消极方面而言,俄罗斯实行对外经济活动自由化,使国内市场受到很大冲击,由于外国商品充斥本国市场而使国产商品受到严重排挤。再者,长期以来一直以原料和初级产品为支撑的出口结构不但未能改变,反而由于出口短期利益的驱动而更加呈现出出口的原料化趋向。这种情况长期发展下去,很可能会造成贫困化增长,最终导致原料和初级产品的出口量增加、贸易条件持续恶化、国民福利下降的后果。最后,由于俄罗斯在对外经济活动自由化过程中没有建立起国家支持出口的有效机制,特别是出口信贷、担保和风险保险发展迟缓,也在很大程度上影响和制约了俄罗斯对外经济活动自由化的发展和深化。

三、宏观经济稳定化

转轨国家的政府失灵与市场失灵一样,都会造成严重的后果,而且,从一定意义上说,政府失灵的后果可能会更加严重。俄罗斯和东欧一些经济转轨国家的教训告诫我们,向市场经济转轨和融入经济全球化进程必须要加强而不是削弱国家的宏观经济调控作用,政府要对经济和市场运作实行适度干预并提供制度保证。只有当市场逐渐发育成熟,具备充分竞争和充分开放条件后,政府才应该有序地从对经济的干预中抽身,成为一个有限的和有效的政府。

图10-2列举了转轨以来中国经济增长率的变动状况。从中可以看出,在中国经济取得高速增长的同时,周期性波动也十分显著,有时波动的幅度还很大,对经济资源造成了

极大的浪费。1990 年增长率最低为 3.9%，而 1992 年则高达 14%，波幅超过了 10 个百分点。20 世纪 80 年代以来，中国的经济增长经历了三次大的起伏和波动：第一次出现在 20 世纪 80 年代初期，经济从 1981 年左右开始发动，到 1984 年达到最高点，然后逐渐减速，于 1990 年到达最低点，形成了转轨以来的第一个周期性循环；第二次出现在 20 世纪 90 年代初期，经济从 1991 年开始启动，到 1992 年达到最高点，然后逐渐减速，于 1999 年前后到达低点，形成了第二个周期性循环；第三次出现在本世纪初期，也就是目前正经历的这个新的经济发展周期。从数据上看，经济从 1999 年开始启动，在 2001 年前后表现出加速的特征。到目前为止，经济运行仍处于上升通道中。

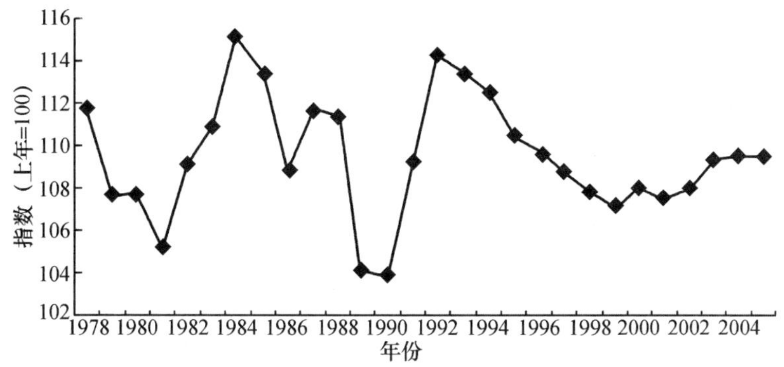

图 10-2　1978—2005 年上半年中国经济的周期性波动

对于经济的周期性波动①，转轨以来，政府采取了六次大规模的宏观调控②措施，并取得了积极的成效，在一定程度上避免了经济的“大起大落”。

表 10-1 列举了改革开放以来我国六次宏观调控所面临的不同经济背景以及所运用的政策工具及其特点。从中可以看出，在六次宏观调控中，前四次都属于经济过热的情形，因此，选择紧缩性的政策给过热的经济降温是正确的，区别仅在于运用了不同的政策工具和调控方式；对于第五次宏观调控面临的有效需求不足和通货紧缩问题以及第六次面临的局部经济过热问题，政府分别采取了扩张性的财政政策和“有保有压、区别对待”的方针也是及时而又有效的。可以看出，我国改革开放以来的宏观调控伴随着经济体制改革的历程经历了包括治理经济全面过热、局部过热与内需不足、通货膨胀与通货紧缩的复杂过程，采取的调控措施包括紧缩性、扩张性“有保有压”等政策选择，调控手段从行政计划等直接手段过渡到运用经济、法律等间接手段，应该说，我国的宏观调控几乎经历了从短缺到过剩、从过热到过冷、从通货膨胀到通货紧缩的全过程，成功应对了经济运行

---

① 关于中国经济的周期性波动与出现的“微波化”趋势，详尽的分析可参见刘树成：《中国经济的周期波动》，中国经济出版社 1989 年版；刘树成：《中国经济周期波动的新阶段》，上海远东出版社 1996 年版；刘树成：《论中国经济周期波动的新阶段》，《经济研究》，1996 年第 11 期，第 3—10 页；王洛林：《经济周期研究》，经济科学出版社 1998 年版；王洛林：《繁荣与稳定——中国经济波动研究》，社会科学文献出版社 2000 年版。

② 经济理论界关于经济形势的判断和如何进行宏观调控等问题先后出现两次大规模的激烈争论，这些争论深化了对宏观调控的认识。第一次出现在 1997 年，受国内有效需求不足和亚洲金融危机的影响，自 1992 年开始中国经济连续 6 年出现持续下滑和通货紧缩。这是中国宏观经济运行出现的新情况。应该采取何种政策措施进行应对？理论界展开了一场激烈的讨论。第二次出现在 2004—2005 年，针对中国经济是全面过热还是局部过热、中国经济是否出现下行“拐点”等宏观形势以及如何进行宏观调控等问题展开了一场 20 多年来最为激烈的争论。

中可能遇到的各种复杂状况。

应该说，中国经济之所以能取得这样大的成就，之所以能够保持长期的持续快速增长，与政府的宏观调控是密不可分的。一般说来，在市场经济国家，由于经济的周期性波动，宏观调控有两种基本形态：一种是当需求不足、失业率上升时，政府通过实行扩张性财政货币政策，以扩大需求，拉动经济增长和增加就业；另一种是当总需求过于扩张引起通货膨胀率上升时，政府通过加息、紧缩财政支出等措施来抑制通货膨胀。然而，中国的宏观调控除了上述两种基本形态外，还包括为应对当时经济运行状况而出现的其他复杂情形：从宏观调控的出发点上看，从治理经济全面过热到有效需求不足和局部过热，从治理通货膨胀到通货紧缩。从政策措施上看，有紧缩性政策，也有扩张性政策，还有"有保有压、区别对待"的政策。从调控手段上看，有直接的行政手段，也有间接的经济手段和法律手段。从调控时机上看，经历了一个由最初的被动调控到目前的主动调控、事前调控。可以说，中国的宏观调控面临着更为特殊的经济背景，应对了各种复杂的经济运行状况，取得了丰富而又宝贵的经验教训，经历了一个从以直接的行政调控手段为主到建立起一个较为完善的宏观调控体系的发展演变过程，使宏观经济得到稳定。

表 10-1　我国转轨以来历次宏观调控的经济背景与政策特点

时间	经济背景	调控重点	政策特征	调控手段	调控方式	政策工具
1979—1981 年	投资与需求双膨胀，财政信贷扩张	控制投资与消费	紧缩性	以行政手段为主，经济手段为辅	以直接管理为主，间接管理为辅	以财政政策为主，货币政策为辅
1982—1986 年	经济过热，物价上涨	通货膨胀	紧缩性	以行政手段为主，但经济手段力度增强	强化间接调控方式	货币政策工具开始得到运用
1987—1991 年	投资与需求膨胀引发通货膨胀，经济过热	通货膨胀	紧缩性	强调行政干预，但经济手段力度加强	加大间接调控力度	财政、货币、价格、外贸等综合配套
1993—1997 年	经济全面过热，通货膨胀	通货膨胀	紧缩性	行政手段减弱，经济得到广泛运用	间接调控为主	"适度从紧"的财政货币政策
1998—2002 年	有效需求不足，通货紧缩	扩大内需、启动经济	扩张性	经济与法律手段为主	间接调控为主	积极财政政策
2003—2004 年	投资增长过快，局部经济过热	信贷与土地	有保有压	经济、法律手段为主，行政手段为辅	直接调控与间接调控相结合	各种政策工具综合运用

四、政府与市场替代交易制度的调整及展望

从资源配置效率的角度看，市场和政府都具有不完善性，即存在市场失灵和政府失灵。市场与政府应该相互补充和相互替代。所以如果政府的职能不能随着市场制度的转型而进行相应的转换，最终也将成为无源之水，无本之木。对于转轨国家来说，政府与市场是既相互对立又相互依赖的，离开了市场化的约束，政府作用的膨胀就会导致行政权力的重新集中，离开了政府的组织和推动，市场化和现代化又将面临巨大的风险。只

有把政府的主导作用与市场的基础作用结合起来才能实现现代化和市场化的目标。计划经济体制向市场经济过渡,要重新界定政府的经济职能并大规模地革新政府,将政府职能限制在"市场失灵"领域内,而且是在能改善市场状况的情况下进行干预才能视为合理。政府应削减在生产和产品分配领域中的作用,避免介入金融部门,并不应再为所有人达到足够的生活水平而提供慷慨的保障,而应致力于弥补市场失灵和促进宏观经济的稳定,为私有部门的发展提供法律和制度上的保证。市场经济是一种通过商品交换实现分散决策的经济体制,或者说是一个通过交换关系把所有个体经济连接在一起的经济类型。纯粹市场经济作为一个特殊的体制模式,发生作用的内在逻辑是追求自身经济利益最大化的个人,在市场价格的引导下实现资源配置的帕累托最优。价格机制并不能孤立地发挥作用,它配置资源实现全社会的一般均衡或帕累托最优的过程还有赖于一些前提条件。其中有两个原则性的前提条件:一是经济人的自由选择权,即每个经济人在不危害他人利益的前提下有经济上的选择自由;二是个人之间的激励相容,即个人的自利和他人之间的互利能够统一起来。上述条件构成了完全的市场机制的前提,同时也成为"看不见的手"充分发挥作用的基础。但是,在现实生活中这些关于完全市场机制的假设往往并不存在,结果导致市场经济可能既不会产生经济上令人满意的结果,也不会产生社会上理想的结果。正由于市场经济存在着各种不可避免的缺陷,政府干预经济成为一种必然和必需。政府在经济发展中的作用完全取决于国民经济的具体状况。如果出现"市场失灵",说明在过去政府没有起到应有的作用,管得不够或者管得不当,应当相应增强政府的作用。如果出现了"政府失灵",则表明政府的干预过多,应当减少政府对经济的干预,让市场起到更多的作用。"看不见的手"和"看得见的手"就像一个硬币的两面,不能只强调一个方面忽略另一个方面。

转变政府职能方面。俄罗斯、东欧国家的政府退出普遍过急、过快,经历了一个由放任自流到有限回归的过程。近几年来东欧国家的法制建设进展较快,法律法规的系统性不断加强,司法活动的效率不断提高。在俄罗斯,行政、司法系统的官僚腐败比较严重,普京执政后加大了整治的力度,局面正在明显好转。中国在渐进主义的道路上稳步推进政府职能的转变,入世后加快了法制建设的步伐,加大了法律支持的力度。经济转轨的深度发展,要求进一步加大政治改革的力度,进一步转变政府职能。

转轨国家政府应集中在今后一个较短的时间内完成以下几个职能:① 创造有效率的良好市场环境;② 为市场提供必要的规则和制度框架,维护市场竞争性和规则性;③ 驾驭市场化进程,纠正市场失灵和弥补市场缺陷,着力培育市场,完善市场经济体制;④ 提高政府的有效性,加强宏观调控,适度干预经济;⑤ 解决计划经济时期遗留的大量问题,尤其是清除高度集中的计划经济体制留下的弊端;⑥ 解决转轨国家普遍面临的转轨性衰退问题,并促进宏观经济的增长与稳定;⑦ 完成十分艰巨的经济结构改造和产业结构调整任务等。

本章提要

1. 经济转轨与制度变迁的不同。经济转轨主要运用制度经济学中关于制度变迁和创新的理论,而不直接涉及制度的起源和功能等制度经济学的其他组成部分。制度变迁是制度的更替、转换和交易过程。中国的制度变迁过程的两大阶段:第一阶段是从多元化经济向一元化经济的变迁,第二阶段是从1978年年底开始的计划体制向市场体制的变迁。

2. 中国特色的渐进式改革道路及其合理性。我国的经济制度变迁基本上是采用"摸着石头过河"的方式,力求改革的阻力最小,改革的效果最大。通过逐渐推进,可以及时总结经验教训,避免重大失误,降低改革的成本与代价。中国在渐进主义的道路上稳步推进政府职能的转变,入世后加快了法制建设的步伐,加大了法律支持的力度。经济转轨的深度发展,要求进一步加大政治改革的力度,进一步转变政府职能。

重要术语

转轨国家(Transition Countries)
休克疗法(Shock Therapy)
经济转轨(Economic Transition)
制度变迁(Institutional Change)
激进改革战略(Radical Reform Strategy)
渐进改革战略(Incremental Reform Strategy)
替代性的交易理论(Alternative Theory of Transactions)
周期性波动(Cyclical Fluctuations)
宏观调控(Macro-control)
政府失灵(Government Failure)

本章思考题

1. 简述俄罗斯的转轨过程,以此分析对于我国的转轨提供了哪些必要的借鉴与参考。

2. 对经济转轨与制度变迁理论进行比较。

3. 请简述中国制度变迁的过程。

4. 比较中国与俄罗斯的制度变迁方式的不同,可以从哪些方面进行分析?

5. 简述俄罗斯政府采取休克疗法对本国经济、社会造成的巨大负面影响及其重要成效。

6. 论述中国特色的渐进式改革道路及其合理性。

7. 简述替代性交易制度理论。

8. 分析经济自由化与市场开放的根本目的及具体措施。

9. 简述在社会主义经济时期怎样进一步转变政府职能。

进一步阅读资料和网络链接

1. 〔英〕罗澜著,隋福民译:《中国的崛起与俄罗斯的衰落:市场化转型中的政治、经济与计划》,浙江大学出版社2012年版。

2. 李中海:《俄罗斯经济外交》,社会科学文献出版社2011年版。

3. 张弘:《冲突与合作:解读乌克兰与俄罗斯的经济关系(1991—2008)》,知识产权出版社 2010 年版。

4. 林双林、李建民:《中国与俄罗斯经济改革比较》,中国社会科学出版社 2007 年版。

5. 侯铁建:《俄罗斯经济追赶与制度变迁》,中国经济出版社 2009 年版。

6. 郭连成:《俄罗斯经济转轨与转轨时期经济论》,商务印书馆 2005 年版。

7. 刘伟:《转轨中的经济增长:中国的经验和问题》,北京师范大学出版社 2011 年版。

8. 米军:《金融全球化与转轨国家金融自由化制度安排》,北京大学出版社 2012 年版。

9. 程伟等:《经济全球化与经济转轨互动研究》,商务印书馆 2005 年版。

10. 世界银行经济研究网站:http://www.econ.worldbank.org/。

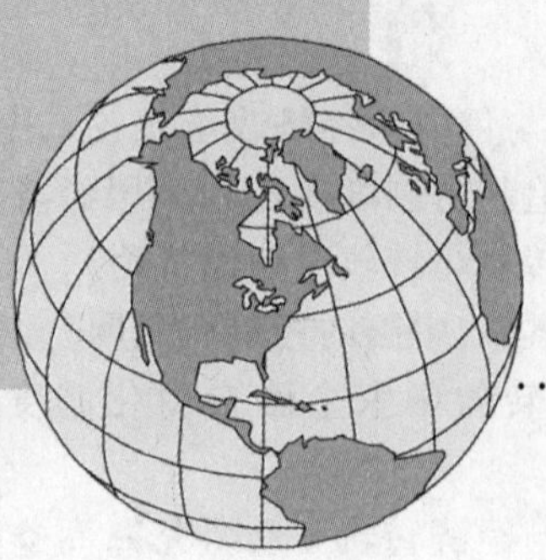

第十一章

融入世界的中国经济

【教学目的和要求】

1. 通过本章的学习，了解经济全球化背景下发展中国家特别是中国的经济发展所面临的机遇，以及经济全球化对国家经济安全和其他方面提出的新的挑战。

2. 通过本章的学习，引发学生对于如何在开放经济条件下更好地发展我国对外经济贸易，如何在经济全球化的大背景下促进中国经济持续、快速和健康发展等问题的深入思考和讨论。

【教学重点与难点】

1. 理解经济全球化和开放经济条件下国家经济安全对于一国发展的重要意义。

2. 经济全球化背景下中国的发展战略。

引导案例

中国全球化第二阶段:融入金融全球化进程

为了顺利实施人民币的国际化和资本项目的有序开放,以迎接第二个全球化阶段,当前在放松管制、积极推进国内资本市场发展和建设上海国际金融中心的同时,应该充分发挥香港国际金融中心的功能和香港中资金融机构的重要作用,建立人民币离岸市场。

如果说融入经济全球化进程是中国加入全球化进程的第一个阶段,那么融入金融全球化进程将是中国加入全球化进程的第二个阶段。改革开放30余年来,尤其是在2001年加入世界贸易组织之后,中国经济已经顺利、全面地融入经济全球化进程。中国的经常项目完全开放,部分资本项目也已经开放,中国业已成为世界第一大对外贸易国。可以预期,在未来30年中国改革开放的战略中,其重点将不可避免的是金融的改革开放,即通过逐步放松短期资本项目管制,推动人民币的国际化,以融入金融全球化进程中。

- 以资本输出为主要特征的第二个全球化阶段迫在眉睫

经过改革开放30余年以融入全球贸易体系为主要内容的经济全球化进程,中国取得了巨大的成就。2009年,中国的人均GDP超过了3 700美元,为1978年的66倍,东部发达地区的人均GDP已经接近甚至超过了1万美元,达到了中等发达国家的水平;中国的储蓄率长期维持在40%—50%的高水平,累积了巨额财富,2009年仅在金融机构的存款就达近60万亿元人民币,为1978年的517倍,其中居民和企业存款分别达到了26万亿元人民币和21.7万亿元人民币。

当前,尽管我国还存在着东、中、西部地区的经济差异和收入分配问题,但是总体已经出现超额储蓄和国内流动性过剩问题,以资本输出为主要特征的第二个全球化阶段迫在眉睫。第一,长期的高速经济增长和贸易顺差使得人民币面临巨大的币值重估压力,自2005年7月汇率改革以来人民币即处于稳定升值通道,中国人民银行又于2010年G20会议召开前宣布再次重启汇率改革,摆脱盯住美元的汇率体制。第二,中国的对外贸易依存度(进出口/GDP)不断上升,至2006年甚至超过了60%,净出口率(净出口/GDP)在2007年上升至近9%。在全球金融危机的背景下,贸易依存度和净出口率虽有所下降,但可能还将在未来一段时间里保持较高水平。第三,长期的经常项目和资本项目的双顺差累积了巨额的外汇储备,2009年已达到了23 991万亿美元,为1978年的14 365倍。这些巨额的存量外汇资产以及未来新增的流量外汇资产都需要得到合理、有效的配置。

- 资本项目逐步开放和人民币国际化相辅相成

在融入金融全球化的进程中,资本项目的逐步开放和人民币的国际化是相辅相成的两个关键环节。前者着力于缓解国内流动性过剩的压力,保持内部的金融稳定;后者则着眼于建立合理的国际货币金融体系,维护中国外部的金融安全。

首先,没有人民币国际化的资本项目开放意味着中国的对外金融安全得不到保障——居民、企业和金融部门将不得不承受巨大的汇率风险、信用风险和通货膨胀风险。中国的外汇储备主要投资于以美元和欧元定值的金融资产中,这不仅使得我国的外汇储备承受着美元、欧元相对于人民币贬值的汇率风险,而且,在当前欧元债务危机和美元滥发的背景下,这些外汇储备也面临着主权国家的信用风险和货币发行过多带来的通货膨胀风险。此外,不积极推动人民币的国际化还意味着当前以美元为主导的国际货币金融体系格局将得到维持甚至强化,而这种格局是美国能够用美元支付贸易逆差、维持低储蓄率乃至全球经济失衡的根源。

其次,只有推动资本项目有序、有效地开放才能疏导国内的巨额储蓄,防止资产价格泡沫,维护国内的金融安全与经济稳定。近些年以房地产为代表的资产价格市场正在迅速膨胀,尤其是2009年巨量的经济刺激计划实施之后,主要大中城市房价涨幅惊人。显然,对于国内过剩的流动性仅仅依靠"堵"是难以解决问题的,必须拓宽资本输出渠道,加以疏导。

我们已经意识到全球化的新阶段,并正在推行相应的措施。例如,在人民币国际化方面,2009年7月在上海和广州试行人民币跨境贸易结算试点,近期又将试点范围推至全国20个省份。再例如,在资本输出方面,我国政府一直在鼓励企业实施"走出去"战略,企业对外并购活动逐年增加,以国家开发银行为代表的银行机构也在大力支持"走出去"战略。

但是,总结当年日本的教训,我们发现这些政策尚有不足之处。在人民币国际化方面,我们目前主要是从贸易结算方面推动,而货币国际化的成功依赖于两个相辅相成的功能:贸易结算功能和价值储藏功能。换言之,人民币国际化还需要从发展境内外人民币资本和衍生品市场入手。在资本输出方面,虽然"走出去"战略已经取得重大进展,但是,中国对外投资的总体态势还是以外汇储备为主,并且,"走出去"主要依靠的是大型国企和国有银行,这种资本输出方式在当年的日本已经被证明是存在严重缺陷的。

- 建立人民币离岸市场香港可沟通境内外金融联系

为了顺利实施人民币的国际化和资本项目的有序开放,以迎接第二个全球化阶段,当前在放松管制、积极推动国内资本市场发展和建设上海国际金融中心的同时,应该充分发挥香港国际金融中心的功能和香港中资金融机构的重要作用,建立人民币离岸市场。

我们清醒地认识到,就人民币国际化乃至中国融入金融全球化进程的成败而言,放松管制以推动国内资本市场发展和上海国际金融中心的建设是基础。但是,我们同样应该清醒地认识到,由于法律环境、金融管理制度、金融人才建设方面的缺陷,国内的金融改革不可能一蹴而就。尤其是考虑到中国的资本项目开放必然是循序渐进的,国内的资本市场不可能立刻成为国际化的市场,上海也不太可能立刻成为国际金融中心。

与当年的日本相比,中国在进入第二个全球化阶段的相对优势就是,我们已经拥有了法律环境优良、金融管理制度合理有效、金融人才聚集的国际金融中心——香港。如果说在过去30年中国融入经济全球化的进程中,香港发挥了沟通境内外经济联系的重要作用,那么,在如今中国融入金融全球化的进程中,作为中国的国际金融中心,香港应该成为沟通境内外金融联系的通道。

为此,应该培育香港的人民币离岸金融中心地位,同时,立足香港中资金融机构,发挥QDII和QFII的战略作用。

第一，培育香港的人民币离岸中心地位。自2003年6月中央政府与香港特别行政区政府签订CEPA协议以及中国人民银行与香港金融管理局签订合作备忘录以来，香港的人民币离岸市场建设得到较快发展，但目前的人民币业务还主要集中在汇兑业务和存款业务方面。可以说，作为人民币离岸市场中心，香港的人民币资本市场和衍生品市场的建设还没有得到实质性的启动。

第二，在继续推动企业“走出去”战略的同时，以QDII和QFII为手段，以香港的中资金融机构为依托，稳妥、有效地推动资本项目开放。在中国资本项目完全开放和人民币国际化基本完成前，QDII和QFII既是有效、稳妥的资本项目开放通道，也是培育人民币价值储藏职能进而实现人民币国际化的重要手段：通过QDII可以推动人民币离岸资本市场和衍生品市场的建设，通过QFII则可以成为境外人民币持有者投资国内市场的通道。但是，这两种具有战略意义的工具却被用到了战术层面，尤其是QFII，截至2010年第一季度，94家QFII完全被外资机构掌握。

未来应该充分重视QDII和QFII作为资金流出、流入通道的战略意义，立足于香港中资金融机构，以QDII和QFII来推动资本项目开放和境内外人民币资本和衍生品市场的建设。在此过程中，培育香港中资金融机构经营国际业务的经验和人才基础，使之在未来全球经济和金融资源的配置中发挥重要作用。

（资料来源：殷剑峰，《中国全球化第二阶段：融入金融全球化进程》，http://news.xinhuanet.com/observation/2010-09/28/c_12616192.htm。）

第一节　改革开放以来的中国经济

1978年，十一届三中全会确立了我国以经济建设为中心、实行改革开放、发展国民经济、加快社会主义现代化建设的路线，并在经济战略思想方面有了重大转变，提出了：要“在自力更生的基础上积极发展同世界各国平等互利的经济合作，努力采用世界先进技术和先进设备”；又提出社会主义现代化建设要利用两种资源——国内资源和国外资源；要打开两个市场——国内市场和国际市场；要学会两套本领——组织国内建设的本领和发展对外经济关系的本领。改革开放后，我国的经济发生了翻天覆地的变化。

一、改革开放以来中国经济取得的成就

（一）中国经济整体上快速发展

（1）总量上迅速扩张。1978—2011年间，按当年价格计算，GDP从3 645.2亿元增长至471 564亿元，增长128倍；人均GDP从381元上升至35 165元，增长91倍。

（2）结构逐渐优化。第三产业所占比重日益上升。1978年3 645.2亿元的GDP中，第一、第二、第三产业分别为1 018.4亿元、1 745.2亿元和881.6亿元，分别占GDP总额的27.9%、47.9%和24.2%；在2011年471 564亿元的GDP中，第一、第二、第三产业分别为47 712亿元、220 592亿元和203 260亿元，分别占GDP总额的10.1%、46.8%和

43.1%。

(3) 居民消费有很大程度的改善。中国GDP构成素来以"高储蓄、高投资、低消费"而著称。但改革开放以来,中国居民消费水平已有很大提高。按当年价格计算,1978年,全国居民人均消费184元,其中农村居民138元,城镇居民405元;2009年,全国居民人均消费9098元,其中,农村居民4021元,城镇居民15025元。

(二) 对外贸易发展迅速

新中国成立之初的1950年,我国进出口总值仅为11.35亿美元。1978年,中国出口、进口、进出口总额分别只有97.5亿美元、108.9亿美元和206.4亿美元,进出口额世界排名是第32位,在世界贸易格局中无足轻重。至1992年,确立社会主义市场经济体制目标以后近7年是我国对外贸易发展最快的时期。1992—1998年间,我国对外贸易总值达18177亿美元,比从新中国成立到1991年的总和还要多,年均增速15.1%,这个速度不仅高于同期我国国民经济的增长速度,而且比世界贸易的年均增长速度高出近8个百分点。我国的对外贸易在世界贸易中的地位大大提高。1998年,我国进出口总额排名世界第11位,其中出口排名世界第9位。截至1998年年底,我国外汇储备1449亿美元,在世界居第二位。2008年,中国出口、进口、进出口总额已经分别达到14285亿美元、11331亿美元、25616亿美元,蝉联世界货物贸易第三大国。2011年,我国出口18986亿美元,进口17435亿美元,进出口总额36421亿美元,在1978—2011年里,中国进出口总额增长175倍,年均增长16.97%,超过同期GDP年均增长幅度。

我国贸易伙伴遍及世界各地,对外贸易的国际市场走向全球。目前,我国的贸易伙伴由1978年的几十个发展到227个国家和地区,与传统市场的经济贸易关系稳步推进,与新开拓市场的经济贸易关系不断增强。

出口商品结构明显优化。新中国成立之初我国的出口商品结构以农副产品为主,约占出口总额的70%左右,随着我国工业生产的发展,在出口商品构成中工业制成品的比重不断上升。1978年,工业制成品出口占出口总额的45.2%,到1998年这一比重上升到88.7%,我国已实现了由主要出口初级产品向主要出口制成品的历史性转变。同时,技术含量和附加值较高的机电产品出口迅速增长,1998年当年机电产品出口额达到665.4亿美元,占当年出口总额的比重达36.2%,连续4年超过纺织品,成为我国最大的出口商品类别。2009年工业制成品出口占出口总额的比重上升到94.7%,其中机械及运输设备出口额5902.74亿美元,占当年出口总额的比重达49.1%,属我国最大的出口商品类别。

(三) 引进外资与对外投资并存

利用外资是我国对外开放基本国策的重要内容,是建设有中国特色社会主义经济的伟大实践之一。经过30多年的发展,利用外资已成为我国国民经济乃至社会生活中不可分割的重要组成部分。特别是1992年以来,我国吸纳外资的领域不断扩大,规模不断增加,水平不断提高,成就举世瞩目。1979—2006年,中国合同利用外资金额累计16680.69亿美元;实际利用外资额累计8826.73亿美元。其中,外商直接投资合同金额累计14858.48亿美元;外商直接投资实际金额累计6918.97亿美元。2011年我国新批设立外资企业 27 712 家,实际利用外资 1 160.11 亿美元。

在利用外资规模不断扩大的同时,我国利用外资的环境也不断改善,各项涉外法规日益健全,利用外资的质量有所提高、结构有所改善;资金和技术密集型项目明显增加,国家鼓励投资类项目增加较多,限制类项目减少,基础产业和基础设施项目成为外商投资的热点;中西部地区对外商的吸引力增强;大跨国公司来华投资增多,世界前 500 家大跨国公司中有近 400 家来华投资,其他大跨国公司也在加强对中国市场的分析与研究,积极筹备来华投资;大项目继续增加,平均单项外商投资规模不断提高。

我国对外投资虽起步较晚,但近年来呈现出逐步发展势头。据商务部、国家外汇管理局初步统计,截至 2011 年年底,中国对外直接投资累计净额为 3 220 亿美元,商务部核准的境外合资投资企业已经达到 1.8 万余家,投资范围已经扩展到全球 178 个国家和地区。投资领域除制造业和贸易外,还包括资源开发、加工装配、交通运输、医疗卫生、旅游及餐饮业等。商务部对外经济合作司商务参赞王胜文表示,中国企业海外投资已经步入快速发展阶段,今后几年,无论是规模还是质量都会有较大的发展。对外投资在开拓国际市场、开发国外资源,充分利用国际国内两个市场、两种资源为我国现代化建设服务方面做出了贡献。

(四) 对外经济合作快速发展

改革开放以来,我国积极推动对外承包工程和劳务合作业务的开展,对外经济合作事业迅速发展,已成为我国对外经济贸易的重要组成部分。我国对外经济合作从 1978 年起步开始,经历了 20 世纪 80 年代中期的逐渐发展,在 90 年代进入了稳步发展阶段。

在起步阶段,我国共批准了 29 家从事对外工程承包和劳务合作业务的企业,我国的对外承包劳务开始走向国际舞台,但当时的主要市场集中于北非、西亚。经历艰难开拓,我国的对外经济合作取得了初步发展,4 年里同 45 个国家和地区签订了承包劳务合同 755 项,总金额 11.96 亿美元。

20 世纪 80 年代,我国的对外经济合作业务在国际承包劳务市场低迷、条件苛刻的困难条件下,通过努力,仍取得了一些发展。对外经济合作队伍不断壮大,到 1990 年年底已达 113 家;对外经济合作的业务量也不断增加,1983—1990 年 8 年间共签订承包劳务合同 138.64 亿美元,在国际承包劳务市场上占有了一席之地;另外,这期间,我国对外工程承包和劳务合作的市场也逐步扩大。

90 年代,对外经济合作业务的企业由流通领域的窗口型公司为主逐步转向生产领域的实体公司为主,企业的经营水平不断提高,在外承揽的业务规模不断扩大,档次不断提高,市场多元化战略初见成效,取得了良好的经济效益和社会效益。1998 年,我国新签对外承包劳务合同金额已达 117.7 亿美元,完成营业额 101.3 亿美元,首次突破百亿美元大关。我国对外经济合作迎来了健康、稳定、快速发展的新时期。

(五) 多双边经贸合作成就瞩目

我国按照平等互利的原则,与世界各国(地区)积极开展贸易往来和经济技术合作。目前,我国内地不仅与美、日、欧等国家和地区具有密切的经贸关系,与周边国家和广大亚、非、拉发展中国家的经贸关系也稳步推进,与港澳台地区的经贸关系不断增强,为国民经济和对外经济贸易发展创造了良好的国际环境。从1986年提出恢复GATT缔约国地位开始，我国一直致力于恢复GATT缔约国和加入世界贸易组织的谈判，历时13年，在坚持发展中国家地位和权利与义务平衡原则的前提下，积极推进我国加入世界贸易组织谈判的进程，取得了重要进展；我国参与了乌拉圭回合谈判并签署了最后文件；我国积极参与亚太OECD会议和亚欧会议，为推进亚太地区贸易与投资自由化和亚太、亚欧地区经济技术合作，发挥了重要作用。

二、对外经济贸易是国民经济的重要组成部分

（一）提高了国家的综合国力

衡量一国的综合国力，需要从政治、经济、军事、科技水平等多方面进行综合判定。从经济角度分析，主要看该国的GNP、主要产品的产量、同世界经济的交换量和国际收支能力等方面的指标。而这些指标的变化，与该国的对外经济贸易状况都有着直接的关系。比如，一国对外经济贸易的规模大小和质量高低，不仅直接关系着该国同世界经济的交换量和国际收支能力，而且直接影响着GNP的规模和主要产品的产量。因此，发展对外经济贸易与提高综合国力密切相关。新中国成立以来，我国对外经济贸易的规模成倍扩大，与世界经济的交换量也成倍增加，有力地促进了我国综合国力的提高。特别是改革开放以来，对外经济贸易在提高我国综合国力上发挥着尤其明显的作用。30多年来，我国国民经济的年均增长速度是9.8%，而同期我国进出口贸易总额的年均增长速度达到15%。2001年入世后，我国的外贸依存度迅速提升，从2001年的38.5%，攀升至2006年的67%，此后开始回落。2009年，受经济危机影响，世界贸易规模明显萎缩，而中国经济逆势增长，中国的外贸依存度一度降至45%，2010年又回升至51%左右，2011年为50.1%，其中，出口依存度为26.1%，进口依存度为24%。

（二）加快了开放型经济的形成

改革开放以前，我国国民经济长期处于封闭、半封闭状态。随着对外开放政策的实施，我国对外经济贸易迅速发展，在国民经济中的比重越来越大，使得我国国民经济摆脱了封闭、半封闭状态，逐步转向开放型经济。目前，我国的对外开放地域从经济特区、沿海开放城市，扩大到沿边、沿江地区和省会城市等内陆地区；开放领域从一般加工工业向基础产业、基础设施和高新技术产业扩展，向金融、保险、外贸、旅游、通信、商业零售、法律咨询和会计等服务行业延伸。同时，我国多次对进口关税税率进行大幅度下调，我国1992年的关税总水平高达43.2%，其中工业品平均关税42%，农产品平均关税54%。此后为发展本国经济、扩大进口，我国几次自主降低关税，关税水平大幅降低，2001年关税总水平是15.3%，其中工业品平均关税14.7%，农产品平均关税21.3%。我国加入世界贸易组织后，根据承诺，我国自2002年起实施减税，到2005年基本完成，2008年全部结束。2011年我国关税总水平为9.8%，其中工业品为8.9%，农产品为15.2%。这一水平在发展中国家处于较低水平。开放型经济的初步形成，为21世纪我国经济的持续发展打下了坚实基础。

（三）促进了国民经济的持续稳定增长

现代市场经济理论认为，对外经济贸易对国民经济发展具有“助推器”的作用。有的

经济学家还提出了对外经济贸易是国民经济发展的“引擎”的观点。我国经济的发展历程，生动地证明了这一理论。据国家统计局分析，1997 年我国仅外贸出口对国民经济增长的拉动就约为 2 个百分点。对外经济贸易的扩大，不仅带动了国内生产，使国内众多产品通过出口在国际市场实现了价值，获得了比较利益，而且引进了国内经济建设需要的资金、技术、原材料和管理经验，创造了更多的就业机会，增加了国家税收和外汇收入，带动了相关产业的发展，从而在外延和内涵两个方面促进了国民经济的持续稳定增长。

（四）优化了国民经济结构

目前，我国经济发展已进入由规模扩张为主向质量效益为主转变的时期。调整和优化国民经济结构，包括产业结构、产品结构、企业组织结构等，成为中国经济发展最迫切的任务。面对科技、经济的全球化趋势，我国国民经济结构的调整和优化，不仅要立足于本国经济实际，而且要依托国际经济和国际市场，使调整和优化的方向符合国际分工发展的客观要求，以保持经济结构在国际上的相对先进性。我国对外经济贸易作为连接国内经济和国际经济的桥梁与纽带，对国民经济结构调整发挥了积极、能动的导向作用。对外经济贸易的迅速发展，及时获取国际商品市场发展变化的最新信息，为我国商品结构的调整起导向作用，进而促进我国产业结构的调整和优化。同时，还通过进口和引进国外先进适用的技术和设备，为国内产品升级换代和产业结构升级提供保证，增强我国产品和产业的国际竞争力，促进国民经济的市场化和经济结构的合理化。

（五）推动了价值最大化的实现

随着我国对外经济贸易从侧重商品的互通有无和调剂余缺逐步向参与国际分工、发挥比较优势、优化资源配置的方向转变，从侧重商品使用价值的交换向实现商品价值最大化的方向转变，我国已经开始把确保经济效益作为发展对外经济贸易的一项基本前提，从而使得我国在国际经济交换中不仅能实现或在一定程度上超过国内市场的平均价值，而且还可以实现或在一定程度上超过国际市场的平均价值，达到了提高国民经济效益的目的。

（六）有利于世界和平与发展

从新中国成立起，中国人民即致力于与世界各国（地区）人民发展平等互利的经贸关系，经贸关系的发展促进了我国与许多国家特别是广大发展中国家建立良好的双边关系。冷战结束后，和平与发展是当今世界的主题，国与国之间的关系是以经济关系为主展开的，和平共处、共同发展成为国家关系的重要特征。我国对外经济贸易的迅速发展，不仅极大地促进了我国经济的发展，而且增进了同世界各国政治、经济和文化的交流与合作，这本身就是对世界和平与发展的贡献。同时，我国对外经济贸易的迅速发展，密切了同世界各国的经济关系，逐渐在经济上形成“你中有我，我中有你”的相互交融的局面，从而有利于创造国际和平环境，为我国现代化建设赢得进一步发展的良好机遇。

相关案例　林毅夫:中国经济有潜力再保持20年快速增长

从1978年年底开始改革开放以来,我国经济连续32年平均每年以9.9%的速度增长。以这么高的速度,持续增长这么长的时间,在一个13亿人口的大国取得这样的成果,这是人类经济史上不曾有过的奇迹。

在1978年的时候,按照当时的美元计算,我国的人均收入是182美元,相当于世界上最贫穷的撒哈拉沙漠以南那些非洲国家人均收入的1/3(他们当时的人均收入是500多美元)。经过32年的快速发展,我们的经济规模增加了20.5倍,人均收入在2010年达到4370美元,跨过了高中等收入国家的门槛。同时,我国成了"世界工厂"、最大的出口国,也是世界第二大经济体。

这些成就都是大家未曾预料到的,因为国外媒体、学界从20世纪80年代开始就一直在预测中国经济什么时候崩溃。虽然到90年代末,中国经济已经有了20年的快速增长,然而直到2001年还有一本在世界上非常畅销的书,叫《中国崩溃论》。那本书当时在国外的书店、飞机场的书摊都被摆在最显眼的位置。但是从2001年到现在,我国经济的增长速度不仅未减,反而加快:在1978年到2000年,平均每年增长的速度是9.7%;而从2000年到2010年是10.5%。

在改革开放的初期,我国提出的目标是经济20年翻两番。20年翻两番平均每年的增长速度是7.2%。我当时认为那是不可能达到的目标,因为经济学有一个叫"自然增长率理论",用一个漂亮的数学模型和历史实证经验表明,任何一个国家,除了在战后或者遭受自然灾害的破坏以后的经济复苏可以达到7%或稍高一点持续增长几年,长期以每年超过7%的速度增长是不可能的。现在发现小平同志确实是一个伟大的政治家,他的以7.2%的速度增长20年的目标不仅达到了,而且还超过了,不仅20年,现在已经持续了32年每年平均9.9%。虽然7.2%和9.9%差距看上去不大,但是32年累计下来,差距就很大了。如果每年以7.2%的增长速度,32年后我们的经济跟1978年比只增长了9.2倍,现在是每年9.9%,32年以后就是20.5倍。

- 为什么在改革开放以后中国经济发展得这么快?

经济高速增长是在18世纪以后才出现的一个新的文明现象。原因在于18世纪出现了工业革命,导致技术的发明、创新、升级的速度不断加快,产业结构也不断从附加价值低的农业转变到附加值高的制造业、工业、服务业。

这样的技术创新和产业升级,提高了劳动生产率,成为人均收入提高的基础,也是让人类社会进入现代文明的最主要的驱动力。18世纪以前中国领先于全世界,可是一百年不到,中国就从世界上拥有最鼎盛文明的国家变成世界上最贫穷落后的国家之一。原因并不是中国退步了,而是工业化国家进步太快。西方在工业革命以后,技术进步日新月异,经济发展一日千里,而中国还停留在前现代社会的发展模式,要经过几百年甚至上千年经济才能翻一番,于是就落后了。

如果说技术创新和产业升级是现代经济发展的根本动力,那落后国家实际上是有一个优势的。优势是什么呢?发达国家在工业革命之后,产业、技术都是全世界最前沿的,它的产业升级、技术创新都必须来自自己的发明。发明需要的投入非常大,而成功的概率却非常低。根据一些研究,前沿技术的研究和开发,平均起来投入研发100项,到最后只有5项技术能过关,可以去申请专利;而在申请专利的技术中,真正有商业价值的只有一项。当然这一项专利可以有全世界的市场,回报会很高,可是那99项都像打水漂,有去无回。而发展中国家现在采用的技术和产业与发达国家有差距,这个差距就是经济学上的后发优势。创新不见得是最新的发明,如果发展中国家善于利用后发优势,也就是采用世界上现成的、成熟的但比自己好的技术来进行创新,创新的成本就会非常低。根据研究,一项技术只要超过10年,拿来用基本就不用付专利费了。使用这些技术,不仅成本低,而且风险小。一个发展中国家如果懂得利用后发优势的话,创新的成本会比发达国家低得多,速度会快得多。

根据研究,第二次世界大战以后,总共有13个经济体(包括日本、韩国、新加坡、中国台湾地区、中国香港地区,还有其他的几个国家和地区)充分利用了后发优势,取得了至少每年7%的经济增长,持续了25年或更长的时间。而中国是在改革开放之后才成为这13个经济体当中的一个的。我们改革开放后能够增长得这么快,最主要的原因就是充分利用了后发优势。

改革开放以后,让具有比较优势的劳动力密集型产业发展起来,这就是为什么中国很快成了"世界工厂"。比如像现在的计算机产业、手机产业等高科技产业,国内做的其实是劳动密集的加工区段,属于劳动密集型产业。劳动密集型产业有比较优势,也就有竞争力;有竞争力就可以创造利润;有利润就可以搞投资;投资以后,资本就增加了,比较优势就变了——从劳动力极端密集逐渐地变成资本相对密集。在这个转变升级过程中,就可以充分利用后发优势,这是为什么改革开放以后我国能够发展得那么快,而改革开放以前没有取得快速发展的原因。

● 中国渐进的双轨制转型方式胜过"华盛顿共识"

中国从1979年开始进行改革,其他社会主义国家、发展中国家也都从20世纪80年代纷纷进行改革开放。但是到2000年的时候,回顾一下1960年到1980年,以及1980年到2000年这些国家的发展,我们会发现,它们在后面的20年,也就是1980年到2000年经济增长的速度比1960年到1980年的增长速度还慢,不仅是平均增长速度慢,而且经济的波动更大、风险更大。为什么中国的改革开放取得连续32年的快速增长,他们的经济增长速度反而慢了,而且危机不断、危机的频率更高呢?这实际上是跟它们推行所谓"华盛顿共识"有关。

"华盛顿共识"推行的结果事与愿违,因为"华盛顿共识"只看到经济中普遍存在的扭曲,而没有看到扭曲的根源是什么。20世纪50年代以后,我国经济中那么多的计划干预、那么多的扭曲,都是为了保护那些在优先发展的重工业体系里面没有自生能力的企业,如果把那些靠扭曲来实现的保护、补贴一下子都取消掉的话,原来没有自生能力的企业就要全部倒闭。可是那些企业雇用了很多工人,如果让它们全部倒闭的话,就会出现大量的失业,社会和政治就不稳定,没有稳定当然不能发展。绝大多数推行"华盛顿共识"的国家,一方面为了避免出现这样的社会经济后果,同时,也认为这些产业是先进的、国家现代化所需要的产业,因此绝大多数的政治家和人民不愿意让它们倒闭。所以,在推行"华盛顿共识"的改革以后,这些国家又引进了很多其他更为隐蔽的保护和补贴,这些措施所花的钱在很多情况下比原来花得更多。

中国为什么既避免了像苏联、东欧那样崩溃,又维持了社会的稳定和经济的快速增长?最主要的原因就是我们采取了渐进的双轨制的转型方式。对于原来计划经济时代遗留下来的重工业部门,知道它们没有自生能力,需要保护补贴,承认这个现实,继续给它们必要的保护和补贴,同时引进一些提高生产积极性的利润留成、包干制、股份制,只要它们经营得好,其收入就可以高一些。在农村,实行家庭联产承包责任制,提高农民的积极性。另外,在具有比较优势、原来受抑制的劳动力密集型的产业,实行开放的政策,鼓励民营经济、三资经济进入。这些新的部门由于符合比较优势,发展得非常快,于是资本积累就非常快。资本积累以后,比较优势得到提高,许多在20世纪五六十年代不符合比较优势的产业也变得有自生能力,可以与其他国家的产业竞争了。同时,改革后的快速发展给国家创造了很多资源,可以用来补贴改革中的利益受损者,使整个经济平稳地逐渐向社会主义市场经济体系转型。

- 中国的快速增长还能够维持多久?

现在最重要的问题是,这样的快速增长还能够维持多久,还有多大的潜力?从前面的分析来看,就要看技术的差距,也就是后发优势还有多大。技术差距本身表示我国相对落后,但是这也是一个资源。这个差距怎么衡量呢?一个好的衡量指标就是人均收入水平,尤其是按照购买力平价来衡量的人均收入水平。因为人均收入水平代表劳动生产力的水平,劳动生产力反映的就是技术和资本的使用量。目前最新的可以做跨国历史研究的是2008年麦迪森教授的数据。2008年中国的人均收入按照购买力平价计算是美国当年的21%,日本在1951年、我国台湾地区在1975年、韩国在1977年也都是美国的21%。

日本从1951年到1971年的20年时间,平均每年经济增长9.2%;我国台湾地区从1975年到1995年的20年时间,平均每年经济增长8.3%;韩国从1977年到1997年的20年时间,平均每年经济增长7.6%。它们的发展都是发挥比较优势,充分利用后发优势。我国改革开放以后,同样采用这样一个经济发展模式。如果日本可以维持20年以9.2%的速度增长,我国台湾地区可以维持8.3%的速度,韩国可以维持7.6%的速度,我国大陆在2008年以后,也应该有再维持20年平均每年8%的经济增长率的潜力。也就是说,继续解放思想、实事求是、与时俱进地不断根据科学发展观提高我们的产业、技术水平,充分利用与发达国家的技术差距,发挥后发优势,再维持20年平均每年8%的增长的可能性是完全存在的。

经过20年的快速增长,日本从人均收入为美国的21%变成1971年为美国的65.6%,我国台湾地区从1975年的21%,到1995年就变成美国的54.2%,韩国到1997年时人均收入按照购买力计算也达到美国的50%。也就是说,如果我国充分利用后发优势,维持每年8%的增长速度,到2030年按照购买力平价计算的人均收入应该至少可以达到美国的50%,因为我国的人口规模是美国的4倍多。如果到2030年人均收入是美国的一半,那我国经济的总体规模就是美国的两倍,成了全世界最大的经济体。如果按照市场汇率计算,可能低一点,到2030年我国经济的总体规模至少跟美国相当。

到2030年以后,我国的经济发展会怎么样呢?和代表最先进国家的美国相比,我们还可以继续运用后发优势维持较高速的经济增长。当然,达到美国人均收入的一半,就相当于现在韩国和美国的差距,那时很多行业已经达到世界先进的水平了,到时候我国需要多一点自主研发,这是一个从引进到自主研发的转型。总的来说,中国经济发展的前景是可以看好的。

(资料来源:《中国经济有潜力再保持20年快速增长》,http://theory.people.com.cn/GB/49154/49155/17145763.html。)

第二节 世界经济调整中的中国经济

2008年国际金融危机的爆发推动了世界经济格局的变动,原有的旧格局难以维系,世界经济进入深刻调整期:重建国际经济新秩序的呼声高涨,世界经济治理机制加快变革,科技创新孕育了新的产业突破,世界经济增长方式及结构深入调整,新兴市场国家整体实力上升,世界进入多极化深入发展阶段。在这样的形势下,中国作为发展中国家最大的经济体,不可避免地要受到世界经济调整的影响,这其中有机遇更有挑战,要认真分析世界经济发展的中长期趋势,努力提高应对复杂局面的能力,准确把握世界经济治理机制进入变革期的特点,积极推进我国参与经济全球化的进程,努力增强我国参与构建国际经济新秩序的能力。

一、进一步提高对外开放水平

加快发展开放型经济,是不断完善开放型经济体系、全面提高开放型经济水平的迫切需要。近年来,我国对外开放的国内外环境和条件发生了深刻变化,对外开放进入由出口为主向进口和出口并重、由吸收外资为主向吸收外资和对外投资并重、由注重数量向注重质量转变的新阶段。目前,经济全球化深入发展,世界经济结构加快调整,全球经济深刻变革,这些为我国实行积极主动的开放战略,拓展新的开放领域和空间,完善更加适应发展开放型经济要求的体制机制,提高开放型经济水平和质量提供了良好的外部条件。

发展开放型经济要把优化外贸结构作为主攻方向。第一,优化外贸主体结构,大力扶持具有自主知识产权、自主出口品牌的大型外贸集团,积极培育"专精新特"的中小外贸企业;第二,优化外贸商品结构,实施科技兴贸战略,提高出口产品的技术含量、附加值和品牌竞争力,支持工程机械、汽车及零部件、轨道交通设备等机电产品以及电子信息、新材料、新能源和生物医药等高新技术产品出口;第三,优化贸易结构,加快发展服务贸易,扩大旅游、国际运输、建筑等传统服务贸易出口,大力支持软件、数据处理、技术服务、文化、中医药等有比较优势的服务出口;第四,优化外贸市场结构,巩固和扩大欧美、日韩等传统市场,大力拓展东盟、中东、南美、非洲等新兴市场。

加快发展开放型经济,要加快实施"走出去"战略,实施该战略,最重要的是积极鼓励大中小企业集群"走出去",培育具有全球视野、立足全球市场、配置全球资源的本土跨国公司。此外,还要形成以境外工业园区等为平台的"走出去"新格局;健全"走出去"服务支持体系;建立"走出去"风险防范机制、境外突发事件应急处置机制等;引导对外投资合理布局和境外有序竞争;全面提升利用外资质量,促进我国优势产业与国外资本、技术、市场优势结合;加速吸引和集聚国内外先进要素等。

政策是重要的开放环境。加快发展开放型经济,需要建立健全开放型政策体系。近年来,我国始终注重完善鼓励对外开放、扶持开放型经济发展的政策支持体系。在进一步加大财税、金融等支持力度的同时,要加强土地供应、人力资源等方面的保障;要特别注重健全和完善鼓励自主创新的政策体系;完善创新型企业试点工作机制;培育具有自主知识产权、知名品牌和持续创新能力的示范企业;大幅度提升我国产业自主创新能力。最终形成既有战略性、前瞻性,又有针对性和可操作性,既符合国际要求,又体现中国特色的发展开放型经济的一系列政策举措。

二、加快转变经济发展方式

改革开放至今,我国经济得到了持续发展,人民生活水平大幅度提高,但是,我们取得的成绩是初步的,我国经济回升的基础还不牢固,经济运行中的新老矛盾和问题相互交织,发展过程中滋生的一系列新问题值得关注,诸如区域发展不平衡、资源浪费严重、生态环境恶化、收入差距扩大、创新能力不足、可持续发展动力欠缺等,对这些新生问题的解决有赖于经济发展方式的转变,此外,2008 年金融危机的爆发使我国转变经济发展方式问题突显,金融危机对我国经济的冲击表面上是对增长速度的冲击,而实质上是对发展方式的冲击,综合国际国内经济形势,转变经济发展方式是保持我国经济平稳较快发展的有利保证。

(一)经济结构调整是转变经济发展方式的战略重点

经过几十年的改革,我国国民经济结构发生了积极变化,但结构依然不合理,诸如国民经济需求结构过度依赖投资和出口,产业结构中第三产业发展相对滞后,产业内部高科技产业优势不足等问题仍然存在。对于这些问题的解决可以从以下方面着手:第一,调整需求结构。在过去较长时期内,我国出现了"两高一低"的格局,即高投资率、高外贸依存度和低消费率,这种格局曾对我国经济发展起到重要作用,但从长期发展来看,这种结构不利于国民经济的持续发展,因此,要加速我国经济增长由依靠投资和出口向依靠消费、投资和出口协调发展的转变,要在保持适度投资率和出口的同时,积极推动消费,提高居民收入水平,增强内生发展能力。第二,调整产业结构。我国的经济发展要由依靠第二产业带动向依靠第一、二、三产业协同带动转变。第三产业在国内生产总值中的比重同经济发展程度成正比。大力发展第三产业应是我国经济结构调整的主要内容。可以从放宽服务业市场准入、促进和支持高技术服务业和文化产业发展、积极拓展新型服务领域、稳步发展传统服务业等方面促进我国第三产业的发展。第三,调整产业内部结构。我国的产业发展要实现由依靠增加物资消耗向依靠科技进步、管理创新和自主创新转变。通过推动企业重组、淘汰落后产能、压缩过剩生产能力、科学选择新兴战略性产业和鼓励新能源、新材料、新医药等产业的发展来调整产业内部结构,形成新的经济增长点;通过加快科技成果转化,加快科技体制改革,加快新型科技人才队伍建设,为加快经济发展方式转变提供强有力的科技支撑。

（二）社会事业发展和改善民生是转变经济发展方式的根本出发点

发展科技、教育和文化事业，全面提高人的素质，是转变经济发展方式、实现可持续发展的关键。面向时代发展的要求，要谋划教育的发展。第一，推进教育改革。树立先进教育理念，把教书和育人很好地统一起来，大力推进素质教育。积极探索适应各类学校的办学体制，赋予学校办学自主权。第二，努力促进教育公平。逐步解决义务教育资源配置不均衡问题。公共教育资源配置要向薄弱地区倾斜，推动地区之间的教育均衡发展。第三，办好职业教育，提高高等教育的质量，为经济社会发展培养大批各类人才。

保障就业是保障民生的头等大事。促进就业既是我国经济社会发展的需要，又是个人全面发展的需要。保障就业可以通过保持经济平稳较快发展，不断扩大就业规模，大力发展服务业、劳动和知识密集型产业、中小企业和非公有制经济，充分发挥劳动者自主就业、市场调节就业、政府促进就业，加强和改善就业公共服务，加大职业培训力度，提高劳动者整体素质，提高劳动者的就业能力等来实现。

目前，居民收入差距过大是我国面临的一个现实问题，在不断增加社会财富的同时如何合理地分配社会财富是亟待解决的问题。加快调整国民收入分配格局，提高居民收入在国民收入分配中的比重，提高劳动报酬在初次分配中的比重，加大税收对收入分配的调节作用，深化垄断行业收入分配制度改革，保障城乡低收入群体的基本生活和基本权益，加强扶贫力度等是解决收入差距过大问题的有效途径。

社会保障和医药卫生事业是基本而重大的民生问题。在以社会保险、社会救助、社会福利为基础，以基本养老、基本医疗、最低生活保障制度为重点，以慈善事业、商业保险为补充，完善社会保障体系的基础上，要加快建立全国统一的社会保障社会化服务体系，进一步深化医药卫生体制改革，完善基本医疗保障制度、基本医疗服务体系，实施国家基本药物制度。

（三）资源节约型和环境友好型社会建设是转变经济发展方式的重要着力点

良好的生态环境是经济社会可持续发展的重要条件，是一个民族生存和发展的根本基础。加快建设资源节约型、环境友好型社会，能够加强应对全球气候变化的能力，有助于大力发展循环经济，加强生态保护和防灾减灾体系的建设，增强可持续发展能力。近年来，我国生态文明建设取得了一定成绩，以水资源利用为例，“十一五”以来，我国水资源利用效率进一步提高，按 2005 年可比价格计算，2009 年全国万元 GDP 用水量比 2005 年下降 31.2%，全国万元工业增加值用水量比 2005 年下降 31.3%；农业灌溉水有效利用系数提高到 0.49。看到成绩的同时，我们更应看到我国生态环境所面临的严峻形势：能源利用效率总体水平还不高。积极建设资源节约型、环境友好型社会，就要加快推进节能减排，加快企业节能降耗技术改造，全面推行清洁生产和节能技术，抓紧淘汰落后生产能力；加快污染防治，积极推进重点流域区域环境治理及城镇污水垃圾处理等工作；加快建立资源节约型技术体系和生产体系，推动全社会形成节约能源资源和保护生态环境的生活方式和消费模式。与此同时，还要加快实施生态工程，继续推进天然林保护、退耕还林、水土流失治理等生态工程。

（四）改革开放是加快转变经济发展方式的强大动力

改革开放是发展中国特色社会主义和实现中华民族伟大复兴的必由之路，是社会主义制度的自我完善和发展，是我国经济社会发展的强大动力，是新时期中国最鲜明的特点。改革开放，使我们成功实现了从高度集中的计划经济体制到充满活力的社会主义市场经济体制、从封闭半封闭状态到全方位对外开放的历史性转变；使我们解放和发展了生产力，提高了综合国力，改善了人民生活，有力地推动了经济社会的大发展，中国由此取得了前所未有的大发展、大繁荣。

新时期，我们的发展面临着新的挑战，转变经济发展方式就是我国经济社会领域中的一场深刻变革，而深化改革开放是加快转变经济发展方式的根本途径。我国的经济发展方式中存在着许多矛盾和问题，诸如生产要素市场不健全、地方政府过多干预经济活动等。这些矛盾和问题的形成有其历史根源，更有其体制根源，其中制度因素是经济发展方式转变的最大症结。坚持改革开放是破解这些矛盾和问题以及摆脱不合理的体制和机制的有效武器。要在深化改革中破解发展难题，在扩大开放中赢得发展机遇，以改革开放的新成效促进经济发展方式的大转变，为经济社会又好又快发展提供体制机制保障。实行以完善生产要素市场为重点的经济体制改革、以转变政府职能为核心的行政体制改革、以满足社会公共需求为导向的社会体制改革。完善商品和要素价格形成机制，特别是完善资源产品价格形成机制，使各项资源产品价格能反映市场供求状况和资源稀缺程度，同时，加快推进要素市场体制改革，着力发展完善资本、土地、自然资源以及人力、技术等要素市场，消除限制生产要素流动的各种因素，充分发挥市场机制在生产要素配置中的基础性作用；强化政府的社会管理和公共服务职能，推进政府从经济建设型政府向公共服务型政府转变，创造有利于经济发展方式转变的行政体制和制度环境，进一步推进政企分开、政事分开、政资分开，政府与中介组织和社会事务分开，在更大范围和更大程度上发挥市场配置资源的基础性作用，有效解决政府“越位”、“错位”、“缺位”问题；着力调整财政支出结构，把更多财政资源用于加强经济社会发展薄弱环节、用于改善民生和发展社会事业，把更多的人才、技术引向基层，切实增强基层的服务能力，建立有利于保障供给、改善服务、提高效率的长效机制。

三、重视国家经济安全

中国改革开放三十多年来的经验表明，实行对外开放不仅极大地促进了中国经济的发展和人民生活水平的提高，而且有力地推进了中国社会主义市场经济体制的建立和完善。经济全球化在现行的国际经济体系和国际经济管理方式下，其本身存在着诸多问题。比如，支配经济全球化的游戏规则不公平，其总体设计向发达国家倾斜而不利于发展中国家；对经济全球化进程缺乏有效的管理，弱肉强食的“丛林法则”在经济全球化进程中发挥主导作用，很大程度上剥夺了发展中国家的自主权，危害其民主进程；面对经济全球化冲击，发达国家缺乏有效的调整机制，而发展中国家缺乏有效的缓冲机制。因此，对于发展中国家来说，经济全球化更像是一柄“双刃剑”，既可以带来利益更有可能造成危害。

(一) 国家经济安全的含义

任何一个国家的经济安全问题都不是孤立存在的,其具体内容是由国家自身所处的时代特征,以及这一时期社会经济发展任务所派生出来的,并随着国内外政治、经济和安全环境的变化而变化着。现阶段,我国的国家安全反映着巨大的国家利益和宏伟目标,如维护国家主权和独立发展,维护和提高我国的国际地位及在世界经济中的地位。一个国家即便有着强大的军队和高技术的军事工业,如果不具备必要的经济条件,不能保持各民族利益的平衡,没有稳固的社会基础,仍然不足以维护国家安全。

所谓国家经济安全,就是指在经济全球化的条件下,一国经济发展和经济利益等不受外来势力根本威胁的状态。其主要内容包括:一国经济在整体上主权独立、基础稳固、运行健康、增长稳定、发展持续;在国际经济生活中具有一定的自主性、防卫力和竞争力;不至于因为某些问题的演化而使整个经济受到过大的打击和遭受过多的损失;能够避免或化解可能发生的局部性或全局性的危机。具体体现在国家经济发展所依赖的资源供给得到有效保障,经济的发展进程能够经受国际市场动荡的冲击等。因此,国家经济安全最基本的内容就是一国控制和支配关键性经济资源的方式、手段和途径,等等。

一国经济处于安全状态,实际上是一国经济处于动态的相对均衡状态。从动态的角度来说,当一国经济严重偏离均衡状态,并且其恢复均衡的能力受到极大的外部限制时,该国经济就处于不安全中;而当一国能很快从偏离均衡状态达到新的均衡状态时,即处于经济安全中。在各种风险因素的综合作用之下,一国的经济安全状态从安全到不安全的演化既可能是渐进式的,也可能是跳跃式的。渐变式的演化即在各种风险因素缓慢恶化的情况下,一国国家经济安全状态从安全到不安全的演化,是经过各种状态连续不断的变化逐渐实现的。而国家经济安全的突变式演化,是指一国的经济安全状态从安全状态直接跳跃、恶化至不安全状态,中间没有经过连续的过渡状态。这种跳跃式突变,通常是某种风险因素突然恶化的结果。但另一方面,国家经济安全状态的突变,也可能是在各种风险因素缓慢变化情况下,各类问题和矛盾的能量积累到一定的临界值,导致整个经济突然从安全状态跳到了不安全状态,即经济安全状态的突变。

(二) 维护国家经济安全的重要意义

国家经济安全是一国国家利益得以实现的基本保障,无论对于发达国家或者发展中国家而言,国家经济安全都具有十分重要的意义。但是,随着近年来经济全球化的加速发展和深化,越来越多的发展中国家融入了经济全球化的大潮。由于经济条件和其他一些因素的制约,与发达国家相比,发展中国家在参与经济全球化过程中有更多劣势,因此,经济全球化对发展中国家的经济安全提出了更多的挑战。

首先,经济全球化给发展中国家带来了更大的压力。经济全球化要求对于商品进口和资本流动所设壁垒的大幅度降低和国内经济的许多改革。由于发展中国家市场经济的不完善、国内产业的相对落后以及经济和产业政策的不成熟性,对外开放令发展中国家更易受其他国家和世界经济的影响,特别是一些负面影响的显著性增大。对那些经济转型的发展中国家来说更是如此。一般来说,由于其自身的基础设施和人力资本落后,收入水平和生产效率低下,国内市场不完善,而且由廉价劳动力带来的成本优势在国际竞争中无法占据优势地位，参与经济全球化和迅速的对外开放往往令这些发展中国家更容易陷入对于发达国家的依附地位，拉大与发达国家的贫富差距。经济全球化令发展中国家面临更大的压力。

其次，经济全球化对发展中国家的发展战略提出了更多挑战。经济全球化对任何国家的影响都具有两面性。但是，发达国家的市场经济相对完善，竞争实力相对强劲，各种政策制度也相对完善，而且往往以主动姿态参与经济全球化和国际竞争，因此更容易规避经济全球化的负面影响，实现自身经济的良性发展。而就发展中国家而言，经济全球化往往令其在短期受到严重冲击而在长期可能获益，但是其在长期获益的可能同样取决于其自身经济在对外开放和经济全球化过程中发展的能力。只有利用开放机遇更好地发展自身的产业、增强自身经济竞争的实力，发展中国家才有可能以短期利益的损失换得长远利益的获取。但是，由于发展中国家在经济全球化进程中的地位相对被动，对外开放常令其一方面无力应对廉价而优质的进口工业制成品，使本国产业失去国内市场份额甚至受到来自国外产业的威胁以致受到毁灭性打击；另一方面由于发达国家的市场需要和自身经济的特点，往往依靠不断对外输出原材料、资源密集型产品和廉价的劳动密集型产品来参与国际交换。因此，发展中国家在参与经济全球化过程中常常陷入两难地位：游离于经济全球化进程之外势必在长期损害本国的经济发展，而参与经济全球化和加强对外开放，更是对其长期发展战略的巨大挑战。

最后，经济全球化对发展中国家的经济安全和经济主权提出新的挑战。在经济全球化条件下，发展中国家特别是经济体制转轨国家的政府全面从经济生活中退出，是经济发达国家的主张和要求，代表了发达国家的利益。发达国家在面对发展中国家或经济体制转轨国家时，对它们的要求几乎都是放松管制。但是，大部分发展中国家维护本国经济利益的能力较低，面对不平等、非均衡的经济全球化浪潮，以及一些超国家的经济组织，可能需要让渡更多的经济主权来换取一定的经济利益，从而削弱了其对本国经济的管理能力和对国家经济安全的有效监控。对发展中国家来说，如何在经济全球化的条件下使市场充分发挥其配置资源的基础性作用，并通过建立良好的体制、政策、市场环境来维护本国经济安全，是其必须面对的重要课题。

当然，经济全球化对不同发展中国家的影响因各国的经济发展情况和适应能力的不同而有所不同。少数的新兴工业化国家能够很快融入经济全球化并从中取得较大利益，而一些有一定工业基础和竞争实力的中等收入发展中国家，比如中国，也能够通过加大市场化改革力度，积极地融入其中，但也有更多的发展中国家在全球化浪潮的冲击下被迫打开国门开放市场，或者完全被抛在世界经济的体系之外。无论对于哪种情况下的发展中国家而言，如何在经济全球化进程中维护一国经济的独立自主，如何维护其经济安全和经济利益，如何利用机遇实现自身的发展战略，都具有重要的意义。

加入世界贸易组织给中国带来了许多重大影响。首先，入世对中国的直接影响在于：由于降低关税、取消非关税壁垒、允许外资进入某些行业等措施，中国企业在竞争力不强的情况下，会受到外资和进口商品一定的冲击。其次，入世对于我国有着更为深远的影响：中国经济如何按照国际惯例运作，政府如何遵循经济全球化的规律要求来管理本国经济？在与国际经济运行制度对接的过程中，中国经济发展已由“政策性开放”转为

“体制性开放”，中国经济在更大程度地纳入全球经济体系中，一些国家经济发展中的重大安全隐患很有可能逐渐凸现出来，成为威胁我国经济安全的现实影响因素。因此，在坚持改革与对外开放、和世界经济接轨的同时，我们也必须重视我国的国家经济安全，维护我国经济和独立自主。

（三）维护国家经济安全采取的措施

(1) 成立国家经济安全咨询委员会。委员会由政府部门、研究机构、有关专家和行业协会商会及民间机构等各方面代表组成。由国家经济安全咨询委员会每年对国家经济安全的立法与执法、利用外资情况进行安全与效益评价，重要评价结果要向两会报告。国家经济安全咨询委员会定期评价其他国家的外资政策，提出应对措施；发布国家经济安全形势及重大案例的跟踪和评估报告。

(2) 建立保护国家经济安全的法律体系。由于我国缺乏统一的《外国投资法》，无法有效建立外资并购或直接投资的审查机制，也无法对保护国家经济安全问题做出全局性的统筹安排。因此，建议将现有的与外国投资有关的法律合并修订为《外国投资法》，对于外资并购的产业准入、审查机制等问题做出全面规定，以规范外资并购行为，提高吸引外资的质量。

(3) 制定适应我国发展需要的全球化产业战略体系。这一战略体系至少应该包括：本土市场化企业未来全球竞争力基础的目标和措施；优化金融资源配置，提出旨在维护本土市场化企业全球竞争能力的金融支持政策；从市场准入、公平交易条件、可持续发展等各种可能妨碍企业全球竞争力的因素入手，围绕提升本土市场化企业全球竞争力，改善制度和政策环境；在世界贸易组织框架下，改善税务和投资政策，鼓励具备全球竞争能力的企业积极参与全球竞争。

(4) 构筑重点国有企业为骨干的国家经济安全产业基础，培育和发挥民营企业的全球竞争能力。以国家经济安全为战略目标，必须发挥国有经济对国民经济的主导作用，但这种作用既不是对垄断行业的主导，也不是对非竞争行业的控制，而是参与并引领与国家经济安全有关的行业的充分竞争。开放一些所谓的非竞争领域，鼓励和培育民营企业共同参与竞争，促进国有企业和民营企业都能不断提高全球竞争力。

同时，我们还要坚持对外开放的国家经济安全观。坚持在推进全球化的进程中维护国家经济安全和明确战略产业，并不是要排斥外资的正常进入和我国参与全球化进程，更不是主张狭隘的民族本位主义。妖魔化外资更是维护落后的表现，绝不可取，应该是在继续深化改革开放和推进全球化进程的前提下维护国家经济安全；另一方面，中国应当更多地扶植本土的全球化公司。大国经济发展必须有大批主导本土产业整合和提升的本土全球化公司群体的崛起，这不是简单依赖全球资本就可完成的。国家经济安全问题，除了政府之外，市场也应享有发言权。充分发挥现有行业协会商会在维护行业发展方面的积极与重要作用，积极培育中介组织，是吸纳市场智慧、发扬民主法治的重要举措，也是推动政府部门公正监管的有效形式。因此，在制度安排和政策制定与执行中，使市场的各个相关利益主体通过行业协会商会等各种形式与途径积极参与，对于防止政府部门之间的歧见和利益冲突，提高决策的公正性和监管的透明度，是非常必要的。

相关案例 **包容性增长:经济社会协调发展的重要价值导向**

党的十七届五中全会通过的我国"十二五"规划建议,使"包容性增长"成为未来五年发展的主旋律,"转变经济发展方式"与"保障和改善民生"将在未来五年的改革中得到全面加强,以促进我国实现"全体人民共享改革开放成果",保障小康社会建设的顺利推进。"包容性增长"正成为经济社会协调发展的重要价值导向:一方面将在收入分配、住房、医疗、教育等方面有更大作为,体现出和谐社会建设中经济增长的真义;另一方面,从胡锦涛总书记2009年以来三次倡导"包容性增长"也可以看出,中国经过30多年的改革开放、在成为世界第二大经济体之后,将加快转变经济发展方式,来践诺世界经济增长中"中国责任"的决心和自信。

● "包容性增长":增长的真义

"包容性增长"受到热议,是时代的命题,更体现了未来我国经济增长的真义、社会发展的真义。我国"十一五"期间,由于一些重要改革难题并没有取得实质性的突破,决定了收入差距、城乡差别、区域发展不协调,以及社会心理失衡等问题的解决,再靠以往单兵式突进的改革已经难以奏效。"十二五"期间,"包容性增长"的理念实际上预示着执政理念、行政管理体制的重大变革。

"包容性增长"不等于说不要经济增长,更不是否定经济增长的重要意义。"十二五"期间,我国不再提出GDP增长具体指标和增速,表明了我国不再坚持以追求GDP为主导或"GDP崇拜症"的"中国速度",以体现政府转变经济发展方式、着力改善民生的决心。但"十二五"和未来的10年甚至20年,仍然是中国经济发展的战略机遇期,以经济建设为中心的大方向并没有改变,没有经济增长就不可能有全面小康和基本现代化的中国。可见,"包容性增长"必须以经济增长为基础,只有有了经济的增长、社会财富的增加,才能通过公平的分配机制来实现"共享"。因此,从经济增长的角度来看,调整经济结构成为"十二五"的主线,这既是对"十一五"后期"调结构、促转型"方针的延续,更是从未来中国经济的可持续发展、高质量发展的战略高度,来为经济增长、产业发展定调。从中国资源、能源对经济的支撑条件,以及世界经济增长的"中国责任"等方面来看,只有优化经济结构,提升产业的核心竞争力,才能保障中国经济的可持续发展,并向世界展现"中国创造"、"中国创意"和中国新商业文明的"中国新速度"。

● "包容性增长":助推发展方式转变

从调整经济结构的要求和对世界经济发展的责任来审视,"包容性增长"引领的"中国速度"应该体现在绿色增长、均衡增长、正义增长和全面增长等多个方面。

"包容性增长"应首先体现为环境友好型的绿色增长,而不能对落后的生产方式进行"包容"。无论从全球的绿色增长、发展低碳经济的大背景,还是从中国资源、能源对经济的支撑条件,以及世界经济增长的"中国责任"等方面来看,只有优化经济结构,提升产业的核心竞争力,才能保障中国经济的可持续发展。发展不能再表现为"燃烧":烧掉的是能源,留下的是污染,有价值的奉献(出口)给了世界。过去30多年的"中国速度",使中国经济逐步进入世界的体系之中,直接改变了全球的经济结构、企业的生产成本。但我们也必须认识到,那种类型的"中国速度"只具有阶段性的生命力,因为这是以能源、资源的高消耗和环境的高污染为代价的，知识与技术创新的推动作用并不是很大。未来的10年、20年甚至30年，中国经济的增长态势不会改变，但追求的应是创新能力主导下的“中国新速度”，要以更大的“中国责任”来践诺自主创新主导、绿色经济引领的经济增长。

中国经济的均衡增长更多体现在区域协调发展上。改革开放30多年来，我国由统一均衡的计划发展模式向多元化发展模式转换。但是，由于基础条件的差别、政策支持力度的不同，地区发展的不平衡性越来越突出，东部及沿海地区与中西部地区出现了明显的区域鸿沟，并且这种系统的整体性不平衡，正由单一的经济元素扩展到社会的各个领域。“十一五”后期，我国的中西部地区，多个区域的发展规划上升到了国家战略层面，已经体现了“均衡崛起”的中国区域发展战略，但这个战略的具体推进与落实，需要在“十二五”期间有真正的突破。“包容性增长”，倡导的是城市与乡村、沿海与内陆、东部与中西部的协调发展，逐步缩小以前存在的发展差距，而不是纯“自由竞争”的市场适应战略。目前，我国的人均GDP已经接近4000美元，但东部沿海大城市多数超过10000美元，很多贫困地区，尤其是中西部的多数区域尚不足1000美元。“十二五”期间，国家将进一步加大对中西部地区基础设施、产业体系建设等方面的投入，同时进一步加大沿海发达地区对西部落后地区的对口帮扶，相信会促进区域的协调发展和均衡增长的。

“包容性增长”的要义在于“分享增长”，这实际上体现了人类“正义的增长”的追求。处于转型期的当代中国，经济高速增长带来诸多的社会问题，要求我们必须从根本上彻底摆脱传统经济社会思维模式的纠缠，彻底颠覆西方“经济人”考虑问题的方式，在更高档次上来界定增长的内涵，更多立足于所有人在分配层面、就业的机会均等以及对社会公共产品的享受权利等问题的解决。我国改革开放30年间，基尼系数从0.31飙升到0.46，主要原因是城乡收入差别和城镇内部收入差别的急剧扩大。“包容性增长”体现在“正义性”的层面上，既要解决“机会均等”，更要重视“结果不平等”问题，比如快速城镇化中的群体利益的剥夺、国有企业垄断的门槛保护，严重的收入分配不均等。发展中国家的教训已经表明，如果不考虑公平的经济增长，只注重社会资源向能够创造更大效益的群体和领域汇集，就容易形成经济增长中的“黑洞”，而“黑洞”一旦形成，必将破坏公平，带来严重的社会矛盾和制度危机。

如果说经济增长主要指量的扩张，那么经济发展则还包括整个社会经济体制的转型和重构，除了经济增长以外，还有制度、社会、产业、管理的结构以及人的态度的变化，等等。

- “包容性增长”：引领“中国新速度”

我国要在2020年实现全面小康，能不能实现这个目标，“十二五”是一个关键时期，而能否大力推进“包容性增长”，则起到决定性的作用。实现“包容性增长”下的“中国新速度”，应在以下三个方面寻求突破：

首先，在尊重经济发展规律的前提下，切实转变发展方式，确保经济在转型中增长，在增长过程中实现转型。“十二五”改革的主线是加快经济发展方式转变，经济体制改革将以扩大内需为总体目标，以调整经济结构为中心环节，以深化市场化改革为基本路径，强化市场在资源配置中的基础性作用。当然，经济转型不能是危机式的“休克疗法”，应该是“阵痛”中的升级和新生，在转型中增长，并在增长过程中实现转型。因此，政府应该加大产业结构调整的政策支持，让以企业为主体的利益相关者，能主动淘汰落后产能，大力发展具有知识产权和核心竞争优势的先进制造业和现代服务业,促进更多的中国企业在全球产业链和价值链中站上高端位置,并以企业的创新、创新集群促进更多的区域创新中心的形成,从而培育出创新型城市、省份,促进创新型国家的建设。

其次,准确把握我国"快速城市化"进程中的机遇期,让城市化的机制成为"中国新速度"的重要支撑。任何一个国家要实现真正的现代化,实现社会的繁荣稳定,都必须推行城市化。当代中国30多年城市化道路所取得的成果为世界所公认。但是,近年来,城市化进程的加快,特别是"造城"运动的普遍兴起,因为圈占土地、拆迁等所引发的群体性事件,已经上升为社会"断裂"的重要特征,大城市高房价对中产阶层或者中等收入者的财富侵蚀,是不争的事实,也压抑了多数人的消费欲望。不少地区的城市扩张,已经不再设立边界,公开宣称消灭农村,走的是狂躁型的、急功近利的城镇化道路。科学的城市化道路,应该是城乡统筹发展,城市化不是消灭农村,更不是灭绝农民,而是城乡一体的互动、融合。尽管五中全会的公报没有对我国"十二五"的经济增速和增幅提出明确的目标,但从中国经济的增长动力和对世界的贡献度来看,要实现"包容性增长",保障这种增长的高质量、高附加值,就必须通过政府行政体制的改革和社会体制的深度改革,推行科学的政绩考核方式。

最后,要真正树立起融入世界经济体系、主导产业价值链的增长理念,通过科技进步、分工深化和新的商业模式来驱动"中国新速度":"发动机"升级,"燃料"更清洁,"掌控人"在全球视野的"绿色大道"上从容应对。当前,国内市场趋向国际化,企业只有走出去到海外去谋取资源和市场,以"全球应对全球"、"链条应对链条",才能培育出核心的竞争优势,从"价值的追随者"上升到"价值的引领者"。做一个"价值的追随者",只要把握步伐不掉队即可,即使阶段性落后了,通过追赶也能跟上来。但要做"价值的引领者",则要有超凡的战略眼光和行动纲领,要在前进的征途中步步领先。这实际上也是全球经济发展大视野中,正在培育的"中国新速度"和以往的"中国速度"的重要差别。从现实情况看,中国作为世界经济发展的后起之秀,改革开放至今,国内市场经济体制尚未完全建立,资源配置的效率不高,技术创新能力相对薄弱,缺乏参与国际竞争的能力。由此,"十二五"和未来更长的时间,在国家战略行动的引领下,需要中国的企业和企业家,以更宽广的视野、更包容的胸怀,以"国际标准"来从事商业活动,培育出中国企业的核心竞争力,从而在全球经济的运行体系中来展现"中国新速度"、中国的新商业文明。

(资料来源:李程骅,《包容性增长:经济社会协调发展的重要价值导向》,《西安日报》,2011年1月24日。)

本章提要

1. 改革开放以后,中国经济取得了长足的发展:整体上快速发展,对外贸易发展迅速,大力引资的同时也在不断扩大对外投资,对外经济合作快速发展;同时,对外经济贸易成为国民经济的重要组成部分,对外贸易提高了我国的综合国力,加快了我国开放型经济的形成,促进了我国国民经济的持续稳定增长以及我国国民经济结构的调整与优化,推动了我国在国民经济交换中价值最大化的实现。

2. 目前,世界经济在调整中不断发展,在这样的宏观背景下,中国要进一步提高对外开放水平,加快转变经济发展方式,使我国经济在中长期内保持稳定、健康和可持续发展,与此同时,中国在扩大对外开放水平,深化国际经济合作的同时,更应重视国家安全,要深刻理解维护国家经济安全的重要意义,还应从成立国家经济安全咨询委员会、建立保护国家经济安全的法律体系、制定适应我国发展需要的全球化的产业战略体系、构筑重点国有企业为骨干的国家经济安全产业基础,培育和发挥民营企业的全球竞争能力等方面维护中国国家经济安全。

重要术语

国际经济新秩序(New Order of International Economy)

经济发展方式(Mode of Economic Development)

经济结构 (Economic Structure)

国家经济安全 (State Economy Security)

本章思考题

1. 改革开放以来,我国经济发展取得的成就有哪些?

2. 国家经济安全的重要意义是什么?

3. 在积极推进我国参与经济全球化的进程中,应从哪些方面着手来增强我国参与构建国际经济新秩序的能力?

4. 在开放经济条件下中国及其他发展中国家针对国家经济安全问题应当采取什么对策?

进一步阅读资料和网络链接

1. 林毅夫:《解读中国经济》,北京大学出版社 2012 年版。

2. 〔美〕巴里 · 诺顿著,安佳译:《中国经济:转型与增长》,上海人民出版社 2010 年版。

3. 陈志武:《陈志武说中国经济》(修订版),浙江人民出版社 2012 年版。

4. 林重庚、斯宾塞编著,余江等译:《中国经济中长期发展和转型》,中信出版社 2011 年版。

5. 〔英〕麦迪森著,伍晓鹰、马德斌译:《中国经济的长期表现》(修订版),上海人民出版社 2011 年版。

6. 中华人民共和国国家发展和改革委员会网站: http://www.sdpc.gov.cn/default.htm。

7. 中华人民共和国商务部网站:http://www.mofcom.gov.cn/。

8. 中国投资指南网站:http://www.fdi.gov.cn/。

9. 中国贸易新闻网:http://www.chinatradenews.com.cn/。

10. 中华人民共和国国家统计局网站:http://www.stats.gov.cn/。

教师反馈及教辅申请表

北京大学出版社以“教材优先、学术为本、创建一流”为目标，主要为广大高等院校师生服务。为更有针对性地为广大教师服务，提升教学质量，在您确认将本书作为指定教材后，请您填好以下表格并经系主任签字盖章后寄回，我们将免费向您提供相应教辅资料。

书号/书名/作者			
您的姓名			
校/院/系			
您所讲授的课程名称			
每学期学生人数	____人 ____年级	学时	
您准备何时用此书授课			
您的联系地址			
邮政编码		联系电话（必填）	
E-mail（必填）		QQ	
您对本书的建议：		系主任签字 盖章	

我们的联系方式：

北京大学出版社经济与管理图书事业部

北京市海淀区成府路 205 号，100871

联 系 人：徐　冰

电　　话：010-62767312 / 62757146

传　　真：010-62556201

电子邮件：em@pup.cn　　xubingjn@yahoo.com.cn

网　　址：http://www.pup.cn

微　　博：北大出版社经管图书，http://weibo.com/pupem